会计电算化操作实务
——用友T3财务软件

张红梅　李燕○主编

立信会计出版社

图书在版编目(CIP)数据

会计电算化操作实务:用友 T3 财务软件 / 张红梅,李燕主编. —上海:立信会计出版社,2014.4(2024.2重印)
ISBN 978-7-5429-4197-8

Ⅰ.①会… Ⅱ.①张… ②李… Ⅲ.①会计电算化—中等专业学校—教材 Ⅳ.①F232

中国版本图书馆 CIP 数据核字(2014)第 099435 号

策划编辑　　余　榕
责任编辑　　余　榕
封面设计　　周崇文

会计电算化操作实务:用友 T3 财务软件
KUAIJI DIANSUANHUA CAOZUO SHIWU YONGYOU T3 CAIWU RUANJIAN

出版发行	立信会计出版社		
地　　址	上海市中山西路 2230 号	邮政编码	200235
电　　话	(021)64411389	传　　真	(021)64411325
网　　址	www.lixinaph.com	电子邮箱	lixinaph2019@126.com
网上书店	http://lixin.jd.com		http://lxkjcbs.tmall.com
经　　销	各地新华书店		
印　　刷	浙江天地海印刷有限公司		
开　　本	787 毫米×1092 毫米	1/16	
印　　张	22.25		
字　　数	540 千字		
版　　次	2014 年 4 月第 1 版		
印　　次	2024 年 2 月第 21 次		
书　　号	ISBN 978-7-5429-4197-8/F		
定　　价	42.00 元		

如有印订差错,请与本社联系调换

FOREWORD 前　言

本书根据小企业会计实务的要求以及职业教育的特点,结合多年职业学校会计电算化教学经验和科研成果,遵循财政部发布的《小企业会计准则》,按照"理论够用,能力本位,就业导向"的职业教育原则,以培养学生的职业能力为导向而组织编写的。

本书以工作过程为主线,以理论结合实践为出发点,突出对工作流程、业务操作要点及学生实践能力的培养,将项目分析、项目设计、项目实施和评价贯穿其中,力求将理论知识、实践技能和中小企业实施会计电算化的实际应用环境结合起来,以中小企业应用比较广泛的用友T3财务软件(畅捷通)作为操作平台,通过仿真的原始凭证、按照岗位工作流程全面系统地解决会计电算化教学中所面临的问题。本书的主要特色如下:

(1) 编写思路创新。本书紧密结合职业学校成本会计教学的要求和特点。以理论够用、适度为基本原则,避免面面俱到,重点突出职业教育的应用性和实践性。

(2) 编写体例创新。本书各章节按"模块引导—学习目标—学习任务—正文—模块作业"的体例编写,每一个重点业务内容当中或后面还穿插"想一想"、"特别提醒"、"练一练"等行文活泼、通俗易懂的小知识和小技能,既有利于学习者更好地把握重难点及学习方法,又能激发学习者的学习欲望。

(3) 坚持"行动导向"的教学理念。本书基于"行动导向教学"的理论,以学生为主体,教师精讲、学生多练,加强学生技能培养,突出"做中学,做中教"的职业教学特色。本书以会计电算化职业能力培养为主线,以会计工作场景为抓手,以会计工作过程为导向,以会计工作任务为驱动,突破传统的会计电算化教学模式,对会计电算化相关岗位所要完成的常见业务,配以当前企业的操作步骤进行实例展示,同时配以"练一练"或"模块作业"等,以强化学习者的实践能力,强化知识和技能的运用和巩固。本书中采用的核算资料大都来源于实践工作中的业务案例,行文简洁明了,直观易懂。

本书由中等职业学校的一线授课教师、企业会计电算化资深应用专家通力合作编写而成。张红梅、李燕担任本书主编,负责对全书修改和总纂。本书各模块的编写分工如下:模块一、模块三、模块五由李燕编写;模块二由韦雁玲编写;模块四、模块七、各个模块的"练一练"、"想一想"、"模块作业"、"附录"由张红梅编写;模块六由吴瑶编写;模块八由蒙丽容编写。

本书适用于中等职业学校会计、会计电算化、财务管理及其他财会方向专业学生学习,也适用于会计电算化技能比赛选手的训练和在职人员岗前培训、自学用书。

在本书的编写过程中,我们不仅参阅了大量国内外相关的专家和学者的专著,而且还深入企业做了大量的调研,并获得了启发和借鉴,在此谨向他们表示诚挚的谢意!

在本书的编写过程中,我们每一位参与者都尽最大的努力,但由于受时间和水平所限,书中难免存在不当之处,期待同行的专家、教师、学生和广大读者在使用过程中给予关注,并将意见及时反馈给我们,以便及时修订和完善。谢谢!

编　者

2014 年 5 月

CONTENTS 目　录

模块一　会计电算化认知 ……………………………………………………………… 001
　　任务一　认知会计电算化 ……………………………………………………… 001
　　任务二　认知用友 T3 财务软件 ……………………………………………… 003

模块二　系统管理 ……………………………………………………………………… 006
　　任务一　系统管理的认知 ……………………………………………………… 006
　　任务二　认知系统管理运行操作 ……………………………………………… 007
　　　　模块作业 2-1　建立账套 ………………………………………………… 018

模块三　基础设置 ……………………………………………………………………… 021
　　任务一　认知基础设置 ………………………………………………………… 021
　　任务二　基础档案的录入 ……………………………………………………… 023
　　　　模块作业 3-1　完成基础设置 …………………………………………… 048

模块四　总账系统 ……………………………………………………………………… 057
　　任务一　认知总账系统的基本功能 …………………………………………… 057
　　任务二　总账的期初设置 ……………………………………………………… 061
　　任务三　总账系统日常业务处理 ……………………………………………… 072
　　任务四　总账系统的其他辅助管理 …………………………………………… 103
　　任务五　总账系统期末处理 …………………………………………………… 107
　　　　模块作业 4-1　总账期初设置 …………………………………………… 122
　　　　模块作业 4-2　总账日常业务处理、期末处理 ………………………… 126

模块五　报表管理 ……………………………………………………………………… 136
　　任务一　认知报表管理系统 …………………………………………………… 136
　　任务二　学习报表的编制 ……………………………………………………… 138
　　　　模块作业 5-1　报表模块练习 …………………………………………… 146

模块六　工资管理 ……………………………………………………………………… 148
　　任务一　认知工资管理的基本功能 …………………………………………… 148
　　任务二　工资管理系统初始化 ………………………………………………… 150

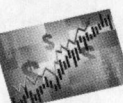

　　任务三　工资管理日常业务处理 ………………………………………………… 166
　　任务四　工资管理系统期末处理 ………………………………………………… 174
　　　模块作业 6-1　工资的核算 …………………………………………………… 178

模块七　固定资产管理 ……………………………………………………………… 188
　　任务一　认知固定资产系统 ……………………………………………………… 188
　　任务二　固定资产系统初始化 …………………………………………………… 189
　　任务三　固定资产日常业务处理 ………………………………………………… 197
　　任务四　固定资产管理系统期末处理 …………………………………………… 213
　　　模块作业 7-1　固定资产核算 ………………………………………………… 216

模块八　购销存系统集成应用 ……………………………………………………… 222
　　任务一　认知购销存管理系统 …………………………………………………… 222
　　任务二　购销存系统初始化 ……………………………………………………… 225
　　任务三　购销存日常业务处理 …………………………………………………… 240
　　任务四　购销存系统月末结账 …………………………………………………… 295
　　　模块作业 8-1　购销存业务处理 ……………………………………………… 298

附录　会计电算化——用友 T3 财务软件综合测试题 ………………………………… 313

模块一

会计电算化认知

模块导引 会计电算化课程既包含会计的理论知识、技能,又包含财务软件操作技能。怎么样才能学好这门课程呢?我们的第一个任务就是要对会计电算化进行初步的认知和了解,为日后学习会计软件的具体操作打下理论基础。

学习目标
1. 认知会计电算化的含义
2. 认知会计电算化核算软件及其功能模块

学习任务
1. 了解会计电算化的理论知识
2. 了解用友T3财务软件的基本知识

任务一 认知会计电算化

一、认知会计电算化的概念

会计电算化是以电子计算机为载体的当代电子技术和信息技术应用到会计实务中的简称,它是一个利用计算机来替代人工记账、算账、报账,以及替代部分由人脑完成的对会计信息的分析、预测和决策的过程。

会计电算化的定义有广义和狭义之分。狭义的会计电算化是指利用计算机代替人工记账、算账、报账,以及替代部分由人脑完成的对会计信息的处理、分析和判断的过程。简单地说,会计电算化就是计算机技术在会计工作中的应用。广义的会计电算化是指与实现会计工作电算化有关的所有工作,包括会计电算化软件的开发和应用、会计电算化人才的培养、会计电算化的宏观规划、会计电算化的制度建设、会计电算化软件市场的培育与发展等。

二、认知会计电算化的发展及基本工作内容

从会计电算化的发展过程来看,会计电算化的发展分为三个基本的阶段。即会计核算电算化、会计管理电算化和会计决策电算化。

(1) 会计核算电算化是会计电算化的初级阶段。这一阶段的主要工作内容是:设置会计科目、填制会计凭证、登记会计账簿、进行成本计算、编制会计报表等。

（2）会计管理电算化是会计电算化的中级阶段。这一阶段的主要工作内容是：进行会计预测、编制财务计划、进行会计控制、开展会计分析。

（3）会计决策电算化是会计电算化的高级阶段。这一阶段的主要工作内容是：在会计管理电算化系统提供信息的基础上，结合其他的数据和信息，借助于决策支持系统的理论和方法，帮助决策者制定科学的决策方案。

三、认知会计电算化核算软件

会计核算软件是指专门用于会计核算工作的计算机应用软件，应当具有数据输入、处理和输出功能模块。会计核算软件是由功能模块组成的，这些主要的功能模块也经常被称为子系统。主要的功能模块一般可以划分为：账务处理模块、报表处理模块、固定资产核算模块、工资核算模块、应收/应付核算模块、购销存核算模块等。

四、认知会计电算化与手工会计核算的异同

（一）相同点

1. 目标一致

会计电算化与会计手工核算最终目标一致，都是为了加强经营管理，提供会计信息，参与经营决策，提高经济效益。

2. 遵守共同的基本会计理论与会计方法

会计电算化与会计手工核算遵循的会计理论与会计方法相同。

3. 遵守相同的会计法规和制度

会计电算化与会计手工核算都要严格按照国家的各项会计法规和财经制度执行，都必须符合会计法、审计法、税法、会计准则、会计制度的要求。

4. 会计处理流程大体一致

会计电算化与会计手工核算都需要完成信息采集与记录、信息的存储、加工、传输、输出等步骤，在处理流程上大体是一致的。

（二）不同点

1. 工具不同

会计手工核算使用的工具是算盘、计算器或一些相关的机械设备。会计电算化使用的工具是计算机，数据处理过程由电子计算机完成。

2. 信息载体不同

会计手工核算的所有信息都以纸介质为载体，占用空间大，不易保管，查找困难。会计电算化除必要的会计凭证、账簿、报表之外，均可用光盘、磁盘、磁带等材料作为信息载体，占用空间小，查找方便，容易保管。

3. 记账规则不同

会计手工核算规定日记账、总账要用订本式账册，明细账可用订本式或活页式账册；账簿记录的错误要用划线更正法或红字冲销法、补充登记法更正；账页中的空行、空页用红线划销等。会计电算化打印输出的账页是折叠或卷带状的，与手工的账簿明显不同。会计电算化不可能完全采用手工系统改错的方法，比如电算化环境下不存在划线更正法。为了保证审计的追踪线索不致中断，会计电算化规定：凡是已经记账的凭证数据不能更改，只能采用红字冲销

法和补充登记法更正,以便留下改动痕迹。

4. 账务处理流程类型存在差别

会计手工核算一般使用的账务处理流程主要有四种类型:记账凭证账务处理程序,汇总记账凭证账务处理程序,科目汇总表账务处理程序,多栏式日记账账务处理程序。

会计电算化的账务处理流程类型一般有两种方案:一是模仿手工会计账务处理流程;二是理想化的全自动处理流程。目前,会计电算化普遍采用第二种方案。

5. 内部控制方式不同

会计手工核算的内部控制主要通过组织制度和岗位牵制制度两种方式来实现。具体表现为会计组织内人与人之间相互联系、相互制约,如职责分工制度、内部牵制制度等。而采用会计电算化后,内部控制形式更为丰富,除保留手工会计核算两种内部控制方式外,还新增了程序控制方式。

1. 狭义地说,会计电算化是指(　　)。
   A. 电子计算机技术在会计工作中的应用　　B. 会计软件的开发
   C. 会计电算化人才的培训　　D. 会计电算化制度建设
2. 计算机进行会计业务处理与手工会计业务处理的方法和流程(　　)。
   A. 完全相同　　B. 完全不相同
   C. 不完全相同　　D. 都不对
3. 会计电算化的发展,主要分为(　　)等阶段。
   A. 会计核算电算化　　B. 会计管理电算化
   C. 会计分析电算化　　D. 会计决策电算化
4. 会计核算软件的功能模块一般可以划分为(　　)等模块。
   A. 账务处理　　B. 工资核算
   C. 固定资产管理　　D. 生产制造
5. 手工会计核算与会计核算软件的区别有(　　)。
   A. 会计核算工具和会计信息载体不同　　B. 内部控制方式不同
   C. 记账规则不完全相同　　D. 账务处理流程类型存在差别

任务二　认知用友 T3 财务软件

一、认知用友 T3 财务软件功能结构

用友 T3 财务软件主要包括财务通信息系统和业务通信息系统两大组成部分。财务通信息系统包含总账管理、出纳管理、工资管理、固定资产管理、财务报表和财务分析功能模块;业务通信息系统包括采购、销售、库存管理功能模块,各个功能模块具有特定的功能,相互之间存在紧密的数据联系,它们相互作用、相互储存,形成一个整体。

二、认知用友 T3 财务软件各个子系统之间的数据传递关系

用友 T3 财务软件是财务、业务一体化管理系统,包含有众多功能模块,各模块间存在着复杂的数据联系,如图 1-1 所示。

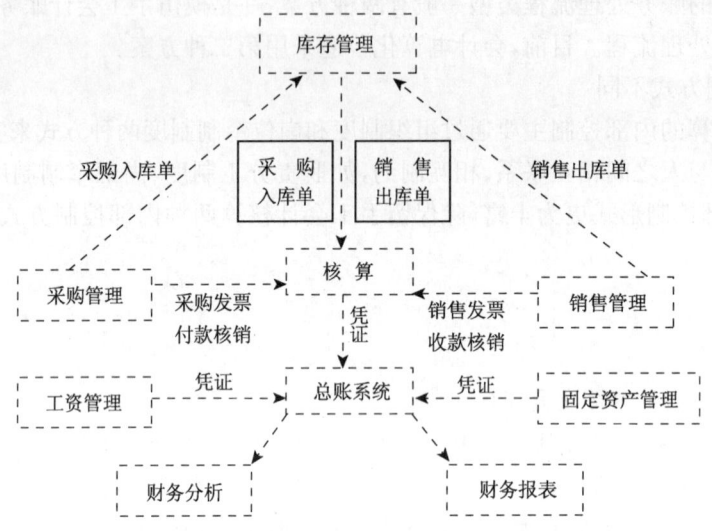

图 1-1　用友 T3 财务软件各模块间的数据关系

各功能模块之间关系说明如下:

(1) 在采购管理系统录入采购入库单,在库存管理系统对该入库单登记出入库台账,在核算系统核算采购成本。

(2) 在销售管理系统开出销售出库单,在库存管理系统对该出库单登记出入库台账,在核算系统核算销售成本。

(3) 在库存管理系统录入各种出入库单,登记出入库台账。

(4) 在核算系统生成存货成本的凭证,并传递到总账。

(5) 在核算系统对采购管理系统的采购发票、付款单、供应商往来转账、销售管理系统的销售发票、收款单、客户往来转账生成凭证。

(6) 在工资管理系统生成计提工资凭证,并传递到总账。

(7) 在固定资产管理系统生成折旧等凭证,并传递到总账。

(8) 库存管理系统为采购管理、销售管理系统提供库存量。

(9) 财务报表系统和财务分析系统可以从总账中取数进行分析。

三、认知用友 T3 财务软件的应用流程

1. 系统初始化

系统初始化是通过选择系统内置参数设置企业的具体核算规则,将通用财务软件转化为专用财务软件,将手工会计业务数据经过设计、规范并输入计算机系统中作为计算机业务处理的起点。系统初始化一般包括系统参数设置、基础信息录入和输入期初数据。

2. 日常业务处理

日常业务处理主要完成原始业务的记录、数据输入、处理和输出等。

3. 期末处理

每个会计期末,企业需要完成各费用的计提和费用的分配、对账、结账等工作,因此用友T3财务软件各系统期末均要完成对账、结账工作。

请你简要地说一说,用友T3财务软件有哪些功能模块?各功能模块相互之间有哪些联系?

模块二

系统管理

模块导引 由于用友T3财务软件的各个产品模块均为同一个主体的不同方面服务,并且各个产品模块之间相互联系、数据共享。因此,在财务、业务一体化管理应用模式下,用友T3财务软件为各个子系统提供了一个公共平台——系统管理,用于对整个系统的公共任务进行统一管理。系统管理把各个产品模块紧密相连,让它们具备公用的基础信息、拥有相同的账套和年度账、集中管理操作员和操作权限、拥有共同数据库等。因此,系统管理的功能学习是用友T3财务软件学习的基础。

学习目标
1. 认知系统管理
2. 熟悉系统管理的基本功能
3. 掌握系统管理的各项操作

学习任务
1. 认知系统管理及其基本功能
2. 熟练操作系统管理的各项工作任务

任务一 系统管理的认知

一、认知系统的运行环境

主机:800 M或以上。
内存:256兆或以上。
硬盘:20 G或以上。
鼠标:标准系列鼠标。
显示器:Windows系统支持的显示器,可显示256色。
打印机:Windows9x、WindowsNt Server/Workstation 4.0、Win2000支持的各类打印机。
数据库环境:MSDE2000+ MSDE CriticalUpdate(关键更新)、sql2000、sql2005(支持Enterprise与SERVER 2005 EXPRESS)。
注意:不要用减号("—")等特殊字符作为机器名。安装产品之前请将杀毒软件的防火墙和实时监控系统关闭。

二、认知用友 T3 财务软件的系统管理模块功能

用友 T3 财务软件由多个产品组成,各个产品是为同一个主体的不同方面服务的,并且产品与产品之间相互联系、数据共享。各个产品需要一个具备公用的基础信息、拥有相同的账套和年度账、能够集中管理操作员和操作权限、拥有共同数据库的独立的产品模块,也就是系统管理模块。因此,系统管理是会计信息系统运行的基础,它对所属的各个产品进行统一的操作管理和数据维护。系统管理的基本功能包括以下几个方面:

(1) 账套管理。它是对账套的统一管理,包括建立、修改、引入和输出。账套是一个会计主体的全部财务会计资料的数据集合。账套以磁盘文件的形式存放在计算机中,这个文件被称为账套文件。

(2) 年度账管理。它包括建立、清空、引入、输出和结转上年数据。年度账是把一个账套数据按年度划分。

(3) 系统操作员及操作权限集中管理。它包括增加、修改、删除、注销操作员,分配功能权限等。操作员是指有权登录系统并对系统进行相应操作的人员。操作员每次注册或登录系统,都要进行操作员身份的合法性检查。操作员及权限按照预先设定的岗位分工进行授权、分权功能,确保非授权用户不能访问系统,而授权用户也只能在授权范围内进行操作。其目的是保证会计核算数据的安全性和保密性。

(4) 设立统一的安全机制。即设置对整个系统运行过程的监控机制、清除系统运行过程中的异常任务等。

(5) 系统启用。即设定各个子系统开始使用的日期。只有启用后的子系统才能进行登录。系统启用后,各系统操作员登录各个子系统主要集中于自身的业务操作,不需重复确定子系统开始使用日期。

请你简要地说一说,系统管理的基本功能有哪些?

任务二　认知系统管理运行操作

一、认知系统管理操作人员

1. 系统管理员

系统管理员(admin)是负责整个系统的安全运行及维护的操作员,在系统管理中可以建立、引入、备份账套,设置操作员和权限,监控系统运行过程,清除异常任务等。

2. 账套主管

账套主管一般由系统管理员指定,负责所辖账套的管理,拥有所辖账套最高级别的管理权限和所有模块的操作权限。账套主管在系统管理中可以修改所辖账套相关信息、对企业年度账进行管理、为所辖账套的操作员分配权限等。

鉴于系统管理模块在整个会计信息系统中的地位和重要性,系统只允许系统管理员和账套主管两种身份注册进入系统管理。

二、认知系统管理运行的基本操作流程

用友 T3 财务软件的系统管理运行操作流程如图 2-1 所示。

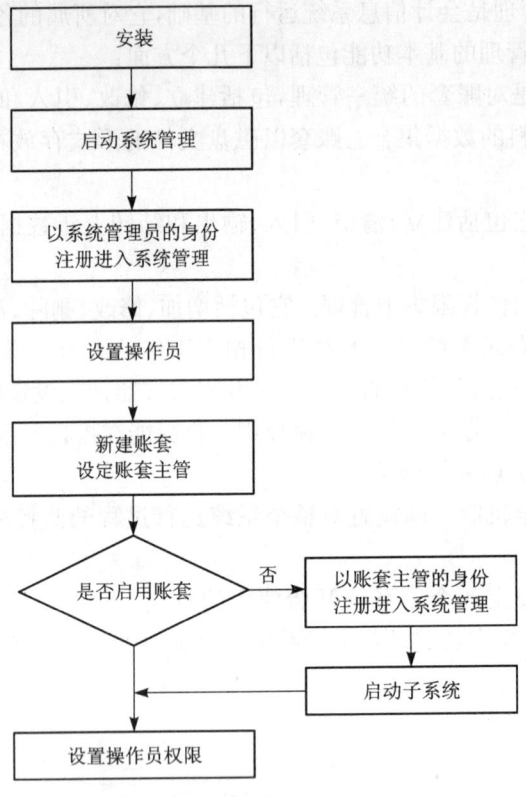

图 2-1　用友 T3 财务软件的系统管理运行操作流程

三、掌握系统管理的基本操作

系统管理的基本操作包括登录系统管理、增加操作员、建立账套、启用系统、设置操作员权限、备份账套、恢复账套和修改账套等。

业务活动 2-1　以系统管理员身份注册进入系统管理

【活动准备】用友 T3 财务软件。
【岗位任务】操作员:系统管理员(admin)。
以系统管理员身份注册进入系统管理。
【操作步骤】
双击【系统管理】→点击【系统】→点击【注册】,以 admin 的身份登录(密码为空),如图 2-2 所示。

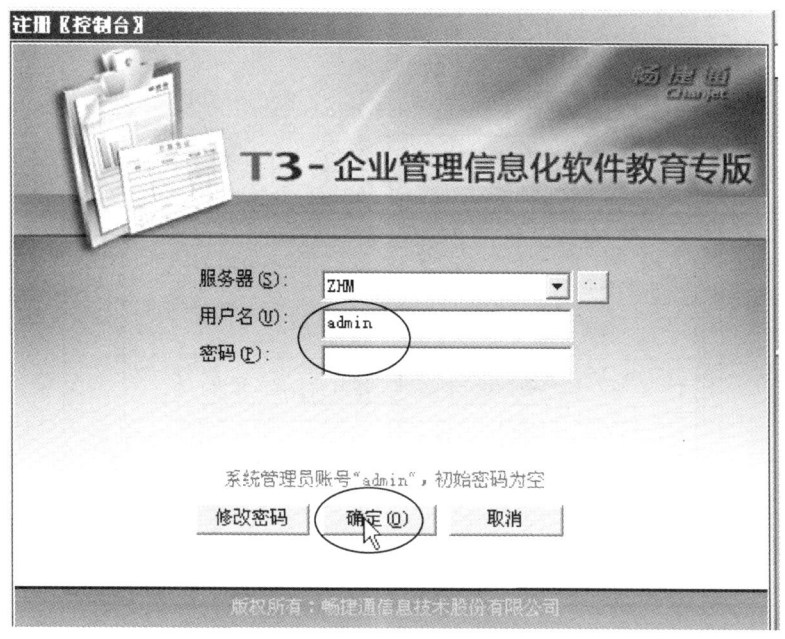

图 2-2　系统管理员登录

知识链接

为了保证系统的安全性,在"注册【控制台】"对话框中,可以设置或更改系统管理员密码;但考虑实际教学环境,在教学中建议不要设置系统管理员密码。

练一练 2-1　　以 admin 的身份登录系统管理

【活动准备】用友 T3 财务软件。
【岗位任务】操作员:系统管理员(admin)。
以 admin 的身份登录系统管理。

业务活动 2-2　增加操作员

【活动准备】操作员"韦国汉",编号为 wgh,所属部门为"财务部",密码为空。
【岗位任务】操作员:系统管理员(admin)。
增加操作员。
【操作步骤】
步骤 1　登录系统管理,在系统管理界面点击【权限】→【操作员】→【增加】,进入"增加操作员"对话框。
步骤 2　在"增加操作员"对话框内录入操作员的编号(wgh)、姓名(韦国汉)、口令(空)、所属部门(财务部)等信息后,再点击【增加】按钮,如图 2-3 所示。

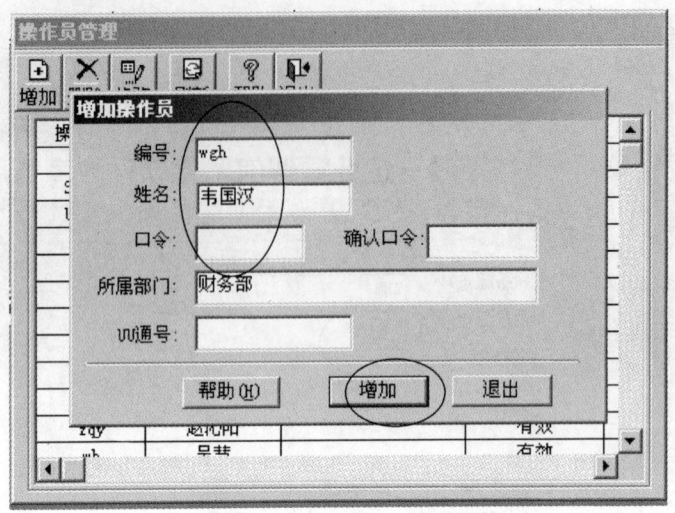

图 2-3 增加操作员界面

知识链接

（1）只有系统管理员用户才有权限设置操作员。

（2）操作员的编号（ID）必须输入且唯一，一般不能被修改，它是区分不同操作人员的账号。

（3）未使用的操作员可以通过"修改"、"删除"功能在系统进行修改或删除。

（4）操作员一旦被引用，则不能被修改或删除，已经本引用的操作员如调离岗位，不再是本系统操作员，应通过"修改"功能注销，状态为"注销"的操作员不能再登录本系统。

练一练 2-2　　增加操作员

【活动准备】操作员资料如表 2-1 所示。

表 2-1　　　　　　　　　　操作员资料

编号	姓名	所属部门	编号	姓名	所属部门
wgh	韦国汉	财务部	ldh	李东华	采购部
zlq	张兰琼	财务部	lt	兰天	销售部
sdd	宋丹丹	财务部	lr	刘荣	仓储部

【岗位任务】操作员：系统管理员（admin）。

以 admin 的身份登录系统，增加操作员，密码为空。

业务活动 2-3　　建立账套、启用系统

【活动准备】越胜贸易有限公司的企业信息如下。

1. 账套信息

账套号:111　　账套名称:越胜贸易有限公司 2013 年账套

账套路径:系统默认

启用会计期:2013 年 1 月 1 日

2. 单位信息

单位名称:越胜贸易有限公司　单位简称:越胜公司

单位地址:南宁市科园大道 218 号

法人代表:刘小同　　邮政编码:530003　　联系电话:07712567890

纳税识别号:450109845689895　　　　开户银行:交通银行南宁市科园支行

3. 核算类型

本币代码:RMB　本币名称:人民币　企业类型:工业　行业性质:小企业会计准则(2013)　账套主管:韦国汉　按行业性质预置会计科目

4. 基础信息

存货、客户、供应商分类核算,外币业务

5. 分类编码方案

会计科目编码:4-2-2-2　客户分类编码:2-2　收发类别编码:1-1　部门编码:2-2　存货分类编码级次:1-2　结算方式编码:1-2　供应商分类编码:2-2　数据精度定义:换算率小数 4 位其他默认,其他编码采用系统默认值

【岗位任务】操作员:系统管理员(admin)。

建立账套、启用系统。

1. 建立账套

【操作步骤】

步骤 1　以系统管理员(admin)的身份登录系统,点击【账套】→【建立】,如图 2-4 所示。

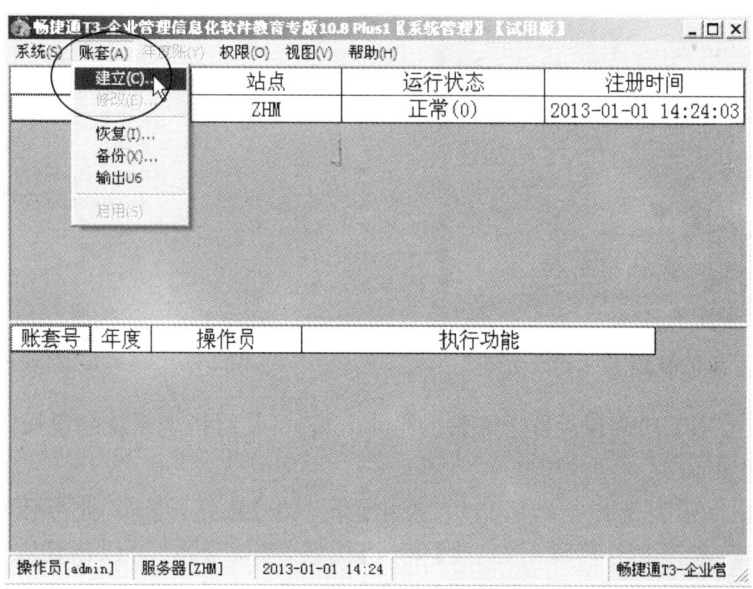

图 2-4　建立账套操作界面

在"账套信息"录入界面,如图 2-5 所示,录入账套号、账套名称、启用日期等后点击【下一步】,进入"单位信息"录入界面。

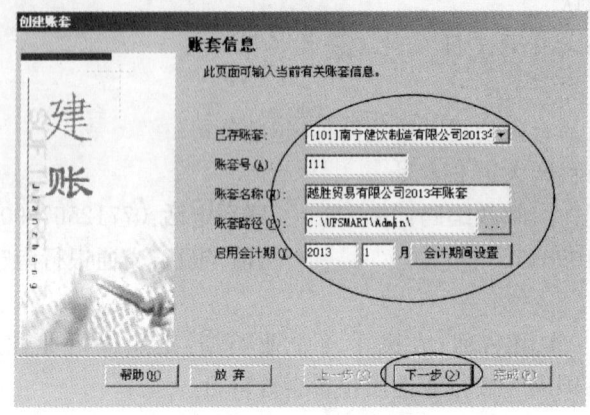

图 2-5 "账套信息"录入界面

注意:账套号可输入 001~999 之间任意数字,不能与系统中已存在账套号重复;账套一旦创建成功,启用日期不可更改。

步骤 2 在"单位信息"录入界面,如图 2-6 所示,录入单位相关信息后,点击【下一步】,进入"核算类型"界面。

注意:"单位名称"为必录项,其他项目可根据情况选录。

步骤 3 在"核算类型"录入界面,如图 2-7 所示,选择相关核算类型,确定"账套主管"后,点击【下一步】,进入"基础信息"录入界面,如图 2-8 所示。

图 2-6 "单位信息"录入界面

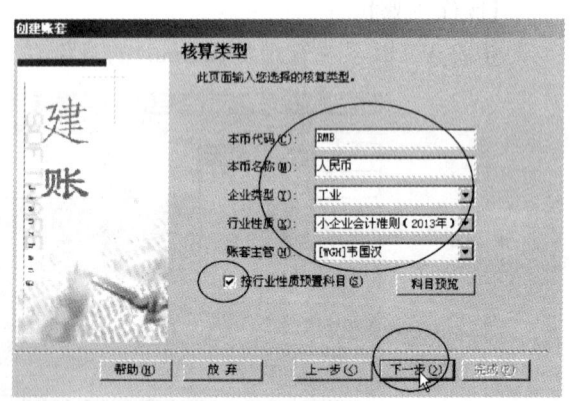

图 2-7 "核算类型"录入界面

注意:如建立账套时尚未设置本账套的操作人员,可临时指定系统预设操作员 demo 作为账套主管,待增加操作员后再修改。

步骤 4 根据需要选择基础信息后,点击【下一步】按钮,进入"业务流程"录入界面,如图 2-9 所示。选择业务流程后,点击【完成】按钮,系统显示"可以创建账套了么?"的提示框,如图 2-10 所示,在提示框中选择【是】按钮,建立账套,进入"分类编码方案"界面,如图 2-11 所示。

模块二 系统管理 | 013

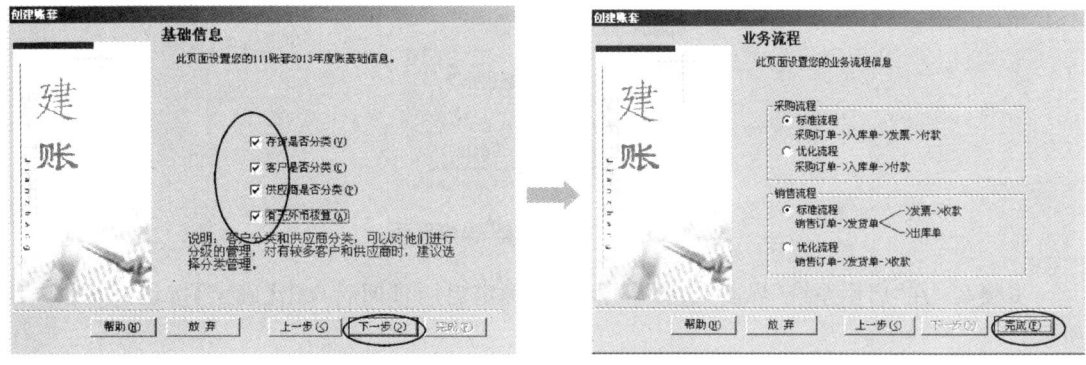

图 2-8 "基础信息"选择界面　　　　　图 2-9 "业务流程"选择界面

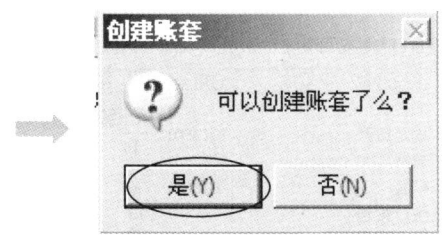

图 2-10 "创建账套"操作界面

步骤 5　按要求设置"分类编码方案"后,点击【确认】按钮,进入"数据精度定义"界面,如图 2-12 所示。确定数据精度定义后,点击【确认】按钮。

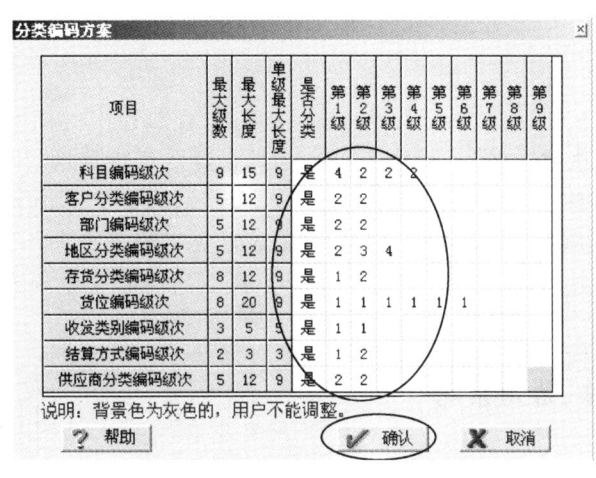 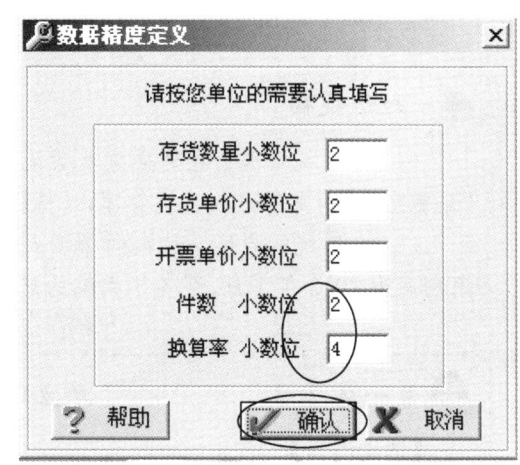

图 2-11 "分类编码方案"设置界面　　　　　图 2-12 "数据精度定义"界面

2. 启用系统

即启用总账、固定资产、工资管理、核算、购销存管理模块。启用日期为 2013 年 1 月 1 日。

【操作步骤】

步骤 1　账套建立成功后,在"是否立即启用账套"提示框中点击【是】按钮,如图 2-13 所示。

图 2-13 "启用账套"操作界面

步骤 2 在"启用系统"界面，选择启用模块，确定启用日期后点击【确定】按钮，如图 2-14 所示。

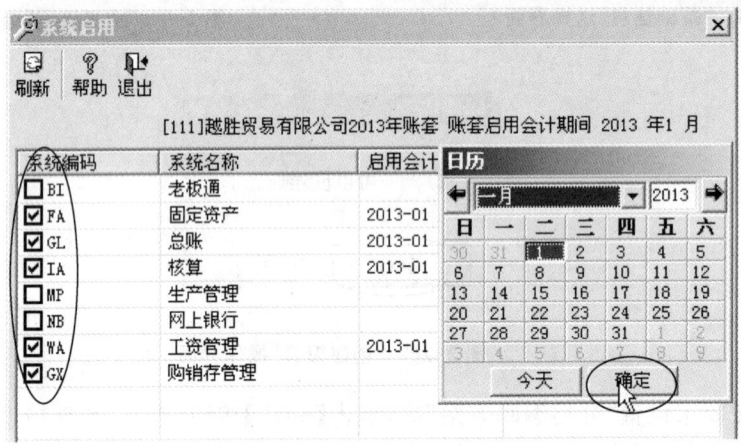

图 2-14 "系统启用"操作界面

知识链接

（1）如系统管理员在建立账套后没有执行"立即启用账套"的，也可在建账完成后以"账套主管"的身份进入系统管理，选择【账套】下的【启用】命令，进行账套启用。

（2）各系统的启用会计期间必须大于或等于账套的启用期间。如越胜公司的账套启用期间为 2013 年 1 月，则各子系统的启用时间应大于或等于 2013 年 1 月。

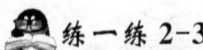 2-3　　　　　建立账套，启用系统

【活动准备】

1. 操作员资料，如表 2-1 所示。
2. 越胜贸易有限公司的企业信息参见业务活动 2-3。

【岗位任务】操作员：系统管理员（admin）。

1. 根据表 2-1 增加操作员。
2. 根据业务活动 2-3[活动准备]的资料，为越胜贸易有限公司建立账套，并启用总账系统，系统启用时间为 2013 年 1 月 1 日。

业务活动 2-4　备份账套

在企业实务中,企业为了保全账套的安全和完成,要求操作员在操作中定期或不定期地进行账套的备份(注意:只有系统管理员才能备份账套)。

【活动准备】越胜贸易有限公司 2013 年账套——账套号 111。

【岗位任务】操作员:系统管理员(admin)。

备份账套。

【操作步骤】

步骤 1　以系统管理员身份注册进入系统管理。

步骤 2　选择【账套】→【备份】,打开"账套输出"操作界面,选择需要备份的账套,点击【确定】,如图 2-15 所示。

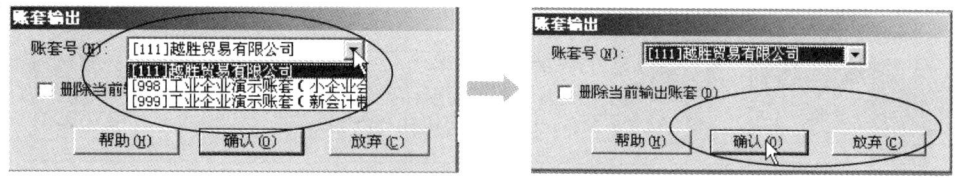

图 2-15　"账套输出"操作界面

步骤 3　选择备份的盘符后确定。

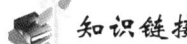

(1) 只有系统管理员(admin)才能进行账套备份。

(2) 账套删除的操作与备份基本同,只是要"账套输出"操作界面中选择"删除当前输出账套"即可。

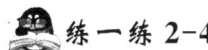　　　　　备　份　账　套

【活动准备】在 D 盘建立命名为"账套 2-4"的文件夹。

【岗位任务】操作员:系统管理员(admin)。

将"越胜贸易有限公司账套——账套号 111"备份到"账套 2-4"文件夹中。

业务活动 2-5　账套的恢复

恢复账套,就是把已经备份的账套,重新引入软件系统,续备份前的业务进行后续业务的处理。(注——只有系统管理员才能恢复账套)

【活动准备】"越胜贸易有限公司 2013 账套——111 号账套"。

【岗位任务】操作员:系统管理员(admin)。

恢复账套。

【操作步骤】

步骤1 以系统管理员（admin）身份登录系统管理，在系统管理界面单击【账套】→【恢复】，则进入"恢复账套数据"界面，如图2-16所示。

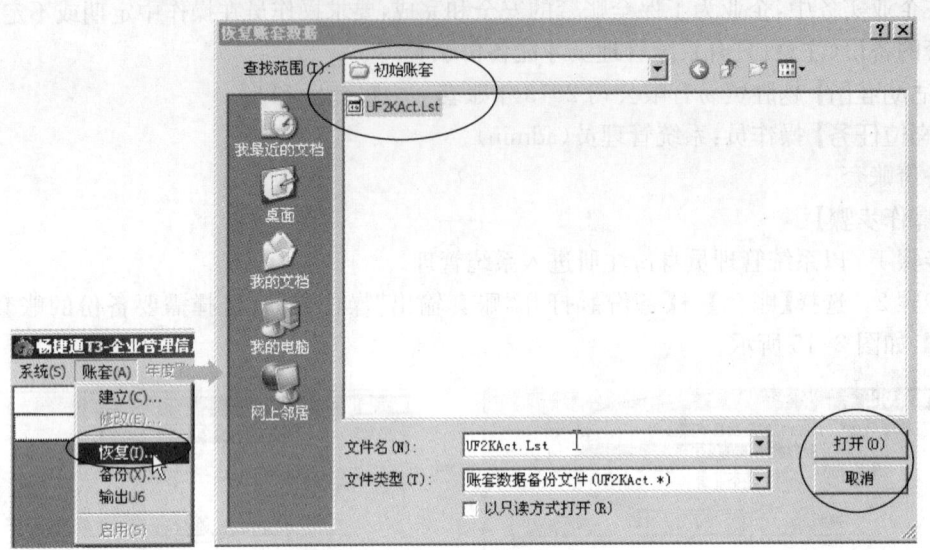

图2-16 "恢复账套"数据界面

步骤2 选择账套文件后点击【打开】按钮，根据操作指引操作后在"账套恢复成功！"提示框单击【确定】按钮。

练一练2-5　　　　　　恢 复 账 套

【活动准备】用友T3财务软件。

【岗位任务】操作员：系统管理员（admin）。

以admin的身份登录系统，恢复"练一练2-4"账套。

业务活动2-6　设置操作员权限

【活动准备】

1. 恢复"练一练2-4"账套。
2. 操作员"张兰琼"的权限要求如表2-2所示。

表2-2　　　　　　　　　　　　操作员的权限要求

编号	姓名	所属部门	岗位	权　限
zlq	张兰琼	财务部	会计	公用目录设置、总账（除出纳签字）、工资、固定资产管理、往来、项目管理、核算等全部权限

【岗位任务】操作员：系统管理员（admin）。

设置操作员权限。

【操作步骤】

步骤1 系统管理员（admin）登录系统，恢复"练一练2-4"账套。

步骤2 点击功能菜单【权限】→【权限】，如图2-17所示，进入"操作员权限"界面，如图2-18所示。

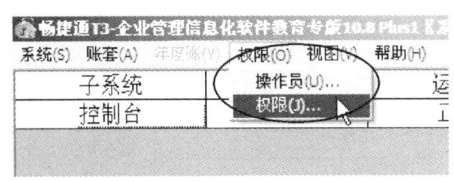

图2-17 权限菜单

步骤3 在"操作员权限"界面选择授权账套、年度和授权对象后点击【增加】进入"增加权限"操作界面，如图2-19所示（如果要将该操作员设定为账套主管，则选择相应的账套和年度后，单击界面最上一行的"账套主管"标记打"√"；如放弃该操作员用户的账套主管资格，则去掉标记）。

步骤4 在"增加权限"操作界面选中需要授权的权限后，双击即选择（所选区域为深蓝色）；如需要放弃某项权限，则双击已选择的权限。

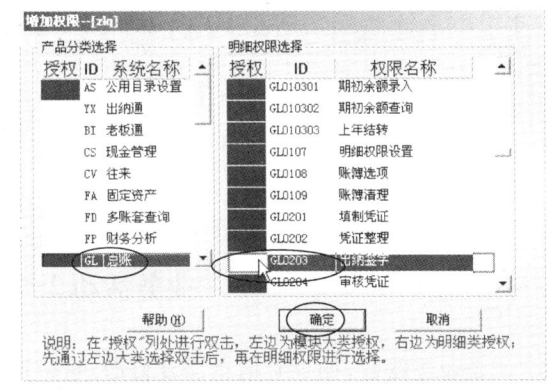

图2-18 "操作员权限"操作界面

图2-19 "增加权限"操作界面

知识链接

（1）系统默认账套主管自动拥有全部权限，故对账套主管操作员来讲，就没有增加和删除权限的操作。

（2）只有系统管理员才有权限进行账套主管的设定与放弃的操作。

（3）系统管理员或账套主管可以对非账套主管的操作员用户已拥有的权限进行设置和删除。

（4）删除权限：①全部删除：在"操作员权限"界面的左边选择需要删除全部权限的操作员，点击【删除】按钮。②部分删除：在"操作员权限"界面的右边，选择删除的权限，点击【删除】按钮；批量删除则要求用户按住"Shift"键，同时移动鼠标，便可选定一批权限，然后点击功能菜单中的【删除】按钮，便可执行批量删除的功能。

（5）所设置的操作员权限一旦被引用，便不能被修改或删除。

练一练 2-6　　　　设置操作员权限

【活动准备】
1. 恢复"练一练2-4"账套。
2. 操作员及权限资料如表2-3所示。

表2-3　　　　　　　　　　操作员及权限资料

编号	姓名	所属部门	岗位	权限	口令
wgh	韦国汉	财务部	财务主管	账套主管,拥有账套的所有权限	空
zlq	张兰琼	财务部	会计	公用目录设置、总账(除出纳签字)、工资、固定资产管理、往来、项目管理、核算等全部权限	
ldh	李东华	采购部	采购主管	具有公共目录设置、应付管理、采购管理、往来管理全部权限	
lt	兰天	销售部	销售主管	具有公共目录设置、应收管理、销售管理、往来管理全部权限	
sdd	宋丹丹	财务部	出纳	总账—出纳签字、查询凭证、日记账查询、现金管理	
lr	刘荣	仓储部	库存主管	具有公共目录设置、库存管理全部权限	

【岗位任务】操作员:系统管理员(admin)。
1. 根据表2-3,为111号账套设置相关操作员的权限。
2. 备份账套。

业务活动2-7　修改账套

企业建账后,如果有信息需要修改,可以账套主管的身份进入已建立的账套进行相关信息的修改(注:只有账套主管才能修改账套)。

【活动准备】"越胜贸易有限公司2013年账套——111号账套"。
【岗位任务】操作员:账套主管。
修改账套。
【操作步骤】
步骤1　以账套主管身份登录进入系统管理。
步骤2　在系统管理界面单击【账套】→【修改】,进入修改账套的界面。
步骤3　系统自动列示出注册进入时所选账套的账套信息、单位信息、核算信息、基础设置信息。账套主管用户可根据自己的实际情况进行相关信息的修改。
步骤4　点击【完成】按钮,表示确认修改内容;如放弃修改,则点击【放弃】。

模块作业2-1　　　　建 立 账 套

【岗位任务】将系统日期调整至2013年3月1日,以系统管理员(admin)身份根据企业信息及相关资料完成以下任务。

1. 增加操作员。
2. 建立企业账套。
3. 进行系统启用。
4. 操作员权限设置。
5. 备份/引入账套数据。

【任务资料】

1. 企业内部岗位及分工(见表2-4)

表2-4　　　　　　　　　　　企业内部岗位及分工

编号	姓名	岗位	部门	职责	权限
zqy	赵沁阳	财务主管	财务部	负责审核总账系统中的记账凭证、记账、编制会计报表	账套主管
wh	吴慧	会计	财务部	负责采购、销售、库存和核算系统的业务处理,负责总账中填制或生成记账凭证	公用目录设置、往来、总账(除出纳签字外)、项目管理、应收、应付管理、采购管理、销售管理、库存和核算管理的所有权限
zlz	张露珍	出纳	财务部	负责对收付款凭证进行核对、管理日记账、日报、对账、编银行存款余额调节表	现金管理、出纳签字、查询凭证、日记账查询
zmm	张明敏	会计	财务部	工资和固定资产系统的业务处理	工资和固定资产系统的所有权限及工资类别主管
ck	陈凯	销售主管	销售部	负责销售业务及客户往来管理	具有公共目录设置、应收管理、销售管理、往来管理全部权限
lxn	李向南	采购主管	采购部	负责采购业务及供应商往来管理	具有公共目录设置、应付管理、采购管理、往来管理全部权限
sxn	孙小楠	仓库主管	仓储部	负责仓库管理及存货的收、发和结存	具有公共目录设置、库存管理全部权限

2. 企业基本情况

南宁健饮制造有限公司是一家工业企业,生产的产品有铝壳运动杯和铝壳保温杯两种产品,经国家税务部门认定为增值税一般纳税人,执行《小企业会计准则》(2013)。

单位地址:广西南宁市高新经济开发区166号　　　法人代表:庄志奋
联系电话:0771-9916688　　　邮政编码:530008
开户行:交通银行南宁高新区支行
账号:6662605810895 64023　　　纳税登记号:450101758408976

3. 企业账套基本信息

(1) 账套代码:101。
(2) 账套名称:南宁健饮制造有限公司2013年3月份账套。
(3) 启用会计期:2013年3月。
(4) 本币代码:RMB;本币名称:人民币。
(5) 账套主管:赵沁阳。
(6) 执行《小企业会计准则》(2013),存货、客户、供应商需要分类核算,外币核算;采购和销售流程使用标准流程。

(7) 会计科目编码:4-2-2-2。
(8) 客户分类编码:2-2。
(9) 收发类别编码:1-1。
(10) 部门编码:2-2。
(11) 存货分类编码级次:1-2。
(12) 结算方式编码:1-2。
(13) 供应商分类编码:2-2。
(14) 数据精度定义:换算率小数 4 位;其他默认,其他编码采用系统默认值。
(15) 系统启用:启用总账系统,启用时间为 2013-03-01。

【任务组织及评价】

1. 工具、材料

每人一台计算机,安装会计软件:用友 T3 财务软件畅捷通标准版 10.8。

2. 组织(建议)

以小组为单位进行操作,以抽签的方式分组,确定小组长及成员。小组长负责管理本小组操作和学习、评定小组成员的作业成绩。

【评价】

学生成绩评价表见表 2-5。

表 2-5　　　　　　　　　　学生成绩评价表

任务名称:　　　　　　　　　学号:　　　　　　　　　　　姓名:

评价项目	分值	自我评价	小组评价	教师评价
时间要求	5			
增加操作员操作正确	20			
账套设置正确	30			
系统启用正确	10			
操作员权限设置正确	20			
账套备份正确	10			
账套引入正确	5			

模块三

基 础 设 置

模块导引 企业信息化一般选择商品化通用管理软件,软件安装完成后,其中是不包括任何数据的。但用计算机系统处理企业日常业务需要用到大量的基础信息,如员工、部门、科目等。因此,应根据企业的实际情况,结合计算机系统技术信息设置的要求,做好基础数据的整理准备,并正确地录入系统中,作为系统运行的基本条件。

学习目标
1. 明确基础设置的重要性
2. 了解基础设置的主要内容
3. 掌握各项基础档案的设置方法

学习任务
1. 认知基础设置
2. 基础档案的录入

任务一 认知基础设置

用友 T3 财务软件由多个系统模块构成,如总账、工资、固定资产、购销存系统等。这些不同的模块有很多信息是公用的,如部门、职员、会计科目等。另外,也有一些基础信息为子模块所特有,如收发类别、仓库档案等则为购销存系统所特有。因此,用友 T3 财务软件财务业务一体化管理系统的基础数据不仅涉及财务部门,还会涉及其他业务部门。基础设置是财务软件系统运行必需的基础数据。

一、认知基础档案设置的基本内容

基础档案设置的基本内容如表 3-1 所示。

表 3-1 基础档案设置基本内容

基础档案分类	基础档案目录	档案用途	前提条件
机构设置	部门档案	设置与企业财务核算与管理有关的部门	先设置部门编码方案
	职员档案	设置企业的各个职能部门中需要对其核算和业务管理的职工信息	先设置部门档案,才能在其下增加职员

（续表）

基础档案分类	基础档案目录	档案用途	前提条件
往来单位	客户分类	便于进行业务数据的统计、分析	先确定对客户分类,然后确定编码方案
	客户档案	便于进行客户管理和业务数据的录入、统计、分析	先建立客户分类档案
	供应商分类	便于进行业务数据的统计、分析	先确定对供应商分类,然后确定编码方案
	供应商档案	便于进行供应商管理和业务数据的录入、统计、分析	先建立供应商分类档案
	地区分类	针对客户/供应商所属地区进行分类,便于进行业务数据的统计、分析	
存货	存货分类	设置存货类别编码及名称	
	存货档案	设置存货编号、名称、计量单位、所属分类、存货属性	
财务	会计科目	设置企业核算的科目目录	先设置科目编码方案及外币
	凭证类别	设置企业核算的凭证类型	
	外币	设置企业用到的外币种类及汇率	
	项目目录	设置企业需要对其进行核算和管理的对象、目录	可将存货、成本对象、现金流量直接作为核算的项目目录
收付结算	结算方式	资金收付业务中用到的结算方式	
	付款条件	设置企业与往来单位协议规定的收、付款折扣优惠方法	
	开户银行	设置企业在收付结算中对应的开户银行信息	
购销存	仓库档案	设置仓库编码、名称、所属部门、计价方式	
	采购类型	设置采购类型编码、名称、入库类别	
	销售类型	设置销售类型编码、名称、出库类别	
	费用项目	设置费用项目编号及名称	
	产品结构	设置父项及子项存货编号、名称、定额数量、存放仓库、生产车间	
	非合理性损耗类型	设置非合理性损耗类型编号及名称	

二、认知基础设置的基本操作流程

基础设置一般由账套主管来完成,其操作流程如图3-1所示。

```
1. 以账套主管身份登录操作系统
2. 点击【基础设置】显示下拉菜单
3. 根据设置内容选择下拉菜单相对应项目
4. 按照设置内容及要求进行相应设置,在设置界面输入设置内容信息
```

图 3-1 基础设置基本操作流程图

1. 请你根据以上的认知想一想,运行财务软件系统为什么需要进行基础设置?
2. 按照财务业务一体化管理软件要求,企业需要准备哪些基础档案设置?

任务二 基础档案的录入

一、机构设置

机构设置包括部门档案设置和职员档案设置。

业务活动3-1 机构设置

【活动准备】
1. 恢复"练一练2-6"账套。
2. 设置机构资料。
(1) 增加部门档案(见表3-2)。

表 3-2　　　　　　　　　　部 门 档 案

部门编码	部门名称	部门属性
01	管理中心	管理部门

(2) 增加职员档案(见表3-3)。

表 3-3　　　　　　　　　　职 员 档 案

职员编码	职员姓名	部门名称	职员属性
001	刘小同	总经理办公室	总经理

【岗位任务】操作员:账套主管。
建立部门档案及职员档案。

【操作步骤】

1. 建立部门档案

步骤1　以账套主管身份登录用友 T3 财务软件,如图 3-2 所示。

步骤2　选择【基础设置】→【机构设置】→【部门档案】,如图 3-3 所示。进入"部门档案"对话框,如图 3-4 所示。

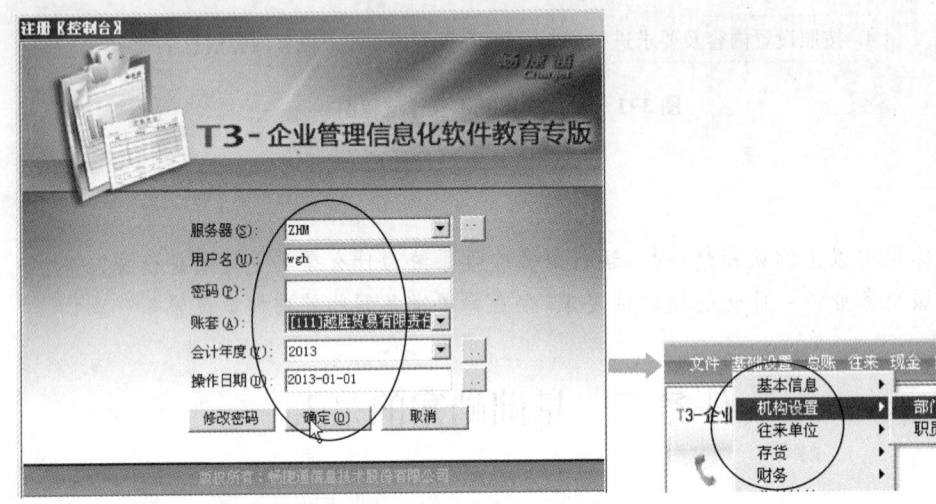

图 3-2　登录界面　　　　　　　　　　图 3-3　进入"部门档案"路径

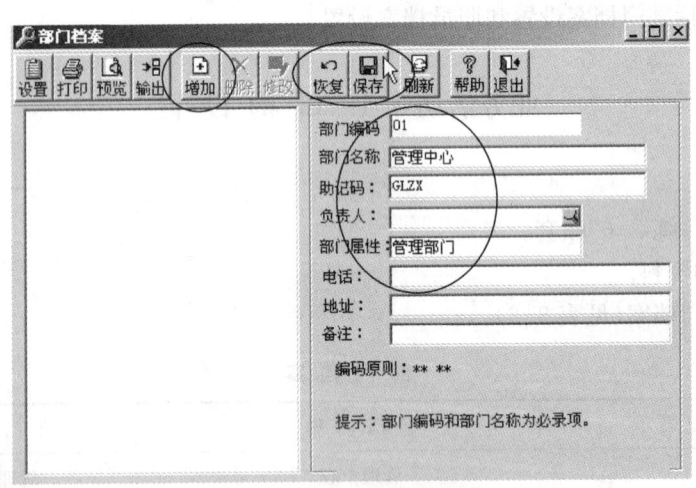

图 3-4　"部门档案"设置界面

步骤3　单击【增加】按钮,输入部门编码、名称等信息,然后单击【保存】按钮。

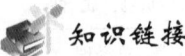知识链接

在未建立职员档案前,不能选择输入负责人信息。待职员档案建立完成后,重新进入部门档案,通过"修改"功能补充负责人信息。

2. 建立职员档案

步骤1 选择【基础设置】→【机构设置】→【职员档案】,如图3-5所示,进入"职员档案"对话框,如图3-6所示。

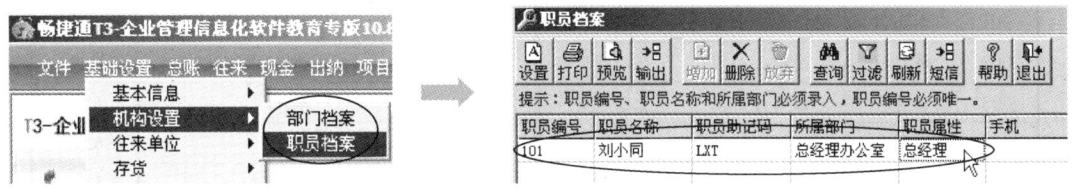

图3-5 进入"职员档案"路径   图3-6 "职员档案"设置界面

步骤2 在"职员档案"对话框,点击【增加】按钮,输入职员编码、名称、所属部门、职员属性等信息后按回车键(注:所属部门可点击 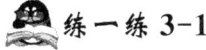 参照选择)。

> **知识链接**
>
> (1) 职员档案建立完成后,可重新进入部门档案,通过修改功能增加部门负责人信息。
> (2) 输入完一个职员的档案信息之后,必须按回车键换行才能保存。
> (3) 输入完一个职员的档案信息之后,可通过点击【刷新】按钮在职员档案列表中查看最新输入的职员信息。如果想删除,则选定删除职员信息,点击【删除】按钮即可。

练一练 3-1　　　　　机 构 设 置

【活动准备】

1. 恢复"练一练2-6"备份的账套。
2. 部门档案资料如表3-4所示,职员档案资料如表3-5所示。

表3-4　　　　　　　　　部 门 档 案

部门编码	部门名称	部门属性	部门编码	部门名称	部门属性
01	管理中心	管理部门	03	制造中心	生产部门
0101	总经理办公室	管理部门	0301	车间办公室	生产部门
0102	厂办	管理部门	0302	一车间	生产部门
0103	财务部	管理部门	0303	二车间	生产部门
02	供销中心	业务部门	04	仓储部	管理部门
0201	销售部	业务部门	0401	成品库	管理部门
0202	采购部	业务部门	0402	原材料库	管理部门

表 3-5　　　　　　　　　　　　　职 员 档 案

职员编码	职员姓名	部门名称	职员属性	职员编码	职员姓名	部门名称	职员属性
001	刘小同	总经理办公室	总经理	014	凡禹	采购部	采购人员
002	陈广	总经理办公室	部门经理	015	张梅	生产车间办公室	部门经理
003	黄香	总经理办公室	管理人员	016	李华	一车间	生产人员
004	李聪	厂办	部门经理	017	黄小玉	一车间	生产人员
005	黄伟	厂办	管理人员	018	赵兰东	一车间	生产人员
006	姚青	厂办	管理人员	019	韦小月	一车间	生产人员
007	韦国汉	财务部	部门经理	020	蔡兴	二车间	生产人员
008	张兰琼	财务部	管理人员	021	刘沙	二车间	生产人员
009	宋丹丹	财务部	管理人员	022	朱丽华	二车间	生产人员
010	兰天	销售部	部门经理	023	刘荣	成品库	部门经理
011	王刚	销售部	销售人员	024	王莹	成品库	保管人员
012	张帆	销售部	销售人员	025	白合	原材料库	保管人员
013	李东华	采购部	部门经理				

【岗位任务】操作员：账套主管"韦国汉"(wgh)。

1. 根据表 3-4、表 3-5 的资料进行机构设置，增加部门档案和职员档案。
2. 备份账套。

二、往来单位设置

往来单位设置包括客户分类、客户档案、供应商分类、供应商档案及地区分类等。

业务活动 3-2　往来单位设置

【活动准备】

1. 恢复"练一练 3-1"备份的账套。
2. 往来单位设置资料。

(1) 地区分类（见表 3-6）。

表 3-6　　　　　　　　　　地 区 分 类

地区分类编码	地区分类名称
01	华北

(2) 客户分类和供应商分类（见表 3-7）。

表 3-7　　　　　　　　　　客 户 分 类

分类编码	客户分类名称
01	省内

(3) 客户档案(见表3-8)。

表3-8　　　　　　　　　　　　　客户档案

客户编码	名称(简称)	所属分类	税号	开户银行	银行账号	分管部门	业务员	地址、电话
01	腾飞公司	01	450197666148326	工行南宁市中山路支行	2100116131059887356	销售部	王刚	南宁市中山路101号，0771-5632809

(4) 供应商档案(见表3-9)。

表3-9　　　　　　　　　　　　　供应商档案

供应商编码	名称(简称)	所属分类	税号	开户银行	银行账号	分管部门	业务员
01	贝达公司	01	450111110115687	交通银行南宁高新区支行	4222186860805326757579	采购部	李东华

【岗位任务】操作员：账套主管。

建立往来单位的地区分类、客户分类和供应商分类、客户档案、供应商档案。

【操作步骤】

1. 建立地区分类、客户分类和供应商分类

步骤1　选择【基础设置】→【往来单位】→【地区分类】，进入"地区分类"对话框。

步骤2　在"地区分类"对话框，单击【增加】按钮，输入地区编码、名称等信息，单击【保存】按钮或直接按回车键，如图3-7所示。

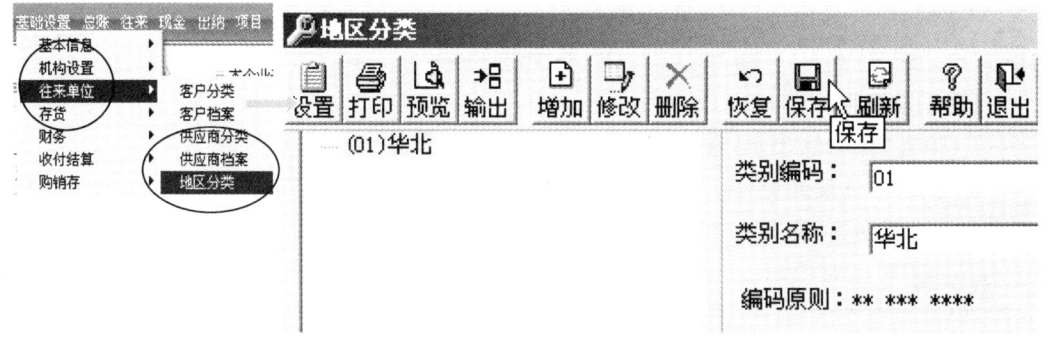

图3-7　建立往来单位"地区分类"操作界面

知识链接

(1) 建立客户分类和供应商分类、存货分类的操作方法与建立地区分类操作方法相同。

(2) 在建账时如果选择了进行客户分类、供应商分类，则在此必须进行客户分类、供应商分类，否则将不能输入客户和供应商档案。

(3) 如想删除某个分类信息，选定需要删除的分类后点击【删除】按钮。

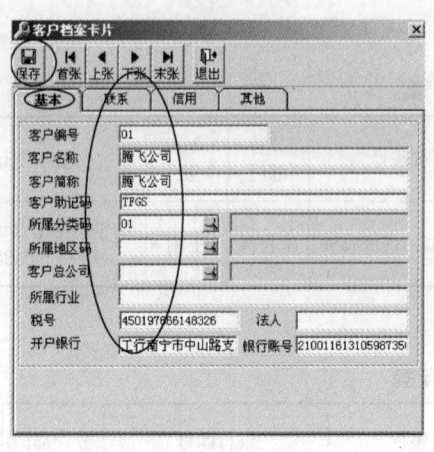

2. 建立客户、供应商档案

步骤1 选择【基础设置】→【往来单位】→【客户档案】,进入"客户档案"对话框。

步骤2 在"客户档案"对话框中单击【增加】按钮,进入"客户档案卡片",根据档案资料选择"基本"、"联系"、"信用"、"其他"等选项卡,选择或录入相关信息后点击【保存】按钮,如图3-8所示。

图3-8 客户档案卡片

知识链接

(1) 建立供应商档案、存货档案的方法与建立客户档案的方法基本相同;建立存货档案的"存货档案卡片"界面比"客户、供应商档案卡片"界面多一个【拷贝】按钮,可用于拷贝某张卡片的基本信息,减少录入工作量。

(2) 相关信息在"基本"选项卡上找不到的,可以在其他选项卡上查找录入。如客户的"分管部门"和"业务员"信息在"其他"选项卡中录入。

练一练3-2 往来单位设置

【活动准备】

1. 恢复"练一练3-1"备份的账套。
2. 往来单位设置资料。

(1) 地区分类(见表3-10)。

表3-10 地区分类

地区分类编码	地区分类名称	地区分类编码	地区分类名称
01	华北	02	华东
03	华西	04	华南

(2) 客户分类、供应商分类(见表3-11)。

表3-11 客户分类、供应商分类

分类编码	客户分类名称	供应商类别编码	供应商类别名称
01	省内	01	原料供应
02	省外	02	其他供应商

(3) 客户档案(见表3-12)。

表3-12 客户档案

客户编码	名称（简称）	所属分类	税　号	开户银行	银行账号	分管部门	业务员	地址、电话
01	腾飞公司	01	450197666148326	工行南宁市中山路支行	210011613105987356	销售部	王刚	南宁市中山路101号，0771-5632809
02	红河公司	01	450197666321486	工行南宁市高新区支行	210011613105900087	销售部	兰天	南宁市科园路91号，0771-3256980
03	星光公司	01	450266666486321	交行柳州市柳城支行	222013416908700105	销售部	兰天	柳州市柳城路11号，0772-5698320
04	东方公司	02	450197666326148	交行广州市海珠区支行	222013416908352189	销售部	王刚	广州市海珠区工业大道66号，020-3280569

(4) 供应商档案(见表3-13)。

表3-13 供应商档案

供应商编码	名称（简称）	所属分类	税　号	开户银行	银行账号	分管部门	业务员
01	贝达公司	01	450111110115687	交通银行南宁高新区支行	42221868608053267579	采购部	李东华
02	晶莹公司	01	450195593133524	中行南宁市仙湖路支行	11020299889227755230	采购部	李东华
03	畅达公司	02	440111211799976	工行广州市花都支行	12010299889523022775	采购部	凡禹
04	成达公司	01	440292113551234	工行深圳市宝安支行	42011868608053267579	采购部	凡禹

【岗位任务】操作员：账套主管"韦国汉"(wgh)。

1. 根据表3-10~表3-13的资料进行地区、客户、供应商分类，建立客户和供应商档案值。

2. 备份账套。

三、存货设置

存货设置包括存货分类及存货档案设置，其操作方法与往来单位设置相同。

业务活动3-3　存货设置

存货的设置包括存货分类设置和存货档案设置两个基本内容。

【活动准备】

1. 恢复"练一练3-2"备份的账套。

2. 项目活动资料。

(1) 存货分类(见表3-14)。

表3-14　　　　　　　　　　　存 货 分 类

存货类别编码	存货类别名称
1	原材料

(2) 存货档案(见表3-15)。

表3-15　　　　　　　　　　　存 货 档 案

存货编号(代码)	名称	计量单位	税率(%)	所属分类	存货属性
101	甲材料	千克	17	原材料	外购、生产耗用、销售

【岗位任务】操作员:账套主管。

1. 设置存货分类。
2. 建立存货档案。

【操作步骤】

1. 存货分类

步骤1　选择【基础设置】→【存货】→【存货分类】,如图3-9所示,进入"存货分类"对话框。

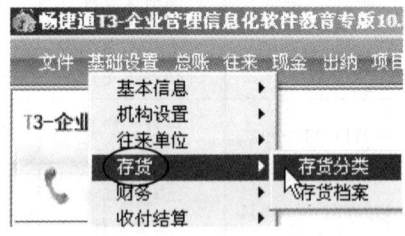

图3-9　存货分类设置路径

步骤2　在"存货分类"对话框,点击【增加】按钮,录入存货类别编码、名称,单击【保存】按钮或直接按回车键保存,如图3-10所示。

图3-10　存货分类设置界面

2. 建立存货档案

步骤 1　选择【基础设置】→【存货】→【存货档案】,如图 3-11 所示,进入"存货档案卡片"对话框。

步骤 2　在"存货档案卡片"对话框,录入存货档案信息,单击【保存】按钮,如图 3-12 所示。

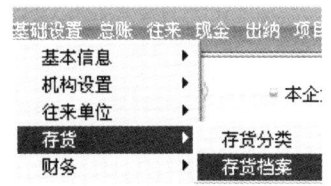

图 3-11　存货档案设置路径

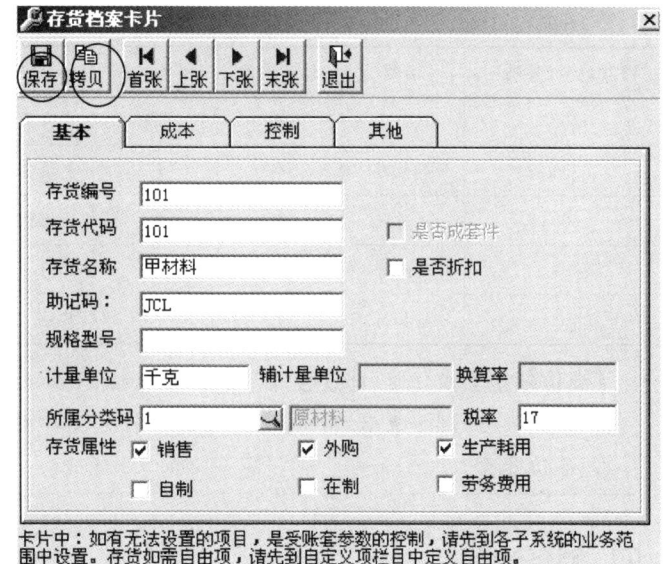

图 3-12　存货档案卡片

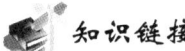

存货档案卡片具有拷贝功能,当拷贝某张卡片时可把基本信息如计量单位、存货属性、启用日期等拷贝在新增的卡片上,减少录入工作量。

 练一练 3-3　　　　　存 货 设 置

【活动准备】

1. 恢复"练一练 3-2"备份的账套。
2. 存货分类资料如表 3-16 所示,存货档案资料如表 3-17 所示。

表 3-16　　　　　　　　　　　存货分类资料

存货类别编码	存货类别名称	存货类别编码	存货类别名称	存货类别编码	存货类别名称
1	原材料	3	周转材料	302	低值易耗品
2	库存商品	301	包装物	4	其他

表 3-17　　　　　　　　　　　存货档案资料

存货编号(代码)	名称	计量单位	税率(%)	所属分类	存货属性
101	甲材料	千克	17	原材料	外购、生产耗用、销售
102	乙材料	千克	17	原材料	外购、生产耗用、销售
201	A产品	件	17	库存商品	销售、自制、在制

(续表)

存货编号(代码)	名称	计量单位	税率(%)	所属分类	存货属性
202	B产品	件	17	库存商品	销售、自制、在制
301	包装箱	个	17	包装物	外购、生产耗用、销售
302	工作服	套	17	低值易耗品	外购、生产耗用、销售
401	运输费	元	7	其他	劳务费用
402	折扣行	元	17	其他	销售、外购

【岗位任务】操作员：账套主管"韦国汉"(wgh)。
1. 根据表3-16～表3-17的资料完成存货分类和存货档案的设置。
2. 备份账套。

四、财务设置

财务设置包括会计科目、凭证类别、项目目录和外币种类等内容的设置。

业务活动3-4 财务设置

(一) 外币设置

【活动准备】
1. 恢复"练一练3-3"备份的账套。
2. 外币相关资料。

本企业采用固定汇率核算外币，外币只涉及美元一种，美元币符假定为USD，2013年1月初的汇率为6.228。

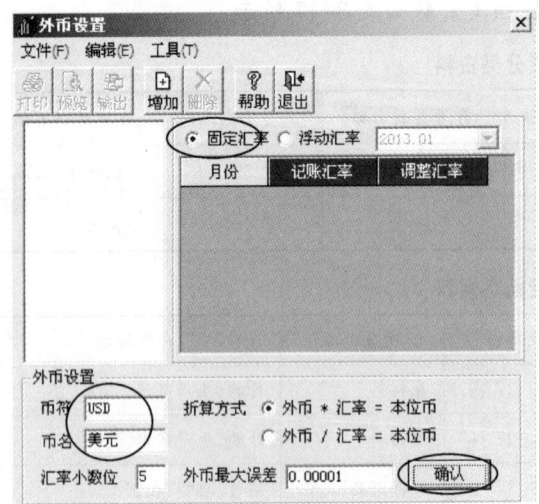

图3-13 外币设置对话框

【岗位任务】操作员：账套主管。
根据项目活动准备进行外币设置。
【操作步骤】
步骤1 执行【基础设置】→【财务】→【外币种类】，进入"外币设置"对话框。
步骤2 在"外币设置"对话框，选择固定汇率，输入币符"USD"、币名"美元"，其他项目采用默认值，然后单击【确认】按钮，如图3-13所示。
步骤3 在"外币设置"对话框，选择2013年1月初的记账汇率栏，输入汇率6.228，按回车键确认，如图3-14所示。

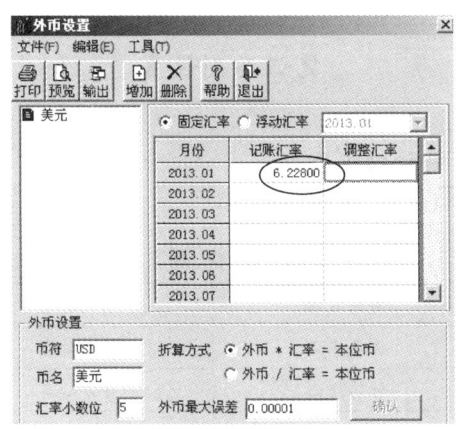

图 3-14 "外币设置"对话框

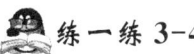 练一练 3-4　　　　　　　外　币　设　置

【活动准备】

1. 恢复"练一练 3-3"备份的账套。

2. 外币设置要求：本企业采用固定汇率核算外币，外币只涉及美元一种，美元币符假定为 USD，2013 年 1 月初的汇率为 6.228。

【岗位任务】操作员：账套主管"韦国汉"(wgh)。

1. 恢复"练一练 3-3"备份的账套。

2. 根据项目活动准备进行外币设置。

3. 备份账套。

(二) 设置凭证类别

【活动准备】

1. 恢复"练一练 3-4"备份的账套。

2. 凭证类别设置要求(见表 3-18)。

表 3-18　　　　　　　　　　　凭证类别设置要求

类别字	类别名称	限制类型	限制科目
收	收款凭证	借方必有	1001,1002

【岗位任务】操作员：账套主管。

根据资料设置凭证类别。

【操作步骤】

步骤 1　选择【基础设置】→【财务】→【凭证类别】，进入"凭证类别"设置界面。

步骤 2　点击"凭证类别"工具栏【增加】按钮，输入类别字、类别名称、限制类型和限制科目，如图 3-15 所示。

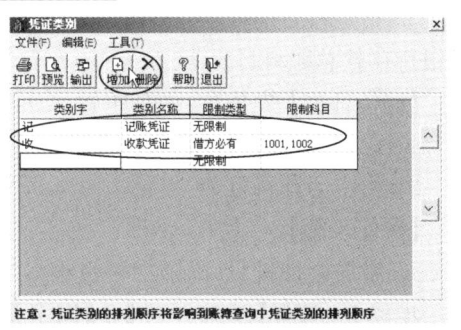

图 3-15　凭证类别设置界面

练一练 3-5　　凭证类别设置

【活动准备】

1. 恢复"练一练 3-4"备份的账套。
2. 凭证类别设置要求(见表 3-19)。

表 3-19　　　　　　　　　　　凭 证 类 别

类别字	类别名称	限制类型	限制科目
收	收款凭证	借方必有	1001,1002
付	付款凭证	贷方必有	1001,1002
转	转账凭证	凭证必无	1001,1002

【岗位任务】 操作员：账套主管"韦国汉"(wgh)。

1. 根据表 3-19 的资料设置凭证类别。
2. 备份账套。

(三) 会计科目的设置

会计科目体系是会计核算的基础，会计科目设置内容包括会计科目的增加、修改、复制、成批复制、删除、查找、指定会计科目等基本功能。

【活动准备】

1. 恢复"练一练 3-5"备份的账套。
2. 增加及修改会计科目的资料(见表 3-20)。

表 3-20　　　　　　　　增加及修改会计科目的资料

科目编码	科目名称	余额方向	辅助核算	任务要求
1001	库存现金	借	日记账	修改
1002	银行存款	借	日记账、银行账	修改
100201	交行存款(人民币户)	借	日记账、银行账	新增
100202	交行存款(美元户)	借	日记账、银行账	新增

3. 指定科目的要求：将 1001 库存现金指定为库存现金总账科目，将 1002 银行存款指定为银行存款总账科目。

【岗位任务】 操作员：账套主管。

1. 设置会计科目(增加/修改)。
2. 指定会计科目。

【操作步骤】

1. 增加会计科目(以增加科目编号"100201"为例)

步骤 1　选择【基础设置】→【财务】→【会计科目】，进入"会计科目"对话框，如图 3-16 所示。

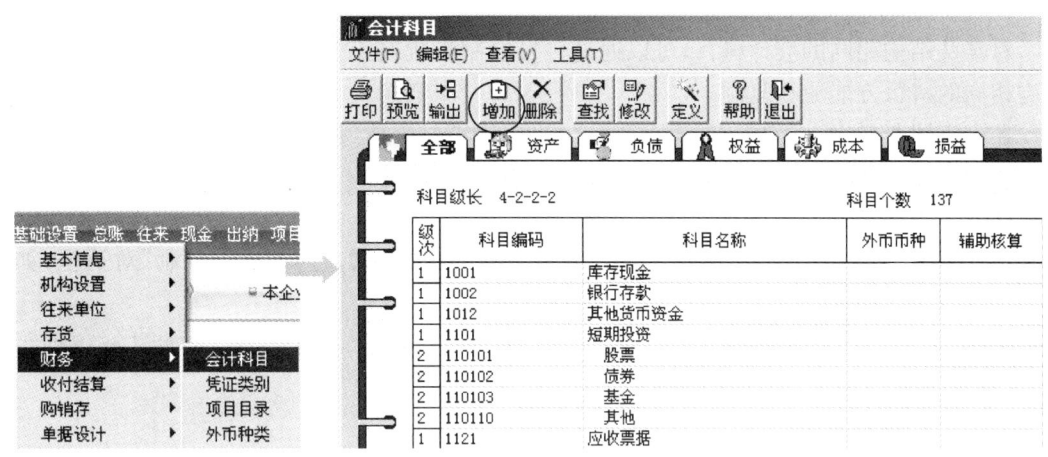

图 3-16 登录"会计科目"界面路径

步骤 2 在"会计科目"对话框单击【增加】按钮,打开"会计科目_新增"对话框,依据实训资料录入科目编码、科目名称等会计科目信息,并选择相应辅助核算后单击【确定】按钮保存,如图 3-17 所示。

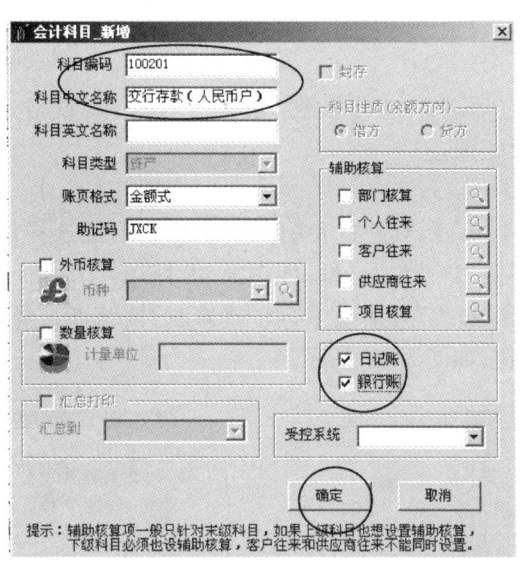

图 3-17 新增会计科目界面

知识链接

(1) 增加科目必须由上级至下级逐级增加,删除科目则相反,非末级科目不能删除。

(2) 辅助核算一般只针对末级科目,如果上级科目设置辅助核算,下级科目默认该辅助核算。

(3) 助记码只能由字母或数字组成,而不能用其他符号。

2. "成批复制"会计科目

对某些结构相同的会计科目,可以通过科目复制来提高工作效率。一般只有二级以上且结构相同的科目方能成批复制。

在本实训资料中,当增加完"库存商品"的明细账"A产品"和"B产品"后,可以利用成批复制功能增加"主营业务收入"、"主营业务成本"下的明细科目。

【操作步骤】

步骤1 在"会计科目"窗口中,点击【编辑】→【成批复制】,打开"成批复制"对话框,如图3-18所示。

步骤2 录入科目编码并选中"辅助核算"复选框,然后单击【确认】按钮保存,如图3-18所示。

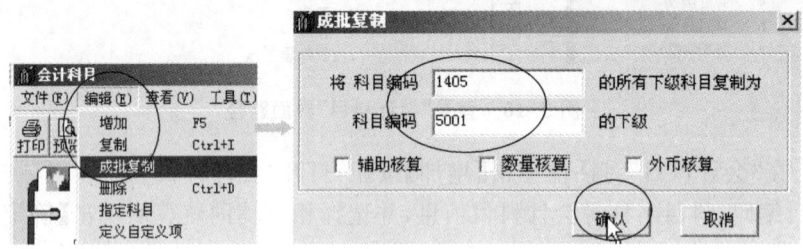

图3-18 成批复制会计科目操作路径

3. 修改会计科目

会计科目设置完成之后可以进行修改,如科目名称、账页格式、辅助核算等。如修改"1001"科目辅助核算为日记账。

【操作步骤】

步骤1 在"会计科目"界面,双击"1001库存现金"科目或选择该科目后点击工具栏上的【修改】按钮,进入"会计科目_修改"对话框,如图3-19所示。

步骤2 在"会计科目_修改"对话框中,点击【修改】按钮进入修改状态,选中"日记账"复选框,然后单击【确定】按钮,如图3-20所示。

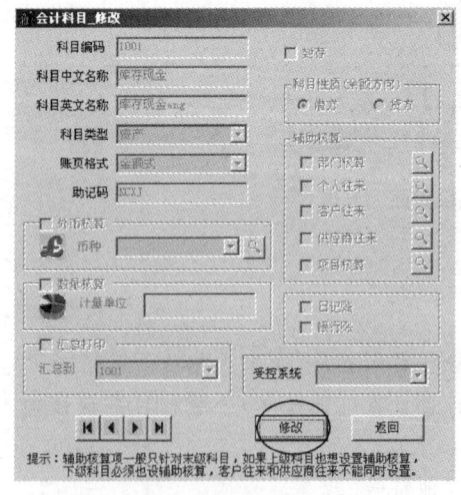

图3-19 "会计科目_修改"对话框(一)

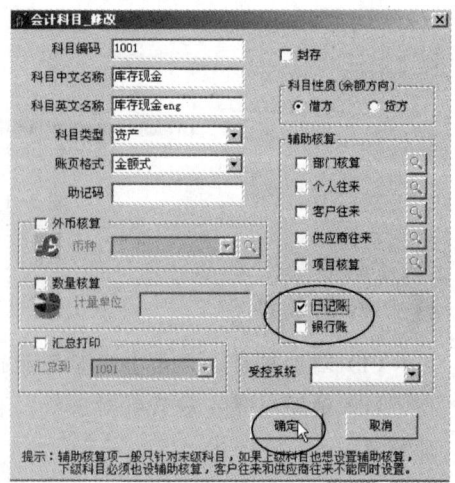

图3-20 "会计科目_修改"对话框(二)

知识链接

已录入余额科目、已制单科目、已指定科目不能修改,若想修改,需要进行逆操作后方能修改。

4. 指定会计科目

指定会计科目是指定出纳的专管科目,一般是指现金科目和银行存款科目。指定科目后,才能执行"出纳签字",从而实现现金、银行存款的保密性,才能查看现金、银行存款日记账。

【操作步骤】

步骤1　在会计科目窗口中,点击【编辑】→【指定科目】,进入"指定科目"对话框。

步骤2　选中"现金总账科目"单选按钮,从"待选科目"列表框中选择"1001 库存现金"科目,然后单击 > 按钮,将"库存现金"科目添加到已选科目列表中("银行存款"科目的指定方法同),然后单击【确认】按钮保存,如图 3-21 所示。

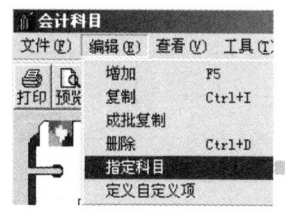
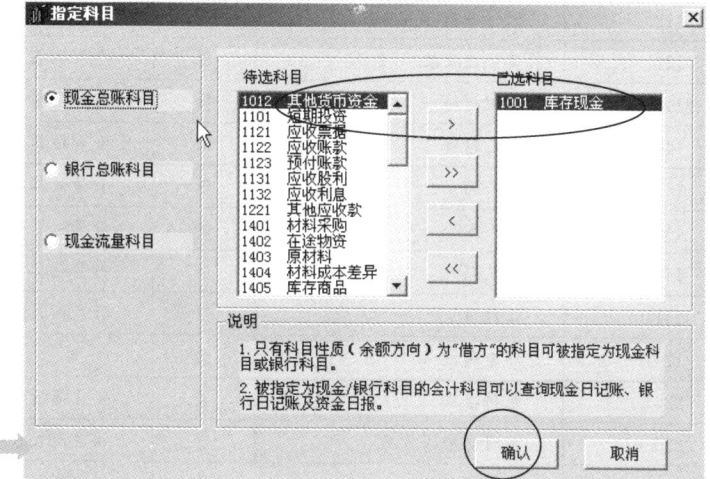

图 3-21　指定会计科目

5. 删除会计科目

在会计科目界面,选中要删除的会计科目,单击【删除】按钮,然后单击【确认】按钮。

 知识链接

1. 非末级科目不能删除。
2. 已录入余额科目、已制单科目、已指定科目不能删除,若想删除,需要进行逆操作后方能删除。

6. 查找会计科目

在会计科目界面,单击工具栏【查找】按钮或"Ctrl+F"快捷键,输入要查找科目的代码后点击【查找】按钮。

练一练 3-6　　会计科目设置

【活动准备】

1. 恢复"练一练 3-5"备份的账套。
2. 会计科目的资料如表 3-21 所示。

表 3-21　　会计科目表

科目编码	科目名称	余额方向	辅助核算	任务要求
1001	库存现金	借	日记账	修改
1002	银行存款	借	日记账、银行账	修改
100201	交行存款(人民币户)	借	日记账、银行账	新增
100202	交行存款(美元户)	借	日记账、银行账	新增
1121	应收票据	借	客户往来	修改
1122	应收账款	借	客户往来(应收)	修改
1123	预付账款	借	供应商往来(应付)	修改
1221	其他应收款	借	个人往来	修改
140301	甲材料	借	数量核算(千克)	新增
140302	乙材料	借	数量核算(千克)	新增
140501	A产品	借	数量核算(件)	新增
140502	B产品	借	数量核算(件)	新增
141101	包装箱	借	数量核算(个)	新增
141102	工作服	借	数量核算(套)	新增
170101	非专利技术	借		新增
2201	应付票据	贷	供应商往来	修改
220201	应付供应商货款	贷	供应商往来(应付)	新增
220202	暂估应付款	贷	供应商往来	新增
2203	预收账款	贷	客户往来(应收)	修改
22210102	已交税金	贷		新增
22210103	转出未交增值税	贷		新增
22210104	进项税额转出	贷		新增
224101	社会保险费	贷		新增
224102	住房公积金	贷		新增
400101	直接材料	借	部门、项目核算	新增
400102	直接人工	借	部门、项目核算	新增
400103	制造费用	借	部门、项目核算	新增
410101	职工薪酬	借		新增
410102	折旧费	借		新增
410103	机物料消耗	借		新增

(续表)

科目编码	科目名称	余额方向	辅助核算	任务要求
410104	水电费	借		新增
410105	其他	借		新增
500101	A产品	贷	数量核算(件)	新增
500102	B产品	贷	数量核算(件)	新增
5401	主营业务成本	借		
540101	A产品	借	数量核算(件)	新增
540102	B产品	借	数量核算(件)	新增
5601	销售费用	借		
560108	折旧费	借		新增
560109	水电费	借		新增
560110	其他	借		新增

3. 指定科目的要求:将1001库存现金指定为"库存现金"总账科目,将1002银行存款指定为"银行存款"总账科目。

【岗位任务】操作员:账套主管"韦国汉"(wgh)。

1. 根据表3-21设置会计科目(增加/修改)(在增加会计科目时,可练习使用成批复制、删除功能,在修改会计科目时可练习使用查找功能)。

2. 指定会计科目。

3. 备份账套。

(四) 项目目录

【活动准备】

1. 恢复"练一练3-6"备份的账套。

2. 项目目录资料如表3-22所示。

表3-22　　　　　　　　　　项 目 目 录

项目大类名称	项目级数	项目分类	项目目录			
产品 (普通项目)	一级 2位	分类编码:01 分类名称:产品	项目编号	项目名称	所属分类码	结算
			01	A产品	01	否
			02	B产品	01	否
核算科目及成本信息			成本项目	A产品	B产品	
			直接材料			
			直接人工			
			制造费用			
			合　计			

【岗位任务】操作员:账套主管。

完成项目目录设置。

【操作步骤】

步骤1　执行【基础设置】→【财务】→【项目目录】或直接在菜单栏选择【项目】→【设置】→【项目目录】，进入"项目档案"对话框，如图3-22所示。

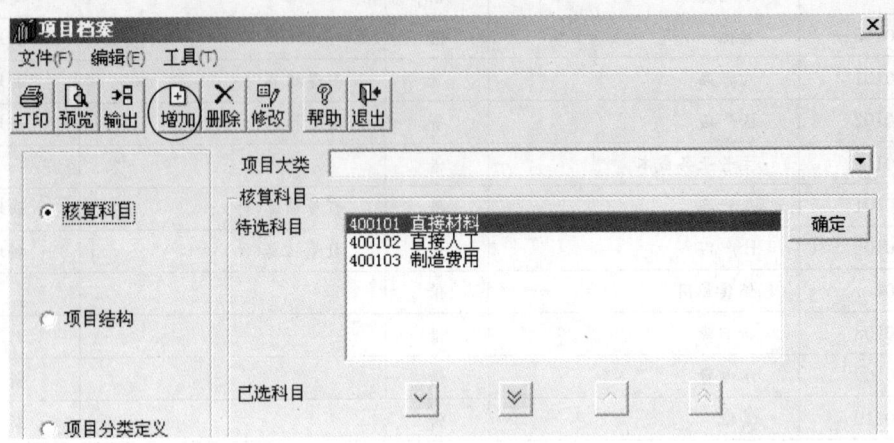

图3-22　"项目档案"对话框

步骤2　单击【增加】按钮，打开【项目大类定义_增加】对话框，如图3-23所示。

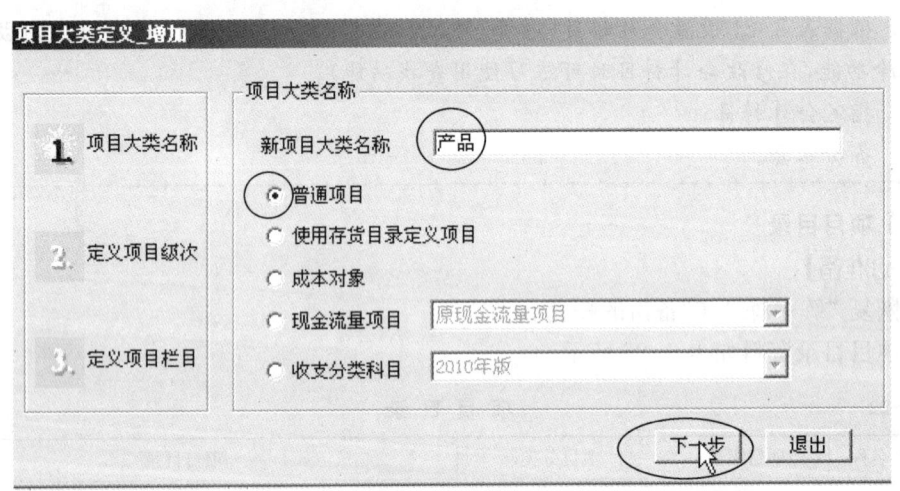

图3-23　"项目大类定义_增加"对话框

步骤3　输入项目大类名称"产品"，选择项目大类的属性"普通项目"。单击【下一步】按钮，打开"定义项目级次"对话框，如图3-24所示，设定项目级次——一级2位。单击【下一步】按钮，打开"定义项目栏目"对话框，取系统默认设置，不做修改。单击【完成】按钮，返回"项目档案"对话框。

步骤4　在"项目档案"对话框内，选中"核算科目"单选按钮，单击" ≫ "按钮，将全部待选科目选择为按产品项目大类核算的科目，然后单击【确定】按钮保存，如图3-25所示。

步骤5　在"项目档案"对话框，选中"项目分类定义"单选按钮，输入项目分类编码及名称，如输入分类编码"01"，分类名称"A产品"，然后单击【确定】按钮，如图3-26所示。

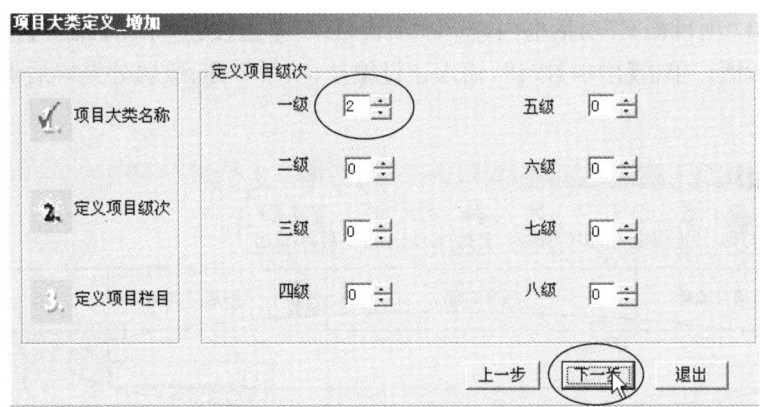

图 3-24 "定义项目级次"对话框

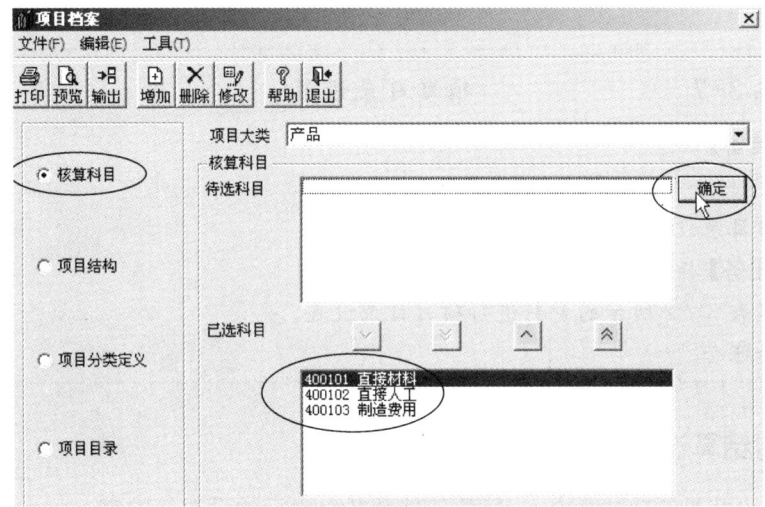

图 3-25 "项目档案_核算科目"对话框

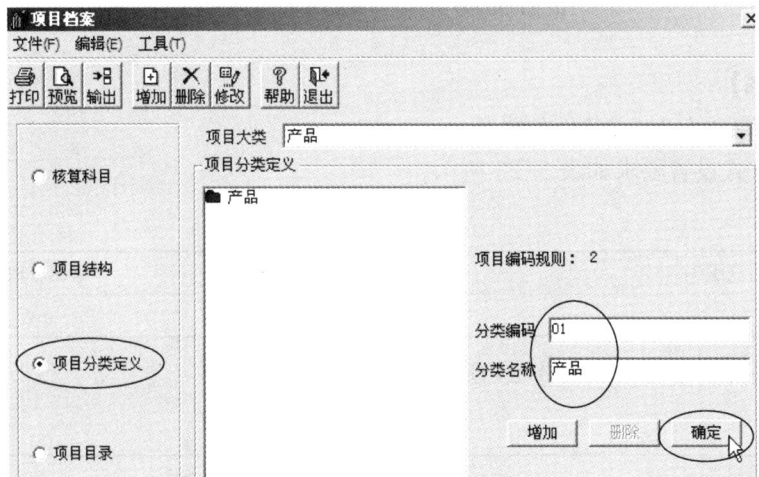

图 3-26 "项目档案_项目分类定义"对话框

步骤6 在"项目档案"对话框内,选中"项目目录"单选按钮,单击【维护】按钮,进入"项目目录维护"对话框。单击【增加】按钮,输入项目编号、项目名称、所属分类码后退出,如图3-27所示。

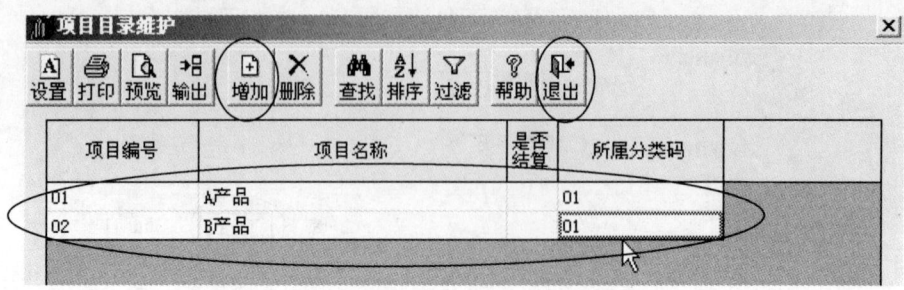

图3-27 "项目目录维护"界面

练一练3-7　　　　　项目目录设置

【活动准备】
1. 恢复"练一练3-6"备份的账套。
2. 项目目录设置资料如表3-22所示。

【岗位任务】操作员:账套主管"韦国汉"(wgh)。
1. 根据表3-22所示的资料进行项目目录设置。
2. 备份账套。

五、收付结算设置

收付结算的设置包括结算方式、付款条件及开户银行的设置等内容。

业务活动3-5　　收付结算设置

【活动准备】
1. 恢复"练一练3-7"备份的账套。
2. 结算方式设置要求如表3-23所示。

表3-23　　　　　　　　　结算方式设置要求

结算方式编码	结算方式名称	票据管理标志
1	现金结算	否

3. 付款条件设置要求如表3-24所示。

表3-24　　　　　　　　　付款条件设置要求

编码	付款条件
01	2/10, 1/20, n/30

4. 银行设置要求如下:
编号:01;名称:交通银行南宁市科园支行;账号:45005513919987565899
【岗位任务】操作员:账套主管。
根据结算方式设置要求、付款条件设置、银行设置要求,完成相关收付结算设置。
【操作步骤】
1. 结算方式
步骤1　选择【基础设置】→【收付结算】→【结算方式】,进入"结算方式"对话框。
步骤2　单击【增加】按钮,输入某种结算方式的编码、名称,单击【保存】按钮。
注意:如设置的结算方式需要票据管理,则要选中"票据管理方式"单选框,如图3-28所示。

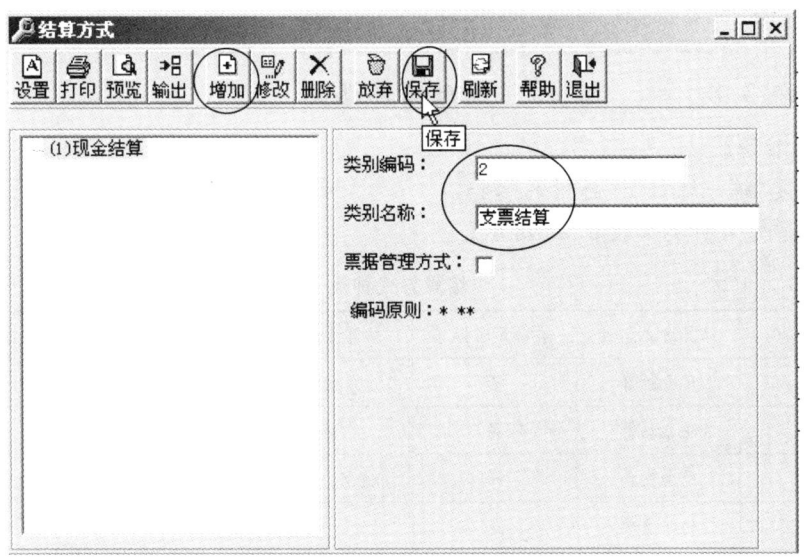

图 3-28　"结算方式"对话框

2. 设置付款条件(以01编码为例)
步骤1　选择【基础设置】→【收付结算】→【付款条件】,进入"付款条件"对话框。
步骤2　在"付款条件"对话框中依次输入付款条件编码、付款条件表示、信用天数、优惠天数、优惠率等信息后按回车键保存,如图3-29所示。付款条件表示自动生成,单击"刷新"按钮可显示刚才设置的付款条件("2/10,1/20,n/30"的付款条件表示的含义:信用天数为30天,如在10内付款可折扣2%,如在20内付款,可折扣1%)。

图 3-29　"付款条件"对话框

3. 开户行设置

步骤1 选择【基础设置】→【收付结算】→【开户银行】,进入"开户银行"对话框。

步骤2 在"开户银行"对话框输入编号、开户银行名称、账号,按回车键出现下一行,上一行内容自动保存,如图3-30所示。

图3-30 设置开户银行

练一练3-8　　　　收付结算设置

【活动准备】

1. 恢复"练一练3-7"备份的账套。
2. 结算方式种类如表3-25所示。

表3-25　　　　　　　结算方式种类

结算方式编码	结算方式名称	票据管理标志	结算方式编码	结算方式名称	票据管理标志
1	现金结算	否	301	商业承兑汇票	否
2	支票结算	是	302	银行承兑汇票	否
201	现金支票	是	4	银行汇票	否
202	转账支票	是	5	电汇	否
3	商业汇票	否	6	其他	否

3. 付款条件要求如表3-26所示。

表3-26　　　　　　　付款条件

编码	付款条件	编码	付款条件
01	2/10, 1/20, n/30	02	3/10, 2/20, 1/30, n/45

4. 银行设置资料如下:

编号:01;名称:交通银行南宁市科园支行;账号:45005513919987565899

【岗位任务】操作员:账套主管"韦国汉"(wgh)。

1. 根据表3-25、表3-26、银行设置资料完成收付结算设置。
2. 备份账套。

六、购销存设置

购销存设置的内容包括仓库档案、收发类别、采购类型、销售类型、费用项目、产品结构、非合理损耗等。

业务活动 3-6　购销存基础设置

【活动准备】

1. 恢复"练一练 3-8"备份的账套。
2. 购销存基础设置资料。

(1) 仓库档案(见表 3-27)。

表 3-27　　　　　　　　　　　　　　仓 库 档 案

仓库编码	仓库名称	所属部门	计价方式
1	原料库	原材料库	先进先出法

(2) 采购/销售类型(见表 3-28)。

表 3-28　　　　　　　　　　　　　采购/销售类型

采购类型编码	采购类型名称	入库类别	是否默认值
1	材料采购	采购入库	是

(3) 费用项目(见表 3-29)。

表 3-29　　　　　　　　　　　　　　费 用 项 目

费用项目编号	费用项目名称	费用项目编号	费用项目名称
01	代垫运费	02	销售支出

(4) 产品结构设置(见表 3-30)。

表 3-30　　　　　　　　　　　　　产品结构设置

项目	存货编号	存货名称	定额数量	存放仓库	生产部门
父项存货	201	A产品			一车间
子项存货	101	甲材料	2	1(原料库)	一车间
子项存货	102	乙材料	1	1(原料库)	一车间

(5) 非合理性损耗类型(见表 3-31)。

表 3-31　　　　　　　　　　　　非合理性损耗类型

非合理性损耗编号	非合理性损耗名称	是否默认值
1	管理不善	否

【岗位任务】操作员:账套主管。

根据购销存基础设置资料完成基础设置。

1. 建立仓库档案

【操作步骤】

步骤 1　点击【基础设置】→【购销存】→【仓库档案】,进入"仓库档案"对话框。

步骤 2　在"仓库档案"对话框内,单击【增加】按钮,输入仓库档案信息,单击【保存】按钮。如图 3-31 所示。

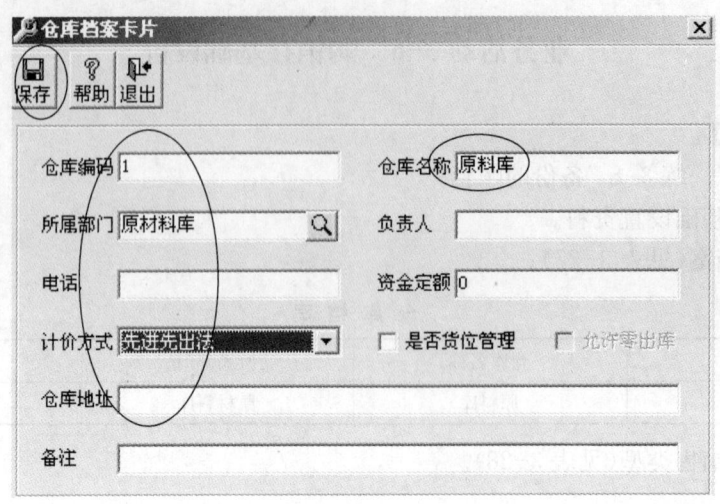

图 3-31　仓库档案卡片

2. 采购类型设置

步骤 1　点击【基础设置】→【购销存】→【采购类型】,进入"采购类型"对话框。

步骤 2　在"采购类型"对话框内,单击【增加】按钮,输入采购类型编码、名称和类别,按回车键保存,如图 3-32 所示。

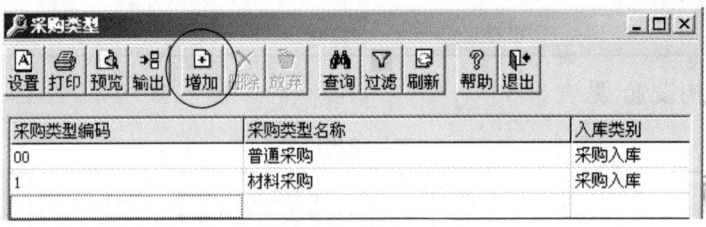

图 3-32　采购类型设置对话框

3. 销售类型、费用项目、非合理性损耗类型的设置方法与采购类型的设置

销售类型、费用项目、非合理性损耗类型设置的操作与采购类型的设置基本相同,相关操作步骤略。

4. 产品结构设置

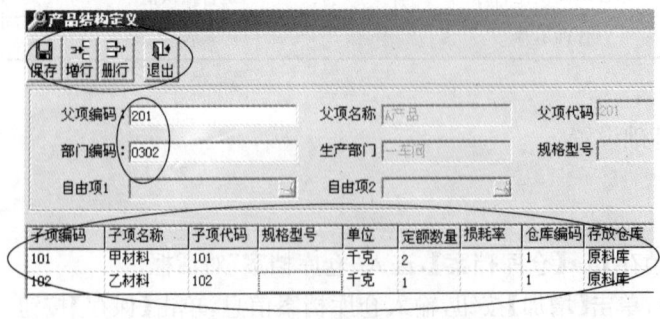

图 3-33　"产品结构定义"对话框

步骤 1　点击【基础设置】→【购销存】→【产品结构】,进入"产品结构"对话框,点击【增加】按钮,进入"产品结构定义"对话框。

步骤 2　在"产品结构定义"对话框,输入父项编码、部门编码及子项的相关信息,如子项有多项,则点击【增行】按钮,输入子项相关信息后保存退出,如图 3-33 所示。

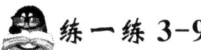 **练一练 3-9　　　　购销存基础设置**

【活动准备】

1. 恢复"练一练 3-8"备份的账套。
2. 购销存基础设置资料如下：

（1）仓库档案（见表 3-32）。

表 3-32　　　　仓库档案

仓库编码	仓库名称	所属部门	计价方式
1	原料库	原材料库	先进先出法
2	周转材料库	原材料库	先进先出法
3	成品一库	成品库	月末一次加权平均法
4	成品二库	成品库	月末一次加权平均法

（2）采购类型（见表 3-33）。

表 3-33　　　　采购类型

采购类型编码	采购类型名称	入库类别	是否默认值
1	材料采购	采购入库	是
2	商品采购	采购入库	否

（3）销售类型（见表 3-34）。

表 3-34　　　　销售类型

销售类型编码	销售类型名称	出库类别	是否默认值
1	批发	销售出库	是
2	零售	销售出库	否

（4）费用项目（见表 3-35）。

表 3-35　　　　费用项目

费用项目编号	费用项目名称	费用项目编号	费用项目名称
01	代垫运费	02	销售支出
03	包装费	04	保险费

（5）产品结构设置（见表 3-36）。

表 3-36　　　　产品结构

项目	存货编号	存货名称	定额数量	存放仓库	生产部门
父项存货	201	A 产品			一车间
子项存货	101	甲材料	2	1（原料库）	一车间
子项存货	102	乙材料	1	1（原料库）	一车间

(6) 非合理性损耗类型（见表 3-37）。

表 3-37　　　　　　　　　　　　非合理损耗类型

非合理性损耗编号	非合理性损耗名称	是否默认值
1	管理不善	否
2	计量不准	否
3	运输单位责任	否
4	意外事故	否

【岗位任务】操作员：账套主管"韦国汉"（wgh）。

根据表 3-32～表 3-37 的资料完成购销存基础设置。

模块作业 3-1　　完成基础设置

【岗位任务】操作员：系统管理员（admin）、账套主管"赵沁阳"（zqy）。

根据相关资料，完成以下任务。

1. 恢复"模块作业 2-1"备份的账套。
2. 根据以下资料完成基础设置。
3. 备份账套数据。

【任务资料】

1. 部门分类（见表 3-38）。

表 3-38　　　　　　　　　　　　部　门　分　类

部门编号	部门名称	部门编号	部门名称	部门编号	部门名称
01	管理部门	0104	生产部	03	生产车间
0101	厂办	0105	采购部	04	机修车间
0102	财务部	0106	仓储部		
0103	人力资源部	02	销售部		

2. 职员档案信息（见表 3-39）。

表 3-39　　　　　　　　　　　　职员档案信息

职员编码	职员姓名	所属部门	职员编码	职员姓名	所属部门
001	庄志奋	厂办	009	张 玲	人力资源部
002	张天星	厂办	010	张 敏	人力资源部
003	李 明	厂办	011	孙小楠	仓储部
004	王凤伟	厂办	012	蔡小青	仓储部
005	赵沁阳	财务部	013	朱 燕	仓储部
006	吴 慧	财务部	014	李向南	采购部
007	张露珍	财务部	015	艾丽阳	采购部
008	张明敏	财务部	016	赵伟伟	销售部

(续表)

职员编码	职员姓名	所属部门	职员编码	职员姓名	所属部门
017	陈凯	销售部	054	王洁珍	生产车间
018	张新嵋	销售部	055	王天宏	生产车间
019	韦志成	销售部	056	刘云云	生产车间
020	李才德	生产部	057	杨尚	生产车间
021	付会成	生产部	058	陈龙	生产车间
022	赵西峰	生产部	059	许海波	生产车间
023	皖珍	生产部	060	王可怡	生产车间
024	白星	生产车间	061	赵可	生产车间
025	齐格梅	生产车间	062	黄丽玲	生产车间
026	凌珞丽	生产车间	063	李伟	生产车间
027	吕游辉	生产车间	064	孙会珍	生产车间
028	李文	生产车间	065	白峰	生产车间
029	解小伟	生产车间	066	赵成杰	生产车间
030	陈爱平	生产车间	067	吴天海	生产车间
031	冯阳阳	生产车间	068	许如凤	生产车间
032	陈可红	生产车间	069	张丰成	生产车间
033	赵新楠	生产车间	070	赵洁如	生产车间
034	魏红梅	生产车间	071	姚依杰	生产车间
035	李春凤	生产车间	072	陈伟磊	生产车间
036	李思凤	生产车间	073	李爱明	生产车间
037	刑霞	生产车间	074	杨成娟	生产车间
038	赵林	生产车间	075	谢里国	生产车间
039	吴婷婷	生产车间	076	沈丰阳	生产车间
040	常志勇	生产车间	077	黄海涯	生产车间
041	肖扬	生产车间	078	王玲珑	生产车间
042	陈克勤	生产车间	079	陈水生	生产车间
043	王敏	生产车间	080	陈强	生产车间
044	田辉	生产车间	081	赵会东	生产车间
045	冯军军	生产车间	082	王本成	生产车间
046	朱洪武	生产车间	083	张涛	生产车间
047	唐家文	生产车间	084	秦可怡	生产车间
048	张春武	生产车间	085	程红	生产车间
049	陈丽平	生产车间	086	李伟成	生产车间
050	魏新	生产车间	087	王天杰	机修车间
051	杨彩凤	生产车间	088	秦小伟	机修车间
052	成世峰	生产车间	089	何永胜	机修车间
053	钱清靖	生产车间			

3. 客户分类、供应商分类（见表3-40）。

表3-40 客户、供应商分类

客户分类		供应商分类	
分类编码	名称	分类编码	名称
01	省外客户	01	原材料供应商
02	省内客户	02	其他供应商

4. 客户档案（见表3-41）。

表3-41 客 户 档 案

客户编码	客户名称	简称	分类码	税号	开户银行	银行账号	地址和电话
01	上海联华商贸有限公司	联华公司	01	310101902490008	中国建设银行上海黄浦区支行	310010045831786654	上海市黄浦区西藏中路656号,021-81909095
02	南宁洁奥实业有限公司	洁奥公司	02	450106015890556	交通银行南宁明秀支行	660050831000677551	南宁市明秀路56号,0771-87834332
03	南宁宜居商贸有限公司	宜居公司	02	450106015033456	中国工商银行南宁朝阳支行	130100192001090987	南宁市朝阳区22号,0771-3240600
04	天津购乐网购有限公司	购乐公司	01	120102600876009	中国建设银行天津红桥区支行	310014501849220008	天津市红桥区丁字沽三号路,022-23397656
05	北京菲克有限公司	菲克公司	01	110100567896651	中国建设银行北京东城区支行	310026578776688996	北京东城区中轴路87号,010-87896651
06	北京掏乐网购有限公司	掏乐公司	01	110106015089009	中国工商银行北京东城区支行	1110011613105567656	北京市东城区中轴路898号,010-87877765

5. 供应商档案设置（见表3-42）。

表3-42 供 应 商 档 案

供应商编码	供应商名称	简称	分类码	税号	开户银行	银行账号
01	北京丰泽实业有限公司	丰泽公司	01	110101987897670	工商银行北京东城区支行	130100192001908876
02	天津奔马化工有限公司	奔马公司	01	120102636290008	工商银行天津塘沽区支行	110580199102900098
03	上海凯瑞有限公司	凯瑞公司	01	310114900087678	工商银行上海静安支行	140111211799976788
04	南宁速达物流有限公司	速达公司	02	450101758400342	交通银行南宁城北区支行	666240581009890071
05	北京神速物流有限公司	神速公司	02	11010175 84003242	工商银行北京东城区支行	130100192001887690
06	天津伟丰五金公司	伟丰公司	01	120106290800263	交通银行天津南开区支行	110027632198894445

6. 存货分类（见表3-43）。

表 3-43　　　　　　　　　　　　　　　存 货 分 类

存货类别编码	存货类别名称	存货类别编码	存货类别名称	存货类别编码	存货类别名称
1	原材料	301	包装物	5	销售折扣
2	库存商品	302	低值易耗品		
3	周转材料	4	运输费		

7. 存货档案(见表3-44)。

表 3-44　　　　　　　　　　　　　　　存 货 档 案

存货编号(代码)	存货名称	计量单位	所属分类	税率(%)	存货属性	启用日期
101	铝片	千克	1	17	销售、外购、生产耗用	2013-03-01
102	气压塑配件	个	1	17	销售、外购、生产耗用	2013-03-01
103	瓶胆	个	1	17	销售、外购、生产耗用	2013-03-01
104	托盘	个	1	17	销售、外购、生产耗用	2013-03-01
105	口圈	个	1	17	销售、外购、生产耗用	2013-03-01
106	热传印贴	片	1	17	销售、外购、生产耗用	2013-03-01
107	底垫	个	1	17	销售、外购、生产耗用	2013-03-01
108	吸管	支	1	17	销售、外购、生产耗用	2013-03-01
109	漆	千克	1	17	销售、外购、生产耗用	2013-03-01
110	稀释剂	千克	1	17	销售、外购、生产耗用	2013-03-01
111	汽油	升	1	17	销售、外购、生产耗用	2013-03-01
112	机油	升	1	17	销售、外购、生产耗用	2013-03-01
113	螺丝圆钉	盒	1	17	销售、外购、生产耗用	2013-03-01
201	铝壳运动杯	个	2	17	销售、自制、在制	2013-03-01
202	铝壳保温杯	个	2	17	销售、自制、在制	2013-03-01
30 101	纸盒	个	301	17	销售、外购、生产耗用	2013-03-01
30 102	纸箱	个	301	17	销售、外购、生产耗用	2013-03-01
30 201	工作服	套	302	17	销售、外购、生产耗用	2013-03-01
30 202	压力表	个	302	17	销售、外购、生产耗用	2013-03-01
30 203	套筒工具	套	302	17	销售、外购、生产耗用	2013-03-01
401	运输费	元	4	7	劳务费用	2013-03-01
501	折扣行	元	5	17	销售(控制:库存均为0)	2013-03-01

8. 仓库档案(见表3-45)。

表 3-45　　　　　　　　　　　　　　　仓 库 档 案

仓库编码	仓库名称	所属部门	计价方式
1	原材料库	仓储部	先进先出法
2	库存商品库	仓储部	全月平均法

9. 凭证类别(见表3-46)。

表3-46　　　　　　　　　　　　凭 证 类 别

类别字	类别名称	限制类型	限制科目
收	收款凭证	借方必有	1001,1002
付	付款凭证	贷方必有	1001,1002
转	转账凭证	凭证必无	1001,1002

10. 结算方式(见表3-47)。

表3-47　　　　　　　　　　　　结 算 方 式

结算方式编码	结算方式名称	票据管理	结算方式编码	结算方式名称	票据管理
1	支票	否	4	商业汇票	否
101	现金支票	是	401	银行承兑汇票	否
102	转账支票	是	402	商业承兑汇票	否
2	银行汇票	否	5	委托收款	否
3	汇兑	否	6	其他	否

11. 开户银行(见表3-48)。

表3-48　　　　　　　　　　　　开 户 银 行

编号	开户银行	银行账户
1	交通银行南宁高新区支行(基本户)	666260581089564023

12. 付款条件(见表3-49)。

表3-49　　　　　　　　　　　　付 款 条 件

编号	付款条件表示	信用天数	优惠天数1	优惠率1	优惠天数2	优惠率2
1	1.5/15, 0.5/30, n/45					
2	2/10, 1/20, n/30					

13. 非合理损耗类型(见表3-50)。

表3-50　　　　　　　　　　　　非合理损耗类型

编号	非合理性损耗名称	是否默认值	编号	非合理性损耗名称	是否默认值
1	管理不善	否	4	销货单位少发	否
2	计量不准	否	5	意外事故	否
3	运输单位损耗	否	6	其他	否

14. 修改/增加会计科目(见表3-51)。

表 3-51　　　　　　　　　　　　　　　会 计 科 目 表

科目代码	科目名称	账页格式	辅助核算	余额方向	金额(元)
1001	库存现金	金额式	日记账	借	
1002	银行存款	金额式		借	
100201	交行存款	金额式	日记账、银行账	借	
1012	其他货币资金				
101201	信用卡存款	金额式		借	
101202	银行汇票存款	金额式			
1121	应收票据	金额式	客户往来		
1122	应收账款	金额式	客户往来(应收)	借	
1123	预付账款		供应商往来(应付)	借	
1221	其他应收款	金额式		借	
122101	养老保险	金额式		借	
122102	医疗保险	金额式		借	
122103	失业保险	金额式		借	
122104	个人往来	金额式	个人往来	借	
1403	原材料	金额式		借	
140301	铝片	数量金额式	数量(千克)	借	
140302	气压塑配件	数量金额式	数量(个)	借	
140303	瓶胆	数量金额式	数量(个)	借	
140304	托盘	数量金额式	数量(个)	借	
140305	口圈	数量金额式	数量(个)	借	
140306	热转印贴	数量金额式	数量(片)	借	
140307	底垫	数量金额式	数量(个)	借	
140308	吸管	数量金额式	数量(支)	借	
140309	漆	数量金额式	数量(千克)	借	
140310	稀释剂	数量金额式	数量(千克)	借	
140311	汽油	数量金额式	数量(升)	借	
140312	机油	数量金额式	数量(升)	借	
140313	螺丝圆钉	数量金额式	数量(盒)	借	
1405	库存商品	金额式		借	
140501	铝壳运动杯	数量金额式	数量(个)	借	
140502	铝壳保温杯	数量金额式	数量(个)	借	
1411	周转材料	金额式		借	
141101	包装物	金额式		借	
14110101	纸盒	数量金额式	数量(个)	借	
14110102	纸箱	数量金额式	数量(个)	借	
141102	低值易耗品	金额式		借	

(续表)

科目代码	科目名称	账页格式	辅助核算	余额方向	金额(元)
14110201	工作服	数量金额式	数量(套)	借	
14110202	压力表	数量金额式	数量(个)	借	
14110203	套筒工具	数量金额式	数量(套)	借	
1901	待处理财产损溢	金额式		借	
190101	待处理流动资产损溢	金额式		借	
2201	应付票据	金额式	供应商往来	贷	
2202	应付账款	金额式		贷	
220201	应付供应商货款	金额式	供应商往来(应付)	贷	
220202	暂估应付款	金额式	供应商往来	贷	
220203	南宁电力公司	金额式		贷	
220204	南宁自来水公司	金额式		贷	
2203	预收账款	金额式	客户往来(应收)	贷	
2221	应交税费	金额式		贷	
222101	应交增值税	金额式		贷	
22210102	已交税金	金额式		贷	
22210103	转出未交增值税	金额式		贷	
22210104	进项税转出	金额式		贷	
22210105	转出多交增值税	金额式		贷	
3002	资本公积	金额式		贷	
300201	资本溢价	金额式		贷	
4001	生产成本	金额式		借	
400101	基本生产成本	金额式		借	
40010101	直接材料	金额式	项目	借	
40010102	直接人工	金额式	项目	借	
40010103	制造费用	金额式	项目	借	
400102	辅助生产成本	金额式		借	
40010201	机物料消耗	金额式		借	
40010202	职工薪酬	金额式		借	
40010203	折旧费	金额式		借	
40010204	水电费	金额式		借	
40010205	低值易耗品	金额式		借	
40010206	其他	金额式		借	
4101	制造费用	金额式		借	
410101	职工薪酬	金额式		借	
410102	折旧费	金额式		借	
410103	水电费	金额式		借	

(续表)

科目代码	科目名称	账页格式	辅助核算	余额方向	金额(元)
410104	机物料消耗	金额式		借	
410105	其他	金额式		借	
5001	主营业务收入	金额式		贷	
500101	铝壳运动杯	数量金额式	数量(个)	借	
500102	铝壳保温杯	数量金额式	数量(个)	借	
5401	主营业务成本	金额式		借	
540101	铝壳运动杯	数量金额式	数量(个)	借	
540102	铝壳保温杯	数量金额式	数量(个)	借	
5601	销售费用	金额式		借	
560107	职工薪酬	金额式		借	
560108	折旧费	金额式		借	
560109	水电费	金额式		借	
560110	销售运费	金额式		借	
560111	其他	金额式		借	
5602	管理费用	金额式		借	
560209	职工薪酬	金额式		借	
560212	差旅费	金额式		借	
560213	其他	金额式		借	
5711	营业外支出	金额式		借	
571106	非流动资产处置损失	金额式		借	
571107	捐款支出	金额式		借	

15. 指定会计科目。

为"库存现金"总账和"银行存款"总账指定科目。

16. 设置项目(见表3-52)。

表3-52　　　　　　　　项 目 资 料

项目大类名称	项目级数	项目分类	项目目录			
产品 (普通项目)	一级 2位	分类编码:01 分类名称:产品	项目编号	项目名称	所属分类码	结算
			01	铝壳运动杯	01	否
			02	铝壳保温杯	01	否
核算科目及成本信息			成本项目	铝壳运动杯	铝壳保温杯	
			直接材料			
			直接人工			
			制造费用			

17. 采购类型、销售类型(见表3-53)。

表 3-53　　　　　　　　　　采购/销售类型

采购/销售类型编码	采购/销售类型名称	入/出库类别	是否默认值
00	普通采购	采购入库	是
00	普通销售	销售出库	是

【任务组织及评价】

1. 工具、材料：每人一台计算机；安装会计软件：畅捷通 T3 标准 10.8。

2. 组织（建议）：以小组为单位进行操作，以抽签的方式分组，确定小组长及成员。小组长负责管理本小组操作和学习、评定小组成员的作业成绩。

【评价】

学生成绩评价表见表 3-54。

表 3-54　　　　　　　　　　学生成绩评价表

任务名称：　　　　　　　　学号：　　　　　　　　姓名：

评价项目	分值	自我评价	小组评价	教师评价
时间要求	5			
账套引入正确	2			
会计科目设置正确	10			
项目设置正确	6			
其他基础设置正确	75			
账套备份正确	2			

模块四

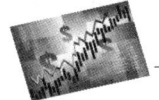

总 账 系 统

模块导引

　　总账系统是最基本也是最重要的一个模块,是其他各个功能模块的传输中心、信息存储和汇总中心。其他进行专项核算任务的各子系统必须将核算结果产生的信息资料送到总账系统进行集中处理,才能实现信息的交换、汇总和存储。同时,各子系统在核算中也需要从总账系统中提取一些会计数据进行专项处理。总账系统是整个系统财务管理的核心系统,与其他业务系统通过凭证进行无缝联结,报表系统可以从总账系统中取数。所以,总账系统是关键的因素,它与各种应用模块之间的控制方式与接口好坏,直接影响会计信息系统的整体性能。

学习目标

1. 了解总账系统在软件中的作用
2. 熟悉总账系统的主要功能及基本业务流程
3. 能够熟练操作总账参数的初始设置,了解总账参数设置对总账系统处理日常业务的影响
4. 能够熟练完成总账日常业务处理
5. 能够熟练完成总账系统期末处理

学习任务

1. 认知总账系统基本功能
2. 完成总账系统初始设置
3. 熟练完成总账系统日常业务处理
4. 熟练完成总账系统期末处理

任务一　认知总账系统的基本功能

　　总账系统是用友 T3 财务软件的核心子系统,适用于各行各业进行账务核算及管理工作。总账管理系统既可以独立运行,也可以同其他系统协同运转。

一、认知总账系统的基本功能

　　总账系统的基本功能包括:初始设置、凭证管理、账簿管理、辅助核算管理和期末处理等,如图 4-1 所示。

（一）初始设置

总账的初始设置主要包括：设置各项业务参数（选项）、明细账权限的设定和期初余额录入等，如图 4-2 所示。

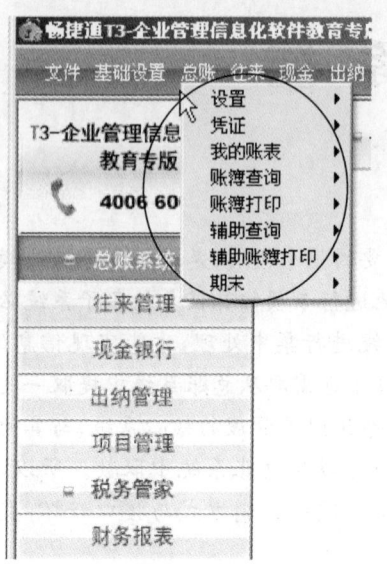

图 4-1　总账系统的基本功能

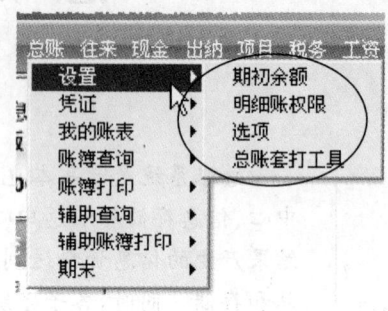

图 4-2　总账的初始设置

（二）凭证管理

总账的凭证管理主要包括：完成填制凭证、审核、出纳签字、记账、查询、打印以及常用摘要、常用凭证定义等。在日常业务处理中，凭证的管理主要包括：凭证填制、审核凭证、出纳签字和记账、恢复记账前状态、常用摘要和常用凭证等，如图 4-3 所示。

（三）账簿管理

总账的账簿管理主要包括：账簿的查询和打印等，如图 4-4 所示。用友 T3 财务软件强大的查询功能使整个系统实现总账、明细账、凭证联查，并可查询包含未记账凭证的最新数据；可随时提供总账、余额表、明细账、日记账等标准账表的查询，除此之外还提供个人往来核算、部门核算相关账簿的查询等。

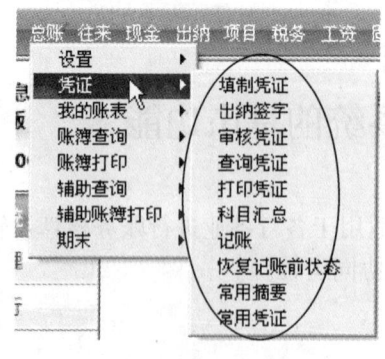

图 4-3　总账的凭证管理

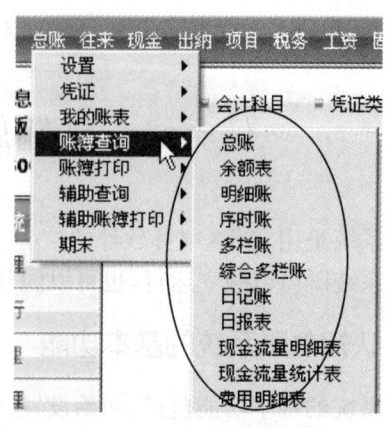

图 4-4　总账的账簿管理

(四) 辅助核算管理

总账系统除了提供凭证管理、账簿管理这些基本功能外,还提供以下辅助核算管理。

1. 个人往来核算

个人往来核算主要管理个人借款、还款业务,及时地控制个人的借款,完成清偿工作,提供个人往来明细账、催款单、余额表、账龄分析报告及自动清理核销等功能,如图 4-5 所示。

2. 部门核算

部门核算主要用于考核部门收入、支出的发生情况,及时地反映控制部门费用的支出,提供各级部门总账、明细账的查询等,如图 4-6 所示。

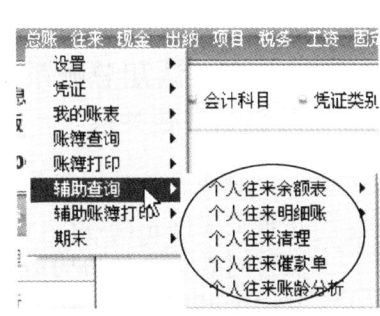

图 4-5 个人往来核算

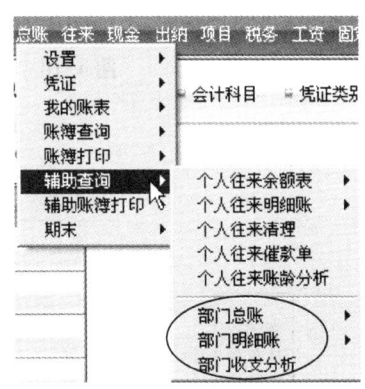

图 4-6 部门核算基本功能图示

3. 往来管理

往来管理主要用于提供往来的总账、明细账、催款单、往来账清理、账龄分析报告等功能,如图 4-7 所示。

4. 现金管理

现金管理可完成银行日记账、现金日记账的查询,随时给出最新资金日报表、余额调节表,并进行银行对账等,如图 4-8 所示。

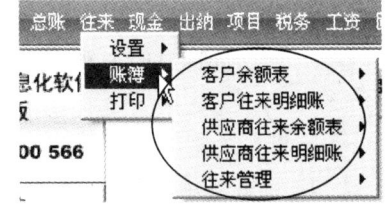

图 4-7 往来管理基本功能图示

5. 项目管理

项目管理用于生产成本、在建工程等业务的核算,提供总账、明细账及项目统计表的查询等,如图 4-9 所示。

图 4-8 现金管理基本功能图示

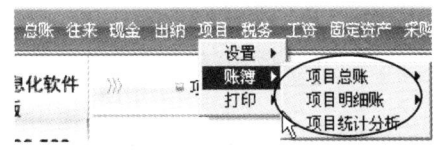

图 4-9 项目管理基本功能图示

(五) 期末处理

期末处理主要包括转账定义、转账生成、对账、结账等,如图 4-10 所示。通过总账的"转账定义"设置,可自动完成月末相关的对应结转、销售成本、汇兑损益、期间损益结转等自动转账业务,并进行对账、结账。

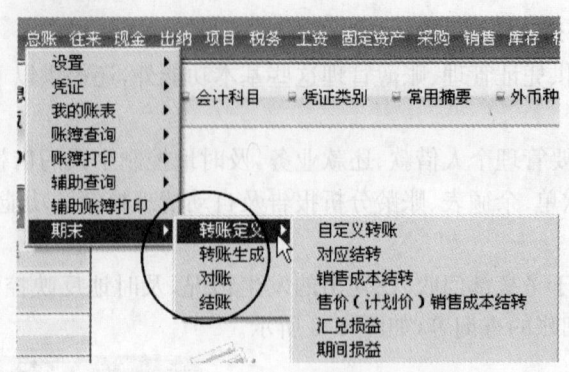

图 4-10　总账期末处理基本功能图示

二、认知总账系统与其他系统的主要关系

总账系统是用友 T3 财务软件中最重要的系统,既可以独立运行又可同其他系统协同运转,其他系统完成相关业务处理后自动将相关的数据和凭证传递到总账系统,期末总账需等其他系统结账后方能结账。总账系统与其他系统的关系如图 4-11 所示。

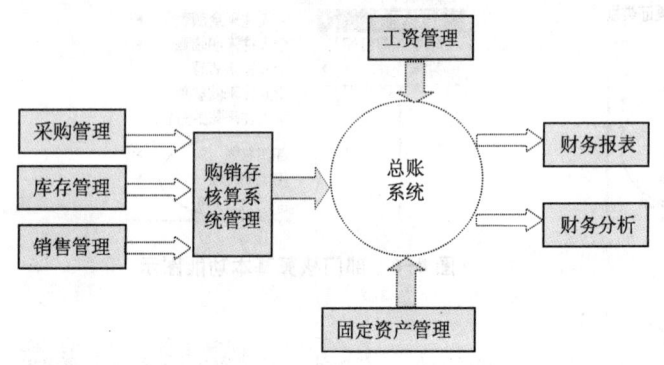

图 4-11　总账系统与其他系统的关系

1. 总账系统在用友 T3 财务软件中有什么作用?
2. 总账系统有哪些基本功能?它与其他系统有哪些关联?

三、认知总账系统的业务流程

总账的业务流程如图 4-12 所示。

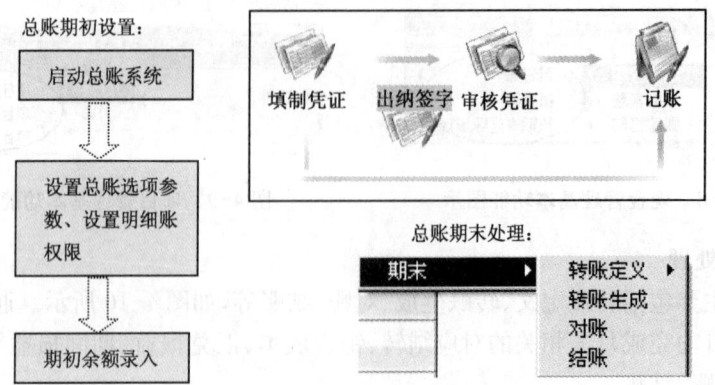

图 4-12　总账系统的业务流程图

任务二　总账的期初设置

在开始使用总账系统前,应先进行初始设置,总账系统的初始设置包括"选项"参数设置、明细权限设置及期初余额录入。

业务活动 4-1　"选项"参数设置

总账的"选项"参数设置是定义总账系统的输入控制、处理方式、数据流程、输出格式等。它主要包括凭证、账簿、会计日历和其他等四类内容的参数设置。

【活动准备】

1. 恢复"练一练 3-9"备份的账套。
2. 总账参数要求如表 4-1 所示。

表 4-1　　　　　　　　　　　总账参数要求

编号	类　型		参数设置
1	凭证	制单控制	制单不序时控制、资金及往来赤字控制、不允许修改作废他人填制的凭证、允许查看他人填制的凭证、可以使用其他系统受控科目、不必录入现金流量项目
		凭证控制	不打印凭证页脚姓名、出纳凭证必须经由出纳签字
		凭证编号方式	凭证编号采用系统编号
		外币核算	固定汇率
		凭证其他参数	不进行预算控制,凭证显示按科目相同方式合并;其他参数保留系统默认
2	账簿		明细账按年排页,其他参数保留系统默认
3	会计日历		总账启用日期为 2013 年 1 月 1 日
4	其他		单价小数位为 2,数量小数位为 2,部门、个人、项目按照编码排序;其他选项保留系统默认设置

【岗位任务】 操作员:账套主管"韦国汉"(wgh)。

按表 4-1 的要求进行总账"选项"参数设置。

【操作步骤】

步骤 1　选择【总账】→【设置】→【选项】,进入总账选项参数设置界面。

步骤 2　点开【选项】下"凭证"、"账簿"、"会计日历"和"其他"页签进行相关参数设置,如图 4-13～图 4-16 所示。

图 4-13 总账"凭证"页签相关参数设置界面

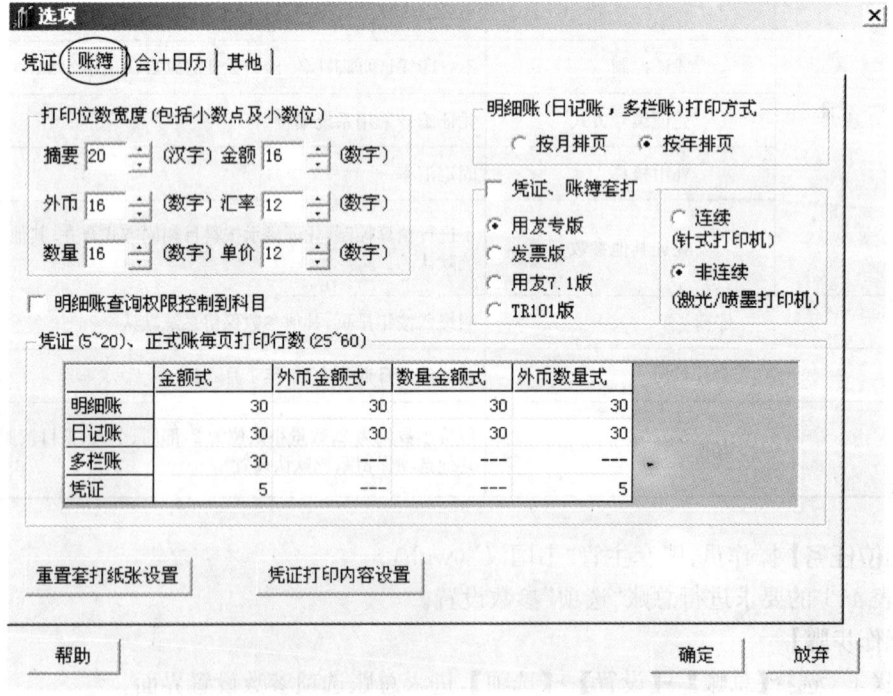

图 4-14 总账"账簿"页签相关参数设置界面

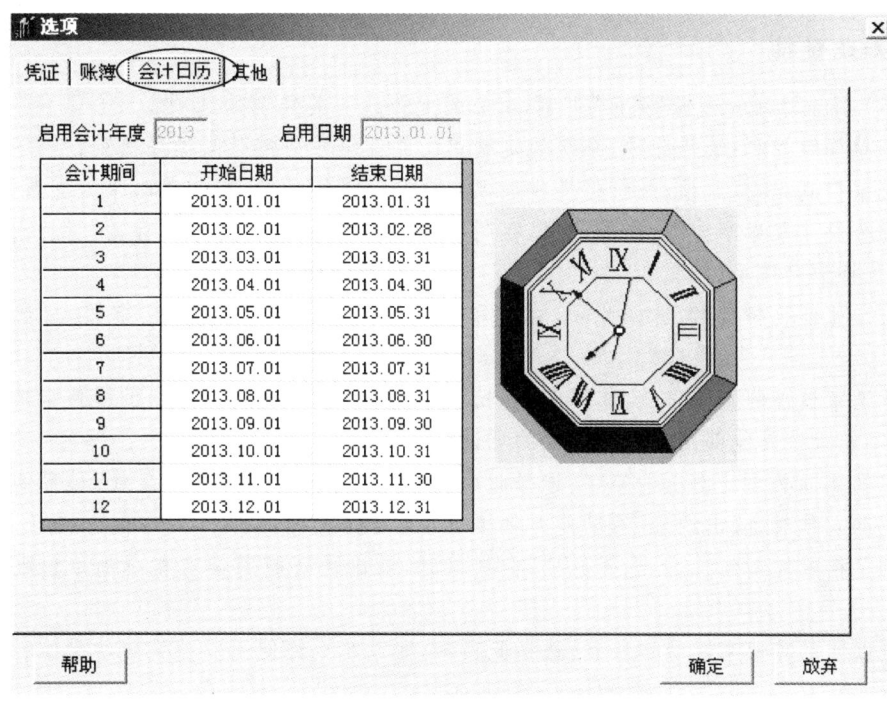

图 4-15 总账"会计日历"页签设置界面

图 4-16 总账"其他"选项设置界面

知识链接

(1) 凭证选项：选择"凭证"页签，可查看及修改有关凭证的选项。

制单序时控制：选择此项，系统规定制单的凭证编号应按时间顺序排列；

支票控制：选择此项，系统将提供登记支票登记簿的功能，在制单时录入支票号；

资金及往来赤字控制：选择此项，在制单时，当"库存现金"、"银行存款"科目出现负数时，系统将予以提示；

打印凭证页脚姓名：选择此项，在打印凭证时，打印制单人、出纳、审核人、记账人的姓名；

凭证审核控制到操作员：选择此项，只允许某操作员审核其本部门的操作员填制的凭证，而不能审核其他部门操作员填制的凭证；

出纳凭证必须经由出纳签字：选择此项，含有"库存现金"、"银行存款"科目的凭证必须由出纳人员通过【出纳签字】功能对其核对签字后才能记账；

制单权限控制到科目：选择此项，在制单时，操作员只能用具有相应制单权限的科目制单；

可以使用其他系统受控科目：选择此项，总账系统允许使用其他系统的受控科目进行制单；

现金流量项目必录：选择此项，当前是现金流量科目时则必须录入现金流量项目；

外币核算：如果企业有外币业务，则应选择相应的汇率方式——固定汇率、浮动汇率。"固定汇率"即在制单时，1个月只按一个固定的汇率折算本位币金额。"浮动汇率"即在制单时，按当日汇率折算本位币金额。

(2) 账簿选项：选择"账簿"页签，可查看及修改有关账簿的选项。

账簿参数设置是对账簿的打印宽度和方式、明细账查询权限、凭证打印内容等进行设置。

(3) 会计日历选项：此处仅能查看会计日历的信息，如需修改则到系统管理中进行。总账启用日期不得小于系统启用日期，已录入汇率或已输入余额后不能修改总账启用日期。

(4) 其他选项：主要对数量、单价小数位、本位币精度及部门、个人、项目排序方式进行设置。

注：设置方法：设置时在相关参数前面的方框打"√"或把方框里的"√"去掉。

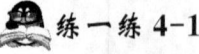 **练一练 4-1　　　　总账参数设置**

【活动准备】

1. 恢复"练一练3-9"备份的账套。
2. 总账参数要求如表4-1所示。

【岗位任务】操作员：账套主管"韦国汉"(wgh)。

1. 根据表4-1完成总账参数设置。
2. 备份账套。

业务活动 4-2　明细权限设置

明细权限设置的基本内容包括明细账科目权限设置、凭证审核权限设置及制单科目权限设置。

【活动准备】

1. 恢复"练一练 4-1"备份的账套。
2. 明细权限设置要求：操作员"宋丹丹"具有现金、银行存款日记账的查询权限；操作员"张兰琼"对操作员"宋丹丹"所编制凭证具有审核权限；操作员"宋丹丹"对所有"库存现金"、"银行存款"科目具有制单权限。

【岗位任务】操作员：账套主管。

根据明细权限设置要求，设置相关操作员的明细权限。

【操作步骤】

1. 明细账科目权限设置（设置宋丹丹明细权限为例）

步骤 1　【总账】→【设置】→【明细账权限】，进入"明细账权限"对话框；选择"明细账科目权限设置"选项卡。

步骤 2　在"明细账科目权限设置"选项卡上，先选择操作员，用 [>] 按钮将所选科目从"待选科目框"转到"已选科目框"后退出或做其他权限

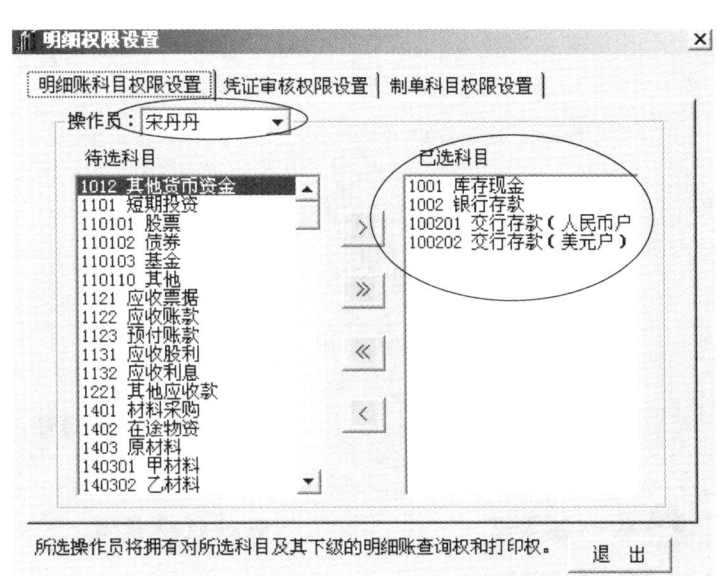

图 4-17　明细账权限设置

设置，如图 4-17 所示。

2. 凭证审核权限设置（以操作员"张兰琼"对操作员"宋丹丹"所编制的凭证具有审核权限为例）

步骤 1　【总账】→【设置】→【明细账权限】，进入明细权限设置对话框，选择"凭证审核权限设置"选项卡。

步骤 2　在"凭证审核权限设置"选项卡上选择操作员，在制单人对应的"是否在审核权限"选择"Y"，如图4-18所示。

图 4-18　凭证审核权限设置

3. 制单科目权限设置（以操作员"宋丹丹"对所有"库存现金"、"银行存款"科目具有制单权限为例）

步骤1　【总账】→【设置】→【明细账权限】，进入"明细权限设置"对话框，选择"制单科目设置"选项卡。

步骤2　在"制单科目权限设置"选项卡，选择操作员，用 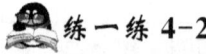 按钮将所选科目从"待选科目"框转到"已选科目"框，如图4-19所示。

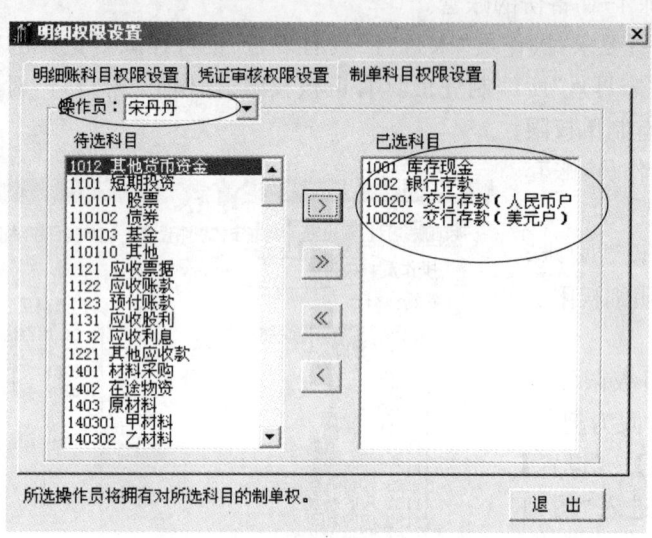

图4-19　制单科目权限设置

练一练4-2　　　　明细权限设置

【活动准备】

1. 恢复"练一练4-1"备份的账套。
2. 明细权限设置要求：
(1) 操作员"宋丹丹"是出纳员，具有现金、银行存款日记账的查询权限。
(2) 操作员"张兰琼"对操作员"宋丹丹"所编制凭证具有审核权限。
(3) 操作员"宋丹丹"对所"库存现金"、"银行存款"科目具有制单权限。

【岗位任务】操作员：账套主管"韦国汉"（wgh）。

1. 根据[活动准备]完成明细权限设置。
2. 备份账套。

业务活动4-3　期初余额录入

一、认知期初余额录入功能

期初余额录入功能主要用于期初录入余额或调整余额、核对期初余额并进行试算平衡，以保证账务的平衡。

二、不同性质科目的期初余额录入

1. 期初余额录入

不同性质科目的期初余额录入方法不同,如图4-20所示。

图4-20 期初余额录入

说明:在用友T3财务软件系统中,非末级科目为黄色单元格区域,表示该科目为非末级科目,不能直接录入余额数据,输入末级科目余额后自动汇总生成;末级科目为白色单元格区域,表示该科目为末级科目,可以直接输入余额数据;辅助科目为蓝色单元格区域,表示该科目设置了辅助核算,需要双击该单元格进入辅助账期初余额录入界面录入相关辅助信息及金额,退出后总账相应的期初余额自动生成。

2. 科目余额方向确定

在用友T3财务软件系统中,各科目的余额方向为默认余额方向,上级科目与明细账科目的余额方向必须一致。当余额方向与规定的余额方向不一致时,输入"一"号表示;如果需要改变科目的余额方向,可单击工具栏上的【方向】按钮。

3. 期初试算平衡

期初余额录入完成后,单击工具栏上的【试算】按钮进行科目余额的试算平衡,以保证期初数据的正确性。期初余额不平衡不能记账。

1. 在期初余额录入过程中需要注意哪些问题?
2. 当余额方向与规定的余额方向不一致时,应该如何录入余额?

【活动准备】

1. "练一练4-2"账套。
2. "库存现金"科目的期初余额为11 653.00元,"银行存款"科目的期初余额为1 670 688.70元(交行存款——人民币户1 608 408.70元,交行存款——美元户62 280.00美元),"其他货币资金"科目的期初余额为56 000.00元,"应收账款——腾飞公司"科目的期初余额为17 784.00元,"应收账款——星光公司"科目的期初余额为60 021.00元。

【岗位任务】操作员：账套主管"韦国汉"（wgh）。

录入期初余额。

【操作步骤】

步骤1 执行菜单命令【总账】→【设置】→【期初余额】，进入期初余额录入界面。

步骤2 期初余额录入。

末级科目录入（系统显示白色单元格区域）——点击科目对应的"期初余额"栏，录入期初数据，如"库存现金"、"其他货币资金"科目，如图4-21所示。

图4-21 末级科目余额录入

非末级科目录入（系统显示黄色单元格区域）——在其下末级科目录入，系统会自动向上汇总，直到一级科目，如"银行存款"科目。

辅助科目录入（系统显示蓝色单元格区域）——双击科目对应的"期初余额"栏，进入辅助项目期初余额录入界面，根据辅助期初余额资料录入相关信息。如录入"应收账款"期初余额如图4-22所示。

图4-22 辅助项目期初余额录入

> **知识链接**
>
> （1）年初建账，只需录入期初余额，即为年初余额；如年中建账，若建账月份为3月，则可以录入3月初的期初余额以及1～3月的借、贷方累计发生额，系统自动计算年初余额。
>
> （2）录入余额只要求从最末级科目录入，上级科目的余额和累计发生数由系统自动计算。
>
> （3）如果某科目为数量、外币核算，可以录入期初数量、外币余额。但必须先录入本币余额，再录入外币余额。

(续上)

(4) 辅助账期初余额录入：

方法一：系统自动为该科目开设辅助账页，在辅助账页录入相关信息即可。

方法二：系统提供应收应付系统的期初余额引入总账的对应科目余额中的功能。

在辅助页面的工具栏点击【引入】按钮，从应收/应付系统引入所选择科目的期初明细。需要注意的是：如果期初数据不可修改，应收/应付系统与总账启用日期不同，则不能进行期初余额的引入。

业务活动 4-4　期初余额对账及试算平衡

【活动准备】已录入期初余额的账套。

【岗位任务】操作员：账套主管"韦国汉"（wgh）。

对期初余额进行对账并试算平衡。

【操作步骤】

步骤 1　执行【总账】→【期初余额】→【对账】→【开始】，如图 4-23 所示。

步骤 2　在【期初余额】界面点击【试算】按钮，系统显示期初试算平衡表，如图 4-24 所示。

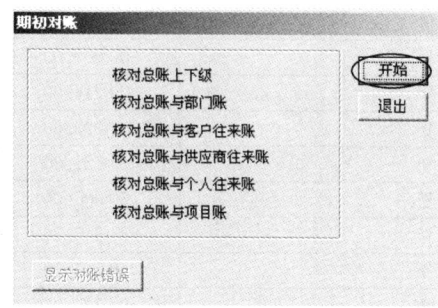

图 4-23　期初对账界面

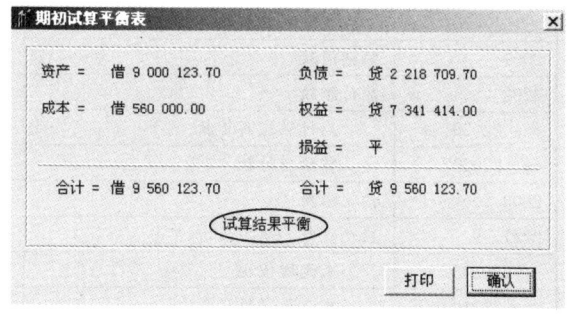

图 4-24　期初试算平衡表

 练一练 4-3　　　录入期初余额并完成试算平衡

【活动准备】

1. 恢复"练一练 4-2"的账套。
2. 越胜贸易有限公司 2013 年 1 月份的期初余额见表 4-2。

表 4-2　　　　　　　　　期初余额表　　　　　　　　　单位：元

科目编码	科目名称	余额方向	辅助信息	期初余额
1001	库存现金	借		11 653.00
1002	银行存款	借		1 670 688.70
100201	交行存款(人民币户)	借		1 608 408.70

(续表)

科目编码	科目名称	余额方向	辅助信息	期初余额
100202	交行存款(美元户)	借	10 000美元	62 280.00
1012	其他货币资金	借		56 000.00
1121	应收票据	借		120 000.00
1122	应收账款	借		77 805.00
1123	预付账款	借		50 000.00
1221	其他应收款	借		1 500.00
1402	在途物资	借		5 600.00
1403	原材料	借		680 000.00
140301	甲材料	借	8 000千克	400 000.00
140302	乙材料	借	3 500千克	280 000.00
1405	库存商品	借		1 225 000.00
140501	A产品	借	2 000件	1 000 000.00
140502	B产品	借	900件	225 000.00
1411	周转材料	借		20 000.00
141102	工作服	借	100套	20 000.00
1601	固定资产	借		6 021 000.00
1602	累计折旧	贷		1 089 843.00
1701	无形资产	借		150 720.00
170101	非专利技术	借		150 720.00
2001	短期借款	贷		500 000.00
2202	应付账款	贷		20 214.00
220201	应付供应商货款	贷		15 093.00
220202	暂估应付款	贷		5 121.00
2203	预收账款	贷		60 000.00
2221	应交税费	贷		84 647.70
222102	未交增值税	贷		48 250.00
222103	应交所得税	贷		29 700.00
222104	应交城市维护建设税	贷		2 677.50
222105	应交个人所得税	贷		2 490.20
222106	应交教育费附加	贷		1 530.00
2241	其他应付款	贷		53 848.00
224101	社会保险费	贷		43 848.00
224102	住房公积金	贷		10 000.00
2501	长期借款	贷		1 500 000.00
3001	实收资本	贷		5 000 000.00
3002	资本公积	贷		1 294 830.00
3101	盈余公积	贷		843 704.00
310101	法定盈余公积	贷		760 544.00
310102	任意盈余公积	贷		83 160.00
3104	利润分配	贷		202 880.00
310415	未分配利润	贷		202 880.00
4001	生产成本	借		560 000.00

3. 辅助账期初余额（在总账录入）。

（1）客户往来期初数据（见表4-3～表4-5）。

表4-3　　　　　　　　　　　　"应收账款"科目期初余额　　　　　　　　单位：元

日期	部门	客户	摘要	方向	金额	业务员
2012-11-15	销售部	星光公司	销货款	借	60 021.00	王刚
2012-11-20	销售部	腾飞公司	销货款	借	17 784.00	张帆

表4-4　　　　　　　　　　　　"应收票据"科目期初余额　　　　　　　　单位：元

日期	部门	客户	摘要	方向	金额	业务员
2012-11-22	销售部	红河公司	销货款	借	120 000.00	王刚

表4-5　　　　　　　　　　　　"预收账款"科目期初余额　　　　　　　　单位：元

日期	部门	客户	摘要	方向	金额
2012-12-21	销售部	东方公司	预收款	贷	60 000.00

（2）供应商往来期初数据（见表4-6～表4-7）。

表4-6　　　　　　　　　　　　"应付账款"科目期初余额　　　　　　　　单位：元

日期	部门	供应商	摘要	方向	金额	业务员
2012-12-20	采购部	晶莹公司	购货款	贷	15 093.00	凡禹
2012-12-27	采购部	晶莹公司	暂估应付款	贷	5 121.00	凡禹

表4-7　　　　　　　　　　　　"预付账款"科目期初余额　　　　　　　　单位：元

日期	供应商	摘要	方向	金额	业务员
2012-12-25	贝达公司	预付材料款	借	50 000.00	凡禹

（3）其他应收款期初数据（见表4-8）。

表4-8　　　　　　　"其他应收款"科目期初余额（个人往来核算）　　　　　　单位：元

日期	部门	个人	摘要	方向	金额
2012-12-22	采购部	凡禹	出差借款	借	1 500.00

（4）月初在产品资料（见表4-9）。

表4-9　　　　　　　　　　　　生产成本期初余额　　　　　　　　单位：元

成本项目	A产品（一车间）	B产品（二车间）
直接材料	300 000.00	
直接人工	60 000.00	
制造费用	200 000.00	
合计	560 000.00	

【岗位任务】 操作员：账套主管"韦国汉"（wgh）。

1. 根据表4-2～表4-9录入期初余额。
2. 进行试算平衡。
3. 备份账套。

任务三 总账系统日常业务处理

在总账系统中，当初始设置完成后，就可以开始进行日常业务处理了。日常业务处理主要包括填制凭证、审核凭证、记账等。

一、填制凭证

记账凭证是用友 T3 财务软件系统业务处理的起点，也是所有查询数据的主要来源，日常业务处理首先从填制凭证开始。

业务活动 4-5 填 制 凭 证

【活动准备】
1. 恢复"练一练 4-3"备份的账套。
2. 经济业务内容。

经济业务 4-1：现金盘点业务（无辅助核算的一般业务）。有关单据如表 4-10 所示。

表 4-10　　　　　　　　　　　库存现金盘点表
2013 年 01 月 02 日　　　　　　　　　　　　　　　　　　单位：元

票面额	张数	金额	票面额	张数	金额
壹佰元	110	11 000.00	伍角	5	2.50
伍拾元	6	300.00	贰角		
贰拾元	5	100.00	壹角	5	0.50
拾元	9	90.00	伍分		
伍元	4	20.00	贰分		
贰元			壹分		
壹元	8	8.00	合计		11 521.00
现金日记账账面余额：					11 653.00
差额：					－132.00
处理意见：					

审批人(签章)：　　　　　监盘人(签章)：韦国汉　　　　　盘点人(签章)：宋丹丹

【岗位任务】操作员：会计"张兰琼"(zlq)。
1. 审核原始凭证。
2. 根据原始凭证编制记账凭证。

【操作步骤】
步骤 1　执行菜单命令【总账】→【凭证】→【填制凭证】，或直接点击"填制凭证"，显示凭证填制界面。
步骤 2　单击工具栏【增加】按钮或按【F5】键，增加一张新凭证。

步骤3　选择凭证类别"付"字（可单击 按钮或按【F2】键）（不同业务可根据业务选"收"、"付"、"转"或"记"）。

步骤4　凭证编号由系统自动生成（如设置"手工编号"方式则需要录入凭证编号）。

步骤5　凭证日期可修改或单击 按钮参照录入。

步骤6　录入附单据张数。

步骤7　录入业务摘要、科目名称、业务金额、辅助信息等。

步骤8　点击【保存】按钮，完成凭证编制，如图4-25所示。

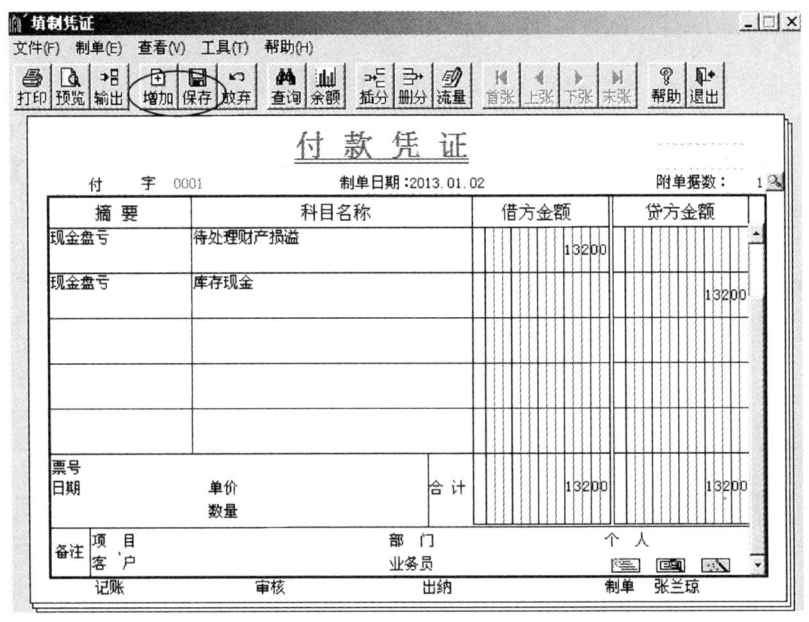

图4-25　记账凭证（付字0001号）

 知识链接

（1）制单日期不能滞后于系统日期。

（2）记账凭证上的科目必须输入末级科目。科目可以输入科目编码、科目名称或助记码。输入科目时可在科目区中用鼠标单击 按钮或按【F2】键参照录入。若科目为银行科目，那么，屏幕提示用户输入"结算方式"、"票号"及"发生日期"。其中，"结算方式"输入银行往来结算方式，"票号"应输入结算号或支票号，"票据日期"应输入该笔业务发生的日期，"票据日期"主要用于银行对账。

（3）辅助信息：根据科目属性输入相应的辅助信息，如部门、个人、项目、客户、供应商、数量等。当对所录入的辅助项进行修改时，可双击所要修改选项，系统显示辅助信息录入窗口，可进行修改。

（4）金额不能为零，红字金额以负数形式输入。如果方向不符，可按空格键调整金额方向。

(续上)

(5) 当凭证全部录入完毕后,按【保存】按钮或【F6】键保存这张凭证,按【放弃】按钮放弃当前增加的凭证。也可用鼠标单击【增加】按钮,则可继续填制下一张凭证。

(6) 若想放弃当前未完成的分录的输入,可按【删行】按钮或"Ctrl+D"组合键删除当前分录即可。

(7) 本系统默认序时制单,凭证日期不能倒流,如:6月20日某类凭证已填到第200号凭证,则填制该类200号以后的凭证时,日期不能为6月1日至6月19日的日期,而只能是6月20日至月底的日期。但用户也可解除这种限制,即在【账簿选项】中,将其中的账套参数"制单序时"取消。

(8) 凭证一旦保存,其凭证类别、凭证编号将不能再修改。

(9) 填制凭证常用快捷键:【F2】,参照;【F5】,增加凭证;【F6】,保存凭证;"Ctrl+I"组合键,在凭证中插入一条记录;"Ctrl+D"组合键,删除凭证中的一条记录;【F8】,科目代码与名称转换显示;【F9】,计算器;空格键,改变金额方向;【=】,自动平衡。

经济业务4-2: 现金盘点处理业务(有辅助核算——个人往来核算的业务)。有关单据如表4-11所示。

表4-11

库存现金盘点表

2013年01月02日　　　　　　　　　　　　　　　　　　　单位:元

票面额	张数	金额	票面额	张数	金额
壹佰元	110	11 000.00	伍角	5	2.50
伍拾元	6	300.00	贰角		
贰拾元	5	100.00	壹角	5	0.50
拾元	9	90.00	伍分		
伍元	4	20.00	贰分		
贰元			壹分		
壹元	8	8.00	合计		11 521.00
现金日记账账面余额:					11 653.00
差额:					−132.00
处理意见: 因出纳管理不善,由出纳赔偿。 2013年1月3日					
审批人(签章):刘小同　　　监盘人(签章):韦国汉　　　盘点人(签章):宋丹丹					

【操作步骤】

步骤1~步骤6　操作方法与经济业务4-1相同。

步骤7　录入科目代号"1221"后弹出辅助项窗口,根据业务录入辅助信息后点【确认】按钮,凭证上会显示辅助信息,如图4-26所示(该笔业务承担赔偿责任人为出纳宋丹丹)。

步骤 8　点击【保存】按钮，完成转账凭证编制，如图 4-27 所示。

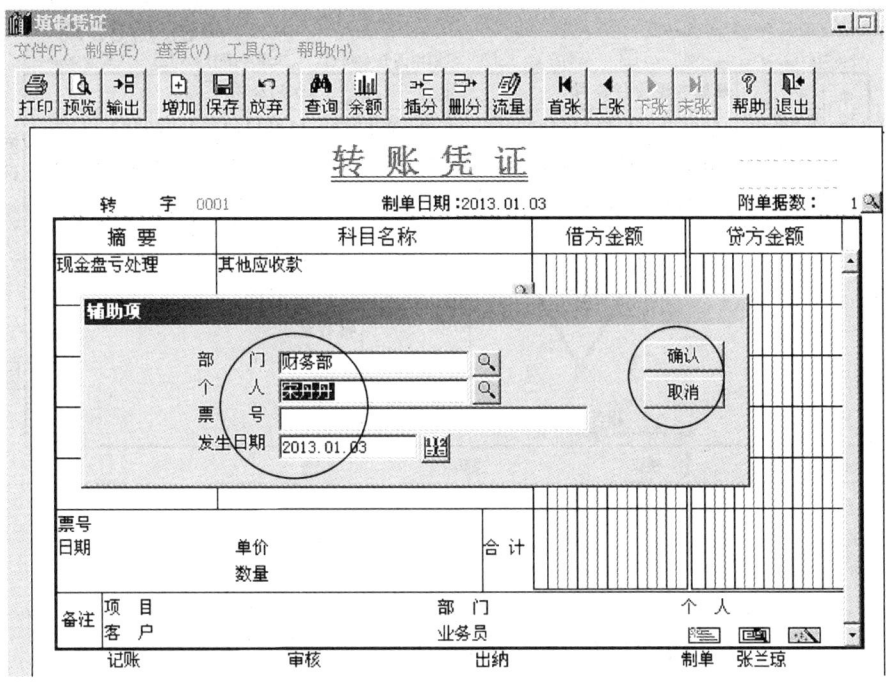

图 4-26　有辅助核算的业务的凭证编制

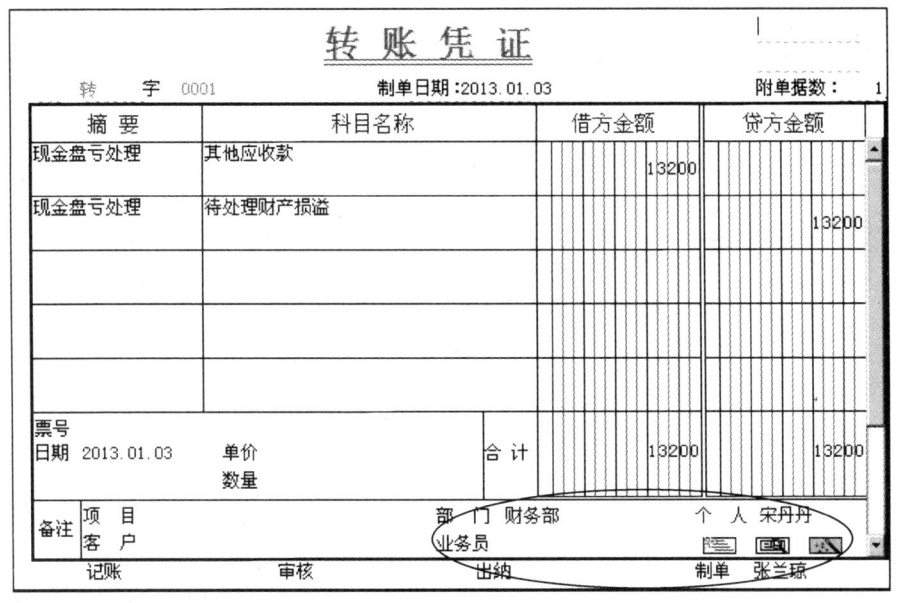

图 4-27　转账凭证(转字 0001 号)

经济业务 4-3：申请银行汇票(辅助核算——银行科目)。有关单据如图 4-28～图 4-29 所示。

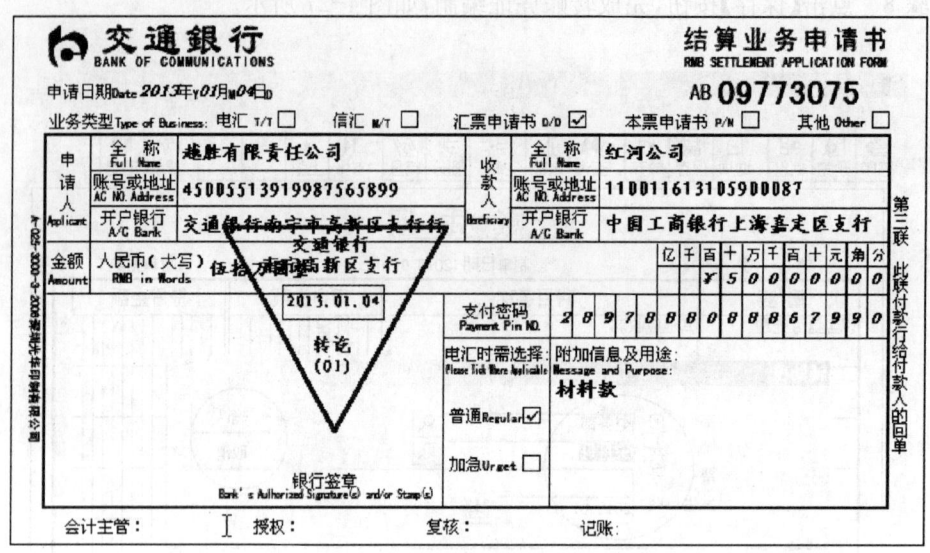

图 4-28　结算业务申请书

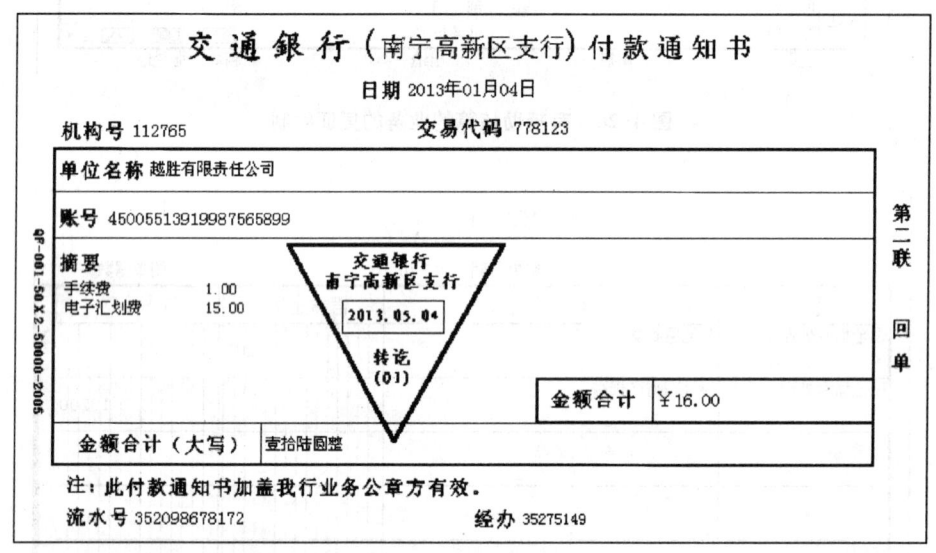

图 4-29　银行付款通知

【操作步骤】

步骤1~步骤6　操作与经济业务4-1~经济业务4-2的操作方法相同。

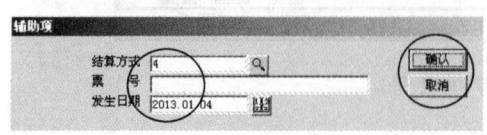

图 4-30　辅助项窗口

步骤7　录入科目后弹出辅助项窗口,根据业务录入辅助信息后点击【确认】按钮,凭证上会显示辅助信息,如图4-30所示(结算方式:银行汇票)。

步骤8　点击【保存】按钮,如图4-31所示。

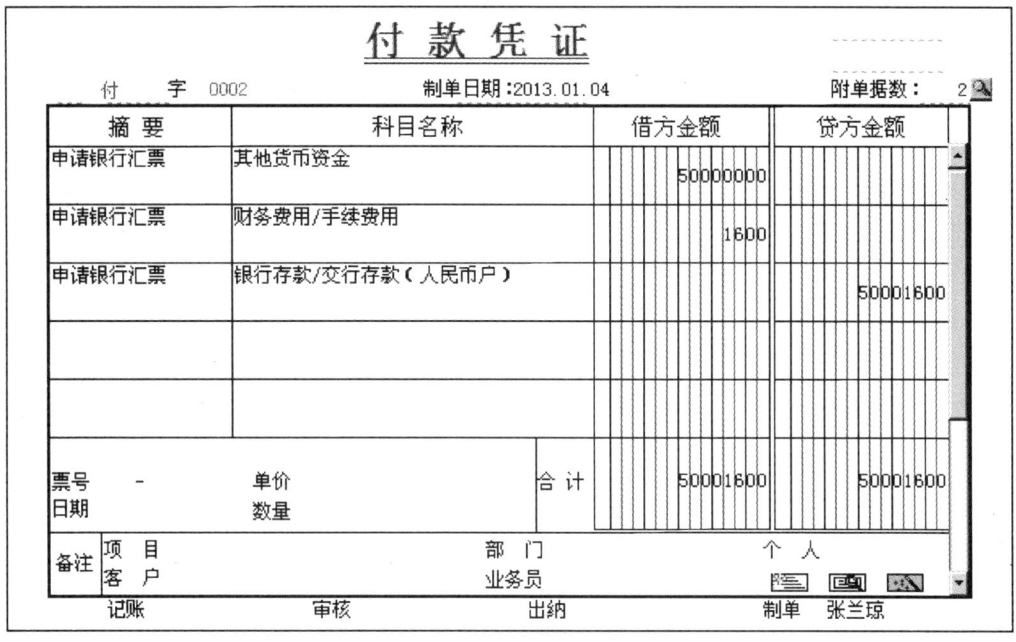

图 4-31 付款凭证(付字 0002 号)

经济业务 4-4：收到成达公司的违约金(辅助核算——银行科目)。有关单据如图 4-32 所示。

图 4-32 银行收账通知

【操作步骤】

操作方法与经济业务 4-3 相同，完成凭证填制，如图 4-33 所示。

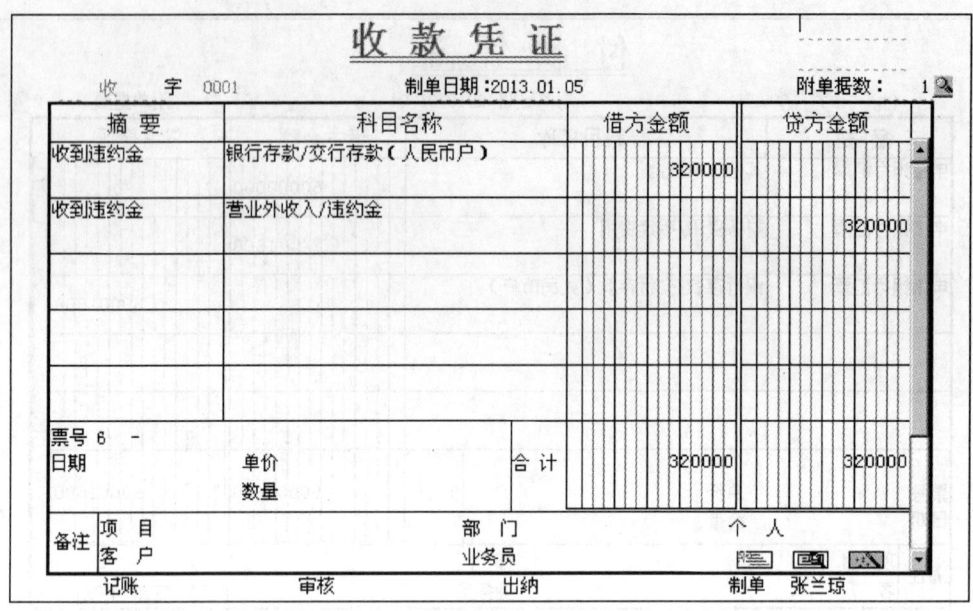

图 4-33 收款凭证(收字 0001 号)

练一练 4-4　　　　编制记账凭证

【活动准备】

1. 恢复"练一练 4-3"备份的账套。
2. 经济业务 4-1～经济业务 4-8。

经济业务 4-5：销售商品。有关单据如图 4-34～图 4-35 所示。

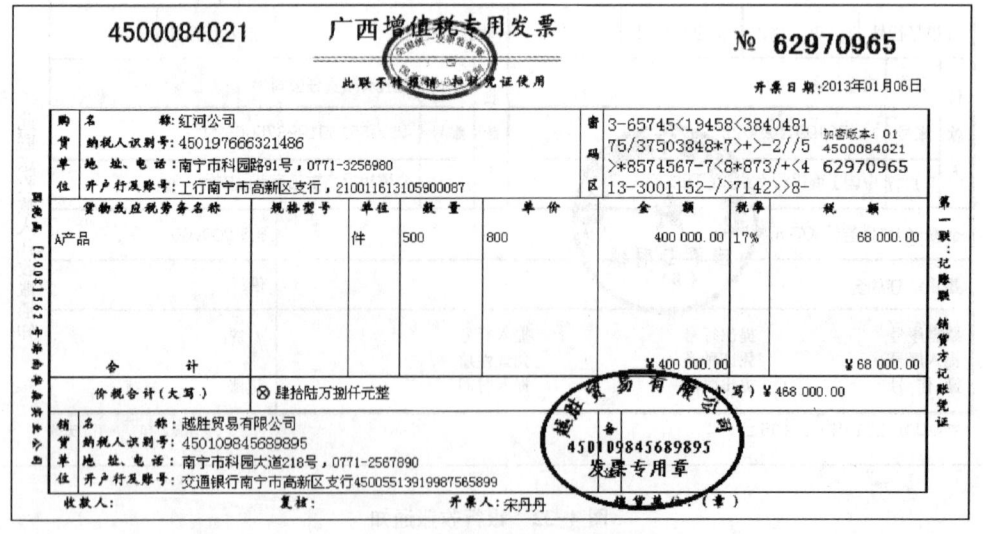

图 4-34 增值税专用发票

图 4-35 销售单

经济业务 4-6：收回欠款。有关单据如图 4-36 所示。

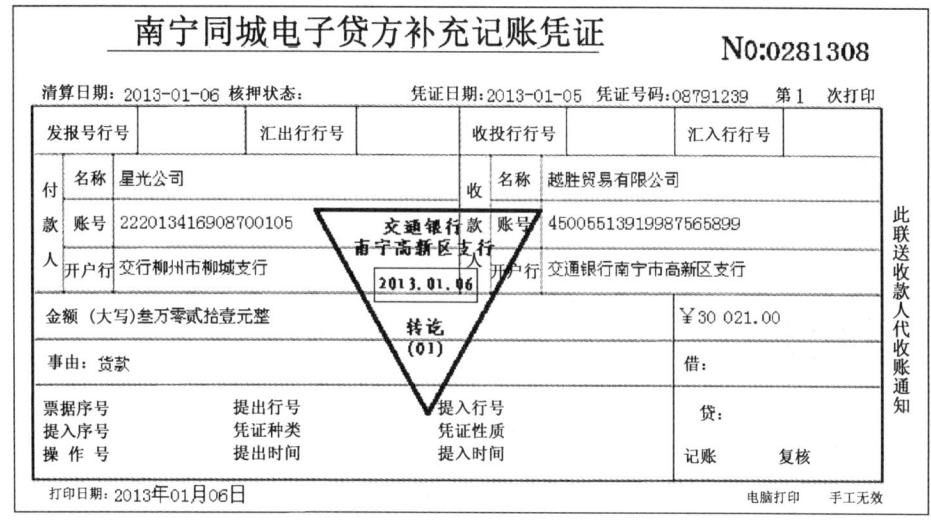

图 4-36 银行收账通知

经济业务 4-7：发生坏账损失。有关单据如图 4-37 所示。

关于处置星光公司货款的决定

　　今收到关于星光公司因债务危机破产的通告，该公司尚欠我司货款 60 021.00 元（大写：人民币陆万零贰拾壹元整），破产清偿后仍有货款 30 000.00 元无法收回，经公司董事会议决议：将无法收回的货款 30 000.00 元（大写：人民币叁万元整）全部确认坏账损失，计入当期损益。

董事：　刘小同　肖勇强　张静清　杨国业

越胜贸易有限公司
2013年1月6日

图 4-37 确认坏账损失的决定

经济业务 4-8: 采购材料。有关单据如图 4-38～图 4-40 所示(增值税专用发票抵扣联略)。

图 4-38 增值税专用发票

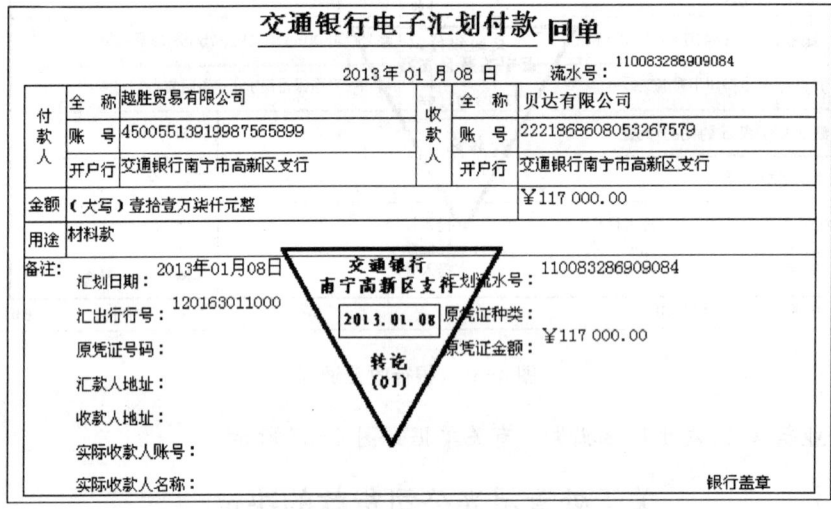

图 4-39 电子汇划付款回单

图 4-40 入库单

【岗位任务】操作员：会计"张兰琼"（zlq）。
1. 以会计的身份登录系统，根据经济业务4-1～经济业务4-8的原始凭证，编制记账凭证。
2. 备份账套。

业务活动4-6　定义常用凭证

"常用凭证"功能是提供常用会计凭证的模板，在填制凭证时可调用常用凭证并适当修改，减少录入内容。定义常用凭证一般有常用凭证类别定义和常用凭证定义两个主要任务。

1. 常用凭证类别定义

【活动准备】

常用凭证类别如表4-12所示。

表4-12　　　　　　　　　　　　　常用凭证类别

编号	类别	说明
10	往来核算	（空）

【岗位任务】操作员：会计。

增加常用凭证类别。

【操作步骤】

步骤1　【总账】→【凭证】→【常用凭证】，如图4-41所示，进入"常用凭证"对话框，左侧显示的是常用凭证分类。

步骤2　在左侧显示的是"常用凭证分类"对话框。点击【新增】按钮，录入常用凭证分类信息：编号、类别、说明，然后点击【确定】按钮，如图4-42所示。

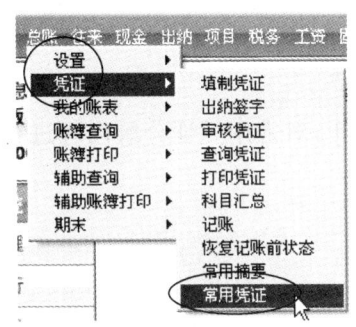

图4-41　进入"常用凭证"对话框的路径

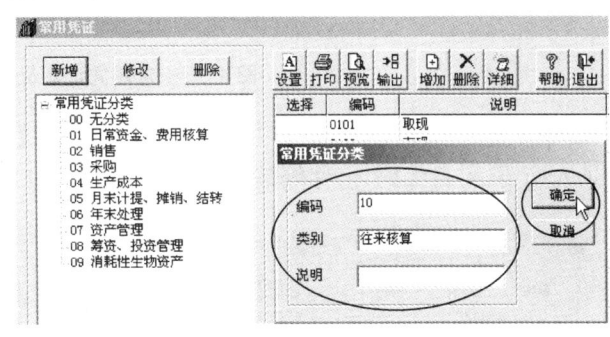

图4-42　新增常用凭证分类界面

知识链接

（1）工具栏中的【删除】按钮，即删除当前常用凭证分类。若该分类下已有常用凭证，系统提示"删除该分类将删除该分类下的所有常用凭证"。

（2）工具栏中的【修改】按钮，即修改当前常用凭证分类，只能修改类别和说明，不能修改编码。

2. 常用凭证定义

【活动准备】

常用凭证定义要求如表 4-13 所示。

表 4-13　　　　　　　　　　常用凭证定义

编号	说明	凭证类别	分类	定义分录内容
1001	收回欠款	记账凭证	往来核算	借:100201 贷:1122

【岗位任务】操作员:会计。

定义常用凭证。

【操作步骤】

步骤1　选择【总账】→【凭证】→【常用凭证】,进入常用凭证界面,如图 4-43 所示,右侧显示的是常用凭证定义界面。

步骤2　在工具栏中的【增加】按钮,可录入常用凭证的主要信息,包括编码、说明、凭证类别、分类、启用等,如图 4-43 所示(注:编号是调用常用凭证的依据)。

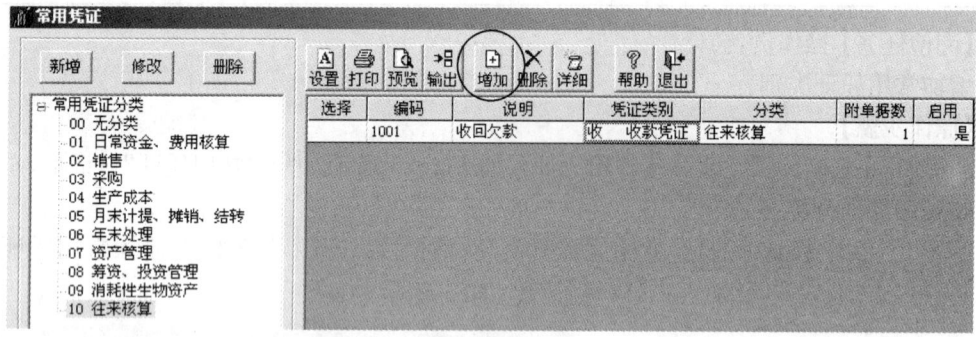

图 4-43　常用凭证定义对话框

步骤3　在"选择"项目下打"√",点击【详细】或【F8】按钮,对常用凭证分录内容进行定义,录入摘要、科目编码、名称等信息后退出,如图 4-44 所示。

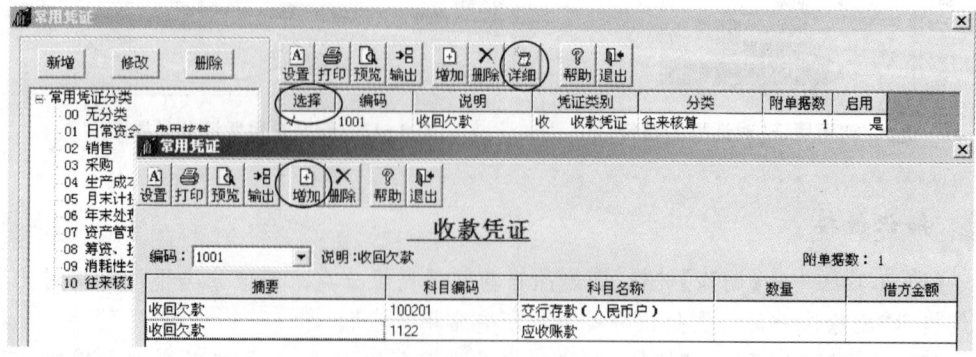

图 4-44　"常用凭证"分录内容定义对话框

3. 生成常用凭证

可使用"生成常用凭证"功能生成常用凭证。基本做法是选择某张已经填制好的凭证后点击【制单】→【生成常用凭证】,如图 4-45 所示,进入"生成常用凭证"对话框,输入类别、编码和说明后点击【确定】按钮即可。例如,将"付字 0001 号"凭证生成常用凭证,具体操作如图 4-46 所示。

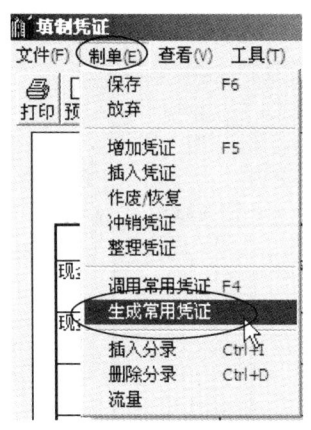
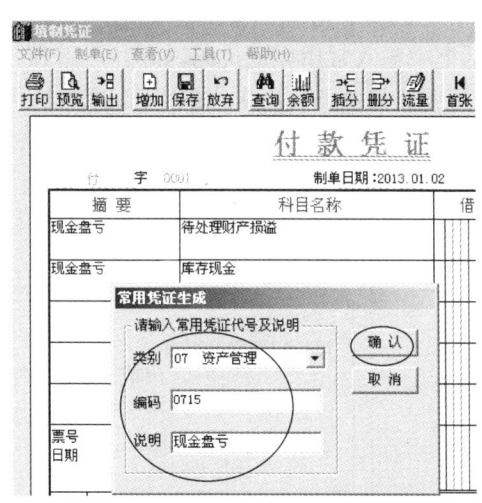

图 4-45　生产常用凭证路径　　　　图 4-46　常用凭证生成对话框

知识链接

(1) 删除常用凭证。选择需要删除的常用凭证(在【选择】按钮下打"√"),按【删除】按钮。

(2) 编号、凭证类别、说明、分类、启用必须输入。编号不能重复。

(3) 不能只定义凭证主要信息,却不定义凭证分录内容。

(4) 执行的是《小企业会计准则》,系统已预置一套常用凭证,为会计日常做凭证提供指导。

练一练 4-5　　　　定义常用凭证

【活动准备】

1. 恢复"练一练 4-4"备份的账套。
2. 常用凭证类别和定义见表 4-12 和表 4-13。

【岗位任务】操作员:会计"张兰琼"(zlq)。

1. 以会计身份登录用友 T3 财务软件系统,根据表 4-12 和表 4-13,定义常用凭证类别及常用凭证表。

2. 选择"付—0001"号凭证,使用生成常用凭证功能,将该张凭证生成常用凭证,定义类别为 07,编号为 0715,说明:现金盘亏。

3. 备份账套。

业务活动 4-7　调用常用凭证

操作方法如下：

方法一：在"填制凭证"界面选择【制单】→【调用常用凭证】，如图 4-47 所示。在"调用常用凭证"对话框中输入常用凭证代码，如图 4-48 所示，按【确定】按钮，即可调用该常用凭证。若调用的常用凭证与业务有出入或缺少部分信息，可直接将其修改成所需的凭证。

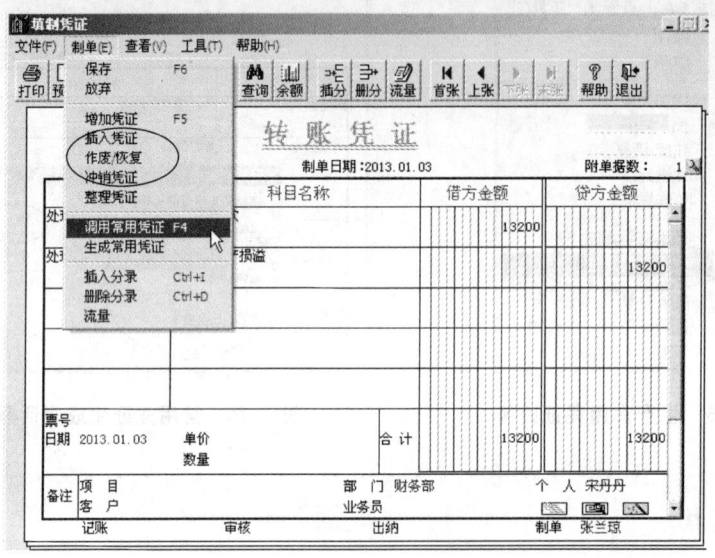

图 4-47　调用常用凭证路径

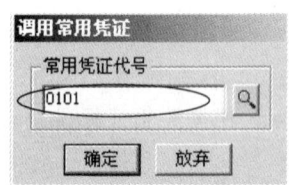

图 4-48　"调用常用凭证"对话框

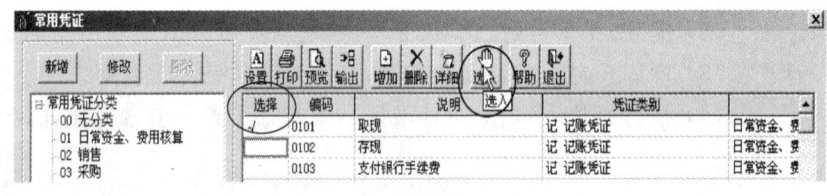

图 4-49　调用常用凭证

方法二：在填制凭证界面选择【制单】→【调用常用凭证】，在调用常用凭证对话框处按【F2】键或单击 ，屏幕显示"常用凭证"定义窗，选择要调用的常用凭证，点击【选入】按钮或按【F3】键，可选入要调用的常用凭证，如图 4-49 所示。

注意：未启用的常用凭证不能调用。

【活动准备】

1. 恢复"练一练 4-5"备份的账套。
2. 经济业务如下：

经济业务 4-9：取现。有关单据如表 4-50 所示。

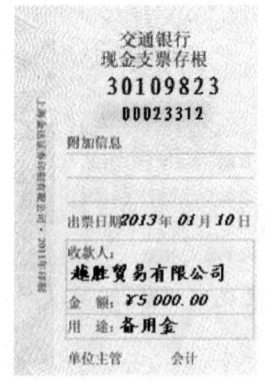

图 4-50　现金支票存根

经济业务 4-10: 领用材料。有关单据如图 4-51 和图 4-52 所示。

图 4-51 领料单

图 4-52 领料单

【岗位任务】操作员:会计。

根据经济业务 4-9 和经济业务 4-10 所附单据,运用"调用常用凭证"功能编制记账凭证。

【操作步骤】

步骤 1 在填制凭证界面,点击【制单】→【调用常用凭证】→ 🔍 →进入"常用凭证"界面,选择常用凭证类型,点击【选入】按钮,如图 4-53 所示。

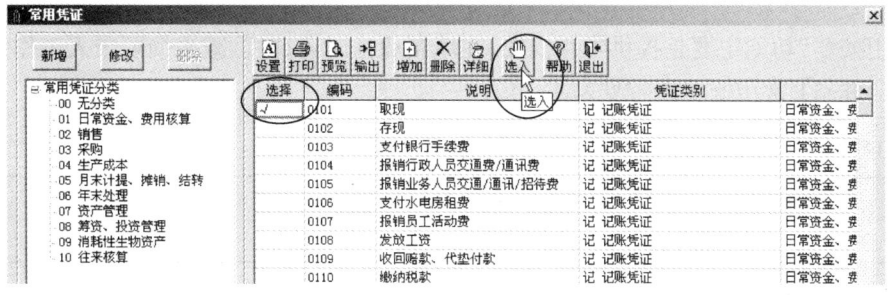

图 4-53 "常用凭证"对话框

步骤2 在选入常用凭证中,按照业务内容修改凭证后保存,如图4-54所示。

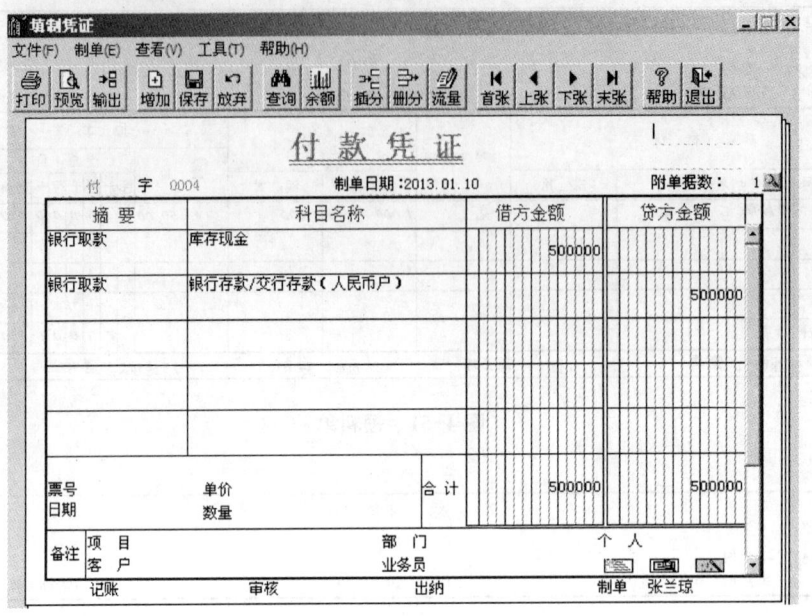

图4-54 "填制凭证"界面

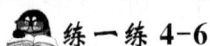 **练一练4-6**　　　　　　　调用常用凭证

【活动准备】

1. 恢复"练一练4-5"备份的账套。
2. 经济业务4-9和经济业务4-10。

【岗位任务】操作员:会计"张兰琼"(zlq)。

1. 根据经济业务4-9和经济业务4-10所附单据,运用"调用常用凭证"功能编制记账凭证。
2. 备份账套。

业务活动4-8　定义常用摘要

"常用摘要"功能主要是提供常用摘要,在填制凭证时可调用,减少摘要录入工作量。

【活动准备】常用摘要内容见表4-14。

表4-14　　　　　　　　　　　常用摘要内容

摘要编码	摘要内容	相关科目
01	提现	1001

【岗位任务】操作员:会计。

定义常用摘要。

【操作步骤】

步骤1　点击【总账】→【凭证】→【常用摘要】,如图4-55所示,进入"常用摘要"界面。

步骤2　点击工具栏上的【增加】,录入编码、摘要内容及相关科目等,如图4-56所示。

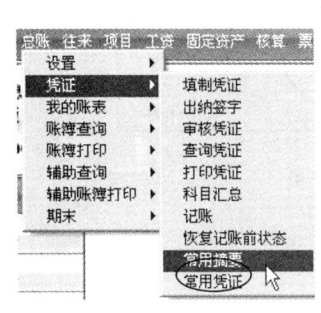

图 4-55　常用摘要功能

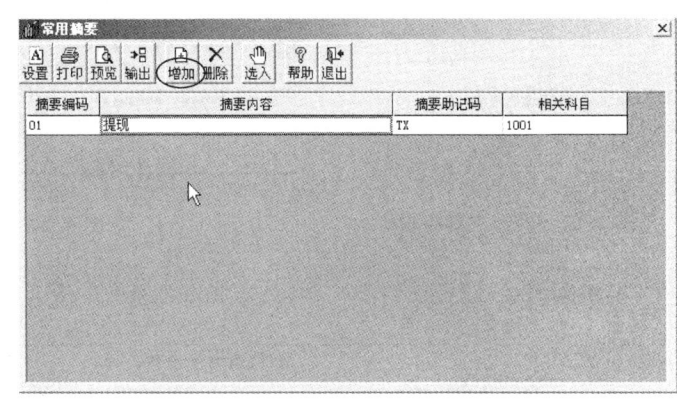

图 4-56　"常用摘要"定义界面

知识链接

(1)常用摘要的编码是调用常用摘要的依据,因此,不能重复输入,也不能为空。如果某条常用摘要对应某科目,则可在"相关科目"处输入。

(2)调用常用摘要可以在输入摘要时直接输入常用摘要编码或按【F2】键或用鼠标单击 按钮参照输入。

练一练4-7　　　　定义常用摘要

【活动准备】

1. 恢复"练一练4-6"备份的账套。
2. 常用内容见表4-15所示。

表 4-15　　　　　　　　　　常 用 摘 要

摘要编码	摘要内容	相关科目	摘要编码	摘要内容	相关科目
01	提现	1001	05	缴纳税款	222102
02	存现	1001	06	支付业务招待费	560202
03	支付广告费	560102	07	接受投资	3001
04	支付工资	221101	08	分配工资费用	221101

3. 经济业务4-11~经济业务4-14。

经济业务4-11:支付工资。有关单据如图4-57和图4-58所示(工资表略)。

图 4-57 转账支票存根　　　　　图 4-58 进账单

经济业务 4-12：缴纳税款。有关单据如图 4-59 所示。

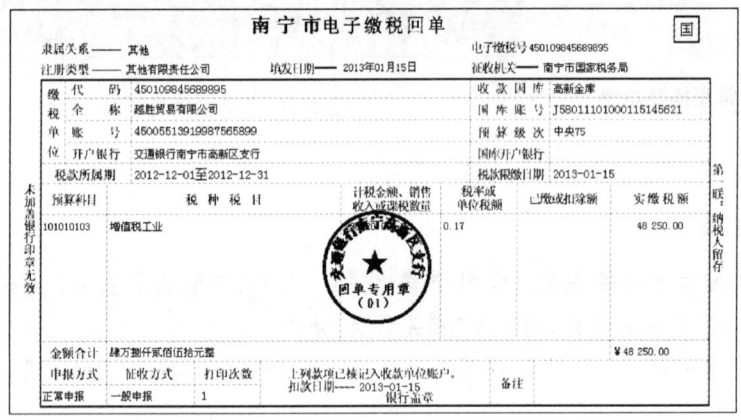

图 4-59 电子缴税回单

经济业务 4-13：收到外资投入资本。有关单据如图 4-60 所示（投资协议书略）。确认资本为人民币 250 000 元（当日汇率为 6.218 0）。

图 4-60 电子汇划收款回单

经济业务 4-14：编制月末工资汇总表（见表 4-16），并分配职工薪酬费用。

表 4-16　　　　　　　　　　部门工资汇总表　　　　　　　　　　单位：元

部门名称	应付工资
管理部门	85 991.43
销售部门	16 700.00
生产车间办公室	5 600.00
一车间	9 346.57
二车间	7 362.00
合计	125 000.00

【岗位任务】操作员：会计"张兰琼"（zlq）。
1. 根据表 4-13 完成凭证摘要设置。
2. 调用常用摘要及常用凭证，完成经济业务 4-11～经济业务 4-14 的凭证编制。
3. 备份账套。

二、审核凭证

业务活动 4-9　查 询 凭 证

查询凭证是用于查询已记账及未记账凭证的功能。
【活动准备】
恢复"练一练 4-7"账套。
【岗位任务】操作员：会计"张兰琼"（zlq）。
查询"付-0001"号凭证。
【操作步骤】
步骤 1　点击【总账】→【凭证】→【查询凭证】，显示"凭证查询"对话框，如图 4-61 所示。

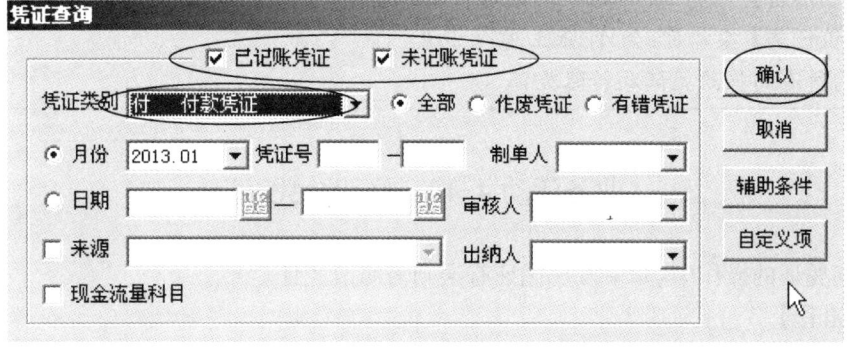

图 4-61 "凭证查询"对话框

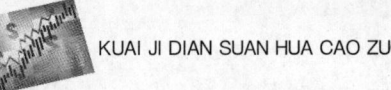

步骤 2　在"凭证查询"对话框,录入查询条件,单击【确认】按钮,如图 4-61 所示,显示"查询凭证"一览表。

步骤 3　在"查询凭证"一览表上,选择需要查询的凭证,点击【确定】按钮,如图 4-62 所示。

制单日期	凭证编号	摘要	借方金额合计	贷方金额合计	制单人	审核人
2013.01.02	付-0001	现金盘亏	132.00	132.00	张兰琼	
2013.01.04	付-0002	申请银行汇票	500 016.00	500 016.00	张兰琼	
2013.01.09	付-0003	采购材料	117 000.00	117 000.00	张兰琼	
2013.01.10	付-0004	银行取款	5 000.00	5 000.00	张兰琼	
2013.01.15	付-0005	支付工资	110 097.31	110 097.31	张兰琼	
2013.01.15	付-0006	缴纳税款	48 250.00	48 250.00	张兰琼	
2013.01.31	付-0007	汇兑损益结转	46.00	46.00	张兰琼	

凭证共 7 张　已审核 0 张　未审核 7 张

图 4-62　"查询凭证"对话框

步骤 4　在凭证一览表中双击某张凭证或直接点击【确认】按钮,则屏幕显示此张凭证,如还需要查询其他相同条件的凭证可单击【首张】、【上张】、【下张】、【末张】按钮翻页查找。

知识链接

通过"查询凭证"功能进入"查询凭证"界面的,只能查询凭证不能修改凭证,也不能作废或恢复凭证。

练一练4-8　　　　　　查　询　凭　证

【活动准备】恢复"练一练4-7"账套。
【岗位任务】操作员:会计"张兰琼"(zlq)。
查询所有的收款凭证及转账凭证。

业务活动 4-10　修 改 凭 证

在查询凭证的操作中,如果发现凭证有误则需修改凭证。
【活动准备】
恢复"练一练4-7"账套。
【岗位任务】操作员:会计。

修改"付-0001"号凭证的金额为150元。

【操作步骤】

步骤1 在填制凭证界面中,通过【首张】、【上张】、【下张】、【末张】按钮翻页查找或直接在"填制凭证"界面点击【查询】按钮,找到要修改的凭证。

步骤2 将光标移到需修改的地方进行修改。

步骤3 单击【保存】按钮,保存当前的修改。

知识链接

(1) 未审核记账的凭证可直接修改。

(2) 将光标移到需修改的地方进行修改即可,若要修改某辅助项,则将光标移到要修改的辅助项处,双击鼠标,屏幕显示辅助项录入窗,可直接在上面修改。

(3) 若要修改金额方向,可在当前金额的相反方向,按空格键。

(4) 若要希望当前分录的金额为其他所有分录的借贷方差额,则在金额处按"="键即可。

(5) 修改完毕后,按【保存】按钮保存当前修改,按【放弃】按钮放弃当前凭证的修改。

(6) 若在【选项】中设置了"制单序时"的选项,那么,在修改制单日期时,不能在上一编号凭证的制单日期之前。

(7) 若在【选项】中设置了"不允许修改、作废他人填制的凭证",则不能修改他人填制的凭证。

(8) 外部系统传过来的凭证不能在总账系统中进行修改,只能在生成该凭证的系统中进行修改。

业务活动4-11 作废、恢复、整理凭证

凭证的"作废/恢复":对重复录入、出现不便修改或不需要更改的错误的凭证作废。

作废凭证的恢复:取消作废操作。

"整理凭证":有些作废凭证不想保留,可以通过凭证整理功能将这些凭证彻底删除,并对未记账凭证重新编号。

1. 凭证的作废

【操作步骤】

步骤1 在填制凭证界面中,通过按【首张】、【上张】、【下张】、【末张】按钮翻页查找或按【查询】按钮输入查询条件,找到要作废或恢复的凭证。

步骤2 在填制凭证界面,选择【制单】→【作废/恢复】,如图4-63所示,凭证左上角显示"作废"字样,表示已将该凭证作废。

被作废的凭证如图4-64所示。

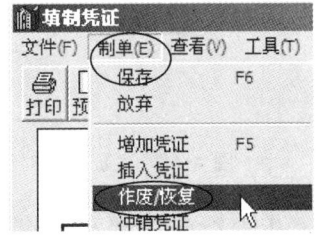

图4-63 凭证"作废/恢复"功能

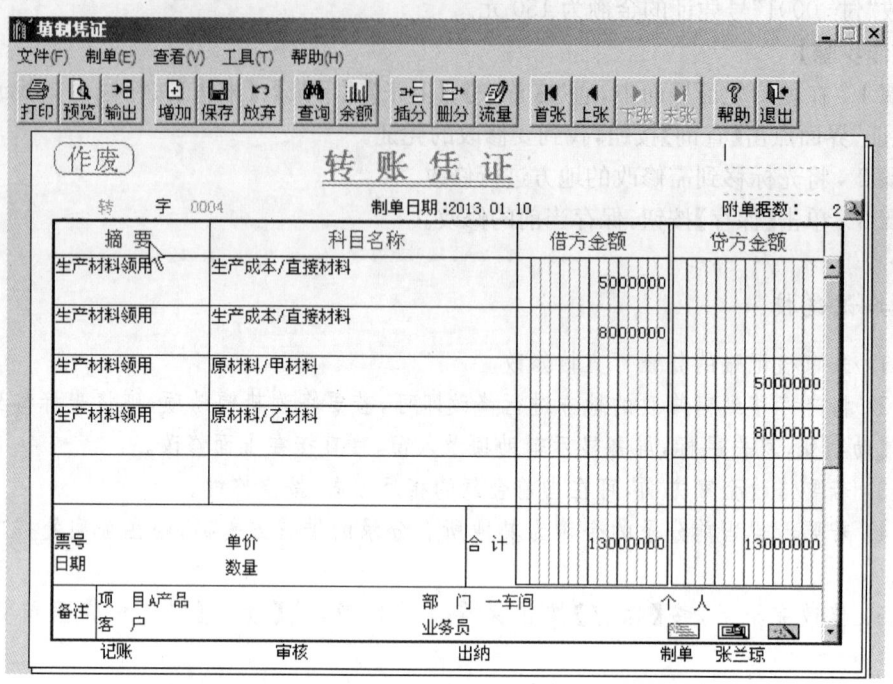

图 4-64 被"作废"的凭证

2. 取消被作废的凭证

【操作步骤】

步骤1 在填制凭证界面中,通过按【首张】、【上张】、【下张】、【末张】按钮翻页查找或按【查询】按钮输入查询条件,找到要取消作废的凭证。

步骤2 在填制凭证界面,选择【制单】→【作废/恢复】,凭证左上角显示的"作废"字样取消,表示已将该凭证取消作废。

3. 整理凭证

【操作步骤】

步骤1 在填制凭证界面,选择【制单】→【整理凭证】→选择要整理的月份,点击【确定】按钮,如图 4-65 所示,进入"作废凭证表"界面,如图 4-66 所示。

图 4-65 凭证整理对话框

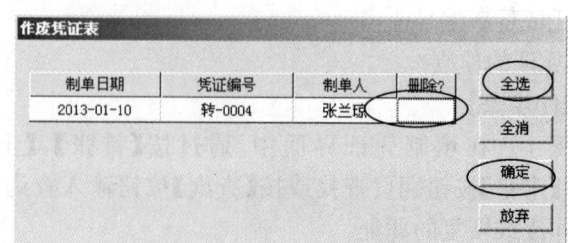

图 4-66 作废凭证表

步骤2 选择要真正删除的作废凭证(如全部选择,可点击【全选】按钮),按【确定】按钮,系统将这些凭证从数据库中删除掉,并对剩下凭证重新排号。

知识链接

(1) 作废凭证仍保留凭证内容及凭证编号,只在凭证左上角显示"作废"字样。作废凭证不能修改,不能审核。在记账时,不对作废凭证作数据处理,相当于一张空凭证。在账簿查询时,也查不到作废凭证的数据。

(2) 若本月已有凭证已记账,那么,本月最后一张已记账凭证之前的凭证将不能作凭证整理,只能对其后面的未记账凭证作凭证整理。若想作凭证整理,请先到"恢复记账前状态"功能中恢复本月初的记账前状态,再作凭证整理。

练一练 4-9　　　　　　　查询、作废凭证

【活动准备】恢复"练一练 4-7"备份的账套。
【岗位任务】操作员:会计"张兰琼"(zlq)。
1. 以会计赵兰琼的身份登录系统,查询所有的转账凭证。选择"转字 0003~0004"凭证完成"作废"的操作,然后再选择"转字 0003"完成"取消作废"的操作。
2. 进行"凭证整理"操作。

业务活动 4-12　出 纳 签 字

为了加强对出纳凭证的管理,出纳人员可通过出纳签字功能对制单员填制的带有"库存现金"、"银行存款"科目的凭证进行检查核对,审查认为正确的则执行签字,审查认为错误或有异议的凭证,应交予填制人员修改后再签字。

【活动准备】恢复"练一练 4-7"账套。
【岗位任务】操作员:出纳"宋丹丹"(sdd)。
完成出纳签字。
【操作步骤】
步骤1　点击【总账】→【凭证】→【出纳签字】,如图 4-67 所示,进入"出纳签字"界面,选择出纳签字凭证条件后,点击【确认】按钮,如图 4-68 所示。

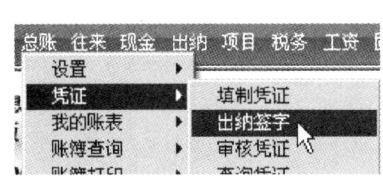

图 4-67　出纳签字功能

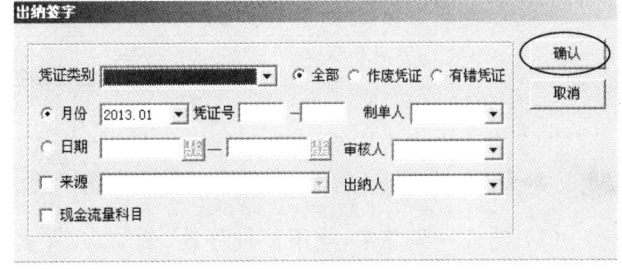

图 4-68　出纳签字对话框

步骤2　在凭证一览表中双击某张凭证,如图 4-69 所示,则屏幕显示此张凭证,如果此凭

证不是需要进行签字的凭证,可通过【首张】、【上张】、【下张】、【末张】按钮翻页查找或按【查询】按钮查找输入条件查找需要签字的凭证。

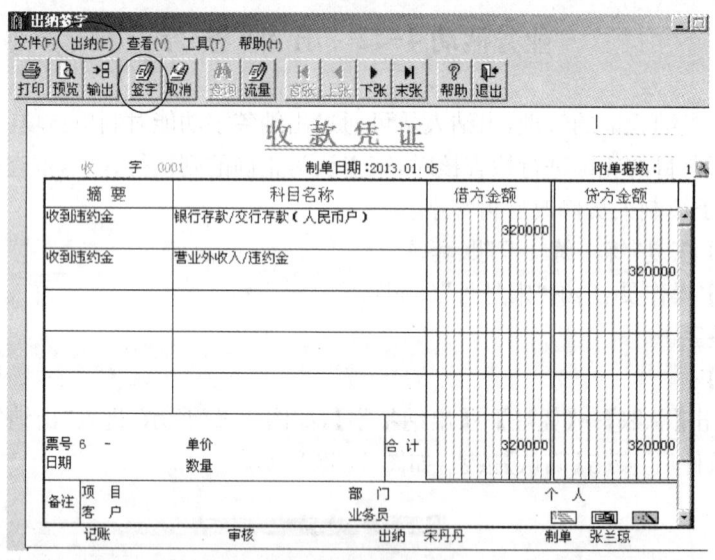

图 4-69　出纳签字凭证一览表

步骤 3　出纳人员在确认该张凭证正确后,单击【出纳】菜单下的【签字】或【成批出纳签字】,也可点击"出纳签字"工具栏上的【签字】按钮,如图 4-70 所示。

图 4-70　凭证出纳签字

知识链接

(1) 凭证一经签字,就不能被修改、删除,只有被取消签字后才可以进行修改或删除。
(2) 取消签字只能由出纳自己进行。
(3) 操作员不能对自己填制的凭证执行签字功能。

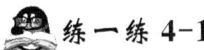

练一练 4-10　　　　　　　出　纳　签　字

【活动准备】恢复"练一练 4-7"账套。
【岗位任务】操作员：出纳"宋丹丹"(sdd)。
1. 以出纳宋丹丹的身份登录系统，审核凭证后完成出纳签字操作。
2. 备份账套。

业务活动 4-13　审 核 凭 证

审核凭证是按照财会制度，对制单员填制的记账凭证进行检查核对，主要审核记账凭证是否与原始凭证相符，会计分录是否正确等，审查认为错误或有异议的凭证，应交予填制人员修改后，再进行审核。

【活动准备】恢复"练一练 4-10"账套。
【岗位任务】完成凭证的审核。
【操作步骤】

步骤1　选择【总账】→【凭证】→【审核凭证】或直接点击"审核凭证"图标，如图 4-71 所示，进入"审核凭证"界面，如图 4-72 所示，录入凭证审核的条件后，屏幕显示凭证一览表，如图 4-73 所示。

图 4-71　审核凭证功能

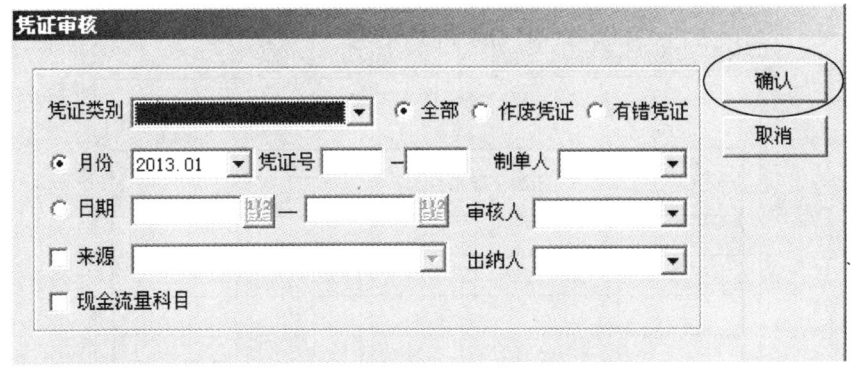

图 4-72　审核凭证范围选择界面

步骤2　选择需要审核的凭证。在凭证一览表中双击某张凭证后，在凭证界面单击【首张】、【上张】、【下张】、【末张】按钮翻页查找，或按【查询】按钮查找输入条件查找需要审核的凭证。

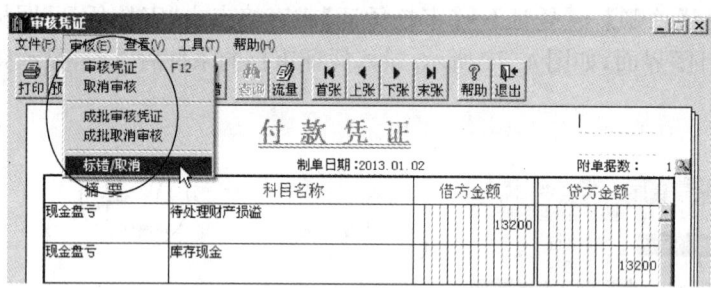

图 4-73 待审核凭证一览表

步骤3 选择【审核】→【审核凭证】或【成批审核凭证】按钮,如图 4-74 所示,或直接点击"审核凭证"界面的【审核】按钮,完成凭证的审核,如图 4-75 所示。

图 4-74 审核凭证

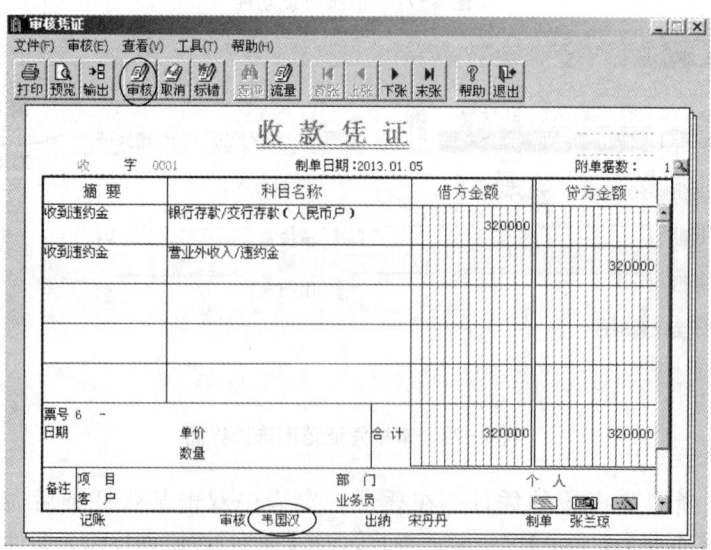

图 4-75 审核凭证

如认为审核的凭证有错,直接点击工具栏上的【标错】按钮,如图 4-76 所示。

图 4-76　凭证标错

> **知识链接**
>
> （1）凭证审核人和制单人不能是同一个操作员,凭证一经审核签字或出纳签字,就不能被修改、删除,只有被取消审核签字、出纳签字后才可以进行修改或删除。
> （2）取消审核签字只能由审核人自己进行。
> （3）作废凭证不能被审核,也不能被标错。
> （4）被错误标错的凭证可点击【取消】按钮取消标错。
> （5）已标错的凭证不能被审核,若想审核,需先按【取消】按钮,取消标错后才能审核。
> （6）成批审核或成批取消审核。用鼠标单击【审核】,输入审核条件后按【确定】按钮,屏幕显示符合条件的凭证,用鼠标单击【审核】菜单下的【成批审核】,系统自动对当前范围内的所有未审核凭证执行审核;用鼠标单击【审核】菜单下的【成批取消审核】,系统自动对当前范围内的所有已审核凭证执行取消审核。

> **练一练 4-11　　审 核 凭 证**
>
> 【活动准备】恢复"练一练 4-10"账套。
> 【岗位任务】操作员:账套主管"韦国汉"(wgh)。
> 1. 完成标错凭证、取消标错、审核凭证等操作。
> 2. 备份账套。

三、记账

业务活动 4-14　记　　账

记账凭证经审核签字后,即可用来登记日记账、明细账、总账、部门账、往来账、项目账以及备查账等。

【活动准备】恢复"练一练 4-11"账套。
【操作任务】完成记账操作。
【操作步骤】
步骤 1　点击【凭证】下【记账】选项,或直接点击总账界面的"记账"图标,如图 4-77 所示,进入记账向导。

图 4-77 记账功能

步骤 2 输入记账范围后，点击【下一步】按钮，如图 4-78 所示，系统对凭证进行合法性检查。

图 4-78 记账范围的选择

步骤 3 系统先对凭证进行合法性检查，显示满足条件的记账凭证，如图 4-79 所示。如果发现不合法凭证，系统将提示错误（如期初余额不平不允许记账；上月未记账或结账；未审核凭证不能记账），如果未发现不合法凭证，屏幕显示所选凭证的汇总表及凭证的总数，以供核对。核对无误后，单击【下一步】按钮，进入记账界面。

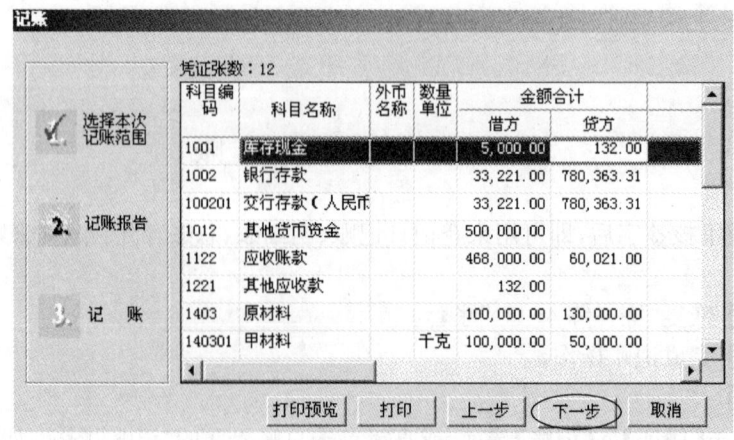

图 4-79 所选记账凭证汇总表

步骤4 单击【记账】按钮,如图4-80所示,系统开始登录有关的明细账和总账等有关账簿,并进行期初试算平衡(如期初试算不平衡,则不能记账)后点击【确认】按钮,如图4-81和图4-82所示。

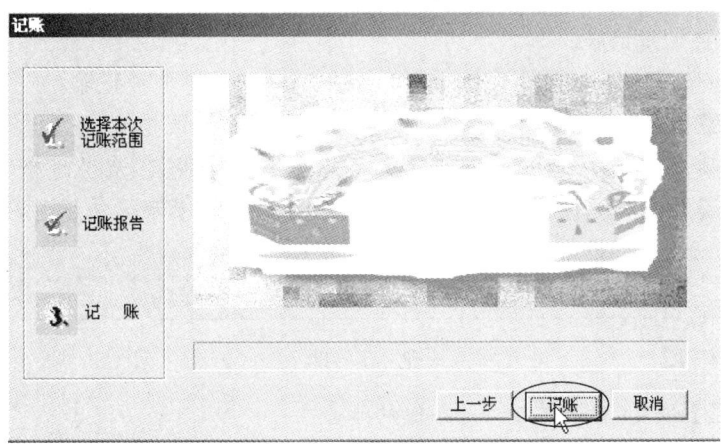

图4-80 记账操作(一)

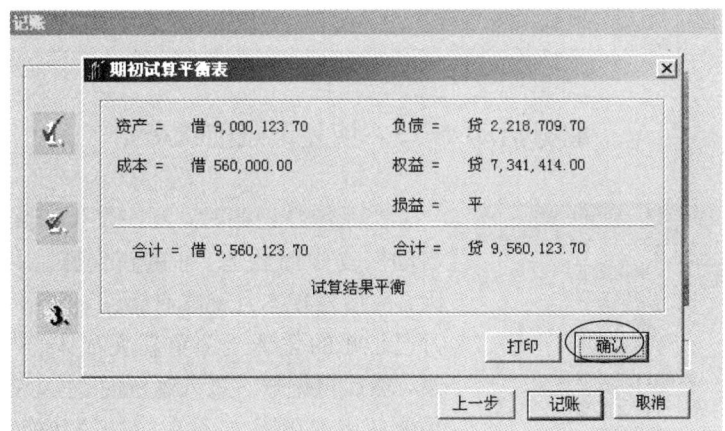

图4-81 记账操作(二)

图4-82 记账操作(三)

知识链接

（1）记账过程一旦由于断电或其他原因造成中断后，系统将自动调用"恢复记账前状态"恢复数据，再重新记账。

（2）在第一次记账时，若期初余额试算不平衡，系统将不允许记账。

（3）所选范围内的凭证如有不平衡凭证，系统将列出错误凭证，并重选记账范围。

（4）在选项设置中如果设有"出纳凭证必须由出纳签字"、"未经审核凭证不允许记账"条件，所选范围内的凭证如有出纳未签字的出纳凭证及未审核凭证时，系统提示是否只记已审核凭证或重选记账范围。

练一练 4-12　　　记　账

【活动准备】恢复"练一练4-11"备份的账套。

【岗位任务】操作员：会计"张兰琼"（zlq）。

1. 完成记账的操作。
2. 备份账套。

业务活动 4-15　恢复记账前状态

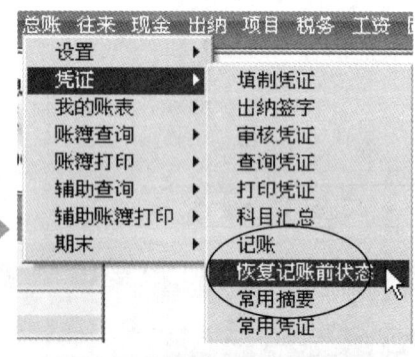

图 4-83　恢复记账前状态功能

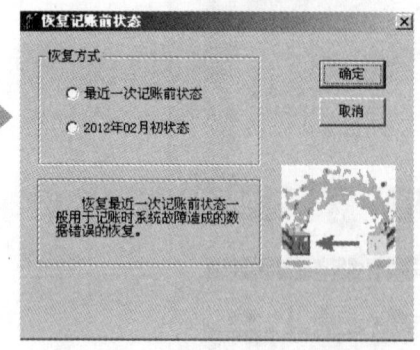

图 4-84　恢复记账前状态对话框

当系统在记账时，万一发生记账被中断，系统将自动恢复中断状态，可重新记账。另外由于某种原因，事后发现本月记账有错误，利用本功能则可将本月已记账的凭证全部重新变成未记账凭证，进行修改，然后再记账。进入系统时，本功能并没有显示，如果要使用本功能，必须在"对账"功能界面按下快捷键"Ctrl+H"激活"恢复记账前状态"功能，退出"对账"功能，在系统主菜单"凭证"下显示该功能。

【活动准备】恢复"练一练4-12"备份的账套。

【岗位任务】操作员：会计"张兰琼"（zlq）。

恢复记账前状态。

【操作步骤】

步骤1　选择【凭证】→【恢复记账前状态】，如图4-83所示，系统显示恢复记账前状态窗口，如图4-84所示。

步骤2　进入本功能后，根据需要选择"最近一次记账前状态"或"月初状态"。"最近一次记账前状态"：将最近一次记账的凭证恢复成未记账凭证，以便重新修改，再记账。"月初状态"即将本月全部已记账的凭证恢复成未记账状态,以便重新修改,再记账。

步骤3　选择完成后,点击【确定】按钮,系统开始进行恢复工作,如图4-85所示。

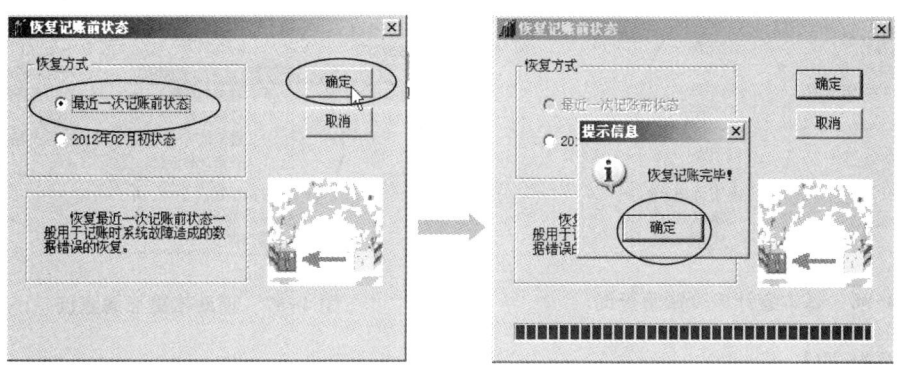

图4-85　恢复记账前状态操作流程图

 知识链接

已结账的月份,不能恢复记账前状态;只有账套主管"取消结账"后才能恢复到月初的记账前状态。

练一练4-13　　　　　　　恢复记账前状态

【活动准备】恢复"练一练4-12"账套。
【岗位任务】操作员:账套主管"韦国汉"(wgh)。
完成"恢复记账前状态"功能操作。

业务活动4-16　查　账

企业发生的经济业务,经过制单、审核、记账等程序后,就形成了正式的会计账簿。账簿的管理包括账簿的查询和打印。在用友T3财务软件中,账簿分为基本会计核算账簿和辅助核算账簿。基本会计核算账簿包括总账、余额表、明细账、序时账、多栏账、综合多栏账、日记账和日报表等。辅助核算账簿包括个人往来辅助账和部门辅助账。

账簿的查询包括账簿查询,如图4-86所示[包括总账、余额表、明细账、序时账(日记账)、多栏账、综合多栏账、日记账、日报表等账簿]和辅助查询,如图4-87所示(包括个人往来辅助账、部门辅助账)。

基本操作流程如下:选择【总账】→【账簿查询】或【辅助查询】→【××账】,屏幕显示查询条件窗口。录入查询条件点击【确定】按钮,显示查询结果。

【活动准备】恢复"练一练4-12"账套。
【岗位任务】操作员:账套主管。
查询140301科目明细账数量金额式账簿。

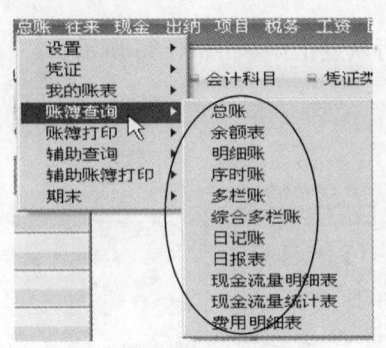

图 4-86 基本会计核算账簿查询

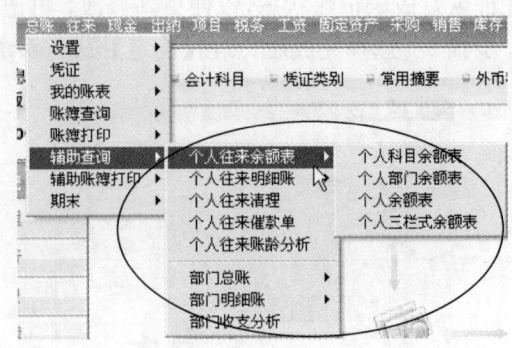

图 4-87 辅助核算账簿查询

【操作步骤】

步骤 1　确定查询范围。选择【总账】→【账簿查询】→【明细账】，进入"明细账查询条件"窗口，录入查询条件，如图4-88所示。

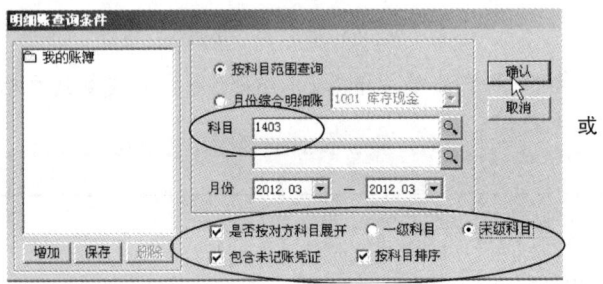 或

图 4-88 "明细账查询条件"对话框

步骤 2　点击【确定】按钮，显示查询结果，如图 4-89 所示。

2013年		摘要	单价	借方		贷方		方向	余额		
月	日			数量	金额	数量	金额		数量	单价	金额
		上年结转						借	8 000.00	50.00	400 000.00
01	09	付-0003 采购材料	50.00	2 000.00	100 000.00			借	10 000.00	50.00	500 000.00
01	10	转-0004 生产材料领用	50.00			1 000.00	50 000.00	借	9 000.00	50.00	450 000.00
01		当前合计		2 000.00	100 000.00	1 000.00	50 000.00	借	9 000.00	50.00	450 000.00
01		当前累计		2 000.00	100 000.00	1 000.00	50 000.00	借	9 000.00	50.00	450 000.00

图 4-89 原材料数量金额式明细账

知识链接

(1) 按科目范围查询：可输入起止科目范围，范围为空时，系统认为是所有科目。

(2) 月份综合明细账：月份范围条件放开，可实现跨月查询。

(3) 可根据需要选择"是否按对方科目展开"、"包含未记账凭证"、"按科目排序"等。

(4) 在余额表中用鼠标点【累计】按钮，系统将显示或取消显示借贷方累计发生额。

(5) 现金、银行存款日记账只能在【现金】→【现金管理】→【日记账】中查询。

(6) 在查询多栏账之前，必须先定义查询格式。进行多栏账栏目定义有自动编制栏目和手动编制栏目两种方式。一般先进行自动编制再手动调整，可以提高录入效率。

练一练4-14　　　账　簿　查　询

【活动准备】恢复"练一练4-12"备份的账套。

【岗位任务】操作员：出纳"宋丹丹"（sdd）。

查询现金日记账和银行存款日记账，并写出"库存现金"和"银行存款"两个账户的余额。

任务四　总账系统的其他辅助管理

总账系统的其他辅助管理包括往来管理、现金银行、出纳管理、项目管理、税务管家、财务报表、财务分析等内容，下面主要介绍往来管理、现金银行、项目管理等功能。

一、认知往来管理

往来账款主要发生在企业的购销业务中，包括赊销引起的客户应收往来和赊购引起的供应商应付往来。往来管理主要包括设置往来账的管理方式、往来账的记录与核销、往来账的查询等内容。

（一）往来账管理的方式

1. 直接设置往来明细账

企业客户或供应商不多的企业，直接在应收（应付）科目下设置明细科目核算往来款项，如表4-17所示。

表4-17　　　　　　　　　　直接设置往来明细账

1122	应收账款
112201	红河公司
112202	星光公司

该管理方式的优点在于：往来查询时直接查明账，较简便；其缺点在于对应收的核销、账龄等不能提供简洁明确的记录。

2. 设置辅助核算

企业的客户或供应商较多，对往来科目设置辅助核算，如图 4-90 所示。往来辅助账中提供往来账对账及账龄分析等功能。

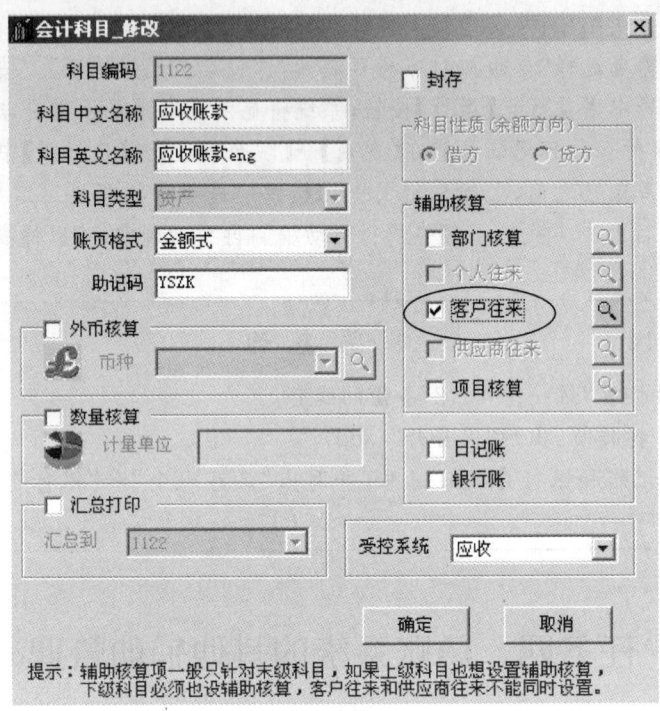

图 4-90　在往来科目中设置辅助核算

（二）往来账的记录与核销

往来账的记录与核销采用往来账辅助核算方式。往来业务发生时，系统要求记录往来单位信息，待往来款项收付时及时核销。

（三）往来账的查询

往来账簿中提供与企业有往来关系的客户（供应商）余额表、明细账、往来对账及账龄分析等，如图 4-91 所示。

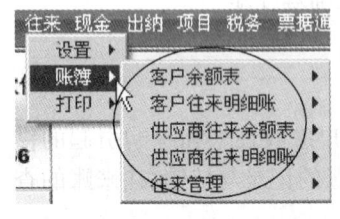

图 4-91　往来账簿查询的菜单

1. 往来余额管理

客户往来余额表主要功能如图 4-92 所示，供应商往来余额表主要功能如图 4-93 所示。

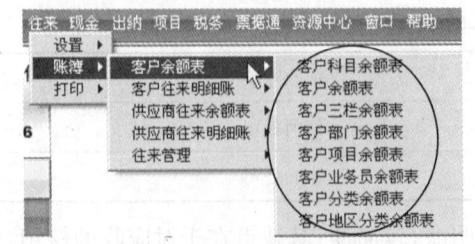

图 4-92　客户余额表查询功能菜单

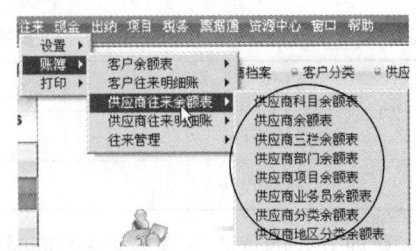

图 4-93　供应商余额表查询功能菜单

2. 往来明细账管理

客户往来明细管理账主要功能如图4-94所示,供应商往来明细账主要功能如图4-95所示。

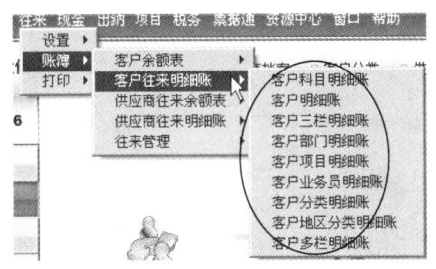

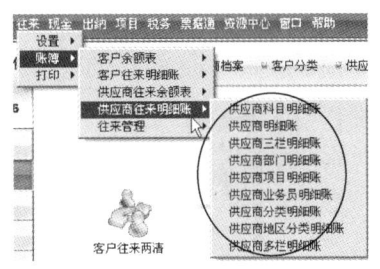

图4-94 客户明细账查询功能菜单　　　图4-95 供应商明细账查询功能菜单

3. 往来管理

往来管理包括往来两清、往来催款单(对账单)、往来账龄分析等功能,如图4-96和图4-97所示。

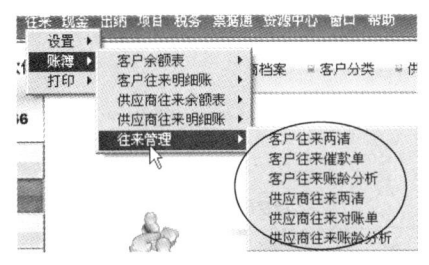

图4-96 往来管理基本功能　　　　　　图4-97 往来管理基本功能

二、认知现金银行

现金银行主要功能包括设置(银行对账期初录入)、现金管理、票据管理、账簿打印等,如图4-98所示。

1. 银行对账期初录入

【活动准备】恢复"练一练4-12"备份的账套。

【岗位任务】操作员:出纳"宋丹丹"(sdd)。

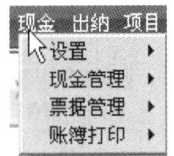

图4-98 现金银行功能菜单

【操作步骤】

步骤1 选择【现金】→【设置】→【银行期初录入】,如图4-99所示,进入"银行科目选择"对话框。录入查询条件后点击【确定】按钮,如图4-100所示。进入"银行对账期初"窗口,如图4-101所示。

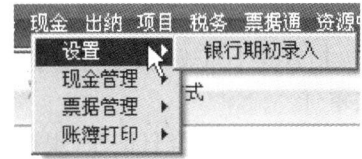

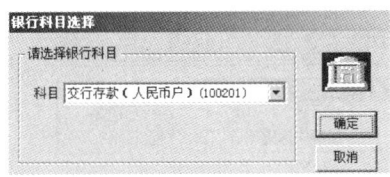

图4-99 银行期初录入功能　　　　　图4-100 银行期初录入科目选择

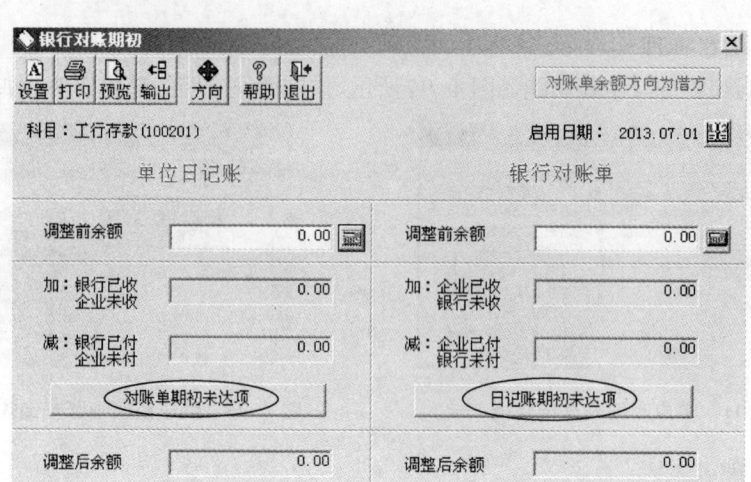

图 4-101　银行对账期初对话框

步骤 2　录入对账单期初未达项及日记账期初未达项的录入。选择"对账单位期初未达项"或"日记账期初未达项"进入后点击增加，即可录入未达账的日期、结算方式、票号、借（贷）方金额等，如图 4-102 和图 4-103 所示。

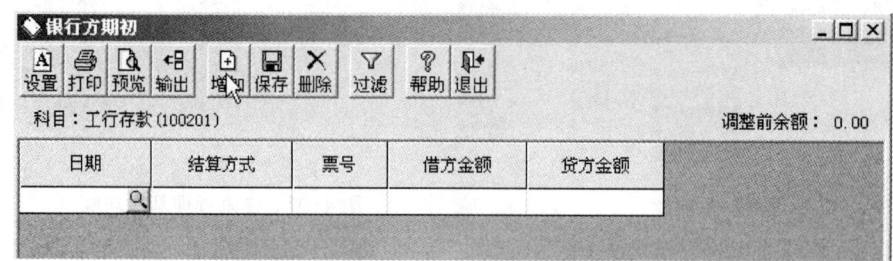

图 4-102　银行方期初未达录入界面

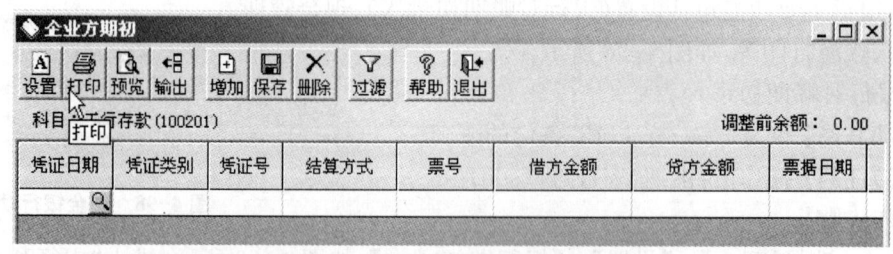

图 4-103　企业方期初未达录入界面

2. 现金管理

现金管理是总账系统为出纳人员提供的现金管理工具，主要包括现金日记账和银行日记账的管理和长期未达账审计。

（1）日记账主要包括现金日记账、银行日记账及资金日报的查询及打印，如图 4-104 所示。

图 4-104　日记账基本功能

(2) 银行账主要包括银行对账单的录入、银行对账、余额调节表查询、查询对账勾对情况及核销银行账等,如图 4-105 所示。

3. 票据管理

票据管理主要是指支票登记簿的管理。可在票据上详细登记支票领用人、领用日期、支票用途、是否报销等情况。

注意:①只有在会计科目中设置了银行账辅助核算的科目时才能使用支票登记簿。②只有在结算方式设置中选择票据控制才能选择登记银行科目。③在实际工作中,如果要求领用人亲笔签字的,最好不使用支票登记簿,这样会增加输入工作量。

4. 账簿打印

现金银行中的账簿打印主要提供现金日记账及银行存款日记账的打印等,如图 4-106 所示。

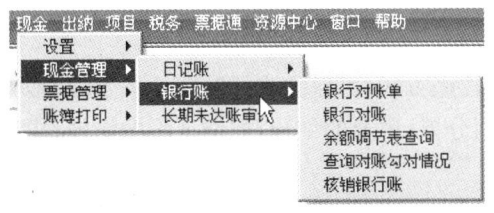

图 4-105　银行账基本功能

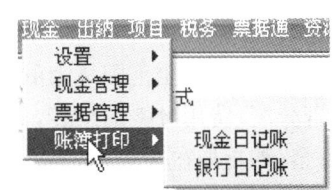

图 4-106　现金银行账簿打印功能

三、认知项目管理

项目管理主要包括项目目录设置、项目账簿查询(按项目查询总账、明细账和进行项目统计的功能)及打印等。

任务五　总账系统期末处理

总账的期末处理包括转账、对账、结账等基本功能,如图 4-107 所示。

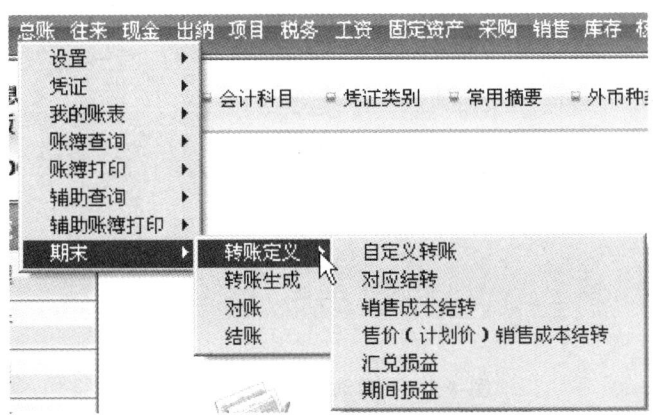

图 4-107　总账期末处理功能菜单

一、转账

用友 T3 财务软件的转账分为内部转账和外部转账。外部转账是将其他专项核算系统生成的凭证转入总账系统中,一般由系统自动完成;内部转账是指在总账系统中把某个或某几个会计科目中的余额或本期发生额结转到一个或多个会计科目中,一般需要会计人员进行相关的转账定义才能自动转账生成凭证。

(一) 转账定义

转账定义是预置自动转账模板分录,待需要转账时调用相应的自动转账分录生成即可。系统提供五种类型的转账定义:自定义转账、对应结转、销售成本结转、汇兑损益结转、期间损益结转。

业务活动 4-17 设置自定义转账

自定义转账是适用范围最大的一种自动转账方式,可以完成的转账业务主要有:费用的分配,如工资分配;费用分摊的结转,如制造费用分摊;税金的结转,如增值税的结转;提取各种费用和准备金,如提取盈余公积。

【活动准备】通过自定义转账分录生成转出本月未交增值税凭证(转账编号:001)。
【岗位任务】完成自定义转账设置。
【操作步骤】

图 4-108 转账目录

步骤 1　点击【总账】→【期末】→【转账定义】→【自定义转账设置】,进入自动转账设置窗口。

步骤 2　在自动转账设置窗口内,点击【增加】进入"转账目录"信息界面,如图 4-108 所示,输入转账号、转账说明并选择凭证种类后点击【确定】按钮,进入"自定义转账设置"界面,如图 4-109 所示。

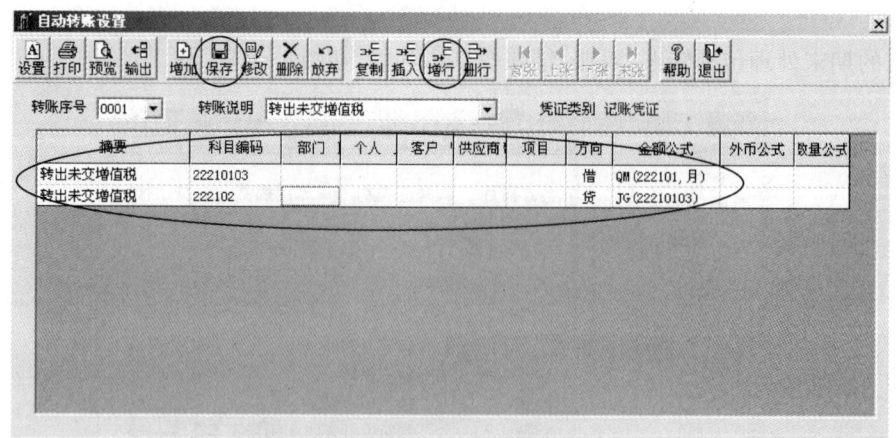

图 4-109 自动转账设置对话框

步骤 3　进行自定义转账分录设置后,点击【保存】按钮。

知识链接

（1）转账编号可任意定义，一张转账凭证对应一个转账编号，但只能输入数字，不能重号。

（2）转账摘要：可单击或按【F2】键参照常用摘要录入，亦可手工输入。

（3）金额公式：单击可参照录入计算公式（注：对于初级用户，建议通过参照录入公式；对于高级用户，若已熟练掌握转账公式，也可直接输入转账函数公式）。

（4）如果要录入多个科目，且这些科目有同一上级科目，那么，在新增分录时，可录入此上级科目，当录入完这一行后，按【Enter】键，系统将列出所输科目下的所有末级科目，选择所需的科目后，系统将自动生成这些科目的转账分录。

 练一练 4-15　　　　　自定义转账设置

【活动准备】恢复"练一练 4-12"账套。

【岗位任务】操作员：会计"张兰琼"（zlq）。

1. 通过自定义转账，转出本月未交增值税凭证（转账编号：001）。

2. 通过自定义转账，按本月应交增值税的 7%计提城市维护建设税，3%计提教育费附加（转账编号：002）。

业务活动 4-18　对应结转设置

对应结转不仅可进行两个科目一对一结转，还提供科目的一对多结转功能，对应结转的科目可为上级科目，但其下级科目的科目结构必须一致（相同明细科目），如有辅助核算，则两个科目的辅助账类也必须一一对应。

本功能只结转期末余额，若结转发生额，需在自定义结转中设置。

【活动准备】恢复"练一练 4-12"账套。

【岗位任务】操作员：会计。

完成将"本年利润"科目对应结转入"利润分配——未分配利润"科目，编号为 0001，凭证类别为"转账凭证"。

【操作步骤】

步骤 1　点击【总账】→【期末】→【转账定义】→【对应结转】，进入对应结转设置对话框，如图 4-110 所示。

步骤 2　在"对应结转设置"对话框内，点击【增加】按钮，开始增加对应转账模板，输入编号、凭证类别、摘要、转出科目编号（3103）、输出辅助项等。

步骤 3　点击【增行】按钮，输入转入科目（3104）、结转系数（如果转入科目有多个，则重复"步骤 3"的操作）。

步骤 4　点击【保存】按钮，完成对应转账设置。

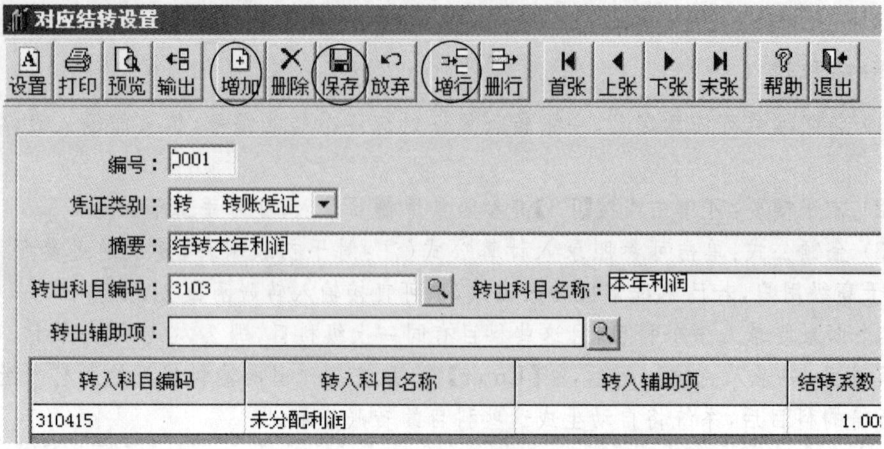

图 4-110　对应结转设置对话框

业务活动 4-19　销售成本结转

销售成本的结转设置主要用来辅助没有启用购销存管理的企业完成全月平均法销售成本的计算和结转。它是将月末商品（或产成品）销售数量乘以库存商品（或产成品）的平均单价计算各类商品销售成本并进行结转。

【活动准备】恢复"练一练 4-12"账套。

【岗位任务】操作员：会计。

完成销售成本结转设置。

【操作步骤】

步骤 1　点击【总账】→【期末】→【转账定义】→【销售成本结转】，进入"销售成本设置"对话框，如图 4-111 所示。

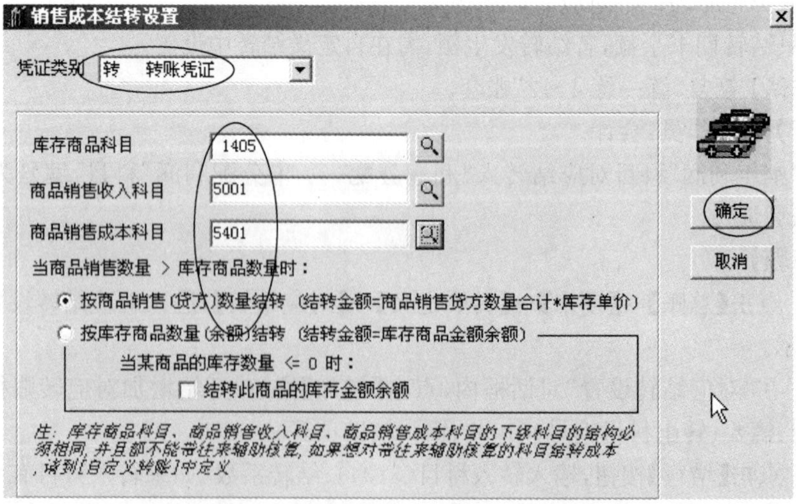

图 4-111　销售成本结转设置对话框

步骤 2　在"销售成本设置"对话框,输入库存商品科目代码(1405)、商品销售收入科目代码(5001)、商品销售成本代码(5401),单击【确定】按钮,完成销售成本结转设置。

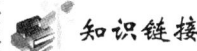

> 进行销售成本结转设置时,"库存商品"、"主营业务收入"、"主营业务成本"三个科目必须设有数量辅助核算,且这三个科目的下级科目必须相对应。

业务活动 4-20　汇兑损益结转

汇兑损益的结转用于期末自动计算外币账户的汇兑损益,在转账过程中自动生成汇兑损益转账凭证。

汇兑损益只处理外币存款户、外币现金和外账结算的债权债务,不包括所有者权益、成本类和损益类科目。

【活动准备】恢复"练一练 4-12"账套。
【岗位任务】操作员:会计。
完成汇兑损益结转设置。
【操作步骤】
步骤 1　点击【总账】→【期末】→【转账定义】→【汇兑损益结转设置】,进入"汇兑损益设置"对话框,如图 4-112 所示。

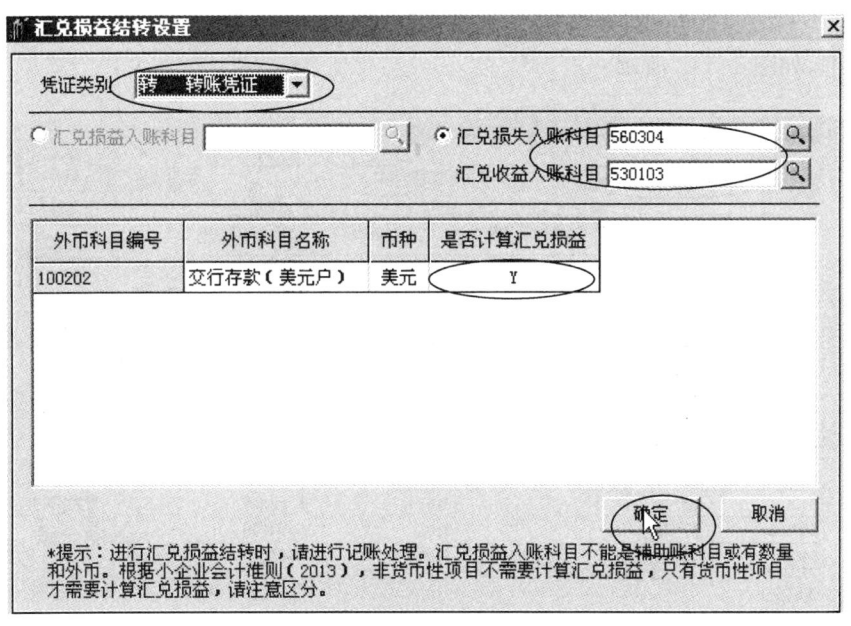

图 4-112　汇兑损益结转设置窗口

步骤 2　选择"汇兑损失入账科目"、"汇兑收益入账科目",可单击 🔍 或按【F2】键参照录入。

步骤3 在"是否计算汇兑损益"的外币科目上,按空格键选择需要计算汇兑损益的科目,或用鼠标双击要计算汇兑损益的科目,选择完毕后,单击【确定】按钮,完成设置。

> **知识链接**
>
> (1) 根据《小企业会计准则》的规定,期末汇兑损益计入营业外收入,汇兑损失计入财务费用。
> (2) 非货币性项目不需要计算汇兑损益(外币非货币性项目包括:存货、固定资产、无形资产、长期股权投资),只有货币性科目才需要计算汇兑损益。
> (3) 汇兑损益入账科目不能是辅助账科目或有数量外币。
> (4) 进行汇兑损益结转时,必须先将本月所有未记账凭证先记账。

业务活动 4-21　期间损益结转

期间损益结转设置用于在一个会计期间终了时,将损益类会计科目的余额结转到"本年利润"科目中,从而及时反映企业利润盈亏情况。

【活动准备】恢复"练一练 4-12"账套。
【岗位任务】操作员:会计。
完成期间损益结转设置。
【操作步骤】
步骤1　点击【总账】→【期末】→【转账定义】→【期间损益结转设置】,屏幕显示"期间损益设置"对话框,如图 4-113 所示。

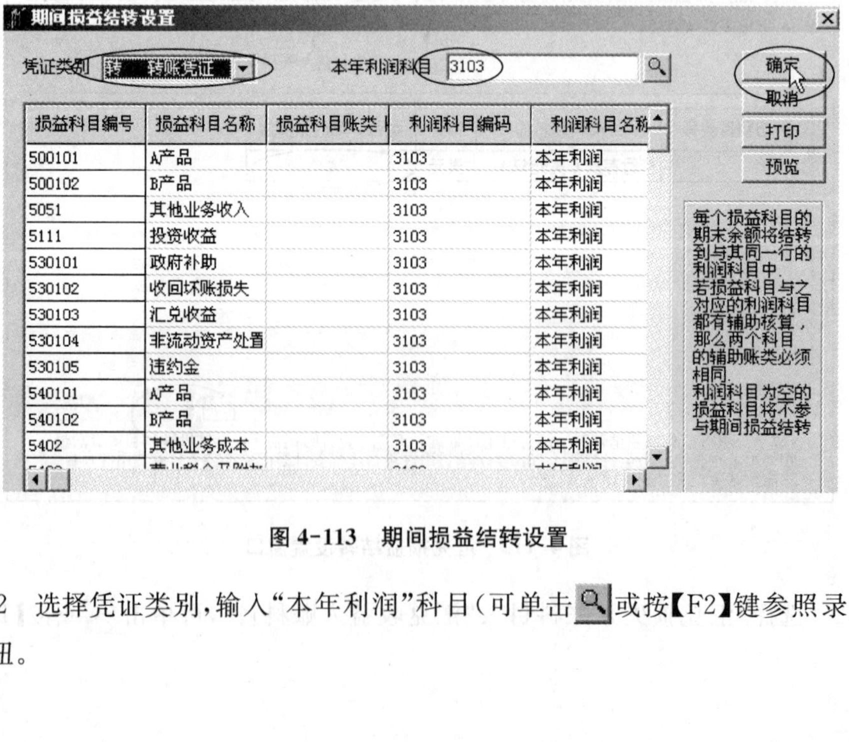

图 4-113　期间损益结转设置

步骤2　选择凭证类别,输入"本年利润"科目(可单击 🔍 或按【F2】键参照录入),点击【确定】按钮。

知识链接

（1）若损益类科目结转表中的损益类科目与"本年利润"科目都有辅助核算，则辅助账类必须相同。

（2）损益类科目结转表中的"本年利润"科目必须为末级科目，且为本年利润入账科目的下级科目。

练一练 4-16　　　　　　转 账 定 义

【活动准备】恢复"练一练4-12"备份的账套。

【岗位任务】操作员：会计"张兰琼"(zlq)。

1. 完成以下自定义设置任务：

（1）通过自定义转账分录生成转出本月未交增值税凭证（转账编号：0001）。

（2）通过自定义转账，按本月应交增值税的7%计提城市维护建设税，3%计提教育费附加（转账编号：02）。

（3）设置销售成本结转。

（4）设置汇兑损益结转，1月31日，美元的汇率为6.218 9。

（5）设置期间损益结转。

（6）通过自定义结转计提所得税费用，所得税税率为25%。

（7）设置"本年利润"科目与"利润分配"科目的对应结转。

2. 备份账套。

（二）转账生成凭证

在完成转账定义后，每月月末只需要执行本功能，即可由计算机自动填制转账凭证，在此生成的凭证，需要审核记账后才真正完成结转工作。

业务活动4-22　　自动转账生成凭证

【活动准备】恢复"练一练4-16"备份的账套。

【岗位任务】操作员：会计"张兰琼"(zlq)。

以会计张兰琼身份登录系统，按收入、费用分开转账，生成期间损益结转凭证。

【操作步骤】

步骤1　点击【总账】→【期末】→【转账生成】，进入"转账生成"对话框，如图4-114所示。

步骤2　选择要进行的转账工作（本操作选"期间损益结转"）、要进行结转的月份和要结转的类型等，在科目列表选择结转科目，按【确定】按钮，屏幕显示将要生成的转账凭证。

步骤3　若凭证类别、制单日期和附单据数与实际情况略有出入，可直接在当前凭证上进行修改即可。

步骤4　当确定系统显示的凭证是所希望生成的转账凭证时，按【保存】按钮将当前凭证追加到未记账凭证中，如图4-115和图4-116所示。

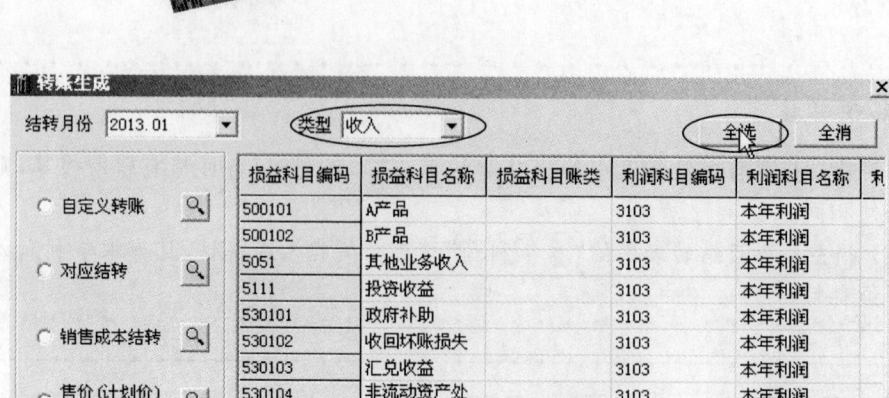

图 4-114 "转账生成"对话框

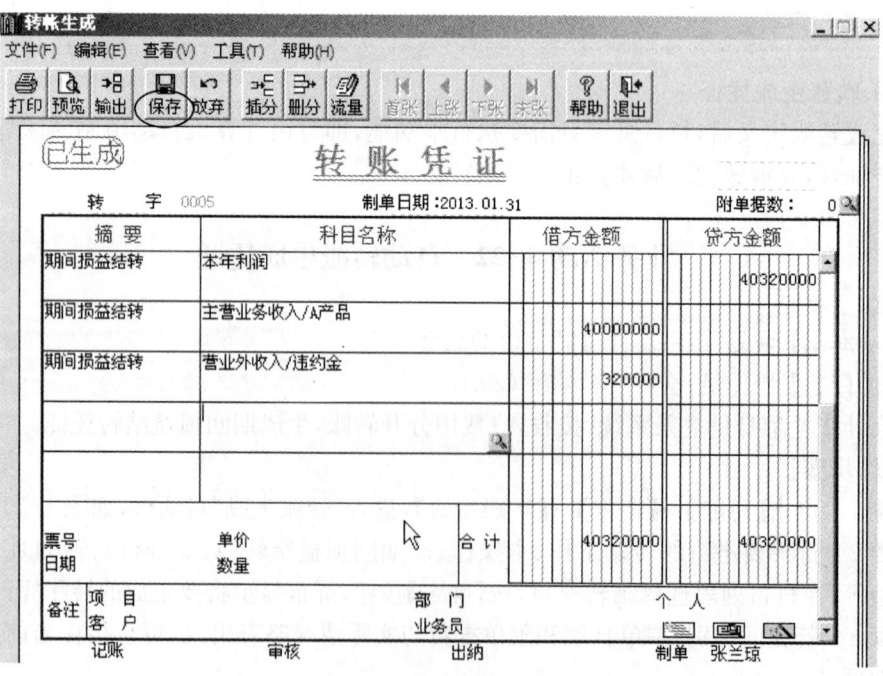

图 4-115 收入结转凭证

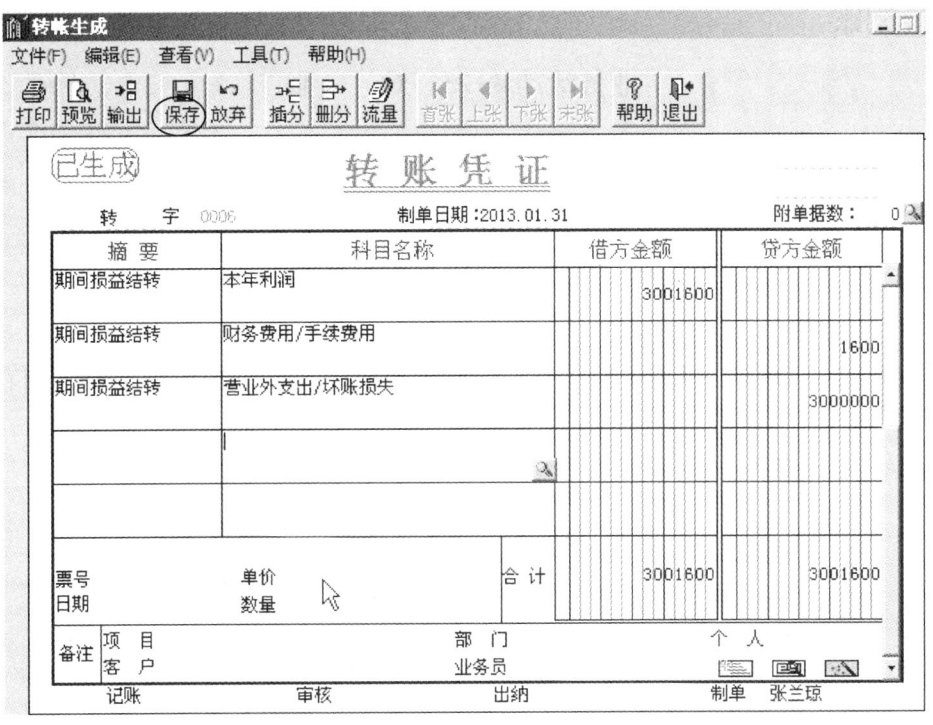

图 4-116 支出结转凭证

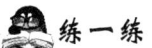 **练一练 4-17**　　　　　　　转账生成凭证

【活动准备】恢复"练一练 4-16"备份的账套。

【岗位任务】操作员:会计"张兰琼"(zlq)。

1. 完成以下转账生成凭证:
(1) 转账生成转出本月未交增值税的凭证。
(2) 转账生成计提城市维护建设税、教育费附加的凭证。
(3) 转账生成结转销售成本的凭证。
(4) 转账生成结转汇兑损益的凭证。
(5) 转账生成结转期间损益的凭证(全部结转在同一张凭证上)。
(6) 转账生成计提所得税费用的凭证。
(7) 转账生成结转所得税费用的凭证。
(8) 转账生成结转本年利润的凭证。

2. 出纳签字:以出纳宋丹丹的身份登录系统并审核签字。

3. 审核凭证:以账套主管韦国汉的身份登录系统并审核凭证。

4. 对账结账:以会计张兰琼的身份登录系统并进行记账。

5. 备份账套。

二、对账

业务活动 4-23 对 账

【活动准备】恢复"练一练 4-17"备份的账套。
【岗位任务】操作员：账套主管。
完成对账工作。
【操作步骤】
（一）系统对账
步骤 1　点击【总账】→【期末】→【对账】，进入"对账"对话框，选择对账内容及月份，点击【选择】按钮，如图 4-117 所示。

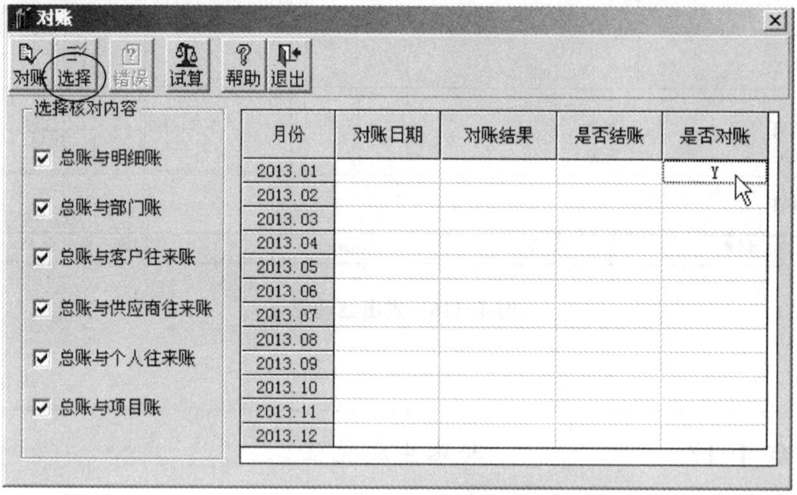

图 4-117　"对账"对话框

步骤 2　点击【对账】按钮，显示对账结果，如图 4-118 所示。

图 4-118　对账结果

知识链接

（1）在对账过程中，按【对账】按钮可停止对账。

（2）若对账结果为账账相符，则对账月份的对账结果处显示"正确"，若对账结果为账账不符，则对账月份的对账结果处显示"错误"，按【错误】即可查看引起账账不符的原因。

（3）按【试算】按钮，可以对各科目类别余额进行试算平衡。按【打印】按钮，可打印试算平衡表。

（二）银行对账

银行对账是将银行存款日记账与银行对账单逐笔勾对，找出双方记账差错项或未达账项，并通过编制银行存款余额调节表使得调节后的银行存款日记账余额与对账单余额相符。具体操作如下：

（1）输入银行对账对账期初数据。

（2）录入银行对账单。

（3）银行对账。

（4）输出银行存款余额调节表。

（三）往来对账

1. 客户往来

（1）往来两清。

（2）客户往来催款。

（3）客户往来账龄分析。

2. 供应商往来（对账内容及相关操作与客户往来同）

3. 个人往来对账

三、结账

结账主要是计算和结转各个会计科目的本期发生额和期末余额，同时结束本期的账务处理工作。结账工作应由具有结账权限的人员进行，由于结账工作比较重要，应该确定专人进行。

业务活动 4-24　结　　账

【活动准备】恢复"练一练 4-17"备份的账套。

【岗位任务】操作员：账套主管"韦国汉"（wgh）。

以会计账套主管韦国汉身份登录系统，完成结账工作。

【操作步骤】

步骤 1　点击【总账】→【期末】→【结账】，进入"结账"对话框，选择结账月份后点击【下一步】按钮，如图 4-119 所示。

步骤 2　点击【对账】按钮，对账完毕后点击【下一步】按钮，系统进行账簿核对并给出工作报告，点击【下一步】按钮，如图 4-120 和图 4-121 所示。

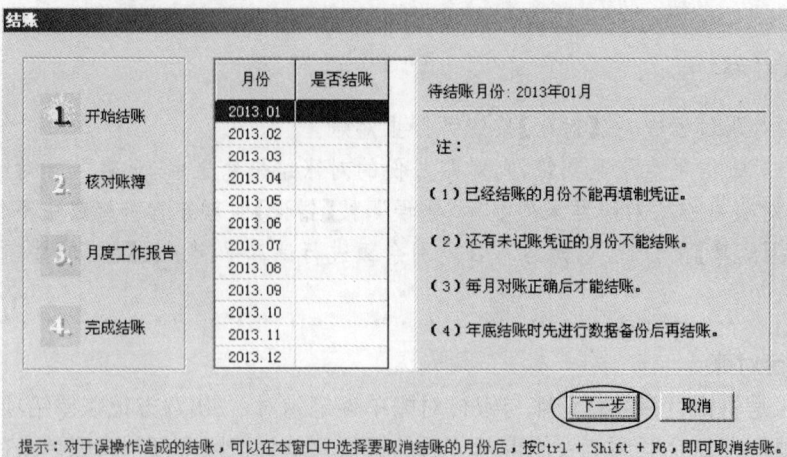

图 4-119 "结账"对话框

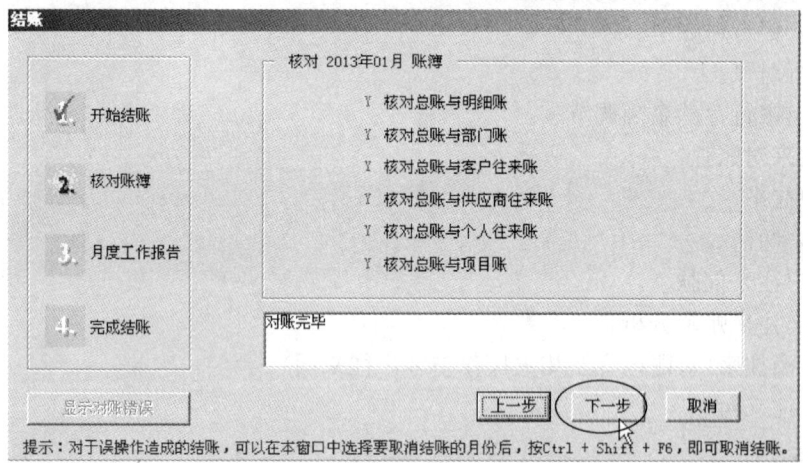

图 4-120 对账结果图

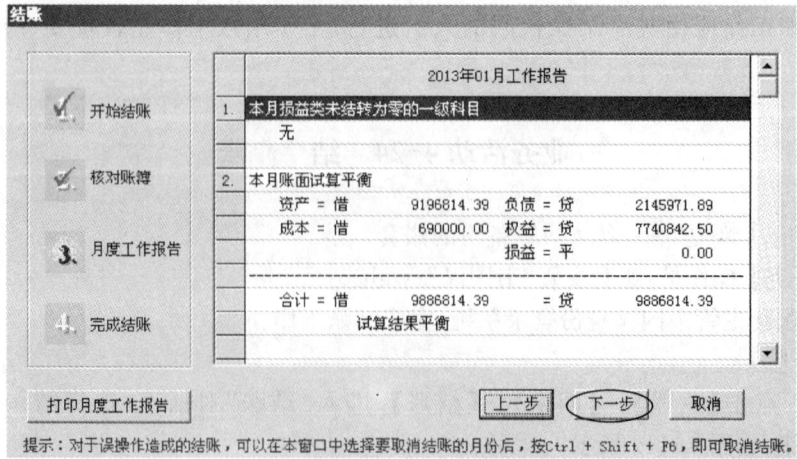

图 4-121 对账工作报告

步骤 3　按【结账】按钮,如图 4-122 所示。若符合结账要求,系统将进行结账,否则不予结账。

图 4-122　"结账"对话框

> **知识链接**
>
> (1) 在"结账"对话框(见图 4-118)中,用鼠标选择要取消结账的月份,按"Ctrl＋Shift＋F6"组合键即可进行反结账。
> (2) 上月未结账,则本月不能记账、结账,但可以填制、复核凭证。
> (3) 本月还有未记账凭证时,则本月不能结账,已结账月份不能再填制凭证。
> (4) 若总账与明细账对账不符,则不能结账。
> (5) 其他子系统未结账前,总账不能结账;如其他子系统未发生业务,也需要结账后总账方能结账,如子系统未初始化,可注销后总账系统结账。

练一练 4-18　　　　　　　对账、结账

【活动准备】恢复"练一练 4-17"备份的账套。
【岗位任务】操作员:账套主管"韦国汉"(wgh)。
1. 对账。
2. 结账。
3. 并备份账套。

四、结账后会计信息的修改

业务活动 4-25　结账后的凭证修改

若结账后发现凭证有错,需返回修改时,只有依次取消结账、取消记账、取消审核、取消签字后,才能修改凭证。

【活动准备】恢复"练一练 4-18"备份的账套。

【岗位任务】操作员:账套主管"韦国汉"(wgh)、会计。

以相关操作员的身份登录系统,完成结账后的凭证修改。

【操作步骤】

步骤1 取消结账(以账套主管身份进入系统)。点击【总账】→【期末】→【结账】,选择需要反结账月份,同时按下"Ctrl+Shift+F6"组合键,输入该操作员的密码(密码为空则不用输入)点击【确定】按钮,如图 4-123 所示。

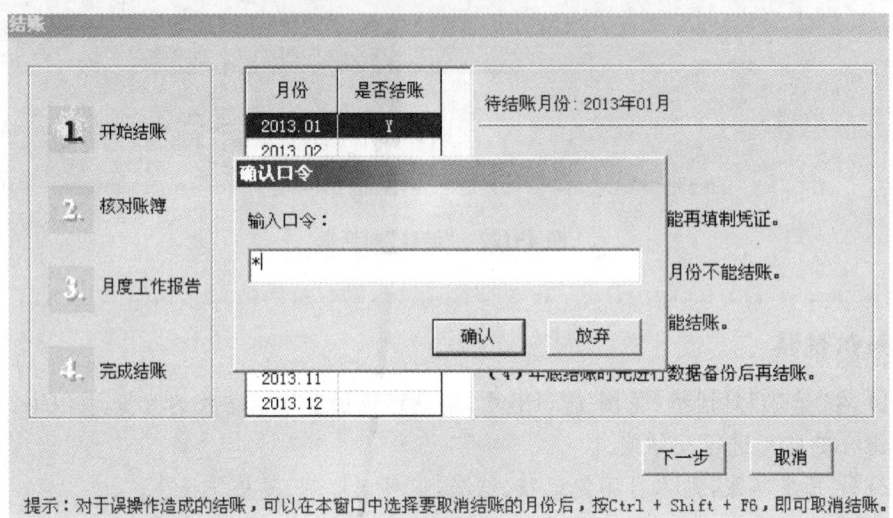

图 4-123 取消结账对话框

步骤2 取消记账(以账套主管身份进入系统)。

情形一:"恢复记账前状态"功能尚未被激活。选择【总账】→【期末】→【对账】,同时按下"Ctrl+H"组合键,系统提示"恢复记账前状态已被激活",之后依次点击【确定】、【退出】按钮,如图 4-124 所示。

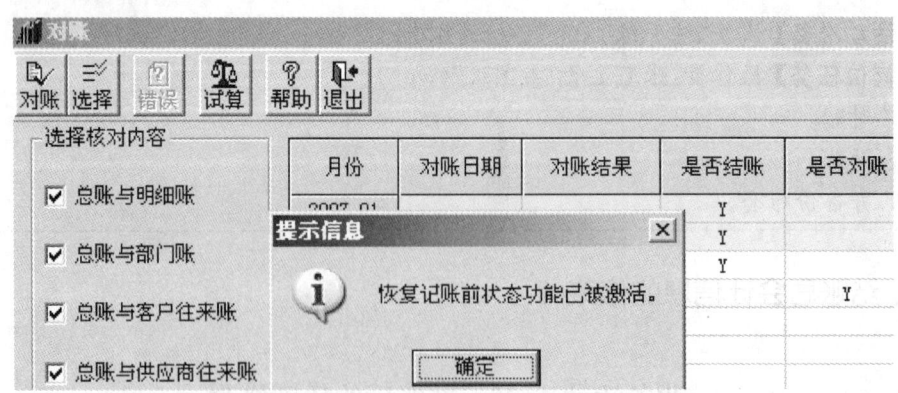

图 4-124 缴活"恢复记账前状态功能"对话框

情形二:"恢复记账前状态"功能已被激活。点击【总账】→【凭证】→【恢复记账前状态】,选择某月份状态或最近一次记账前状态点击【确定】按钮,输入该操作员密码(密码为空的不需要输入),系统提示"恢复记账完毕",点击【确定】按钮,如图 4-125 所示。

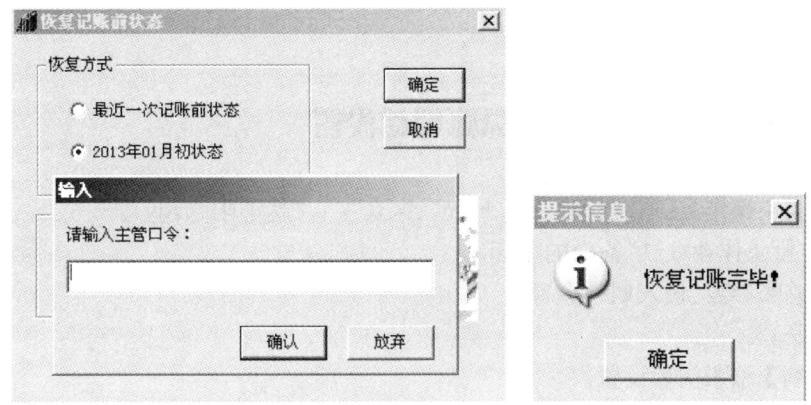

图 4-125　取消记账对话框

步骤 3　取消审核(以有审核权限的操作员身份进入系统)。选择【总账】→【凭证】→【审核凭证】,选择月份,点击【确定】按钮,选择菜单上的【审核】,点击【成批取消审核】按钮,再点击【确定】后按【退出】按钮,如图 4-126 所示。

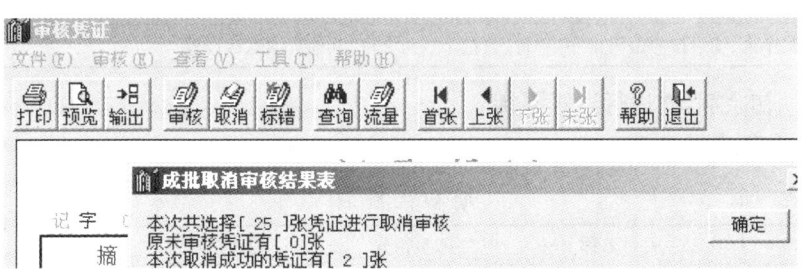

图 4-126　取消审核对话框

步骤 4　取消出纳签字(以出纳权限的操作员身份进入系统)。选择【总账】→【凭证】→【出纳签字】→选择月份→【确定】→【出纳】→【成批出纳取消签字】→【确定】→【退出】,如图 4-127 所示。

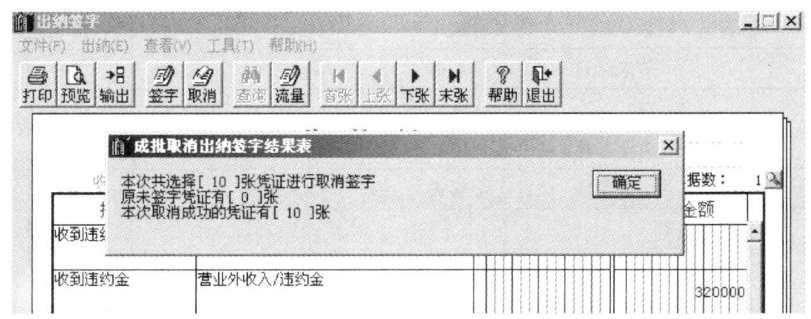

图 4-127　取消出纳签字对话框

步骤 5　完成以上 4 个步骤后,即可用填制凭证的操作员返回填制凭证界面中修改需要更正的凭证。

步骤 6　凭证修改完成后,按正常的出纳签字、凭证审核、记账、对账、结账的步骤完成月末处理。

模块作业 4-1　　　　总账期初设置

【岗位任务】操作员:系统管理员(admin)、账套主管"赵沁阳"(zqy)。

1. 恢复"模块作业 3-1"备份的账套。
2. 设置总账参数、录入期初余额。
3. 备份账套。

【任务资料】总账初始设置。

1. 账套参数设置(见表 4-18)

表 4-18　　　　　　　　　　总 账 参 数

编号	参 数 设 置
1	制单不序时控制、资金及往来赤字控制、不允许修改作废他人填制的凭证、允许查看他人填制的凭证、可以使用其他系统受控科目、不必录入现金流量项目、凭证编号采用系统编号、不打印凭证页脚姓名、不进行预算控制、出纳凭证必须经由出纳签字
2	部门、个人、项目按照编码排序,单价、数量小数位 2 位,其他选项默认设置

2. 录入期初余额,并进行试算平衡

(1) 期初余额表见表 4-19。

表 4-19　　　　　　　　期 初 余 额 表

科目代码	科目名称	账页格式	辅助核算	余额方向	金额(元)
1001	库存现金	金额式	日记账	借	9 219.46
1002	银行存款	金额式		借	
100201	交行存款	金额式	日记账、银行账	借	878 771.53
1121	应收票据	金额式	客户往来		
1122	应收账款	金额式	客户往来(应收)	借	760 500.00
1123	预付账款		供应商往来(应付)	借	15 000.00
1221	其他应收款	金额式		借	32 774.86
122101	养老保险	金额式		借	20 538.56
122102	医疗保险	金额式		借	5 452.64
122103	失业保险	金额式		借	1 283.66
122104	个人往来	金额式	个人往来	借	5 500.00
1402	在途物资			借	84 000.00
1403	原材料	金额式		借	309 103.00
140301	铝片	数量金额式	2 155 千克	借	150 850.00
140302	气压塑配件	数量金额式	4 520 个	借	18 080.00
140303	瓶胆	数量金额式	7 750 个	借	23 250.00

(续表)

科目代码	科目名称	账页格式	辅助核算	余额方向	金额(元)
140304	托盘	数量金额式	35 520 个	借	10 656.00
140305	口圈	数量金额式	33 200 个	借	16 600.00
140306	热转印贴	数量金额式	50 000 片	借	10 000.00
140307	底垫	数量金额式	23 220 个	借	6 966.00
140308	吸管	数量金额式	22 455 支	借	4 491.00
140309	漆	数量金额式	2 750 千克	借	38 500.00
140310	稀释剂	数量金额式	3 350 千克	借	23 450.00
140311	汽油	数量金额式	75 升	借	600.00
140312	机油	数量金额式	205 升	借	2 460.00
140313	螺丝圆钉	数量金额式	40 盒	借	3 200.00
1405	库存商品	金额式		借	243 572.00
140501	铝壳运动杯	数量金额式	5 255 个	借	115 084.50
140502	铝壳保温杯	数量金额式	4 750 个	借	128 487.50
1411	周转材料	金额式		借	47 600.00
141101	包装物	金额式		借	33 100.00
14110101	纸盒	数量金额式	42 000 个	借	21 000.00
14110102	纸箱	数量金额式	2 420 个	借	12 100.00
141102	低值易耗品	金额式		借	14 500.00
14110201	工作服	数量金额式	100 套	借	10 000.00
14110202	压力表	数量金额式	10 个	借	3 500.00
14110203	套筒工具	数量金额式	5 套	借	1 000.00
1511	长期股权投资	金额式		借	1 250 000.00
1601	固定资产	金额式		借	4 924 772.30
1602	累计折旧	金额式		借	644 816.29
1701	无形资产	金额式		借	150 000.00
1702	累计摊销	金额式		贷	30 000.00
2001	短期借款	金额式		贷	1 000 000.00
2202	应付账款	金额式		贷	89 370.00
220201	应付供应商货款	金额式	供应商往来(应付)	贷	71 370.00
220202	暂估应付款	金额式	供应商往来	贷	18 000.00
2203	预收账款	金额式	客户往来(应收)	贷	140 400.00
2211	应付职工薪酬	金额式		贷	388 373.42
221101	工资	金额式		贷	264 995.00
222103	职工福利	金额式		贷	
221104	社保	金额式		贷	84 208.52
221106	工会经费	金额式		贷	5 299.90

(续表)

科目代码	科目名称	账页格式	辅助核算	余额方向	金额(元)
221107	职工教育经费	金额式		贷	33 870.00
2221	应交税费	金额式		贷	95 700.15
222101	应交增值税	金额式		贷	
222102	未交增值税	金额式		贷	65 314.20
222103	应交营业税	金额式		贷	
222104	应交消费税	金额式		贷	
222106	应交所得税	金额式		贷	22 548.25
222108	应交城市维护建设税	金额式		贷	4 571.99
222112	应交个人所得税	金额式		贷	
222113	应交教育费附加	金额式		贷	1 959.43
222116	应交地方教育费附加	金额式		贷	1 306.28
2501	长期借款	金额式		贷	2 000 000.00
3001	实收资本	金额式		贷	3 000 000.00
3002	资本公积	金额式		贷	
300201	资本溢价	金额式		贷	330 000.00
3101	盈余公积	金额式		贷	
310101	法定盈余公积	金额式		贷	240 000.00
310102	任意盈余公积	金额式		贷	
3103	本年利润	金额式		贷	250 000.00
3104	利润分配	金额式		贷	
310415	未分配利润	金额式		贷	634 153.29
4001	生产成本	金额式		借	
400101	基本生产成本	金额式		借	137 500.00
40010101	直接材料	金额式	项目	借	67 840.00
40010102	直接人工	金额式	项目	借	24 220.00
40010103	制造费用	金额式	项目	借	45 440.00

(2) 项目期初数据见表4-20。

表4-20　　　　　　　　　　　　项目期初数据　　　　　　　　　金额单位：元

	成本项目	铝壳运动杯	铝壳保温杯
核算科目及成本信息	直接材料	33 920	33 920
	直接人工	12 980	11 240
	制造费用	23 600	21 840
	合计	70 500	67 000
	在产品数量(个)	4 700	3 850

(3) 个人往来期初数据见表4-21。

表 4-21　　　　　　　　　　　　　个人往来期初数据　　　　　　　　　　　单位:元

日期	部门	个人	摘要	方向	金额
2013-02-25	厂办	李明	出差借款	借	2 000
2013-02-26	采购部	艾丽阳	出差借款	借	500
2013-02-26	厂办	张天星	出差借款	借	3 000

（4）应收期初数据见表 4-22,期初"应收账款"科目借方余额为 760 500 元,"预收账款"科目贷方余额为 140 400 元。

表 4-22　　　　　　　　　　　　　　应收期初数据　　　　　　　　　　　　单位:元

日期	客户	摘要	方向	金额	业务员	票据日期
2013-02-25	购乐公司	货款	借	234 000	张新媚	2013-02-25
2013-02-26	菲克公司	货款	借	315 900	韦志成	2013-02-26
2013-02-26	宜居公司	货款	借	210 600	张新媚	2013-02-26
2013-02-27	宜居公司	预收货款	贷	140 400	张新媚	2013-02-27

（5）应付期初数据见表 4-23,期初"应付账款——应付供应商货款"科目贷方余额为 71 370 元,"应付账款——暂估应付款"科目贷方余额为 18 000 元,"预付账款"科目借方余额为 15 000 元。

表 4-23　　　　　　　　　　　　　　应付期初数据　　　　　　　　　　　　单位:元

日期	供应商	摘要	方向	金额	业务员	票据日期
2013-02-15	伟丰公司	原材料款	贷	38 610	艾丽阳	2013-02-15
2013-02-25	丰泽公司	原材料款	贷	32 760	李向南	2013-02-25
2013-02-28	凯瑞公司	暂估应付款	贷	18 000	李向南	
2013-02-26	奔马公司	预付货款	借	15 000	艾丽阳	

【任务组织及评价】

1. 工具、材料

每人一台计算机,安装会计软件:用友 T3 财务软件畅捷通标准版 10.8。

2. 组织（建议）

以小组为单位进行操作,以抽签的方式分组,确定小组长及成员。小组长负责管理本小组操作和学习、评定小组成员的作业成绩。

【评价】学生成绩评价表见表 4-24。

表 4-24　　　　　　　　　　　　　学生成绩评价表

任务名称:　　　　　　　　　　　学号:　　　　　　　　　　　　姓名:

评价项目	分值	自我评价	小组评价	教师评价
时间要求	5			
账套引入正确	5			
总账参数设置正确	20			
期初余额录入	70			

模块作业 4-2　总账日常业务处理、期末处理

【岗位任务】操作员：会计"吴慧"(wh)。
1. 恢复"模块作业 4-1"备份的账套。
2. 根据原始凭证编制记账凭证。
3. 期末处理。
4. 备份账套。

【任务资料】日常业务处理。

2013 年 3 月份，发生以下业务：

(1) 1 日，收到前欠货款。有关单据见图 4-128。

图 4-128　补充记账凭证

(2) 2 日，购买原材料。有关单据见图 4-129～图 4-131。

图 4-129　增值税专用发票(发票联)

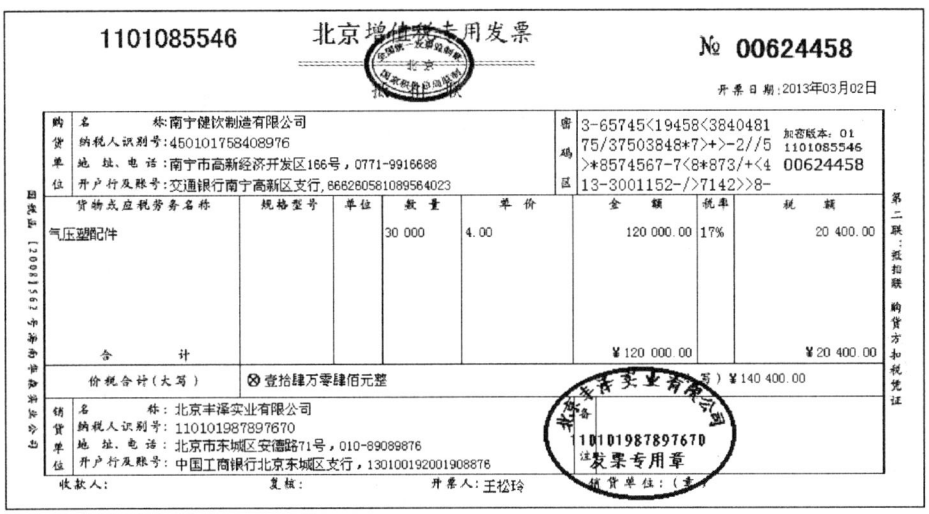

图 4-130 增值税专用发票(抵扣联)

图 4-131 入库单

（3）3日，报销办公费。有关单据见图 4-132～图 4-134。

图 4-132 报销单

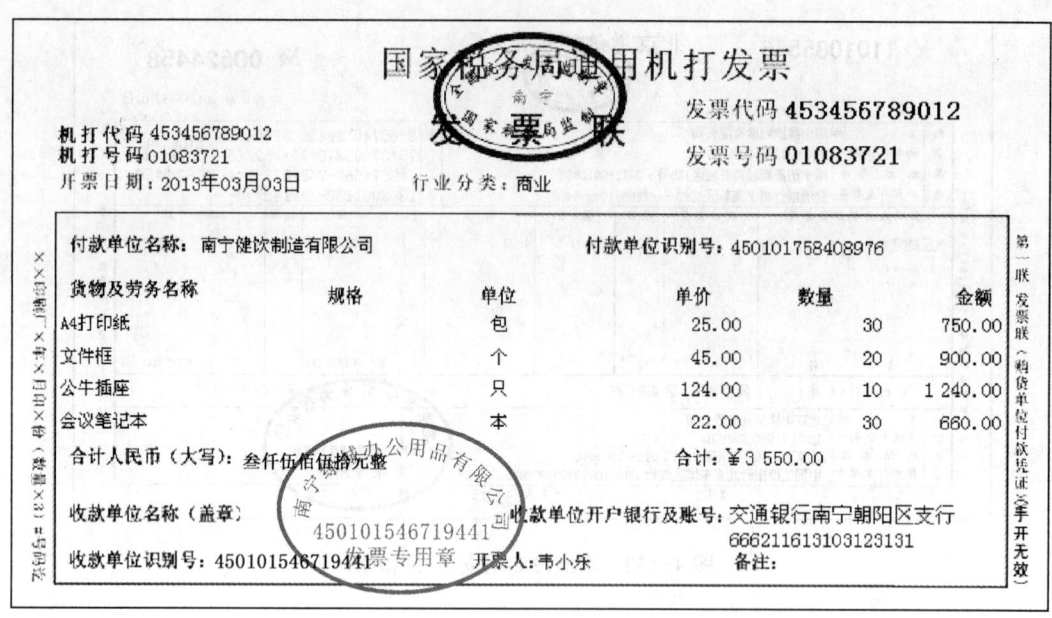

图 4-133 通用机打发票

图 4-134 办公用品领用明细表

(4) 4 日,收到上月采购材料,验收入库。有关单据见图 4-135。

图 4-135 入库单

(5) 5日,通过银行代发上月工资。有关单据见图4-136和图4-137。

图 4-136　转账支票存根　　　　　　　　图 4-137　进账单

(6) 6日,支付职工培训费。有关单据见图4-138～图4-140。

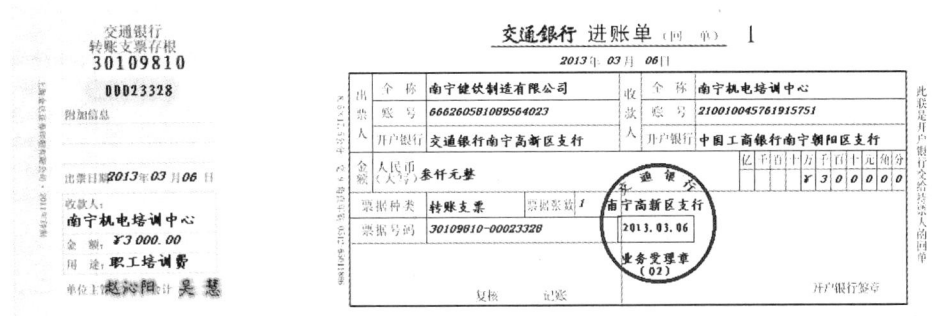

图 4-138　转账支票存根　　　　　　　　图 4-139　进账单

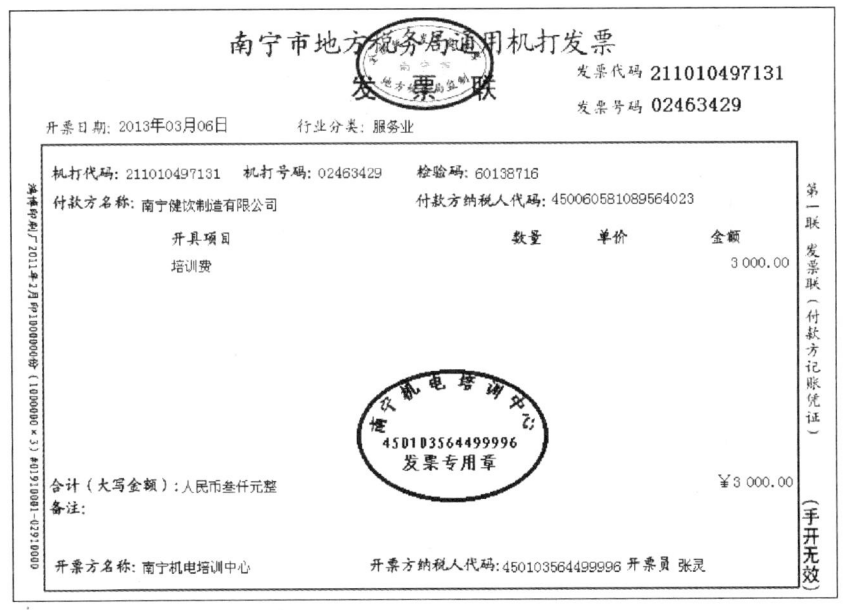

图 4-140　通用机打发票

(7) 9日,销售商品,货款已预收。有关单据见图4-141和图4-142。

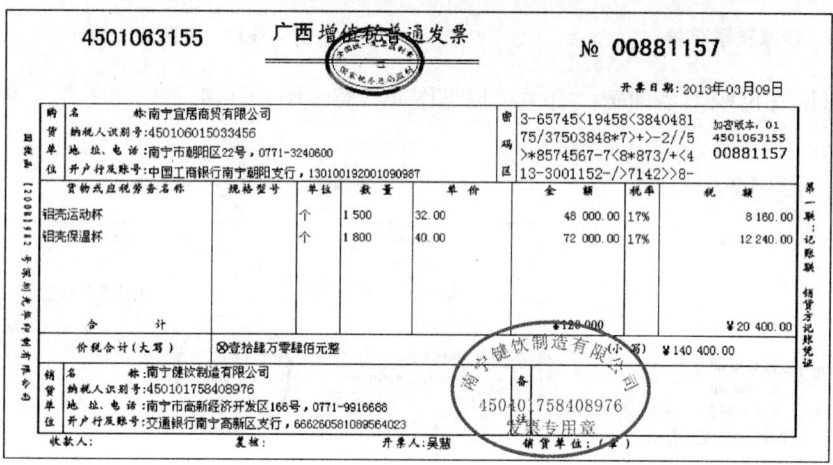

图4-141 发货单

图4-142 增值税普通发票(记账联)

(8) 12日,支付广告费。有关单据见图4-143～图4-145。

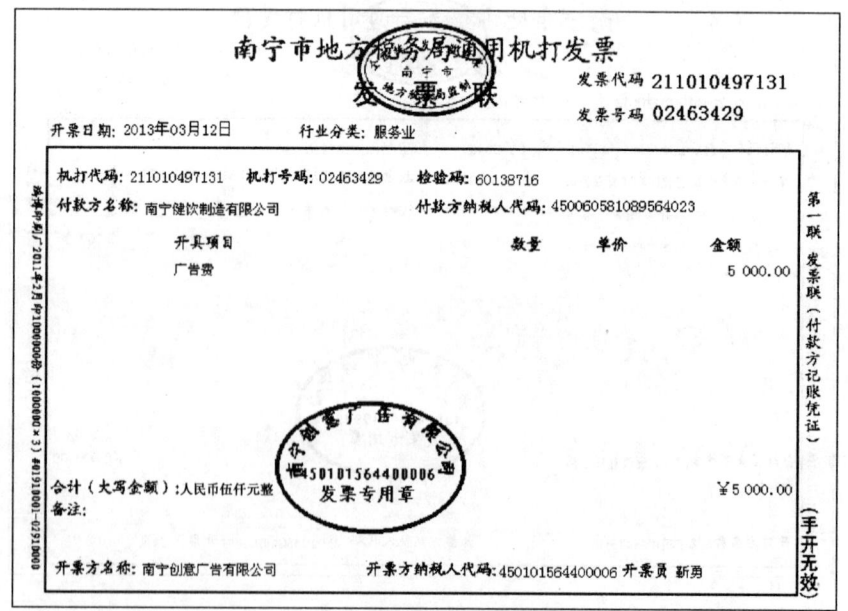

图4-143 通用机打发票

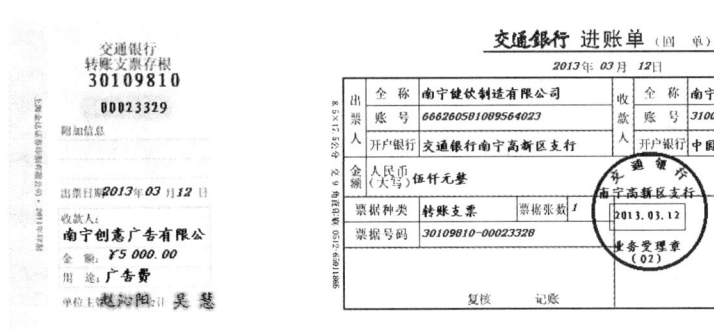

图 4-144 转账支票存根　　　　　图 4-145 进账单

（9）15 日,缴纳税款。有关单据见图 4-146。

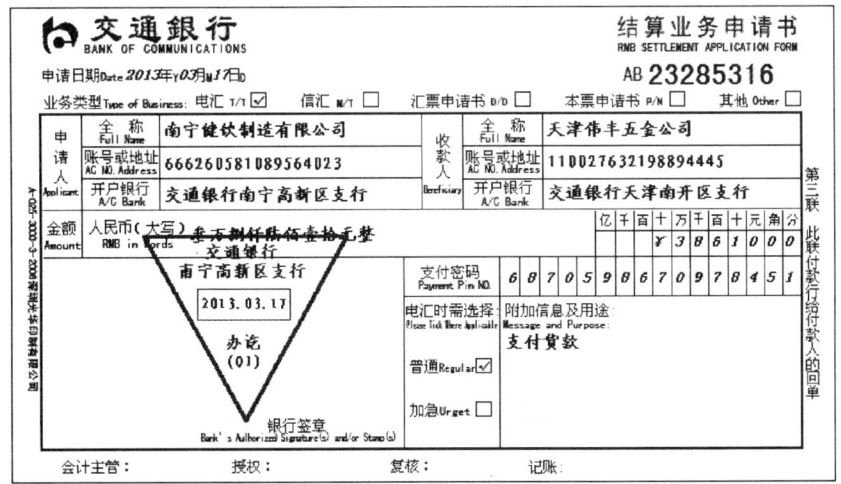

图 4-146 电子缴税回单

（10）17 日,支付欠款。有关单据见图 4-147 和图 4-148。

图 4-147 结算业务申请书

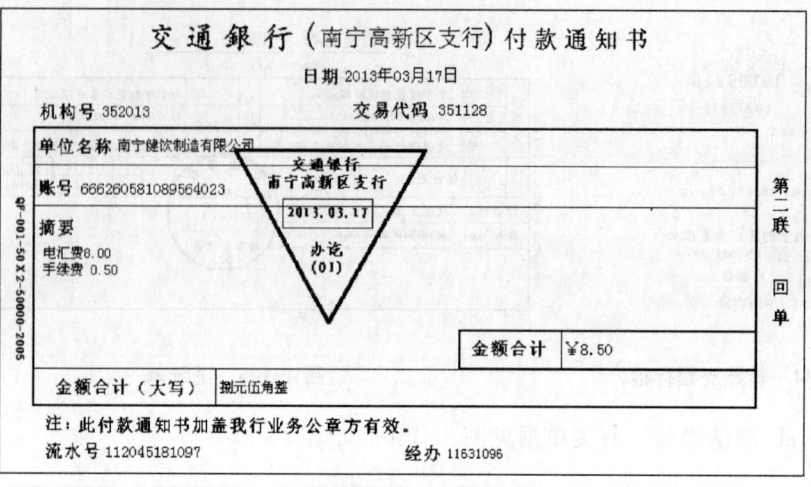

图 4-148 付款通知书

(11) 21 日,支付卡车维修费。有关单据见图 4-149～图 4-152。

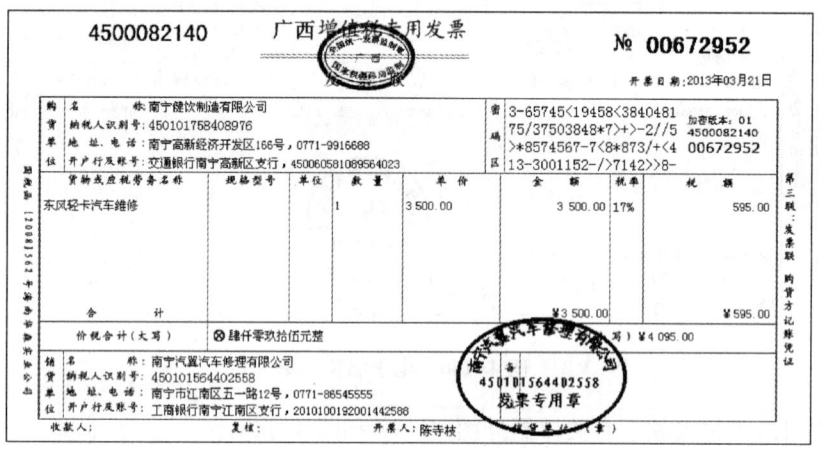

图 4-149 增值税专用发票(发票联)

图 4-150 增值税专用发票(抵扣联)

模块四 总账系统 | 133

图 4-151 转账支票存根

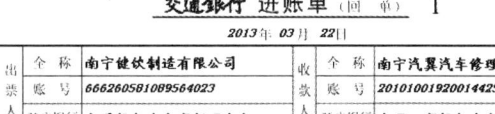

图 4-152 进账单

（12）24 日，销售商品，收到货款。有关单据见图 4-153～图 4-155。

图 4-153 增值税普通发票

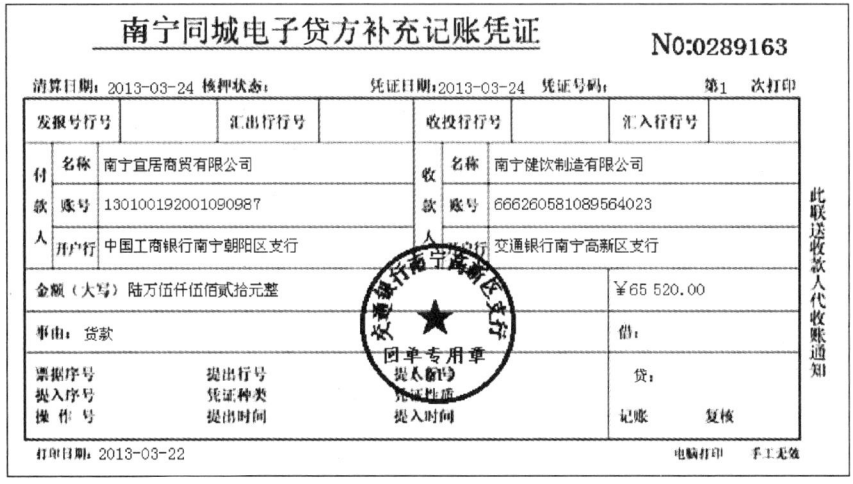

图 4-154 补充记账凭证

发货单

购货单位：南宁宜居商贸有限公司　　地址和电话：南宁市朝阳区22号，0771-3240600　　单据编号：I20130305
纳税识别号：450106015033456　　开户行及账号：中国工商银行南宁朝阳区支行，1301001920010901987　　制单日期：2013年03月24日

编码	产品名称	规格	单位	单价	数量	金额	备注
201	铝壳运动杯		个	32.00	500	16 000.00	
202	铝壳保温杯		个	40.00	1 000	40 000.00	
合计	人民币（大写）：伍万陆仟元整					¥56 000.00	

总经理：庄志斋　　销售经理：赵伟伟　　经手人：张新雄　　会计：吴慧　　签收人：

图 4-155　发货单

（13）30 日，计提固定资产折旧。有关单据见表 4-25。

表 4-25　　　　　　　　　折旧费用分配表

编号	部门	折旧金额（元）	备注
0101	厂办	10 616.36	
0105	采购部	204.37	
02	销售部	1 409.23	
03	生产车间	13 246.83	
04	机修车间	1 029.74	
	合计	26 506.53	

（14）31 日，计提无形资产摊销。有关单据见图 4-156。

无形资产摊销计算表

单位名称：南宁健饮制造有限公司　　2013-03-31　　单位：元

名称	使用部门	使用年限（年）	原值	购入时间	已摊销月数（含本月）	累计摊销额（含本月）	本月摊销额	备注
非专利技术	管理部门	10	150 000.00	2011年03月13日	24	30 000.00	1 250.00	直线法
合计			150 000.00			30 000.00	1 250.00	

审核：赵沁阳　　制单：吴慧

图 4-156　无形资产摊销计算表

（15）31 日，采用自动转账定义计算应交增值税、城市维护建设税、教育费附加及地方教育费附加。

（16）31 日，采用自动转账定义结转月末损益。

（17）31 日，进行出纳签字、凭证审核和凭证记账操作。

（18）31 日，系统对账、结账。

【任务组织及评价】

1. 工具、材料

每人一台计算机，安装会计软件：畅捷通 T3 标准 10.8。

2. 组织（建议）

以小组为单位进行操作，以抽签的方式分组，确定小组长及成员。小组长负责管理本小组操作和学习、评定小组成员的作业成绩。

【评价】学生成绩评价表见表4-26。

表4-26　　　　　　　　　　　　学生成绩评价表

任务名称：　　　　　　　　　　学号：　　　　　　　　　　姓名：

评价项目	分值	自我评价	小组评价	教师评价
时间要求	5			
账套引入正确	5			
账务处理正确	60			
出纳签字、凭证审核、记账正确	20			
对账正确	5			
结账正确	5			

模块五

报表管理

模块导引 企业的财务状况和经营成果等信息最终要通过报表提供给使用者,那么,如何利用财务软件来生成报表的格式和报表中的会计数据,是财务人员需要了解和掌握的技能。财务报表系统为会计信息使用者提供了一套通用的制表工具,系统内置了各个行业使用的报表模板,从而可以方便、快捷地制作出各个行业所需的会计报表。

学习目标
1. 认知报表管理系统
2. 掌握报表格式设计、关键字定义及公式设置的操作方法
3. 掌握报表数据处理、表页管理功能的使用
4. 掌握如何利用报表模板生成常用报表的操作方法

学习任务
1. 认知报表管理系统
2. 自定义报表
3. 利用报表模板生成常用报表

任务一 认知报表管理系统

一、认知报表

(一) 认知报表的种类

会计信息的使用者分为外部信息使用者(投资者、债权人、管理部门等)和内部信息使用者(企业管理者等)。对外部信息使用者来说,企业必须于每个会计期末编制并在规定时间内上报资产负债表、利润表和现金流量表 3 张基本财务报表,以便使用者了解企业的财务状况、经营成果及现金流动情况。内部信息使用者除了了解以上 3 张基本报表外,还需要各种内部管理报表以了解企业各个业务部门、业务活动及员工薪酬、产品等信息。

(二) 认知报表管理系统

报表的基本功能包括文件管理功能、格式设计功能、公式设计功能、数据处理功能和图表功能等。

1. 文件管理功能

财务报表系统有 3 类文件:

(1) 报表文件(后缀.rep)——常用。

(2) 批命令文件(后缀.shl)。

(3) 菜单文件(后缀.mnu)。

2. 格式设计功能

可设置报表的尺寸、行高、列宽、单元属性、单元风格、组合单元等。

3. 公式设计功能

可使用系统提供的函数进行公式设计。

4. 数据处理功能

以固定的格式管理不同表页的数据,还提供表页的排序、查询、审核、舍位平衡、汇总等功能。

5. 图表功能

对数据进行图形组织和分析,不能编辑图表的位置、大小、标题、字体和颜色。

(三) 认知报表结构

报表的结构一般由标题、表头、表体和表尾四个基本要求组成。

(四) 认知报表格式状态和数据状态

报表编制分为报表定义和报表数据处理两部分。这两部分工作是在不同状态下进行的。

1. 格式状态

在报表的格式状态下进行有关格式和公式设计的操作,报表格式如表尺寸、行高、列宽、单元属性、单元风格、组合单元、关键字等,也可进行报表公式的设计。

格式状态下所做的操作对报表所有的表页都发生作用。该状态不能进行数据录入、计算等操作。在格式状态下时,所看到的是报表的格式,报表的数据全部都隐藏了。

2. 数据状态

在报表的数据状态下管理报表的数据,如输入数据、增加或删除表页、审核、舍位平衡、制作图形、合并报表等。在数据状态下用户看到的是报表的全部内容,包括格式和数据。

数据状态下所做的操作对本表页有效,该状态下不能修改报表的格式。

报表工作区的左下角有一个"格式/数据"按钮。单击这个按钮可以在"格式状态"(如图 5-1 所示)和"数据状态"(如图 5-2 所示)之间切换。

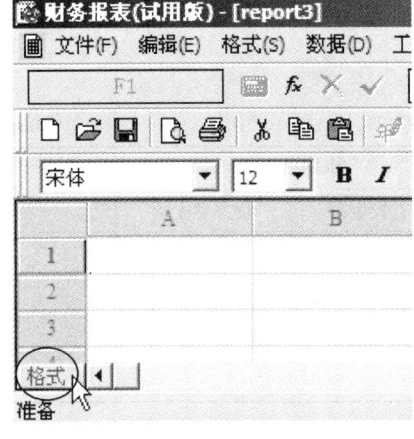

图 5-1 报表格式状态

图 5-2 报表数据状态

(五)单元及单元类型

单元是组成报表的最小单位,单元名称由所在行、列标识。行号用数字 1~9 999 表示,列标用字母 A~IU 表示。例如,D22 表示第 4 列第 22 行的那个单元。

单元类型是单元中可以存放的数据类型。它包括数值型、字符型和表样型 3 种,相对应的单元类型有数值单元、字符单元和表样单元 3 种。

数值单元:是报表的数据,在数据状态下("格式/数据"按钮显示为"数据"时)输入。

字符单元:是报表的数据,在数据状态下("格式/数据"按钮显示为"数据"时)输入。字符单元的内容可以是汉字、字母、数字及各种键盘可输入的符号组成的一串字符,字符单元的内容也可由单元公式生成。

表样单元:是报表的格式,是定义一个没有数据的空表所需的所有文字、符号或数字。一旦单元被定义为表样,那么在其中输入的内容对所有表页都有效。表样在格式状态下("格式/数据"按钮显示为"格式"时)输入和修改,在数据状态下("格式/数据"按钮显示为"数据"时)不允许修改。

(六)认知关键字

关键字是一个表页的唯一标识。财务报表系统提供了 6 种关键字:单位名称、单位编号、年、季、月、日。另外,还可以根据需要自定义关键字。关键字的显示在格式状态下设置,在数据状态下录入。

任务二 学习报表的编制

报表的编制一般有自定义报表编制和利用报表模板编制两种。

业务活动 5-1 自定义会计报表编制

系统内没有现成的报表模块可引用,特别是企业内部的管理报表,只能自己设计报表。原则是:先设计,后使用,一次设计,反复使用。

【活动准备】自定义报表如表 5-1 所示。

表 5-1 货币资金表

单位名称:　　　　　　　　　　　　　年　月　日　　　　　　　　　　　　　单位:元

项目名称	行次	期初余额	本期发生额		期末余额
			借方发生额	贷方发生额	
库存现金	1				
银行存款	2				
其他货币资金	3				
合　计	4				

制表人:

【岗位任务】操作员:账套主管。

采用自定义会计报表编制"货币资金表"(要求:行高 8,列宽 30;单元格属性:单元格类型为表样,字体为宋体,字号为 12 号,对齐方式为水平居中、垂直居中,边框为外边框、内边框)。

1. 建立空白表。
2. 报表格式设置。
3. 报表公式定义。
4. 报表数据处理。

【操作步骤】

步骤 1　建立空白表。

(1) 以账套主管身份(可有会计报表权限的操作员)登录财务报表系统。

(2) 选择【文件】→【新建】,进入"新建"报表对话框,选择【常用】文件夹的"空报表",如图 5-3 所示。

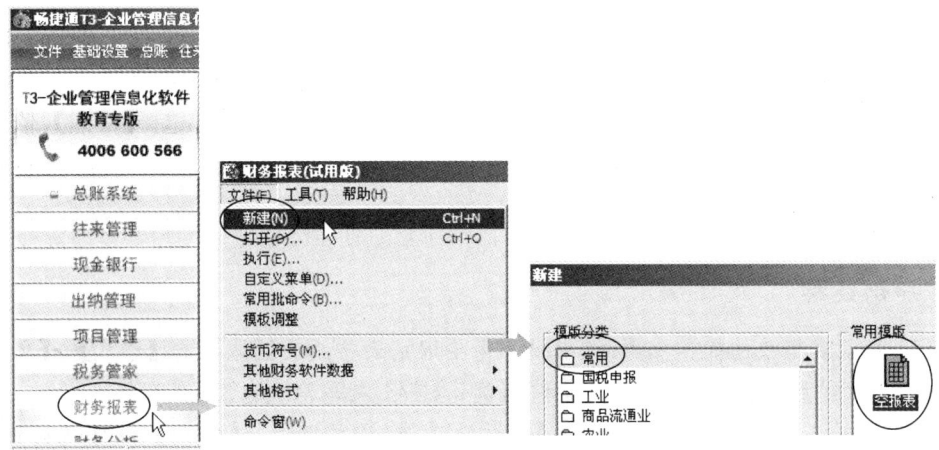

图 5-3　建立空报表路径

(3) 报表格式定义。单击空白报表底部左下角的"格式/数据"按钮,使当前状态为"格式"状态。

步骤 2　报表格式的设计。

(1) 定义表尺寸。选择【格式】→【表尺寸】,打开"表尺寸"对话框,输入行数"9",列数"6",单击【确认】按钮,如图 5-4 所示。

(2) 定义组合单元。选择需合并的区域"A1:F1",【格式】→【组合单元】,如图 5-5 所示,打开"组合单元"对话框。选择组合方式"整体组合"或"按行组合",如图 5-6 所示,则该单元即合并成一个单元格。依次定义"A3:A4"、"B3:B4"、"C3:C4"、"D3:E3"、"F3:F4"区域组合单元。

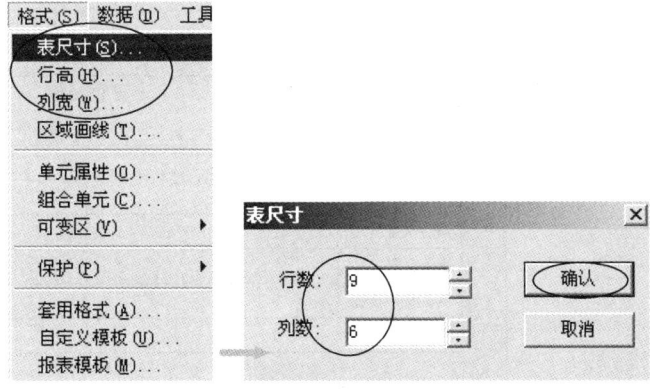

图 5-4　表尺寸设置对话框

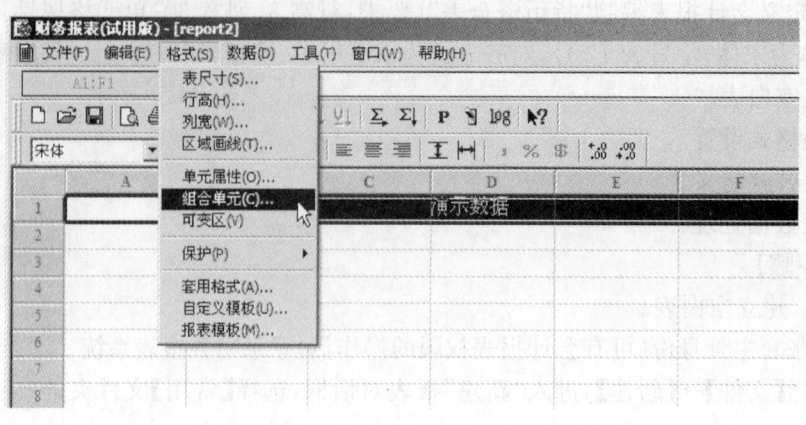

图 5-5 组合单元格操作界面

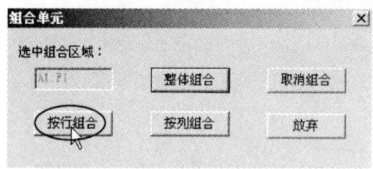

图 5-6 "组合单元"对话框

（3）画表格线。选中报表需要画线的区域"A3:F8"，选择【格式】→【区域画线】→【网线】→【确认】。

（4）设置行高、列宽、单元属性。选择【格式】，依次选择【行高】、【列宽】、【单元属性】，打开相应对话框按照要求进行设置。

> **知识链接**
>
> （1）取消表格线的操作步骤：选中报表需要取消表格线的区域，选择【格式】→【单元属性】，单击"边框"选项卡，选择"无框线"，单击【确认】按钮，将取消所选区域的表格线。
>
> （2）边框设置除可选择【单元属性】进行设置外，还可以选择【格式】→【区域画线】→【网线】→【确认】。

（5）输入报表项目。首先，选中需要输入内容的单元或组合单元。其次，在该单元或组合单元中输入相关文字内容，如在 A1 组合单元输入"货币资金表"，如图 5-7 所示。

图 5-7 货币资金表

知识链接

（1）报表项目是指报表的文字内容，包括表头、表体项目和表尾项目等，不包括关键字。

（2）编制单位、日期一般不作为文字内容输入，而是需要设置为关键字。

（3）行高、列宽的单位为毫米，设置时选择【格式】→【行高】或【列宽】，打开"行高"、"列宽"对话框，输入行高或列宽，单击【确定】按钮。

（4）在格式状态下输入内容的单元均默认为表样单元，未输入数据的单元均默认为数值单元，在数据状态下可输入数值。若希望在数据状态下输入字符，应将其定义为字符单元。字符单元和数值单元输入后只对本表页有效，表样单元输入后对所有表页有效。

（6）设置关键字。在"格式状态"下选中需要输入关键字的单元"A2"，选择【数据】→【关键字】→【设置】，打开"设置关键字"对话框，如图5-8所示。选择"单位名称"，再点击【确定】按钮，如图5-9所示。同理，在B2单元设置关键字"年"、在C2单元设置关键字"月"、在D2单元设置关键字"日"、在F2单元直接输入"单位：元"。

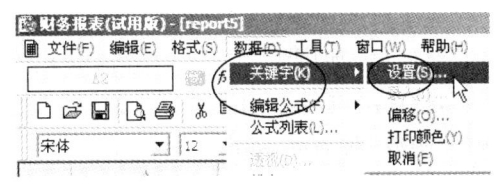

图 5-8　关键字设置路径

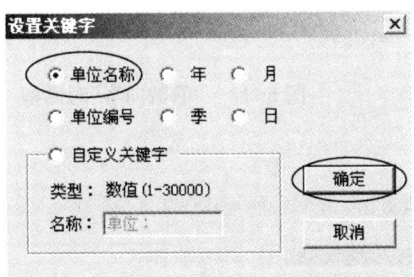

图 5-9　设置关键字对话框

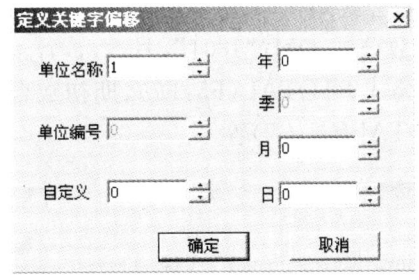

图 5-10　"定义关键字偏移"对话框

知识链接

（1）每个报表可以同时定义多个关键字。

（2）如果要取消关键字，选择需要取消的关键字，选择【数据】→【关键字】→【取消】。

（7）调整关键字位置，选择【数据】→【关键字】→【偏移】，打开"定义关键字偏移"对话框，在需要调整位置的关键字后面输入偏移量，单击【确定】按钮，如图5-10所示。

知识链接

（1）关键字的位置可以用偏移量来表示，负数值表示向左移，正数值表示向右移。在调整时，可以通过输入正或负的数值来调整。

（2）关键字偏移量单位为像素。

步骤3 报表公式定义。具体分为以下几种情形：

(1) 定义单元公式——直接输入公式(以库存现金期初数为例)。首先，选定需要定义公式的单元"C5"，即"库存现金"的期初数。其次，选择【数据】→【编辑公式】→【单元公式】，打开"定义公式"对话框。或单击工具栏上的" fx "按钮，或双击某公式单元，或按"＝"键，也可打开"定义公式"对话框。再次，在"定义公式"对话框内直接输入总账期初函数公式：QC（"1001"，月,,,,,,,,,），然后单击【确定】按钮，如图5-11所示。

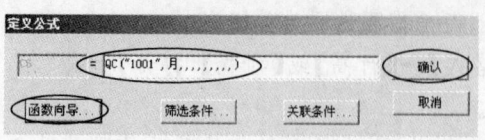

图5-11 "定义公式"对话框

(2) 定义单元公式——选择"函数向导"进行公式定义(以库存现金期初数为例)。在"定义公式"对话框内，选择"函数导向"进入"函数导向"对话框，如图5-12所示，选择"用友财务函数"，选择函数名，点击【下一步】按钮，进入"用友财务函数"对话框，如图5-13所示。进行函数录入或点击【参照】按钮，进入"财务函数"对话框，输入相应信息后点击【确定】按钮，如图5-14所示。同理，直接输入其他项目的单元公式，如：银行存款期初数公式 QC（"1002"，月,,,,,,,,,）、库存现金期末数公式 QM（"1001"，月,,,,,,,,,）、期末数合计公式 PTOTAL(F5:F7)、期初数合计的公式 PTOTAL(C5:C7)等。

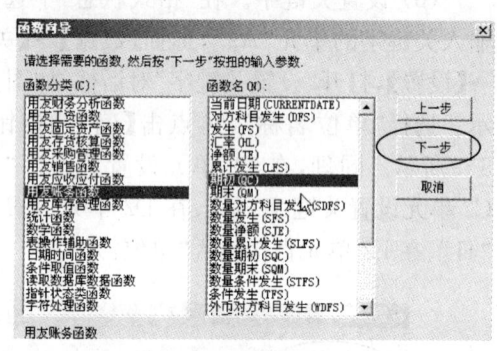

图5-12 "函数向导"对话框

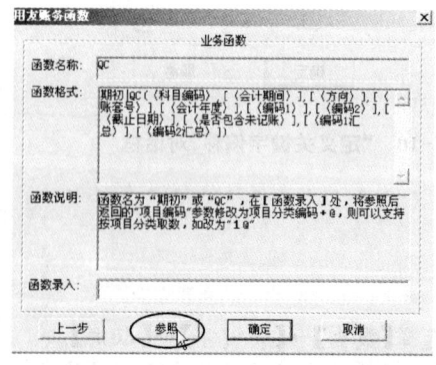

图5-13 "用友财务函数"对话框

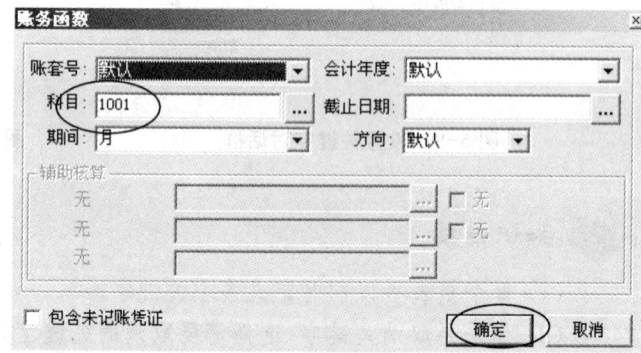

图5-14 财务函数对话框

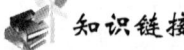

知识链接

(1) 单元公式中涉及的符号均为英文半角字符。

(2) 单击工具栏上的" fx "按钮，或双击某公式单元，或按"＝"键，都可打开"定义公式"对话框。

(续上)

(3) 期初数和期末数合计也可通过选择工具栏上的向下求和按钮"∑↓",或在定义公式中录入公式完成(如期末数合计公式为"F5+F6+F7")。单元公式中涉及的符号均为英文半角字符。

(4) 舍位平衡公式是指用来重新调整报表数据进位后的小数位平衡关系的公式,舍位公式的设置中只能使用"+"、"-"号,不能使用其他运算符及函数。

(5) 审核公式是将报表数据之间的勾稽关系用公式表示出来,如在一个报表中,小计等于各分项之和;而合计又等于各个小计之和等。在实际工作中,为了确保报表数据的准确性,我们经常用这种报表之间或报表之内的勾稽关系对报表进行勾稽关系检查。一般来讲,我们称这种检查为数据的审核。

步骤4 报表数据处理。数据处理在数据状态下进行,是输入数据或按照预先设定的计算公式从账簿中取数生成报表的过程。在数据处理状态需要完成账套初始、录入关键字、生成报表、报表汇总等工作任务。

(1) 账套初始:如果系统内只有单一账套,无须做账套初始工作,如果存在多个企业账套,则需要在生成报表之前选择账套。具体操作为:选择【数据】→【账套初始】,进入账套初始对话框,选择账套号及会计年度后点击【确认】按钮,如图5-15所示。

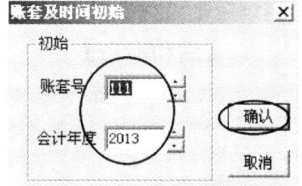

图5-15 "账套及时间初始"对话框

(2) 录入关键字。关键字是账务报表系统从海量数量中读取所需数据的唯一标识,在自动生成报表前,一定要以录入关键字的方式确定数据源。首先,点取"格式/数据"按钮,进入数据状态。其次,点中要录入关键字的值的表页的页标,使它成为当前表页。再次,选择【数据】→【关键字】→【录入】,系统弹出"录入关键字"对话框,如图5-16所示。在已定义的关键字编辑框中录入关键字的值后点击【确认】按钮(未定义的关键字编辑框为灰色,不能输入内容),系统弹出"是否重算第1页"的对话框提示,如图5-17所示,单击【是】按钮,系统显示报表数据。

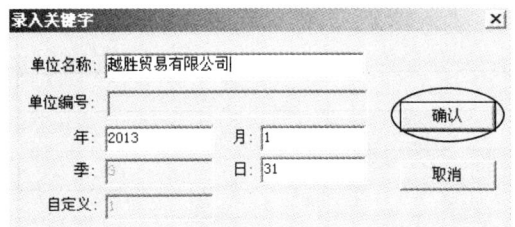

图5-16 "录入关键字"对话框

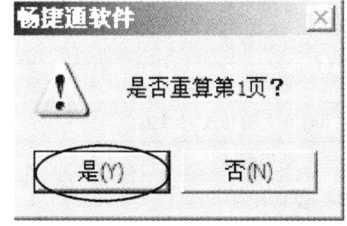

图5-17 "是否重算"对话框

(3) 生成报表。在数值单元或字符单元中输入数据,设置了公式的单元将自动显示结果。如果报表中设置了审核公式和舍位公式,可以执行审核和舍位,还可以进一步的图形处理。

(4) 报表汇总。报表汇总是将具有相同结构的几张报表进行数据汇总生成汇总报表。

步骤5 报表数据的保存输出。首先,选择【文件】→【保存】或【另存为】,打开"另存为"对话框。其次,选择要保存的文件夹,输入报表文件名"货币资金表",选择保存类型"*.REP"。再次,单击【保存】按钮,如图5-18所示。

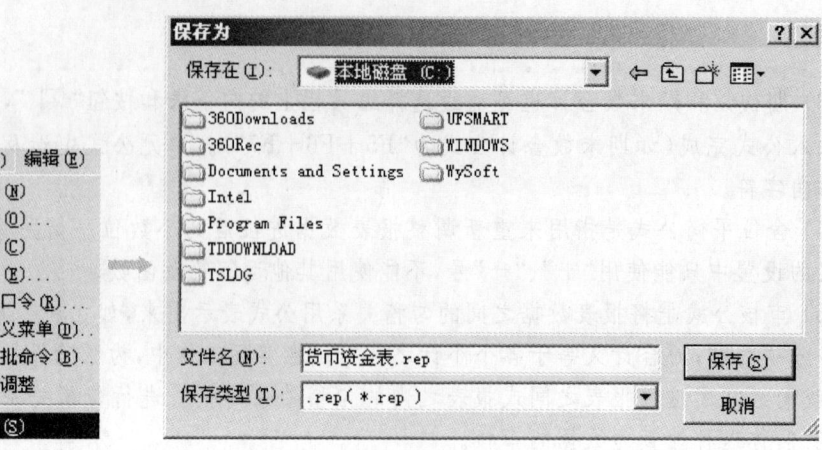

图 5-18 保存报表对话框

 练一练 5-1   自定义编制报表

【活动准备】

1. 恢复"练一练 4-18"备份的账套。
2. 利润表如表 5-2 所示。

表 5-2   利 润 表

编制单位：   年   月   企02表

单位：元

项 目	本 期 数	本年累计数（略）
一、营业收入		
减：营业成本		
营业税金及附加		
销售费用		
管理费用		
财务费用		
资产减值损失		
加：公允价值变动收益		
投资收益		
二、营业利润		
加：营业外收入		
减：营业外支出		
其中：坏账损失		
三、利润总额		
减：所得税费用		
四、净利润		

(续上)

> 【岗位任务】操作员：账套主管"韦国汉"(wgh)。
> 1. 新建报表，并采用自定义公式的方法编制利润表本期数（要求：行高 8，列宽 40；单元格属性：单元格类型为表样，字体为宋体，字号为 12 号，对齐方式为水平居中、垂直居中，边框为外边框、内边框）。
> 2. 将报表另存到学生自建的文件夹中。

业务活动 5-2　利用报表模板生成会计报表

财务报表系统中一般都预置了分行业的常用会计报表格式（即报表模板），企业可以系统提供的报表模板为基础，编制财务报表。

【活动准备】
1. 利用报表模板生成资产负债表。
2. 利用报表模板生成利润表。

【岗位任务】操作员：账套主管。
1. 生成资产负债表。
2. 生成利润表。

【操作步骤】
1. 利用报表模板生成资产负债表

步骤 1　在格式状态下，选择【文件】→【新建】，选择企业所在的行业及报表模板后点击【确定】按钮，如图 5-19 所示。

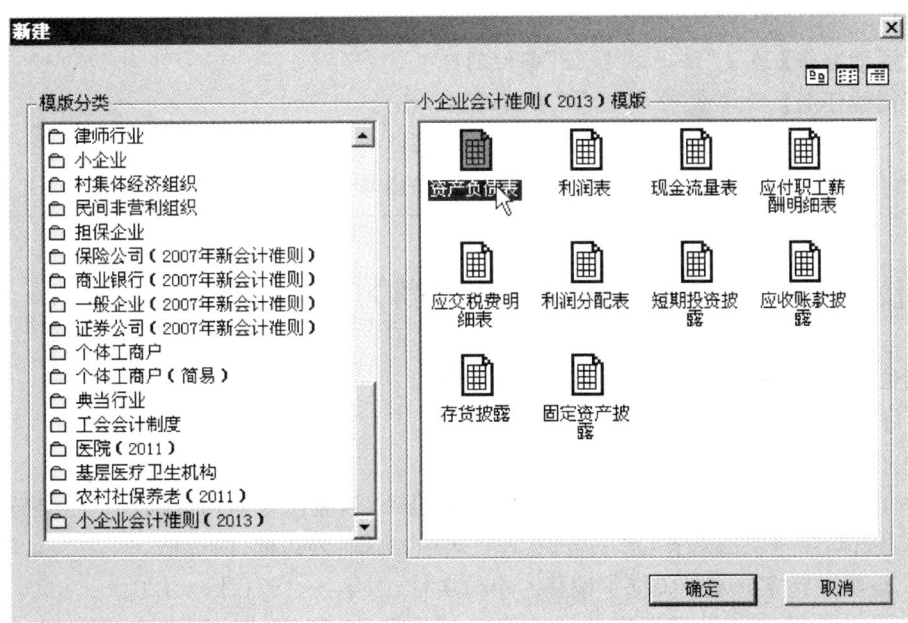

图 5-19　新建菜单下报表模板的选择对话框

步骤 2　根据本单位的实际情况,调整报表格式,修改报表公式。

步骤 3　在数据状态下,选择【数据】→【关键字】→【录入】,将弹出"录入关键字"对话框。在已定义的关键字编辑框中录入关键字的值后点击【确认】按钮,系统弹出"是否重算第 1 页"的信息提示,单击【是】按钮,系统显示报表数据。

步骤 4　生成并保存报表。

2. 套用报表模板格式生成资产负债表

步骤 1　在格式状态下,选择【格式】→【报表模板】,选择企业所在的行业及报表模板后点击【确认】按钮,如图 5-20 所示。

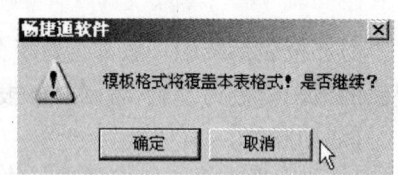

图 5-20　格式菜单下报表模板的选择对话框

步骤 2　根据本单位的实际情况,调整报表格式,修改报表公式。

步骤 3　在数据状态下,选择【数据】→【关键字】→【录入】,将弹出"录入关键字"对话框。在已定义的关键字编辑框中录入关键字的值后点击【确认】按钮,系统弹出"是否重算第 1 页"的信息提示,单击【是】按钮,系统显示报表数据。

步骤 4　生成并保存报表。

练一练 5-2　　利用报表模板生成报表

【活动准备】恢复"练一练 4-18"备份的账套。

【岗位任务】操作员:账套主管"韦国汉"(wgh)。

1. 采用模板报表编制越胜贸易有限公司 2013 年 1 月 31 日的资产负债表。
2. 采用模板报表编制越胜贸易有限公司 2013 年 1 月的利润表。

模块作业 5-1　　报表模块练习

【岗位任务】操作员:账套主管"赵沁阳"(zqy)。

1. 自定义报表——费用明细比较表。

(1) 在 D 盘建立"考生文件夹"。

(2) 自定义报表——"费用明细比较表"。行高:8;列宽:35;单元格属性:单元格;类型:表样;字体:宋体;字号:12;对齐:水平居中、垂直居中;边框:外边框、内边框。

(3) 设置关键字并定义关键字偏移。单位名称:0;年:−150;月:−120。

(4) 录入关键字并设置报表公式定义。单位名称:南宁健饮制造有限公司;年:2013;月:03。

(5) 保存名称:"费用比较明细表.rep";保存路径:D/"考生文件夹"。

2. 利用会计报表模板编制资产负债表、利润表。

(1) 使用报表系统模板功能,利用《小企业会计准则》(2013)编制南宁健饮制造有限公司2013年3月31日的资产负债表,要求录入关键字,保存名称为"资产负债表.rep",保存路径为D/"考生文件夹"。

(2) 使用报表系统模板功能,利用《小企业会计准则》(2013)编制南宁健饮制造有限公司2013年3月的利润表,要求录入关键字,保存名称为"利润表.rep",保存路径为D/"考生文件夹"。

【任务资料】

1. 恢复"模块作业4-2"备份的账套。
2. 自定义编制费用比较明细表(格式见表5-3)。

表5-3 费用比较明细表

编制单位: 年 月 日 单位:元

费用名称	本期发生额	上期发生额	差额
管理费用		19 095.73	
销售费用		6 500.00	
财务费用		75.00	
合 计		25 670.73	

【任务组织及评价】

1. 工具、材料

每人一台计算机,安装会计软件:用友T3财务软件畅捷通标准版10.8。

2. 组织(建议)

以小组为单位进行操作,以抽签的方式分组,确定小组长及成员。小组长负责管理本小组操作和学习、评定小组成员的作业成绩。

【评价】 学生成绩评价表见表5-4。

表5-4 学生成绩评价表

任务名称: 学号: 姓名:

评价项目	分值	自我评价	小组评价	教师评价
时间要求	5			
账套引入正确	5			
费用明细表	10			
资产负债表公式设置正确	30			
利润表公式设置正确	30			
资产负债表平衡、正确	10			
利润表数据正确	10			

模块六

工资管理

模块导引　　工资是企业职工薪酬的重要组成部分,它不仅是产品成本的计算内容,同时也是企业进行各种费用计提的基础。工资管理是每个单位财会部门最基本的工作之一,也是一项重要的经常性工作。工资核算的正确与否,不仅关系到每个职工的切身利益,也直接影响到企业成本费用的核算。

学习目标
1. 认知工资管理系统的主要功能
2. 熟悉工资管理系统的业务流程
3. 掌握工资管理系统初始化设置的各项操作
4. 掌握日常工资核算、个人所得税计算、工资分摊及月末处理的操作

学习任务
1. 认知工资管理系统及其主要功能
2. 熟练操作工资管理系统的各项工作任务

任务一　认知工资管理的基本功能

一、认知工资管理系统的基本功能

工资管理是人力资源管理的重要组成部分。工资核算的任务是以职工个人的工资原始数据为基础,计算应发工资、扣款和实发工资等,编制工资结算单,汇总工资,计算个人所得税,分配与计提工资费用并自动转账,查询和分析工资数据等。

工资管理系统的基本功能主要包括:工资类别管理、人员档案管理、工资数据管理、工资报表管理。

(一) 工资类别管理

1. 单个工资类别

单位对所有人员的工资实行统一管理,工资项目、计算公式全部相同,只需要建立单个工资类别。

2. 多个工资类别

单位中有多种不同类别的人员(或部门),工资发放项目、计算公式等不同,则需要建立多个工资类别。

每个工资类别下均有职工档案、工资变动、工资数据、扣税处理和银行代发等基本功能。对工资类别的维护包括：建立工资类别、打开工资类别、删除工资类别、关闭工资类别和汇总工资类别等。

特别提醒：在工资账套设置多个工资类别的情况下，要对某一工资类别进行管理时，一定要先关闭其他工资类别，再打开需要管理的工资类别。

（二）人员档案管理

人员档案管理包括人员档案设置、人员附加信息设置及人员基本信息、附加信息的管理。

（三）工资数据管理

工资数据管理可根据不同企业的需要设计工资项目、计算公式，录入、修改各种工资数据和资料；自动计算个人所得税，结合工资发放形式进行扣零设置或向代发工资的银行传输工资数据；自动计算、汇总工资数据，对工资等各项费用进行分摊，并通过转账方式向总账系统传输会计处理结果。

（四）工资报表管理

工资报表管理提供了各种工资表、汇总表、明细表、统计表和分析表等，并且提供了凭证查询和自定义报表查询功能。

二、认知工资管理系统与其他系统的关系

工资管理系统与企业应用平台共享基础数据。工资管理系统将工资计提、分摊结果自动生成记账凭证，传递到总账系统，两个系统可互相查询凭证，在总账中还可联查工资系统原始单据。工资系统向成本核算系统传送人工费用数据。报表管理系统可以从工资管理系统取得数据，进行加工分析。

三、认知工资管理系统的业务处理流程

工资管理系统的业务处理流程如图6-1所示。

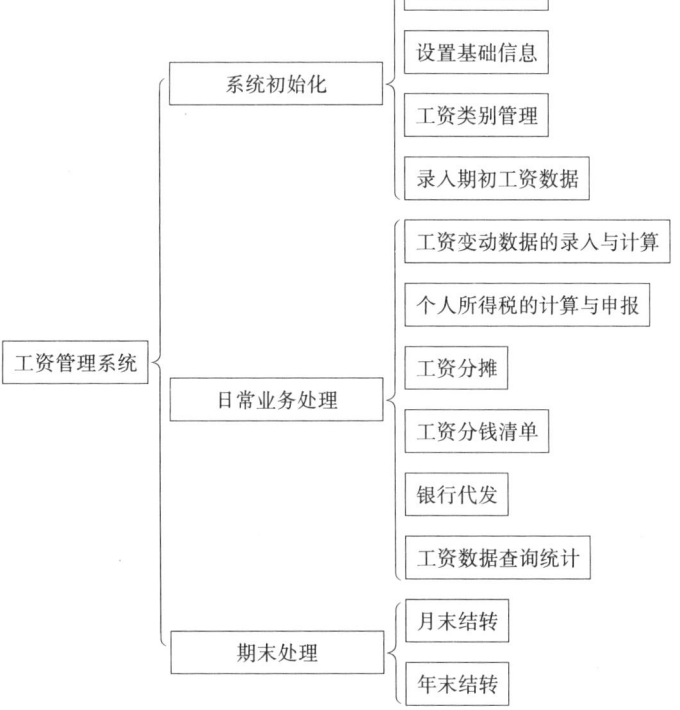

图6-1 工资管理系统的业务处理流程

1. 工资管理系统有哪些功能？
2. 工资管理系统与其他系统有哪些关联？
3. 工资管理系统的基本业务流程是什么？

任务二　工资管理系统初始化

工资管理系统初始化包括建立工资账套、设置基础信息、工资类别管理和录入期初工资数据等内容。

> **知识链接**
>
> 1. 企业核算账套是在系统管理中建立，针对整个核算系统，而工资账套则在工资管理系统中建立，只针对工资子系统。也就是说，工资账套是企业核算账套的一个组成部分。在建立工资账套之前，必须首先建立企业的核算账套。
> 2. 在单个工资类别中，不需要进行工资类别管理。

业务活动6-1　建立工资账套

【活动准备】

1. 恢复"练一练4-3"备份的账套。
2. 建立工资账套要求。工资类别设置为"单个"，核算币种设置为"人民币（RMB）"，要求代扣个人所得税，不进行扣零处理，人员编码长度为"3"位。启用日期设置为"2013年1月1日"。

【岗位任务】操作员：账套主管。

1. 启用工资管理系统，启用日期为2013年1月1日。
2. 建立工资账套。

【操作步骤】

1. 恢复"练一练4-3"备份的账套

步骤1　以系统管理员（admin）的身份登录"系统管理"。

步骤2　选择【账套】→【恢复】，选择"账套4-3"恢复。

2. 以账套主管身份启用工资管理系统，启用日期为2013年1月1日

步骤1　以账套主管的身份登录"系统管理"。

步骤2　选择【账套】→【启用】，进入系统启用界面，如图6-2所示。

步骤3　选择启用工资账套，设置工资管理系统启用的时间为2013-1-1，如图6-3所示。

3. 建立工资账套

步骤1　单击功能导航上的"工资管理"或菜单选项"工资"，打开"建立工资账套"对话框。

步骤2　参数设置，在"建立工资账套"对话框，选择

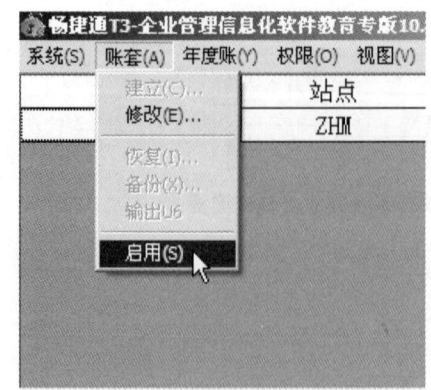

图6-2　启用系统界面

"单个"工资类别,默认币别名称"人民币 RMB",单击【下一步】按钮。如图 6-4 所示。

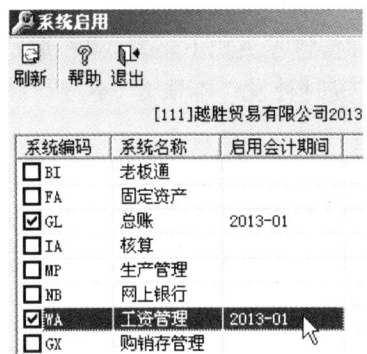

图 6-3　启用工资管理系统

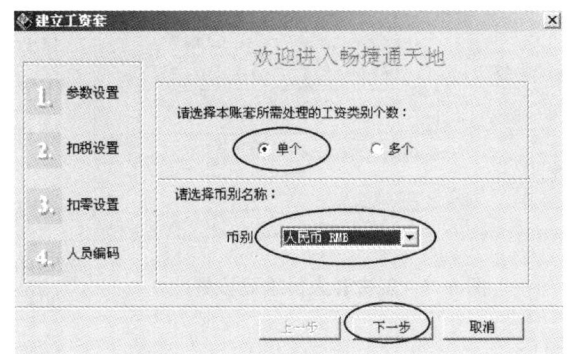

图 6-4　工资套参数设置

知识链接

(1) 单个工资类别可以修改为多个工资类别,多个工资类别不可以修改成单个工资类别。修改的方法为:选择工资管理系统,点击【设置】→【选项】→【参数设置】按钮。

(2) 多个工资类别操作应注意:①设置工资类别、人员类别、部门档案、工资项目等内容时,需要关闭工资类别。②设置工资项目公式、人员档案、输入工资数据、定义工资转账关系、工资计算、设置所得税基数、工资费用分配等操作,需要在打开某一工资类别下进行。

步骤 3　扣税设置,选中"是否从工资中代扣个人所得税"复选框,单击【下一步】按钮,如图 6-5 所示。

知识链接

选择代扣个人所得税后,系统将自动生成工资项目"代扣税"并自动进行代扣税金的计算。

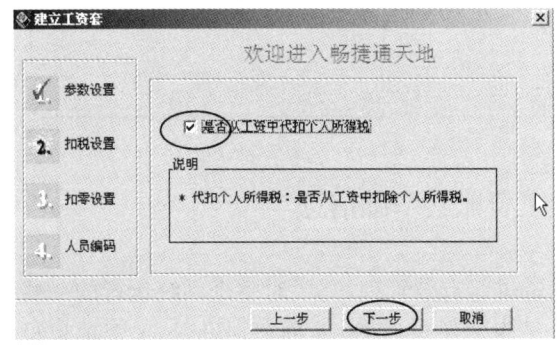

图 6-5　工资套扣税设置

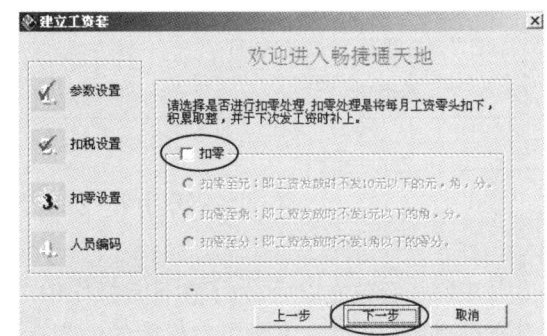

图 6-6　工资套扣零设置

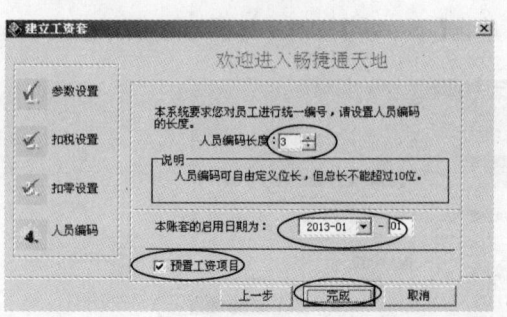

步骤4 扣零设置(本账套不做扣零处理),点击【下一步】按钮,如图6-6所示。扣零是指发工资时,将零头扣下不发,累积取整,并于下次发工资时补发。本账套"不进行扣零"处理。

步骤5 人员编码设置,选择人员编码长度、账套启用日期、是否选择预置工资项目等,点击【完成】按钮,完成工资账套的初始设置,如图6-7所示。

图6-7 工资套人员编码设置

知识链接

(1)扣零类型有3种:"扣零至元"即工资发放时不发10元以下的元、角、分,包括5元、2元、1元;"扣零至角"即工资发放时不发1元以下的角、分,包括5角、2角、1角;"扣零至分"即工资发放时不发1角以下的分,包括5分、2分、1分。用户一旦选择了"扣零处理",系统自动在工资项目中增加"本月扣零"和"上月扣零"两个项目,用户不必在计算公式中设置有关扣零处理的计算公式,【应发合计】中也不用包括"上月扣零",【扣款合计】中不用包括"本月扣零"。在银行代发情况下,无需此功能。

(2)建账完毕后,部分参数可以通过【设置】→【选项】命令进行修改,如"扣零设置"、"扣税设置"、"工资类别"等,但有些参数不能修改,比如启用日期。

练一练6-1　　　　　**建立工资账套**

【活动准备】恢复"练一练4-3"账套。

【岗位任务】操作员:账套主管"韦国汉"(wgh)。

1. 启用工资管理系统,启用日期为2013年1月1日。

2. 建立工资账套。工资类别设置为"单个",核算币种设置为"人民币(RMB)",要求代扣个人所得税,不进行扣零处理,人员编码长度为"3"位,启用日期设置为"2013年1月1日",使用预置工资项目。

3. 备份账套。

业务活动6-2　设置工资账套基础信息

工资账套建立以后,为了在日常操作中对工资进行有效管理,需要对整个系统运行的一些基础信息进行设置。基础信息设置的内容有:人员附加信息设置、人员类别设置、工资项目设置、银行名称设置、部门选择设置、打印设置、权限设置、人员档案及选项设置等。具体内容如图6-8所示。

【活动准备】

1. 设置张兰琼为工资账套主管，以工资账套主管的身份进入111账套工资系统。

2. 人员附加信息设置：性别、技术职称、工龄。

3. 设置人员类别为："总经理"、"经理人员"、"管理人员"、"采购人员"、"销售人员"、"A产品生产人员"、"B产品生产人员"、"保管人员"。

4. 银行名称：交通银行南宁高新支行，账号定长：9，自动带出账号长度：6。

5. 人员档案设置见表6-1。

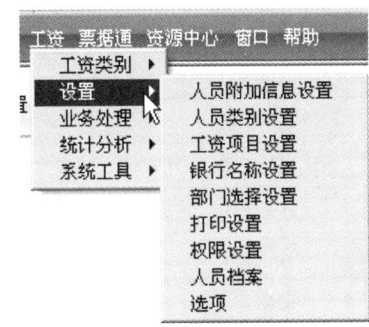

图6-8 工资账套基础信息设置基本功能

表6-1　　　　　　　　　　工资人员档案　　　　　　　　　　单位：元

职员编码	职员姓名	部门名称	人员类别	账号	基本工资
001	刘小同	总经理办公室	总经理	666222001	5 000.00
002	陈 广	总经理办公室	经理人员	666222002	3 000.00
003	黄 香	总经理办公室	管理人员	666222003	2 000.00
004	李 聪	厂办	经理人员	666222004	3 500.00
005	黄 伟	厂办	管理人员	666222005	3 000.00
006	姚 青	厂办	管理人员	666222006	2 000.00
007	韦国汉	财务部	经理人员	666222007	3 500.00
008	张兰琼	财务部	管理人员	666222008	3 000.00
009	宋丹丹	财务部	管理人员	666222009	2 500.00
010	兰 天	销售部	经理人员	666222010	4 000.00
011	王 刚	销售部	销售人员	666222011	3 000.00
012	张 帆	销售部	销售人员	666222012	2 500.00
013	李东华	采购部	经理人员	666222013	3 000.00
014	凡 禹	采购部	采购人员	666222014	2 500.00
015	张 梅	生产车间办公室	经理人员	666222015	3 000.00
016	李 华	一车间	A产品生产人员	666222016	1 000.00
017	黄小玉	一车间	A产品生产人员	666222017	1 000.00
018	赵兰东	一车间	A产品生产人员	666222018	1 000.00
019	韦小月	一车间	A产品生产人员	666222019	1 000.00
020	蔡 兴	二车间	B产品生产人员	666222020	1 000.00
021	刘 沙	二车间	B产品生产人员	666222021	1 000.00
022	朱丽华	二车间	B产品生产人员	666222022	1 000.00
023	刘 荣	成品库	经理人员	666222023	3 000.00
024	王 莹	成品库	保管人员	666222024	2 000.00
025	白 合	原材料库	保管人员	666222025	2 500.00

6. 工资项目设置见表6-2。

表 6-2　　　　　　　　　　　工 资 项 目

工资项目名称	类型	长度	小数	增减项
基本工资	数字	10	2	增项
岗位工资	数字	10	2	增项
日工资	数字	10	2	其他
奖　金	数字	10	2	增项
交补	数字	10	2	增项
计件数量	数字	10	0	其他
计件工资	数字	10	2	增项
请假天数	数字	10	2	其他
请假扣款	数字	10	2	其他
旷工天数	数字	10	2	其他
旷工扣款	数字	10	2	其他
缺勤扣款合计	数字	10	2	减项
应发工资	数字	10	2	其他
社保基数	数字	10	2	其他
养老保险	数字	10	2	减项
医疗保险	数字	10	2	减项
失业保险	数字	10	2	减项
住房公积金	数字	10	2	减项
税前工资	数字	10	2	其他
代扣税	数字	10	2	减项
实发合计	数字	10	2	增项

7. 工资项目公式定义见表 6-3。

表 6-3　　　　　　　　　　工资项目公式定义

工资项目	公 式 定 义 条 件
岗位工资	总经理 1 000 元,经理人员 800 元,管理人员 600 元,销售人员 700 元,采购人员 650 元,保管人员 600 元,生产人员 0
计件工资	A 产品生产人员,计件数量×2;B 产品生产人员,计件数量×3
交补	总经理 800 元,经理人员 600 元,管理人员 300 元,采购人员 450 元,销售人员 600 元,生产人员 300 元,保管人员 300 元
奖金	总经理 1 500 元,经理人员 1 200 元,销售部 1 000 元,一车间、二车间 500 元,其他 800 元
日工资	(基本工资+岗位工资+奖金)÷21
请假扣款	请假天数×日工资
旷工扣款	旷工天数×日工资×1.5
缺勤扣款	请假扣款+旷工扣款
应发工资	基本工资+岗位工资+计件工资+奖金+交补-缺勤扣款

(续表)

工资项目	公 式 定 义 条 件
社保基数	基本工资＋岗位工资
养老保险	社保基数×0.10
医疗保险	社保基数×0.02＋3
失业保险	社保基数×0.01
住房公积金	(基本工资＋岗位工资)×0.12
税前工资	应发工资－养老保险－医疗保险－失业保险－住房公积金
实发合计	应发工资－养老保险－医疗保险－失业保险－住房公积金－代扣税

8. 所得税纳税基数设置见表6-4。

表6-4　　　　　　　　　　　个人所得税纳税基数设置

	计税基数3 500元,附加费用0,对应工资项目为"税前工资"			
	级数	含税级距	税率(%)	速算扣除数
代税扣	1	0～1 500元	3	0
	2	1 500～4 500元	10	105
	3	4 500～9 000元	20	555
	4	9 000～35 000元	25	1 005
	5	3 5000～55 000元	30	2 755
	6	55 000～80 000元	35	5 505
	7	80 000元以上	45	13 505

9. 定义工资转账关系。

(1) 按应付工资完成薪酬费用分配设置,见表6-5。

表6-5　　　　　　　　　　　薪酬费用计提及分配比例

分摊项目名称	工资费用	工会经费	职工教育经费	社保(企业)
计提比例	100%	2%	2.5%	32.5%

(2) 分配方式:分配到部门;核算部门:所有部门;合并科目相同、辅助项相同的分录。

【岗位任务】根据项目活动准备完成以下任务:

1. 工资权限设置。
2. 人员附加信息设置。
3. 人员类别设置。
4. 银行名称设置。
5. 人员档案设置。
6. 工资项目设置。
7. 工资公式定义。
8. 个人所得税纳税基数设置。
9. 工资期初数据录入。
10. 薪酬费用分配设置。

【操作步骤】

1. 工资权限设置

步骤1　以账套主管登录用友 T3 财务软件。

步骤2　在工资管理系统,选择【工资】→【设置】→【权限设置】如图 6-9 所示,进入"权限设置"对话框。

步骤3　在权限对话框,点击【修改】按钮,在工资类别主管单选框打"√",点击【保存】按钮后退出,如图 6-10 所示。

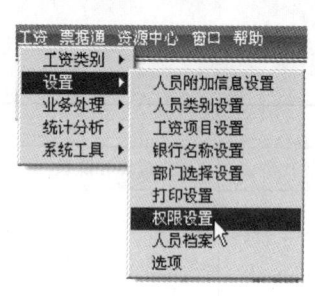

图 6-9　工资权限设置

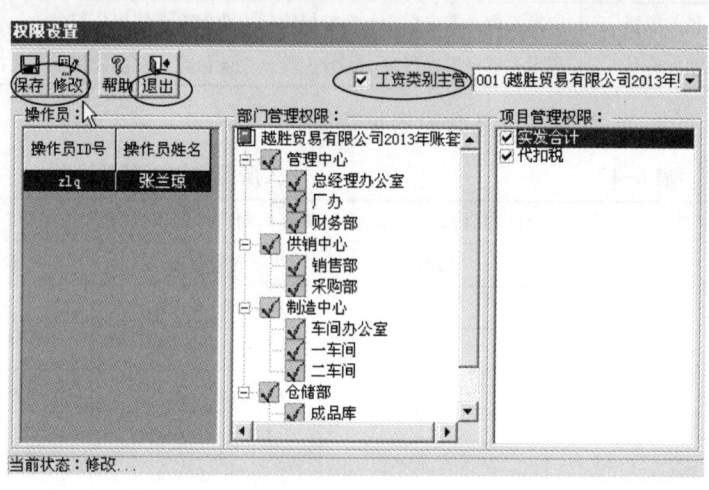

图 6-10　授予工资类别主管权限

知识链接

只有拥有工资权限的操作员才能可以设置为工资账套主管。如果要授权某个操作员做工资账套主管,需要在系统管理中给该操作员设置工资系统管理权限。

2. 人员附加信息设置

步骤1　以工资主管登录用友 T3 财务软件。

步骤2　在工资管理系统,选择【工资】→【设置】→【人员附加信息设置】,进入"人员附加信息设置"对话框,如图 6-11 所示。

步骤3　点击【增加】按钮,在"信息名称"处录入所需要增加的信息名称后返回,如需要删除某个类别,则选择该类别后点击【删除】按钮。

注:信息名称可在参照对话框中选择参照录入。

3. 人员类别设置

步骤1　在工资管理系统,选择【设置】→【人员类别设置】,进入"类别设置"对话框,如图 6-12 所示。

步骤2　点击【增加】按钮,在"类别"处输入所需要增加的类别后返回,如需要删除某个类别,则选择

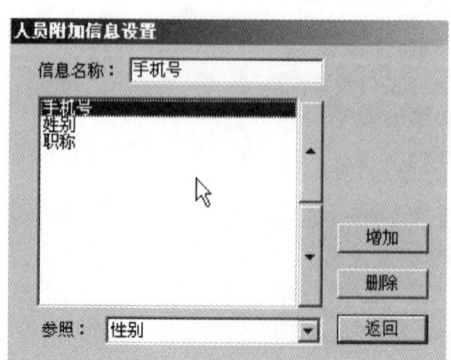

图 6-11　"人员附加信息设置"对话框

该类别后点击【删除】按钮。

注:已经使用的类别不能删除。人员附加信息设置同人员类别设置。

4. 银行名称设置

步骤1　在工资管理系统,选择【设置】→【银行名称设置】,进入"银行名称设置"对话框,如图6-13所示。

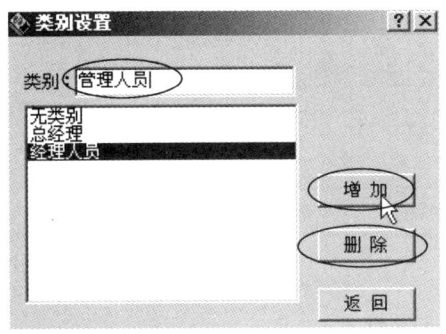
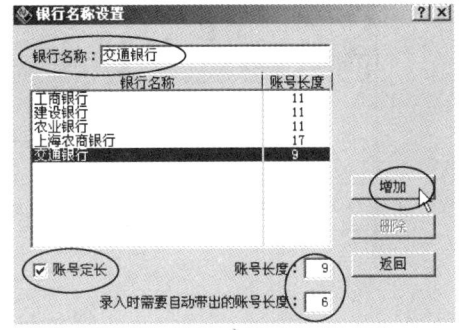

图6-12　工资账套人员"类别设置"对话框　　　图6-13　工资账套"银行名称设置"对话框

步骤2　点击【增加】按钮,在"银行名称"处输入银行名称,如账号定长,需要确定账号长度及自动带出账号长度后返回。

 知识链接

(1) 银行名称用于设置企业所用的各银行的名称和账号长度,用户可以根据业务的需要方便地增加、修改、删除、查询、打印银行档案。银行名称设置中可设置多个发放工资的银行,以适应不同的需要。账号的长度可以选定系统默认的11位,也可以自行设定。系统已预置有"工商银行"、"建设银行"、"农业银行"、"上海农商银行"等银行名称。

(2) 想要删除无效的银行,应在系统中单击列表中的某个银行名称,单击【删除】按钮,弹出系统提示的"删除银行将相关文件及设置一并删除,是否继续?"对话框,单击【是】按钮即可。

练一练6-2　设置工资账套基础信息(权限设置、人员类别设置、银行设置)

【活动准备】恢复"练一练6-1"账套。

【岗位任务】操作员:账套主管"韦国汉"(wgh)、工资账套主管"张兰琼"(zlq)。

1. 以账套主管身份登录系统,设置张兰琼为111账套的工资账套主管。

2. 以工资账套主管的身份登录系统完成以下基础设置:

(1) 人员附加信息设置:性别、职称、工龄。

(2) 设置人员类别为:"总经理"、"经理人员"、"管理人员"、"采购人员"、"销售人员"、"A产品生产人员"、"B产品生产人员"、"保管人员"。

(3) 银行名称:交通银行南宁高新支行,账号定长:9,自动带出账号长度:6。

3. 备份账套。

5. 人员档案设置

步骤1 在工资管理系统，选择【设置】→【人员档案】，进入"人员档案"对话框，如图 6-14 所示。

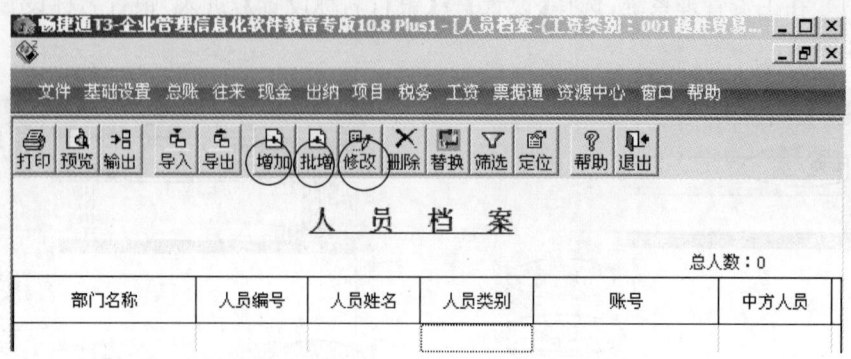

图 6-14 人员档案对话框

步骤2 点击人员档案对话框工具栏【增加】或【批增】按钮。

（1）单个增加人员档案：选择【增加】按钮，可设置单个人员档案信息。进入"人员档案"对话框，可录入职员的编号，参照选项录入或直接录入姓名、部门编号、部门名称、人员类别、银行名称、账号等基本信息和性别、年龄等附加信息，完成后点击【确定】按钮，如图 6-15 所示。

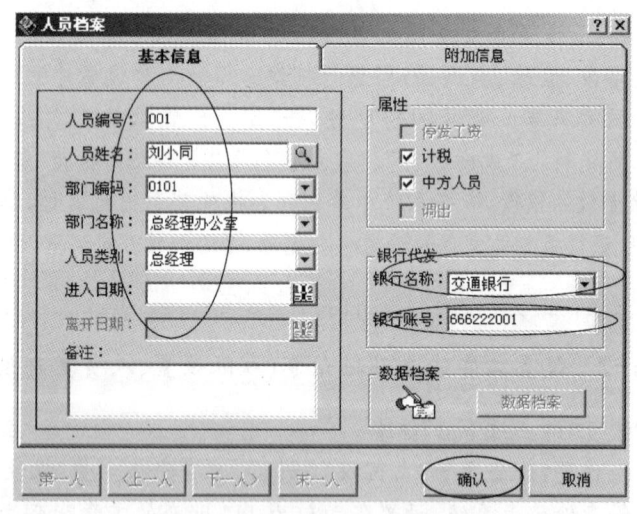

图 6-15 增加单个人员档案信息

> **知识链接**
>
> 单个人员档案设置时，从第 2 位员工开始，银行账号可根据设置"银行名称"时所设计的"自动带出账号长度"，只需录入没有带出的部分数字。

（2）批量增加人员档案：

首先，点击【批增】按钮（可批量从总账系统引入职员档案），进入"人员批量增加"对话框，如图 6-16 所示，选择引入职员所在部门后修改"人员类别"，点击【确定】按钮。

图 6-16 人员批量增加

其次，在"人员档案设置"界面，点击工具栏【修改】按钮，进入"人员档案"对话框，修改人员档案的基本信息及附加信息，如图 6-17 所示。修改完毕点击【确认】按钮，完成修改。

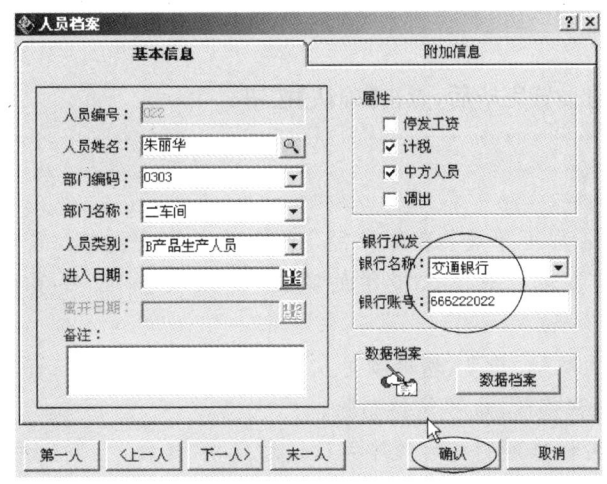

图 6-17 人员档案信息

注：在进行人员档案信息修改时，系统无法自动带出账号，需要逐个录入。

 练一练 6-3　　设置工资账套基础信息（人员档案设置）

【活动准备】恢复"练一练 6-2"备份的账套。
【岗位任务】操作员：工资账套主管"张兰琼"（zlq）。
1. 根据表 6-1 的资料完成工资账套人员档案设置的任务。
2. 备份账套。

6. 工资项目设置(以增加"基本工资"项目为例)

步骤1　在工资管理系统,选择【设置】→【工资项目设置】,进入"工资项目设置"对话框,如图6-18所示。

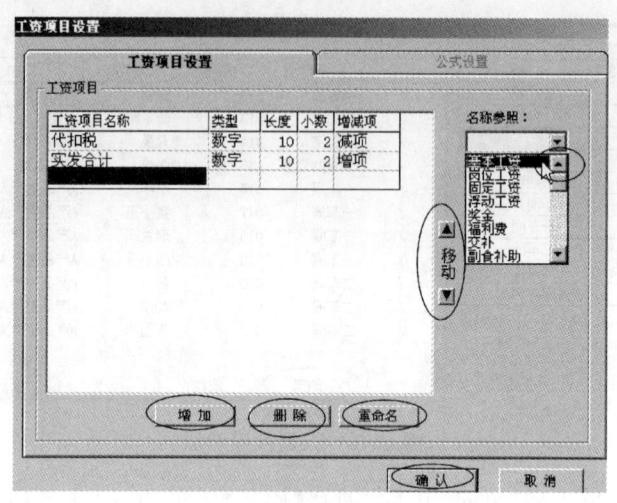

图6-18　"工资项目设置"对话框

步骤2　点击【增加】按钮,录入项目名称"基本工资"(也可在参照中选择录入)、类型、长度、小数及增减项。

步骤3　所有项目设置完毕后,点击【确认】按钮。

> **知识链接**
>
> (1)工资项目名称可单击"名称参照"下拉列表框中选入,系统提供若干常用工资项目名称供用户参考。对于未提供的项目,可以双击"工资项目名称"一栏,直接录入。
>
> (2)工资项目的类型、长度、增减项可从下拉列表框中选入,工资项目必须唯一,一经使用,项目类型不允许修改,也不能够删除。
>
> (3)工资项目名称排列的先后顺序可以通过点击"移动"上下三角按钮来调整项目所在位置。如图6-18所示。
>
> (4)工资项目可重命名,选中需要重命名的项目,点击重命名。

7. 工资公式设置(以岗位工资公式设置为例)

步骤1　在工资管理系统,选择【设置】→【工资项目设置】→【公式设置】,进入"工资项目设置"对话框。

步骤2　点击【增加】按钮,选择工资项目"岗位工资"。

步骤3　在公式定义界面进行公式定义。如公式定义使用函数,则点击"函数公式向导输入"或"函数参照"选择函数。如岗位工资公式定义条件为:"总经理1 000,经理人员800,管理人员600,销售人员700,采购人员650,保管人员600,生产人员0",需要用iff函数,定义如图6-19所示。

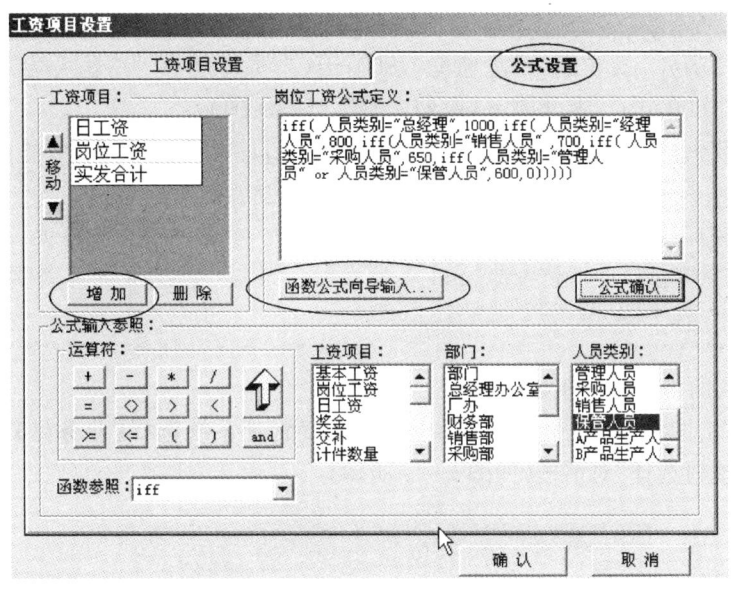

图 6-19 工资公式设置对话框

步骤 4 公式定义完毕后,点击【公式确认】按钮,所有公式定义完毕点击【确认】按钮,退出。

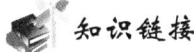 **知识链接**

工资公式制作常见案例

【案例 1】 取固定数值

例如:全体员工的交通补贴为 200 元。

编辑方法:在交补公式定义中直接填写 200 即可。

【案例 2】 取指定工资项目之间的计算值

例如:实发合计=应付工资-养老保险-医疗保险-失业保险-住房公积金-代扣税。

编辑方法:将光标放在"实发合计"公式定义框,点击"工资项目"中相应的工资项目及运算符中的运算符号即可,"实发合计"的编辑内容如下:应付工资-养老保险-医疗保险-失业保险-住房公积金-代扣税。

【案例 3】 iff 函数——iff(,,)的含义是"如果……那么……否则……"

例如:A 产品生产人员,计件数量×2;B 产品生产人员,计件数量×3

含义:如果 人员类别="A 产品生产人员",那么计件数量×2;否则计件数量×3。

编辑方法:iff(人员类别="A 产品生产人员",计件数量*2,计件数量*3)。

又如:交补的定义条件为:总经理 800 元,经理人员 600 元,管理人员 300 元,采购人员 450 元,销售人员 600 元,生产人员 300 元,保管人员 300 元。

(续上)

> 编辑方法:iff(人员类别="总经理",800,iff(人员类别="经理人员" or 人员类别="销售人员",600,iff(人员类别="采购人员",450,300))).
>
> 在 iff 函数中,"如果"的条件里如有两个项目并列,则用"or"表示,如有两个条件必须同时满足,则需要用"and"表示。"or"和"and"表达式前后应有空格。
>
> 例如:销售部门经理、总经理的交通补贴为 500 元,其他人员为 200 元。
>
> 编辑方法:iff(部门="销售部"and 人员类别="经理人员"or 人员类别="总经理",500,200)

8. 设置个人所得税缴纳基数

步骤1　点击图标"扣缴个人所得税"或在工资管理系统选择【业务处理】→【扣缴所得税】,进入个税"栏目选择"对话框,如图 6-20 所示。

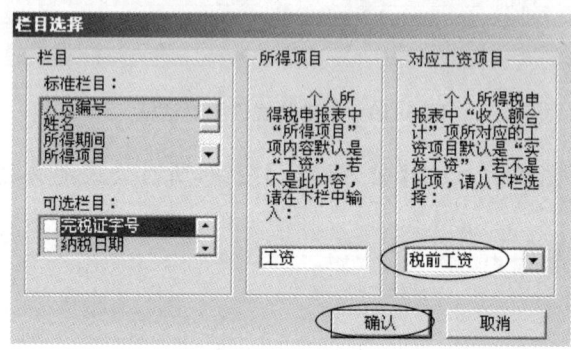

图 6-20　个税栏目选择

步骤2　选择"对应工资项目"为"税前工资",点击【确认】按钮,进入"个人所得税扣缴申报表"对话框,如图 6-21 所示。

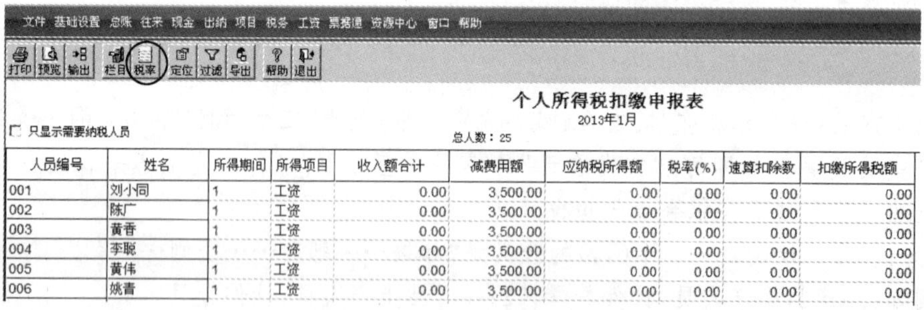

图 6-21　个人所得税扣缴申报表

步骤3　在"个人所得税扣缴申报表"对话框内,点击【税率】按钮,进入"个人所得税申报表——税率表"对话框,如图 6-22 所示,修改"基数"及"附加费用"数字后,点击【确认】按钮。

步骤4　在"是否重新计算个人所得税"对话框中选择【是】后退出,如图 6-23 所示。

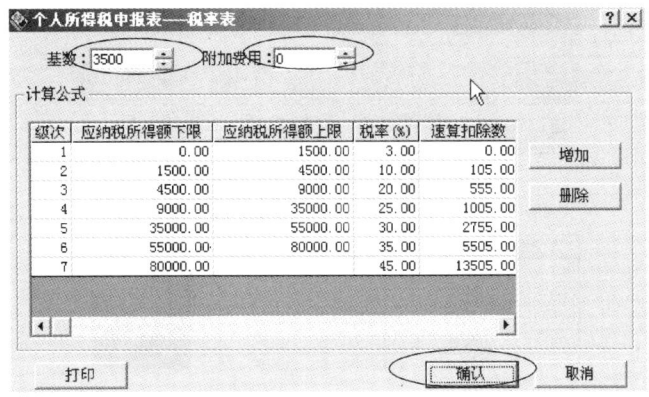

图 6-22 个人所得税申报表——税率表

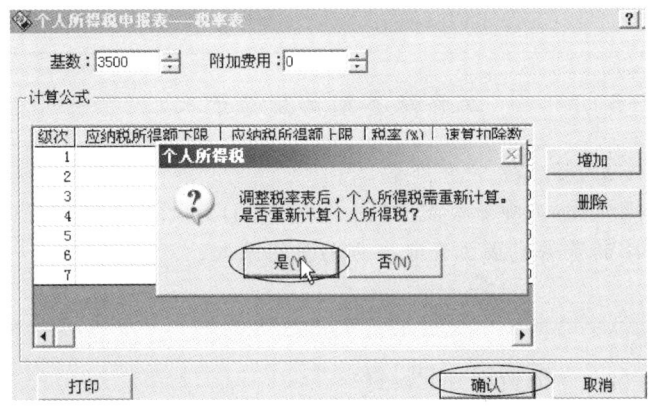

图 6-23 个人所得税申报表——税率表

练一练 6-4　　　　工资项目设置及公式定义

【活动准备】恢复"练一练 6-3"备份的账套。

【岗位任务】操作员：工资账套主管"张兰琼"(zlq)。

1. 根据表 6-2 的资料完成工资项目设置的任务。
2. 根据表 6-3 的资料完成工资公式定义。
3. 根据表 6-4 的资料完成设置个人所得税缴纳基数。
4. 备份账套。

9. 录入工资期初数据

初始运行软件时，在系统数据编辑里面，将列示所有工资数据的编辑区间，由用户顺序录入初始工资数据，作为工资计算的基础数据。在本项目活动中需要录入的是"基本工资"。

步骤 1　选择【工资】→【业务处理】→【工资变动】，或直接点击图标"工资变动"进入"工资变动"对话框，如图 6-24 所示。

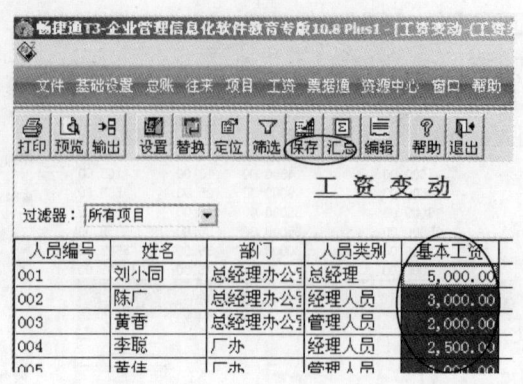

图 6-24 "工资变动"对话框

步骤 2 在"工资变动"对话框,选择过滤器选出期初数据项目,或直接找出项目,录入期初数据,点击【保存】按钮。

 练一练 6-5　　　　**工资账套期初数据录入**

【活动准备】恢复"练一练 6-4"账套。

【岗位任务】操作员:工资账套主管"张兰琼"(zlq)。

1. 根据表 6-1 的资料完成工资账套期初数据录入。
2. 备份账套。

10. 工资分摊类型及薪酬费用分配设置

步骤 1 选择【工资】→【业务处理】→【工资分摊】,或直接点击图标"工资分摊",进入"工资分摊"对话框,如图 6-25 所示。

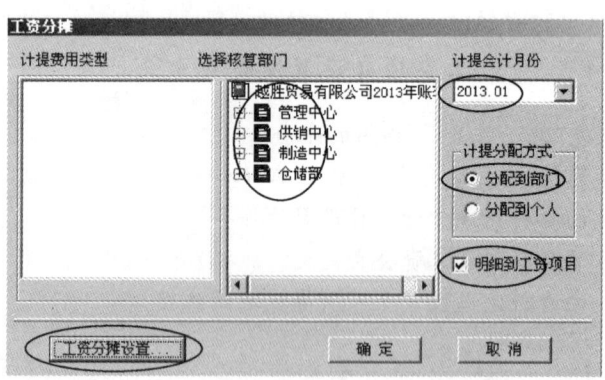

图 6-25 "工资分摊"对话框

步骤 2 在"工资分摊"对话框内,选择核算部门、计提月份、计提分配方式,点击【工资分摊设置】按钮,进入"工资分摊类型设置"对话框,如图 6-26 所示。

步骤 3 在"分摊类型设置"对话框内,点击【增加】按钮,进入"分摊计提比例设置"对话框,如图 6-27 所示。

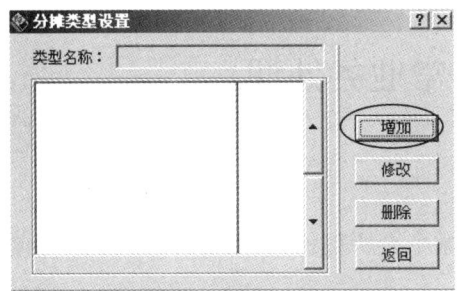
图 6-26 工资分摊类型设置

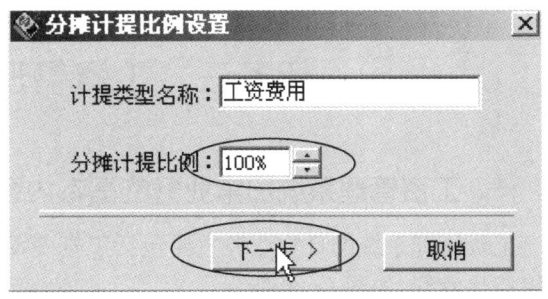
图 6-27 "分摊计提比例设置"对话框

步骤 4 在"分摊计提比例设置"对话框内,录入计提类型名称(如"工资费用"),分摊计提比例(如"100%")等,点击【下一步】按钮,进入"分摊构成设置"对话框,进行工资分摊设置,如图 6-28 所示,设置完成后点击【完成】按钮。

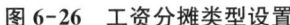

图 6-28 "分摊构成设置"对话框

注意:在进行工资分摊设置时,双击"部门名称"、"人员类别"、"项目"等,可在相应的参照列表中选择后点击【确定】按钮,借方科目、贷方科目可直接录入,也可选择按参照项录入。其他项目的分摊操作与"工资费用"项目的分摊操作相同。

 练一练 6-6　　　　　**薪酬费用分摊设置**

【活动准备】恢复"练一练 6-5"账套。
【岗位任务】操作员:工资账套主管"张兰琼"(zlq)。
1. 根据表 6-6 完成薪酬费用分摊设置(分配方式:分配到部门;核算部门:所有部门;合并科目相同、辅助项相同的分录)。

表 6-6　　　　　　　　　　薪酬费用计提及分配

分摊项目名称	工资费用	工会经费	职工教育经费	社保(企业)	住房公积金
计提比例	100%	2%	2.5%	32.5%	12%

2. 备份账套。

任务三 工资管理日常业务处理

一、工资管理系统日常业务的基本内容

工资管理系统的日常业务主要包括工资变动、扣缴个人所得税、工资分摊、工资分钱清单和银行代发等,如图6-29所示。

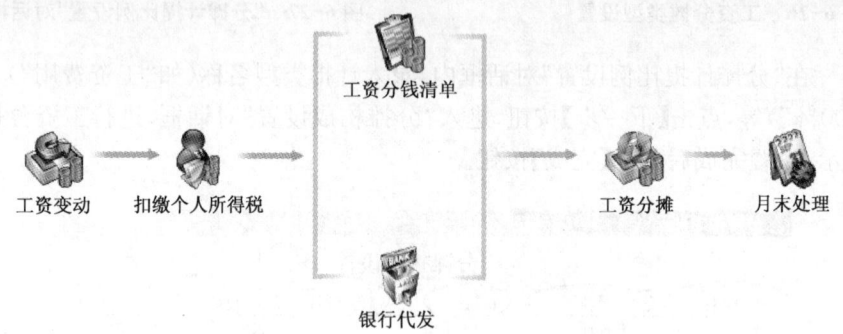

图6-29 工资核算基本内容及流程图

(一)工资变动

工资变动是工资管理系统的基本操作,所有数据都是从"工资变动"中体现的。为了快速、准确地录入工资数据,系统提供以下功能。

1. 筛选和定位

如果需要录入或修改某个部门的工资数据,可以使用工具栏中的"筛选"(如图6-30所示)和"定位"(如图6-31所示)功能,先将需要操作的人员过滤出来,再将变动的工资数据录入或修改。修改完毕,进行"重新计算"和"汇总"。

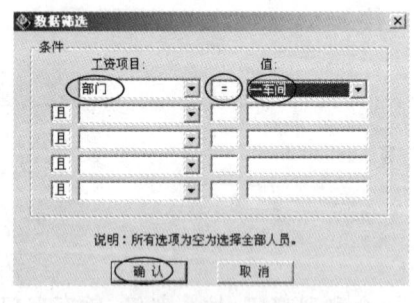

图6-30 "数据筛选"对话框

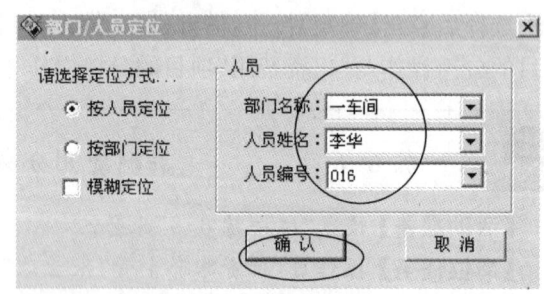

图6-31 部门/人员定位对话框

2. 编辑

选择工资变动窗口的【编辑】按钮可以对指定的个人进行快速录入,还可以通过【上一人】、【下一人】按钮变更人员,录入或修改其他人员的工资数据。如图6-32所示。

3. 替换

将符合条件的人员的某个工资项目数据,全部替换成某个数据,起到批处理的作用。例如,可以通过"替换"功能将"奖金"替换成"基本工资*0.25",如图6-33所示;将生产车间和销

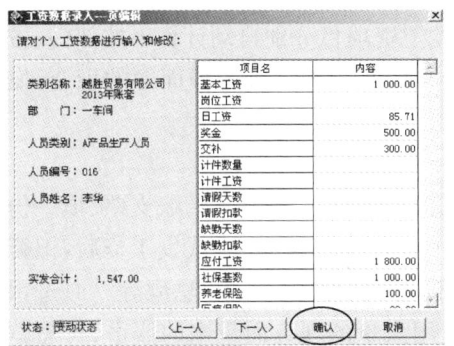

图 6-32 "工资数据录入—页编辑"对话框

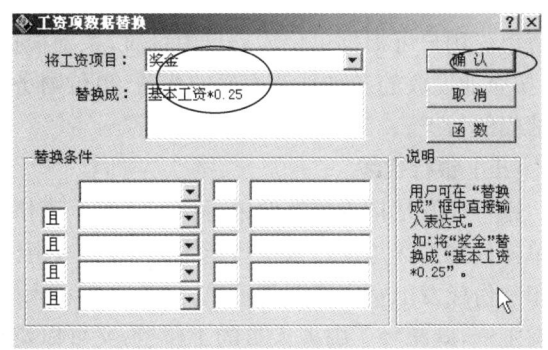

图 6-33 "工资项数据替换"对话框

售部的奖金上调 100 元,如图 6-34 所示。值得注意的是,被替换的工资项目不能是已经设置公式的项目,系统最终将执行公式取数,使该命令无效。

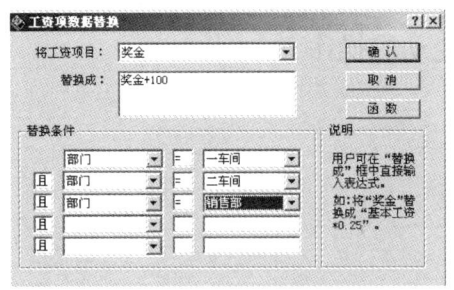

图 6-34 "工资项数据替换"对话框

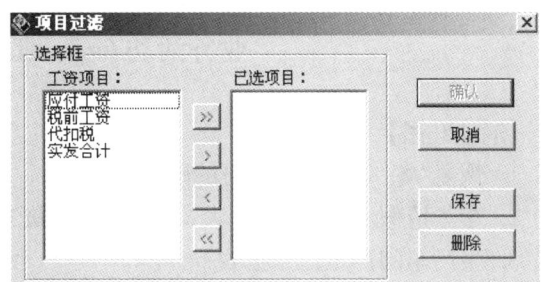

图 6-35 "项目过滤"对话框

4. 过滤器

如果只对工资项目中的某一个或某几个项目进行修改,可将要修改的项目先过滤出来。对于常用到的过滤项目,可以在项目过滤后输入一个名称进行保存,以后可通过过滤项目名称调用,不用时也可以删除,如图 6-35 所示。

5. 计算汇总

在修改了工资数据、重新设置了计算公式或进行数据替换等操作后,为了保证数据正确,必须使用【重新计算】按钮和【汇总】按钮对个人工资数据进行重新计算。

（二）扣缴个人所得税

工资管理系统提供个人所得税计算功能,只需要自定义所得税税率,确定计提基数,系统就可以自动计算个人所得税,这样既减轻了财务人员的工作量,又提高了工作效率。系统内置的所得税的算法是以 3 500 元为免征额,按照国家规定的 7 级超额累进税率计算法进行计算,如果国家的税收政策发生变化,可以修改"税基"、"附加费用"和税率计算公式。

（三）工资分摊

工资是费用中人工费最主要的部分,需要对工资费用进行工资总额的计提计算、分配及各种经费的计提,并编制转账凭证,供登账处理之用。

（四）工资分钱清单

工资分钱清单是为单位用现金发放工资时所设计的,是按单位计算的工资发放分钱票面额清单。用户可根据单位需要自由设置,系统根据实发工资项目分别自动计算出按部门、按人员、按企业发放的各种钱票面额的张数,单位财务人员从银行提取各种各样面额的现金,发给各部门的员工。

(五) 银行代发

银行代发是指单位按照银行指定的工资表格式制作工资盘,然后开具转账支票、填一份进账单将代发工资总额转入银行指定的账户中,由银行代发员工的工资。在代发工资后,银行会打印一份代发工资入账明细清单,清单上显示入账金额、账号、成功笔数和总额等。通过银行代发工资,既减轻了财务人员的工作量,又可以避免使用大量的现金而带来的假币、长短款等情况,同时大大提高了工作效率。

采用银行代发工资方式,需要进行银行代发文件格式设置和银行代发输出格式设置。

二、日常业务处理的操作(以工资主管身份进行)

业务活动 6-3 工资变动的操作

【活动准备】

1. 恢复"练一练 6-6"备份的账套。
2. 李华请假 1 天,黄伟请假 2 天,王莹缺勤 1 天。
3. 生产车间产量记录见表 6-7。

表 6-7 车间产量记录表 单位:件

职员编号	职员姓名	产品产量记录				
		产品名称	合格品	料废品	工废品	计件数量合计
016	李 华	A 产品	300	5	2	305
017	黄小玉	A 产品	250	5	5	255
018	赵兰东	A 产品	260	6	1	266
019	韦小月	A 产品	280	3	2	283
020	蔡 兴	B 产品	200	5	1	205
021	刘 沙	B 产品	210	4		214
022	朱丽华	B 产品	230	5	1	235

【岗位任务】操作员:工资账套主管。

1. 完成工资变动数据的录入。
2. 数据计算与汇总。

【操作步骤】

步骤 1 录入请假或缺勤员工的数据:李华请假 1 天,黄伟请假 2 天,王莹缺勤 1 天。

(1) 打开【工资变动】窗口,点击【数据筛选】按钮,打开"数据筛选"对话框。

(2) 单击"工资项目"下拉列表框,选择"人员姓名"选项,条件框中选择"=",在"值"文本框中输入姓名,如图 6-36 所示。

(3) 单击【确定】按钮,"工资变动"窗口只显示出"李华"一个人的工资情况。

（4）在"请假天数"空格内输入"1"，单击【重新计算】按钮，系统自动完成工资计算。

注：如果想显示出所有人员的工资，应在"工资变动"窗口，点击"数据筛选"，打开"数据筛选"对话框，再点击【确认】按钮。

步骤2　录入生产工人产量记录。可用"筛选"功能。

步骤3　数据计算与汇总。工资变动数据录入完毕，点击【退出】按钮，系统提示"是否进行工资计算和汇总"，点击【是】按钮，系统自动计算并汇总工资数据后退出。

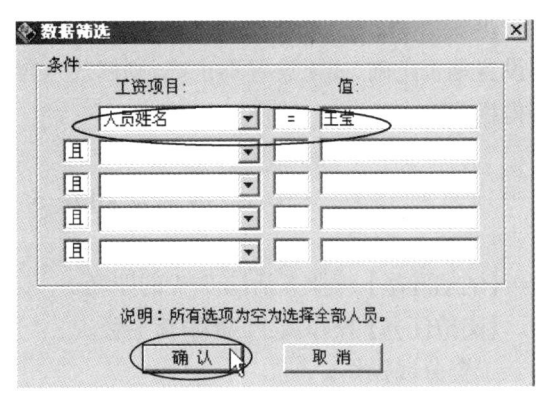

图 6-36　"数据筛选"对话框

业务活动 6-4　扣缴个人所得税操作

【活动准备】续业务活动 6-3 的账套。

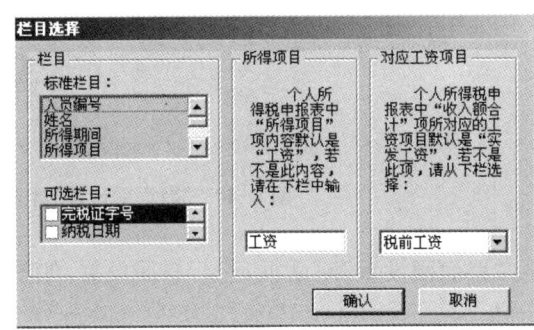

图 6-37　"栏目选择"对话框

【岗位任务】操作员：工资账套主管。完成扣缴个人所得税的操作。

【操作步骤】

步骤1　选择【工资】→【业务处理】→【扣缴个人所得税】，或直接点击"扣缴个人所得税"图标，打开"栏目选择"对话框，如图 6-37 所示。

步骤2　对应工资项目选择"税前工资"，点击【确定】按钮，系统提示"是否重算数据"，点击【是】按钮，进入"个人所得税扣缴申报表"界面，如图 6-38 所示。

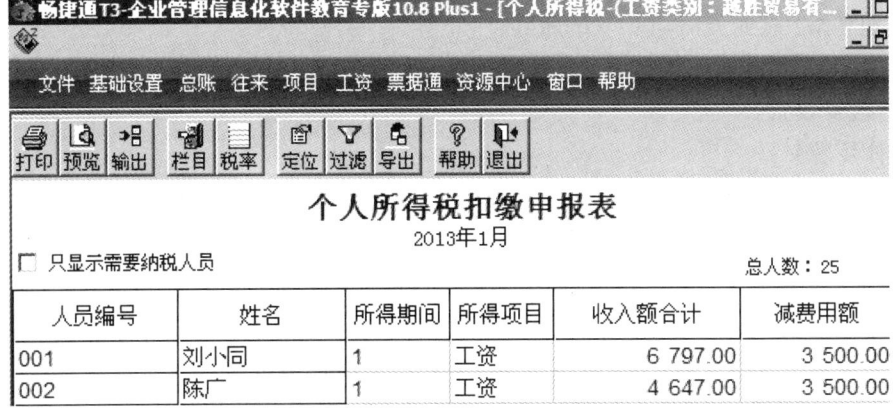

图 6-38　个人所得税扣缴申报表

步骤 3　在个人所得税扣缴申报表界面,点击【税率】按钮,检查税率表上的基数及附加费用设置是否正确(如果设置不正确,则修改),再点击【确认】按钮,按照系统提示重新计算个人所得税后退出。

业务活动 6-5　工资分钱清单

【活动准备】续业务活动 6-4 的账套。
【岗位任务】操作员:工资账套主管。
工资分钱操作。
【操作步骤】
步骤 1　选择【工资】→【业务处理】→【工资分钱清单】,或直接点击"工资分钱清单"图标,进入"分钱清单"界面,如图 6-39 所示。

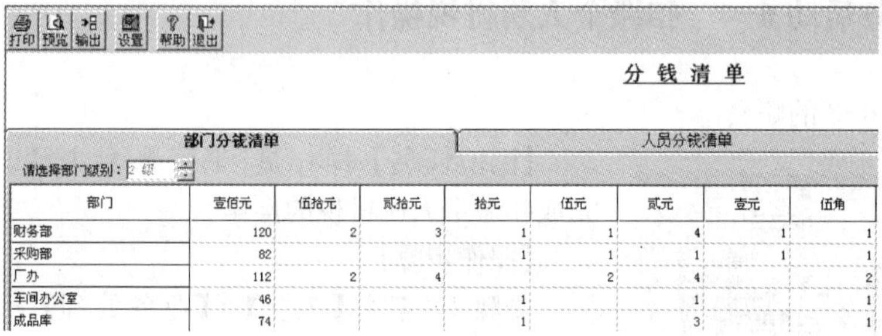

图 6-39　分钱清单 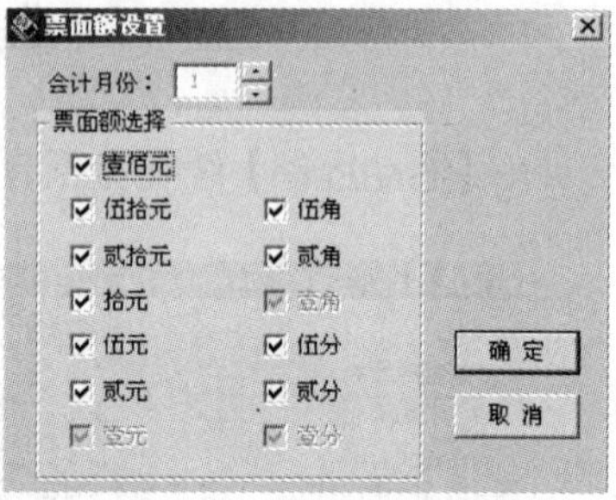　　　　　　　　图 6-40　"票面额设置"对话框

步骤 2　点击工具栏上的【设置】按钮,进入"票面额设置"对话框,进行票面设置,如图 6-40 所示,点击【确定】按钮退出,系统根据设置分钱。

业务活动 6-6　银 行 代 发

【活动准备】续业务活动 6-5 的账套。
【岗位任务】操作员:工资账套主管。
银行代发设置。
【操作步骤】
步骤 1　选择【工资】→【业务处理】→【银行代发】,或直接点击"银行代发"图标,进入"银行格式文件设置"界面,如图 6-41 所示,进行银行文件格式的设置。
步骤 2　对银行文件格式进行设置,选择银行模板、定义栏目、定义标志行等。
步骤 3　银行格式文件设置完毕,点击【确认】按钮,进入"银行代发一览表",如图 6-42 所示(如需要重新设置银行格式文件,可点击工具栏上的【格式】按钮)。
步骤 4　点击工具栏【方式】按钮,进入"文件方式设置"界面,选择文件类型后点击【确认】按钮后退出,如图 6-43 所示。

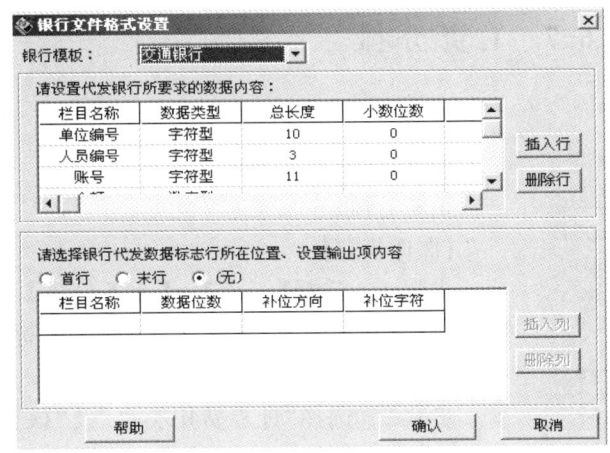

图 6-41 银行文件格式设置　　　　　图 6-43 文件方式设置

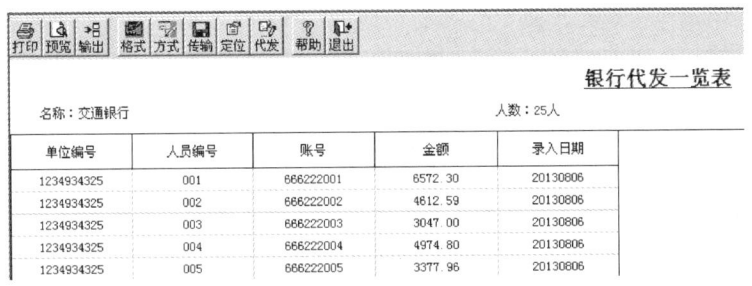

图 6-42 银行代发一览表

 练一练 6-7　　　　　　　工 资 变 动

【活动准备】恢复"练一练 6-6"账套。

【岗位任务】操作员：工资账套主管"张兰琼"(zlq)。

1. 根据业务活动 6-3 的"活动准备"，完成工资变动操作，并重新计算汇总工资。
2. 完成个人所得税计算。
3. 设置银行文件格式(见表 6-8)。

表 6-8　　　　　　　　　　银行文件格式的设置

栏目名称	数据类型	总长度	小数位数
单位编号	字符型	10	0
人员编号	字符型	3	0
账号	字符型	11	0
金额	数字型	10	2
录入日期	字符型	8	0

4. 备份账套。

业务活动 6-7 工 资 分 摊

【活动准备】续业务活动 6-6 的账套。

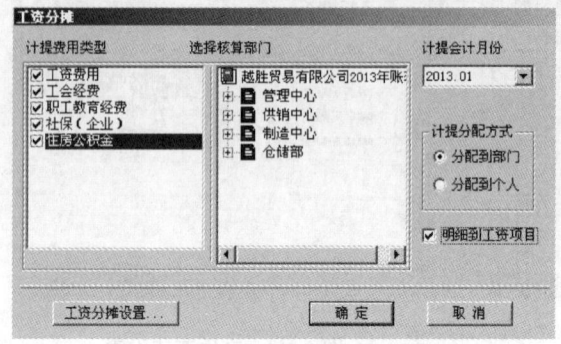

图 6-44 "工资分摊"对话框

【岗位任务】操作员：工资账套主管。工资分摊。

【操作步骤】

步骤 1 选择【工资】→【业务处理】→【工资分摊】，或直接点击"工资分摊"图标，进入"工资分摊"对话框，如图 6-44 所示。

步骤 2 选择"计提费用类型"及"核算部门"，勾选"明细到工资项目"，点击【确定】按钮，进入"工资费用一览表"窗口，如图 6-45 所示。

部门名称	人员类别	应付工资		
		分配金额	借方科目	贷方科目
总经理办公室	总经理	8300.00	560209	221101
	经理人员	5600.00	560209	221101
	管理人员	3700.00	560209	221101
厂办	经理人员	6100.00	560209	221101
	管理人员	7980.96	560209	221101
财务部	经理人员	6100.00	560209	221101
	管理人员	8900.00	560209	221101
销售部	经理人员	6600.00	560107	221101
	销售人员	10100.00	560107	221101
采购部	经理人员	5600.00	560209	221101
	采购人员	4400.00	560209	221101
车间办公室	经理人员	5600.00	410101	221101
一车间	A产品生产人员	9346.57	400102	221101
二车间	B产品生产人员	7362.00	400102	221101
成品库	经理人员	5600.00	560209	221101
	保管人员	3457.15	560209	221101
原材料库		4200.00	560209	221101

图 6-45 工资费用一览表

步骤 3 选择"合并科目相同、辅助项相同的分录"复选框，单击【制单】或【批制】按钮。

步骤 4 单击凭证左上角"字"处，选择"转"，将光标分别移至"生产成本/A 产品/直接人工"、"生产成本/B 产品/直接人工"分录行，补充辅助核算项目分别为"A 产品"、"B 产品"，单击【保存】按钮，凭证左上角出现"已生成"标志，代表该凭证已传递到总账，如图 6-46 所示。

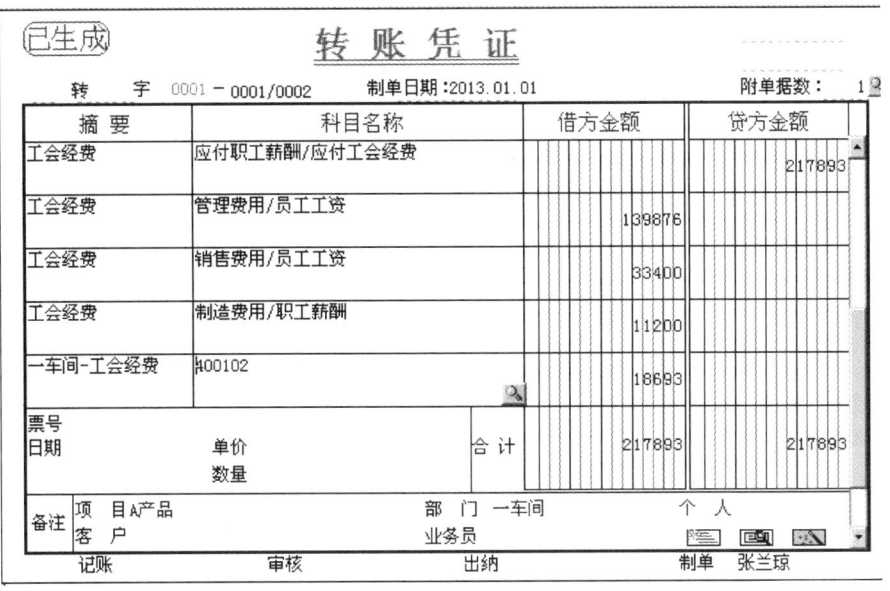

图 6-46 生成凭证

知识链接

如果在凭证生成后在审核前发现当中有错误,具体的操作步骤如下:

首先,选择【工资】→【统计分析】→【凭证查询】,打开"凭证查询"对话框。如图 6-47 所示。

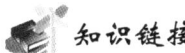

图 6-47 "凭证查询"对话框

其次,选择出错的凭证,单击工具栏中【删除】按钮,系统弹出"是否要删除当前凭证?"对话框,单击【是】按钮,错误凭证就能删除。

 练一练 6-8   获酬费用分配

【活动准备】恢复"练一练 6-7"备份的账套。
【岗位任务】操作员:工资账套主管"张兰琼"(zlq)。
1. 完成工资分摊,并编制记账凭证。
2. 备份账套。

业务活动 6-8　工资账表查询

工资数据处理结果最终以工资报表的形式反映,系统提供了主要的工资报表,报表格式由系统提供,如用户对报表提供的固定格式不满意,可通过"修改表"和"重建表"自行设计。

1. 工资账表查询

【活动准备】

续业务活动 6-7 的账套。

【岗位任务】操作员:工资账套主管。

查询工资账表。

【操作步骤】

选择【工资】→【统计分析】→【账表】,选择需要查看的账表点击,系统显示工资账表,用户可查看。如只需要查看某些栏目,可选择账表工具栏上的【格式】按钮进行设置。如需要打印输出可点击【设置】按钮,进行列高,行宽设置。

2. 修改表、重建表

账表中有些栏目不想显示,界面中又不提供"格式"工具栏,可通过"修改表"来实现;如账表不显示自己增加的项目,则需要"重建表"。

【活动准备】

续业务活动 6-7 的账套。

【岗位任务】操作员:工资账套主管。

修改表、重建表。

【操作步骤】

选择【工资】→【统计分析】→【账表】→【我的账表】,进入"账表管理"对话框,选择需要修改或重建的账表,点击【修改表】或【重建表】或【删除表】等按钮;也可选择【新建表】按钮。

练一练 6-9　　　　工资账表查询

【活动准备】恢复"练一练 6-8"账套。

【岗位任务】操作员:工资账套主管"张兰琼"(zlq)。

1. 查看工资发放签名表,要求不显示日工资、社保基数栏目。
2. 查看工资分析表,只需要"基本工资"、"岗位工资"、"奖金"和"应发工资"栏目。

任务四　工资管理系统期末处理

业务活动 6-9　工资管理系统月末处理

月末结转是将当月数据处理后结转到下月。月末处理只能在会计年度 1～11 月进行,处理后,当月数据不允许变动。月末处理功能只有账套主管才能执行。

工资数据每月变化的项目称为"清零项目",如"请假天数"清零后下月需要重新输入;对于数据每月不变的项目,如"基本工资",则选择不清零,下月的工资变动中仍带出这些数据。

如果处理多个工资类别,则应按照工资类别分别进行月末结转,若本月工资数据未汇总,系统将不允许进行月末结转。

【活动准备】恢复"练一练6-8"备份的账套。
【岗位任务】操作员:工资账套主管。
工资管理系统期末处理。
【操作步骤】

步骤1 选择【工资】→【业务处理】→【月末处理】,或直接点击"月末处理"图标,进入"月末处理"对话框,如图6-48所示。

步骤2 在"月末处理"对话框,点击【确认】按钮,系统提示"本月处理之后工资将不允许变动,继续月末处理吗?"点击【是】按钮。

步骤3 选择"月末处理"后,系统提示"是否选择清零项目",选择【是】,进入"选择清零项目"对话框,选择清零项目后点击【确认】按钮,如图6-49所示,月末处理完毕。

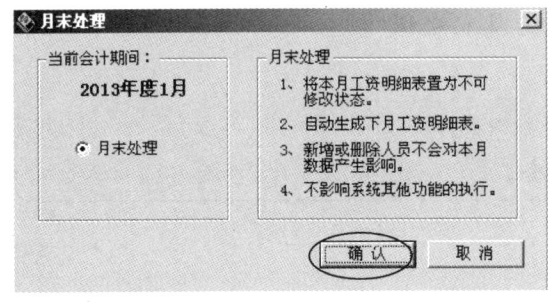

图6-48 工资管理系统"月末处理"对话框

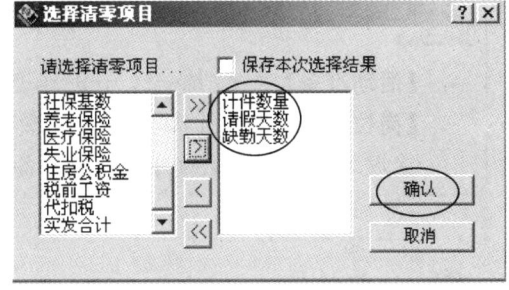

图6-49 "选择清零项目"对话框

业务活动6-10 工资管理系统反结账

当结账完成,发现数据有误,需要修改,则需要"反结账"。反结账完成后,原结账时结转下月的数据将自动删除。

【活动准备】续业务活动6-9的账套。
【岗位任务】操作员:工资账套主管。
工资管理系统反结账。
【操作步骤】

步骤1 以下个月的操作日期注册进入工资管理系统。

步骤2 选择【工资】→【业务处理】→【反结账】,进入"反结账"对话框,如图6-50所示,点击【确认】按钮,反结账成功完成。

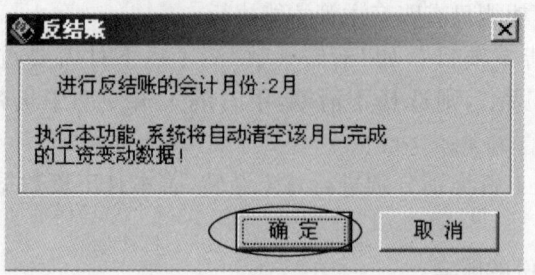

图 6-50　工资管理系统"反结账"对话框

业务活动 6-11　年末结转

年末结转是将工资数据经过处理后结转到下年。进行年末结转后,新年度账将自动建立。对多个工资类别,应关闭所有工资类别,然后在系统管理中选择"年度账",进行上年数据结转。其他操作与月末结转相类似。进行年末结转后,本年各月数据将不允许变动。年末处理功能只有账套主管才能进行。

练一练 6-10　　　　**工资管理系统月末处理**

【活动准备】恢复"练一练 6-9"账套。

【岗位任务】操作员:工资账套主管"张兰琼"(zlq)。

完成工资管理系统的月末处理并备份账套。

知识链接

在多个工资类别的情况下,以下方面与单个工资类别不同:

(1) 工资菜单下"工资类别"中会出现若干个命令"打开工资类别"、"新建工资类别"、"删除工资类别"、"关闭工资类别"等。

(2) 在"打开工资类别"或"关闭工资类别"的不同状态下,"工资项目设置"对话框包含的内容不同,关闭状态下只有"工资项目设置",打开状态下不仅有"工资项目设置",还有"公式设置"的内容。

(3) 在不同的工资类别里,可以设置不同的工资项目和计算公式。

(4) 如果有多个工资类别,应分别打开工资类别进行月末处理。如果有未进行期末处理的工资类别,则总账系统不能结账。

挑战一下:建立工资类别

越胜贸易有限公司本月开始招聘临时人员,主要在生产车间内工作,请在原有的工资账套中增加"临时人员"工资类别。

【活动准备】恢复"练一练 6-1"备份的账套。

越胜贸易有限公司本月开始招聘临时人员,主要在生产车间内工作,请在原有的工资账套中增加"临时人员"工资类别。

【岗位任务】操作员:账套主管。

建立工资类别。

【操作步骤】

步骤 1　选择【工资】→【设置】→【选项】,在"选项"对话框中打开"参数设置"页签,可选择"多个",如图 6-51 所示,点击【确认】按钮,完成多个工资类别设置。

步骤 2　选择【工资】→【工资类别】→【关闭工资类别】。

步骤 3　选择【工资】→【工资类别】→【新建工资类别】,系统弹出"新建工资类别"对话框,如图 6-52 所示。

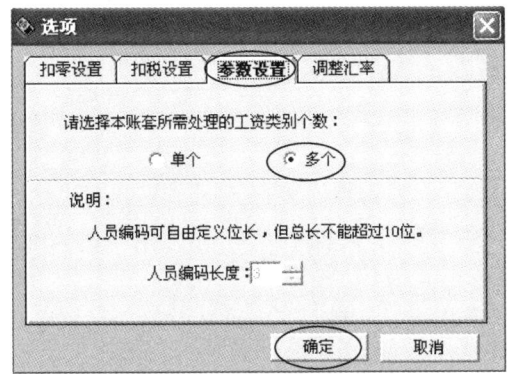

图 6-51　工资管理系统"选项"对话框

图 6-52　"新建工资类别"对话框

步骤 4　在"新建工资类别"对话框,输入工资类别名称"临时人员",单击【下一步】按钮。进入"请选择部门"对话框,如图 6-53 所示。选择该类别工资所包含的部门"制造中心",单击【完成】按钮,完成部门选择。

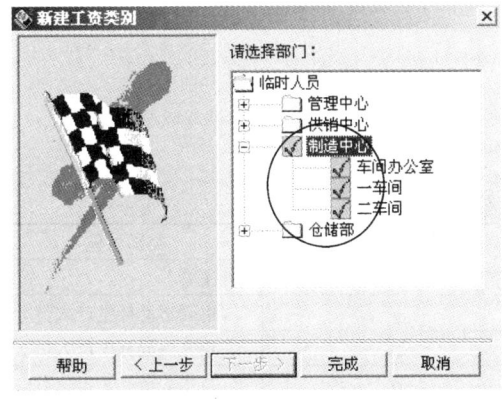

图 6-53　工资类别的部门选择

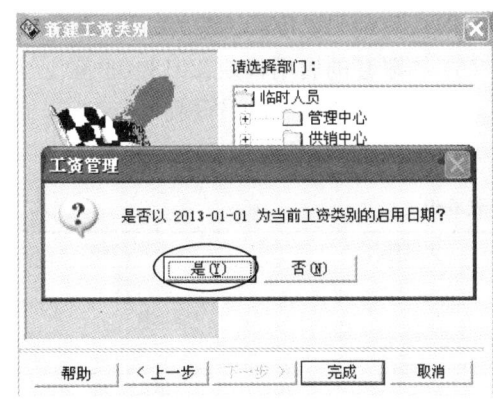

图 6-54　工资类别启用日期选择

步骤 5　系统跳出"是否以 2013-01-01 为当前工资类别的启用日期?"对话框,单击【是】按钮,完成工资类别的设置,如图 6-54 所示。

建立工资类别后,在"工资类别"下多了一个"关闭工资类别"命令,单击它,就可以关闭正在使用的工资类别。关闭工资类别后,在"工资类别"下又多了一个"删除工资类别"命令,单击它就可以删除选中的工资类别,只有账套主管才能执行该操作,工资类别删除后数据不可恢复。

模块作业 6-1　　工资的核算

【岗位任务】操作员:账套主管"赵沁阳"(zqy)、工资账套主管"张明敏"(zmm)。

1. 恢复"模块作业 4-1"备份的账套。

2. 以账套主管"赵沁阳"(zqy)的身份登录"系统管理",启用"工资管理"模块,启用时间为"2013-03-01"。

3. 以账套主管"赵沁阳"(zqy)的身份登录"T3"系统,建立工资账套,设置"张明敏"(zmm)为工资账套主管。

4. 以工资账套主管"张明敏"(zmm)的身份登录"T3"系统,并完成以下工作任务:

(1) 完成工资账套基础设置。

(2) 录入工资变动数据。

(3) 完工工资分摊。

(4) 制单。

5. 进行凭证的审核和记账。

6. 对工资系统进行对账、结账。

【任务资料】

1. 恢复"模块作业 4-1"备份的账套。

2. 工资账套基本参数如下:

(1) 工资管理系统启用时间:2013-03-01,建账时已随总账同时启用。

(2) 工资类别个数:单个。

(3) 本位币种:人民币(RMB)。

(4) 个人所得税:代扣个人所得税;不扣零;不预置工资项目。

(5) 人员编码长度:3 位。

(6) 本账套的启用日期:2013-03-01。

3. 工资账套基础设置资料。

(1) 人员类别(见表 6-9)。

表 6-9　　　　　　　　　　　　　　人 员 类 别

类别顺序	类别名称	类别顺序	类别名称
1	总经理	5	主管
2	主任	6	铝壳运动杯生产人员
3	管理人员	7	铝壳保温杯生产人员
4	销售人员	8	技术人员

(2) 银行名称设置。银行名称:交通银行南宁高新支行;账号定长:9;自动带出账号长度:6。

(3) 职工档案信息(见表 6-10)。

表6-10　　　　　　　　　　　　　　　职工档案表

职员编号	职员姓名	所属部门	人员类别	账号	是否计税	中方人员
001	庄志奋	厂办	总经理	666265001	是	是
002	张天星	厂办	主任	666265002	是	是
003	李明	厂办	管理人员	666265003	是	是
004	王凤伟	厂办	管理人员	666265004	是	是
005	赵沁阳	财务部	主任	666265005	是	是
006	吴慧	财务部	管理人员	666265006	是	是
007	张露珍	财务部	管理人员	666265007	是	是
008	张明敏	财务部	管理人员	666265008	是	是
009	张玲	人力资源部	主任	666265009	是	是
010	张敏	人力资源部	管理人员	666265010	是	是
011	孙小楠	仓储部	主任	666265011	是	是
012	蔡小青	仓储部	管理人员	666265012	是	是
013	朱燕	仓储部	管理人员	666265013	是	是
014	李向南	采购部	主任	666265014	是	是
015	艾丽阳	采购部	管理人员	666265015	是	是
016	赵伟伟	销售部	主任	666265016	是	是
017	陈凯	销售部	销售人员	666265017	是	是
018	张新嵋	销售部	销售人员	666265018	是	是
019	韦志成	销售部	销售人员	666265019	是	是
020	李才德	生产部	主任	666265020	是	是
021	付会成	生产部	管理人员	666265021	是	是
022	赵西峰	生产部	管理人员	666265022	是	是
023	皖珍	生产部	管理人员	666265023	是	是
024	白星	生产车间	主任	666265024	是	是
025	齐格梅	生产车间工人	铝壳运动杯生产人员	666265025	是	是
026	凌珞丽	生产车间工人	铝壳运动杯生产人员	666265026	是	是
027	吕游辉	生产车间工人	铝壳运动杯生产人员	666265027	是	是
028	李文	生产车间工人	铝壳运动杯生产人员	666265028	是	是
029	解小伟	生产车间工人	铝壳运动杯生产人员	666265029	是	是
030	陈爱平	生产车间工人	铝壳运动杯生产人员	666265030	是	是
031	冯阳阳	生产车间工人	铝壳运动杯生产人员	666265031	是	是
032	陈可红	生产车间工人	铝壳运动杯生产人员	666265032	是	是
033	赵新楠	生产车间工人	铝壳运动杯生产人员	666265033	是	是
034	魏红梅	生产车间工人	铝壳运动杯生产人员	666265034	是	是
035	李春凤	生产车间工人	铝壳运动杯生产人员	666265035	是	是
036	李思凤	生产车间工人	铝壳运动杯生产人员	666265036	是	是
037	刑霞	生产车间工人	铝壳运动杯生产人员	666265037	是	是
038	赵林	生产车间工人	铝壳保温杯生产人员	666265038	是	是
039	吴婷婷	生产车间工人	铝壳保温杯生产人员	666265039	是	是
040	常志勇	生产车间工人	铝壳保温杯生产人员	666265040	是	是
041	肖扬	生产车间工人	铝壳保温杯生产人员	666265041	是	是

（续表）

职员编号	职员姓名	所属部门	人员类别	账号	是否计税	中方人员
042	陈克勤	生产车间工人	铝壳保温杯生产人员	666265042	是	是
043	王敏	生产车间工人	铝壳保温杯生产人员	666265043	是	是
044	田辉	生产车间工人	铝壳保温杯生产人员	666265044	是	是
045	冯军军	生产车间工人	铝壳保温杯生产人员	666265045	是	是
046	朱洪武	生产车间工人	铝壳保温杯生产人员	666265046	是	是
047	唐家文	生产车间工人	铝壳保温杯生产人员	666265047	是	是
048	张春武	生产车间工人	铝壳保温杯生产人员	666265048	是	是
049	陈丽平	生产车间工人	铝壳保温杯生产人员	666265049	是	是
050	魏新	生产车间工人	铝壳保温杯生产人员	666265050	是	是
051	杨彩凤	车间主管	主管	666265051	是	是
052	成世峰	生产车间工人	铝壳运动杯生产人员	666265052	是	是
053	钱清靖	生产车间工人	铝壳运动杯生产人员	666265053	是	是
054	王洁珍	生产车间工人	铝壳运动杯生产人员	666265054	是	是
055	王天宏	生产车间工人	铝壳运动杯生产人员	666265055	是	是
056	刘云云	生产车间工人	铝壳运动杯生产人员	666265056	是	是
057	杨尚	生产车间工人	铝壳运动杯生产人员	666265057	是	是
058	陈龙	生产车间工人	铝壳运动杯生产人员	666265058	是	是
059	许海波	生产车间工人	铝壳运动杯生产人员	666265059	是	是
060	王可怡	生产车间工人	铝壳运动杯生产人员	666265060	是	是
061	赵可	生产车间工人	铝壳运动杯生产人员	666265061	是	是
062	黄丽玲	生产车间工人	铝壳运动杯生产人员	666265062	是	是
063	李伟	生产车间工人	铝壳运动杯生产人员	666265063	是	是
064	孙会珍	生产车间工人	铝壳运动杯生产人员	666265064	是	是
065	白峰	生产车间工人	铝壳运动杯生产人员	666265065	是	是
066	赵成杰	生产车间工人	铝壳运动杯生产人员	666265066	是	是
067	吴天海	生产车间工人	铝壳运动杯生产人员	666265067	是	是
068	许如凤	生产车间工人	铝壳保温杯生产人员	666265068	是	是
069	张丰成	生产车间工人	铝壳保温杯生产人员	666265069	是	是
070	赵洁如	生产车间工人	铝壳保温杯生产人员	666265070	是	是
071	姚依杰	生产车间工人	铝壳保温杯生产人员	666265071	是	是
072	陈伟磊	生产车间工人	铝壳保温杯生产人员	666265072	是	是
073	李爱明	生产车间工人	铝壳保温杯生产人员	666265073	是	是
074	杨成娟	生产车间工人	铝壳保温杯生产人员	666265074	是	是
075	谢里国	生产车间工人	铝壳保温杯生产人员	666265075	是	是
076	沈丰阳	生产车间工人	铝壳保温杯生产人员	666265076	是	是
077	黄海涯	生产车间工人	铝壳保温杯生产人员	666265077	是	是
078	王玲珑	生产车间工人	铝壳保温杯生产人员	666265078	是	是
079	陈水生	生产车间工人	铝壳保温杯生产人员	666265079	是	是
080	陈强	生产车间工人	铝壳保温杯生产人员	666265080	是	是
081	赵会东	生产车间工人	铝壳保温杯生产人员	666265081	是	是
082	王本成	生产车间工人	铝壳保温杯生产人员	666265082	是	是

(续表)

职员编号	职员姓名	所属部门	人员类别	账号	是否计税	中方人员
083	张 涛	生产车间工人	铝壳保温杯生产人员	666265083	是	是
084	秦可怡	生产车间工人	铝壳保温杯生产人员	666265084	是	是
085	程 红	生产车间工人	铝壳保温杯生产人员	666265085	是	是
086	李伟成	生产车间工人	铝壳保温杯生产人员	666265086	是	是
087	王天杰	机修车间	主任	666265087	是	是
088	秦小伟	机修车间	技术人员	666265088	是	是
089	何永胜	机修车间	技术人员	666265089	是	是

(4) 工资项目定义(见表6-11,部分已经预置)。

表6-11　　　　　　　　　　工资项目定义

工资项目	项目类型	长度	小数	增减项
基本工资	数字	10	2	增项
岗位工资	数字	10	2	增项
日 工 资	数字	10	2	其他
奖　金	数字	10	2	增项
计件数量	数字	10	0	其他
计件工资	数字	10	2	增项
事假天数	数字	10	0	其他
事假扣款	数字	10	2	减项
病假天数	数字	10	0	其他
病假扣款	数字	10	2	减项
旷工天数	数字	10	0	其他
旷工扣款	数字	10	2	减项
应发工资	数字	10	2	其他
社保基数	数字	10	2	其他
养老保险	数字	10	2	减项
医疗保险	数字	10	2	减项
失业保险	数字	10	2	减项
社保合计	数字	10	2	其他
税前工资	数字	10	2	其他
代 扣 税	数字	10	2	减项
实发合计	数字	10	2	增项

(5) 工资计算公式设置(见表6-12,部分已经预置,涉及条件判断使用iff函数)。

表6-12　　　　　　　　　　工资计算公式设置

工资项目	公 式 定 义 条 件
基本工资	总经理:2 000元;主任:1 500元;主管、销售人员、管理人员:800元;其他:500元
岗位工资	总经理:3 000元;主任:2 200元;主管、销售人员:1 500元;管理人员、技术人员:1 200元;生产人员:800元

（续表）

工资项目	公式定义条件
日工资	（基本工资＋岗位工资）÷21
奖金	总经理：2 500元；主任：2 000元；主管：1 500元；销售人员、管理人员、技术人员：600元；生产人员：500元
计件工资	铝壳运动杯生产人员：计件数量×2　铝壳保温杯生产人员：计件数量×1.5
事假扣款	日工资×事假天数
病假扣款	总经理：日工资×病假天数×0.1；主任：日工资×病假天数×0.2；其他：日工资×病假天数×0.3
旷工扣款	日工资×旷工天数×2
应发工资	基本工资＋岗位工资＋奖金＋计件工资－事假扣款－病假扣款－旷工扣款
社保基数	2 422元
养老保险	社保基数×0.08
医疗保险	社保基数×0.02＋3
失业保险	社保基数×0.01
社保合计	养老保险＋医疗保险＋失业保险
税前工资	应发工资－养老保险－医疗保险－失业保险
代扣税	计税基数3 500元，附加费用0，对应工资项目为"税前工资"
实发合计	应发工资－社保合计－代扣税

代扣税级数表：

级数	含税级距	税率（％）	速算扣除数
1	0～1 500元	3	0
2	1 500～4 500元	10	105
3	4 500～9 000元	20	555
4	9 000～35 000元	25	1 005
5	35 000～55 000元	30	2 755
6	55 000～80 000元	35	5 505
7	80 000元以上	45	13 505

4. 本月工资变动数据输入（见表6-13和表6-14）。

表6-13　　　　　　　南宁健饮制造有限公司职工考勤记录

2013年3月31日

职员编号	职员姓名	所属部门	人员类别	应到天数	实到天数	病假天数	事假天数	旷工天数
001	庄志奋	厂办	总经理	21	21			
002	张天星	厂办	主任	21	21			
003	李明	厂办	管理人员	21	21			
004	王风伟	厂办	管理人员	21	21			
005	赵沁阳	财务部	主任	21	21			
006	吴慧	财务部	管理人员	21	21			
007	张露珍	财务部	管理人员	21	21			

(续表)

职员编号	职员姓名	所属部门	人员类别	应到天数	实到天数	病假天数	事假天数	旷工天数
008	张明敏	财务部	管理人员	21	21			
009	张 玲	人力资源部	主任	21	21			
010	张 敏	人力资源部	管理人员	21	21			
011	孙小楠	仓储部	主任	21	21			
012	蔡小青	仓储部	管理人员	21	21			
013	朱 燕	仓储部	管理人员	21	21			
014	李向南	采购部	主任	21	21			
015	艾丽阳	采购部	管理人员	21	21			
016	赵伟伟	销售部	主任	21	21			
017	陈 凯	销售部	销售人员	21	20	1		
018	张新岠	销售部	销售人员	21	21			
019	韦志成	销售部	销售人员	21	21			
020	李才德	生产部	主任	21	19		2	
021	付会成	生产部	管理人员	21	21			
022	赵西峰	生产部	管理人员	21	21			
023	皖 珍	生产部	管理人员	21	20		1	
024	白 星	车间主任	主任	21	21			
025	齐格梅	生产车间工人	铝壳运动杯生产人员	21	21			
026	凌珞丽	生产车间工人	铝壳运动杯生产人员	21	21			
027	吕游辉	生产车间工人	铝壳运动杯生产人员	21	21			
028	李 文	生产车间工人	铝壳运动杯生产人员	21	21			
029	解小伟	生产车间工人	铝壳运动杯生产人员	21	20	1		
030	陈爱平	生产车间工人	铝壳运动杯生产人员	21	21			
031	冯阳阳	生产车间工人	铝壳运动杯生产人员	21	21			
032	陈可红	生产车间工人	铝壳运动杯生产人员	21	21			
033	赵新楠	生产车间工人	铝壳运动杯生产人员	21	21			
034	魏红梅	生产车间工人	铝壳运动杯生产人员	21	21			
035	李春凤	生产车间工人	铝壳运动杯生产人员	21	21			
036	李思凤	生产车间工人	铝壳运动杯生产人员	21	19	2		
037	刑 霞	生产车间工人	铝壳运动杯生产人员	21	21			
038	赵 林	生产车间工人	铝壳保温杯生产人员	21	21			
039	吴婷婷	生产车间工人	铝壳保温杯生产人员	21	21			
040	常志勇	生产车间工人	铝壳保温杯生产人员	21	21			
041	肖 扬	生产车间工人	铝壳保温杯生产人员	21	21			
042	陈克勤	生产车间工人	铝壳保温杯生产人员	21	21			
043	王 敏	生产车间工人	铝壳保温杯生产人员	21	20		1	

(续表)

职员编号	职员姓名	所属部门	人员类别	应到天数	实到天数	病假天数	事假天数	旷工天数
044	田 辉	生产车间工人	铝壳保温杯生产人员	21	21			
045	冯军军	生产车间工人	铝壳保温杯生产人员	21	21			
046	朱洪武	生产车间工人	铝壳保温杯生产人员	21	21			
047	唐家文	生产车间工人	铝壳保温杯生产人员	21	21			
048	张春武	生产车间工人	铝壳保温杯生产人员	21	21			
049	陈丽平	生产车间工人	铝壳保温杯生产人员	21	21			
050	魏 新	生产车间工人	铝壳保温杯生产人员	21	21			
051	杨彩凤	车间主管	主管	21	21			
052	成世峰	生产车间工人	铝壳运动杯生产人员	21	20	1		
053	钱清靖	生产车间工人	铝壳运动杯生产人员	21	21			
054	王洁珍	生产车间工人	铝壳运动杯生产人员	21	21			
055	王天宏	生产车间工人	铝壳运动杯生产人员	21	21			
056	刘云云	生产车间工人	铝壳运动杯生产人员	21	21			
057	杨 尚	生产车间工人	铝壳运动杯生产人员	21	21			
058	陈 龙	生产车间工人	铝壳运动杯生产人员	21	21			
059	许海波	生产车间工人	铝壳运动杯生产人员	21	19	2		
060	王可怡	生产车间工人	铝壳运动杯生产人员	21	21			
061	赵 可	生产车间工人	铝壳运动杯生产人员	21	21			
062	黄丽玲	生产车间工人	铝壳运动杯生产人员	21	21			
063	李 伟	生产车间工人	铝壳运动杯生产人员	21	21			
064	孙会珍	生产车间工人	铝壳运动杯生产人员	21	21			
065	白 峰	生产车间工人	铝壳运动杯生产人员	21	21			
066	赵成杰	生产车间工人	铝壳运动杯生产人员	21	20		1	
067	吴天海	生产车间工人	铝壳运动杯生产人员	21	21			
068	许如凤	生产车间工人	铝壳保温杯生产人员	21	21			
069	张丰成	生产车间工人	铝壳保温杯生产人员	21	21			
070	赵洁如	生产车间工人	铝壳保温杯生产人员	21	21			
071	姚依杰	生产车间工人	铝壳保温杯生产人员	21	21			
072	陈伟磊	生产车间工人	铝壳保温杯生产人员	21	20	1		
073	李爱明	生产车间工人	铝壳保温杯生产人员	21	21			
074	杨成娟	生产车间工人	铝壳保温杯生产人员	21	21			
075	谢里国	生产车间工人	铝壳保温杯生产人员	21	21			
076	沈丰阳	生产车间工人	铝壳保温杯生产人员	21	21			
077	黄海涯	生产车间工人	铝壳保温杯生产人员	21	21			
078	王玲珑	生产车间工人	铝壳保温杯生产人员	21	21			
079	陈水生	生产车间工人	铝壳保温杯生产人员	21	19	2		

(续表)

职员编号	职员姓名	所属部门	人员类别	应到天数	实到天数	病假天数	事假天数	旷工天数
080	陈 强	生产车间工人	铝壳保温杯生产人员	21	21			
081	赵会东	生产车间工人	铝壳保温杯生产人员	21	21			
082	王本成	生产车间工人	铝壳保温杯生产人员	21	21			
083	张 涛	生产车间工人	铝壳保温杯生产人员	21	21			
084	秦可怡	生产车间工人	铝壳保温杯生产人员	21	21			
085	程 红	生产车间工人	铝壳保温杯生产人员	21	21			
086	李伟成	生产车间工人	铝壳保温杯生产人员	21	20		1	
087	王天杰	机修车间	主任	21	21			
088	秦小伟	机修车间	技术人员	21	21			
089	何永胜	机修车间	技术人员	21	21			

审核：郭小毛　　　　　　　　　　　　　　　　　　　　考勤统计：王凤

表 6-14　　**南宁健饮制造有限公司生产车间产品加工量统计表**

2013 年 3 月 31 日

职员编号	职员姓名	所属部门	人员类别	加工产品	计件数量	计件工资总额
025	齐格梅	生产车间工人	铝壳运动杯生产人员	铝壳运动杯	485	
026	凌珞丽	生产车间工人	铝壳运动杯生产人员	铝壳运动杯	400	
027	吕游辉	生产车间工人	铝壳运动杯生产人员	铝壳运动杯	430	
028	李 文	生产车间工人	铝壳运动杯生产人员	铝壳运动杯	480	
029	解小伟	生产车间工人	铝壳运动杯生产人员	铝壳运动杯	420	
030	陈爱平	生产车间工人	铝壳运动杯生产人员	铝壳运动杯	460	
031	冯阳阳	生产车间工人	铝壳运动杯生产人员	铝壳运动杯	480	
032	陈可红	生产车间工人	铝壳运动杯生产人员	铝壳运动杯	400	
033	赵新楠	生产车间工人	铝壳运动杯生产人员	铝壳运动杯	430	
034	魏红梅	生产车间工人	铝壳运动杯生产人员	铝壳运动杯	455	
035	李春凤	生产车间工人	铝壳运动杯生产人员	铝壳运动杯	460	
036	李思凤	生产车间工人	铝壳运动杯生产人员	铝壳运动杯	450	
037	刑 霞	生产车间工人	铝壳运动杯生产人员	铝壳运动杯	490	
038	赵 林	生产车间工人	铝壳保温杯生产人员	铝壳保温杯	560	
039	吴婷婷	生产车间工人	铝壳保温杯生产人员	铝壳保温杯	560	
040	常志勇	生产车间工人	铝壳保温杯生产人员	铝壳保温杯	550	
041	肖 扬	生产车间工人	铝壳保温杯生产人员	铝壳保温杯	560	
042	陈克勤	生产车间工人	铝壳保温杯生产人员	铝壳保温杯	586	
043	王 敏	生产车间工人	铝壳保温杯生产人员	铝壳保温杯	594	
044	田 辉	生产车间工人	铝壳保温杯生产人员	铝壳保温杯	590	
045	冯军军	生产车间工人	铝壳保温杯生产人员	铝壳保温杯	560	

(续表)

职员编号	职员姓名	所属部门	人员类别	加工产品	计件数量	计件工资总额
046	朱洪武	生产车间工人	铝壳保温杯生产人员	铝壳保温杯	560	
047	唐家文	生产车间工人	铝壳保温杯生产人员	铝壳保温杯	580	
048	张春武	生产车间工人	铝壳保温杯生产人员	铝壳保温杯	600	
049	陈丽平	生产车间工人	铝壳保温杯生产人员	铝壳保温杯	600	
050	魏新	生产车间工人	铝壳保温杯生产人员	铝壳保温杯	600	
052	成世峰	生产车间工人	铝壳运动杯生产人员	铝壳运动杯	480	
053	钱清靖	生产车间工人	铝壳运动杯生产人员	铝壳运动杯	480	
054	王洁珍	生产车间工人	铝壳运动杯生产人员	铝壳运动杯	485	
055	王天宏	生产车间工人	铝壳运动杯生产人员	铝壳运动杯	450	
056	刘云云	生产车间工人	铝壳运动杯生产人员	铝壳运动杯	460	
057	杨尚	生产车间工人	铝壳运动杯生产人员	铝壳运动杯	480	
058	陈龙	生产车间工人	铝壳运动杯生产人员	铝壳运动杯	470	
059	许海波	生产车间工人	铝壳运动杯生产人员	铝壳运动杯	440	
060	王可怡	生产车间工人	铝壳运动杯生产人员	铝壳运动杯	480	
061	赵可	生产车间工人	铝壳运动杯生产人员	铝壳运动杯	450	
062	黄丽玲	生产车间工人	铝壳运动杯生产人员	铝壳运动杯	460	
063	李伟	生产车间工人	铝壳运动杯生产人员	铝壳运动杯	485	
064	孙会珍	生产车间工人	铝壳运动杯生产人员	铝壳运动杯	480	
065	白峰	生产车间工人	铝壳运动杯生产人员	铝壳运动杯	460	
066	赵成杰	生产车间工人	铝壳运动杯生产人员	铝壳运动杯	490	
067	吴天海	生产车间工人	铝壳运动杯生产人员	铝壳运动杯	400	
068	许如凤	生产车间工人	铝壳保温杯生产人员	铝壳保温杯	560	
069	张丰成	生产车间工人	铝壳保温杯生产人员	铝壳保温杯	550	
070	赵洁如	生产车间工人	铝壳保温杯生产人员	铝壳保温杯	560	
071	姚依杰	生产车间工人	铝壳保温杯生产人员	铝壳保温杯	556	
072	陈伟磊	生产车间工人	铝壳保温杯生产人员	铝壳保温杯	554	
073	李爱明	生产车间工人	铝壳保温杯生产人员	铝壳保温杯	550	
074	杨成娟	生产车间工人	铝壳保温杯生产人员	铝壳保温杯	560	
075	谢里国	生产车间工人	铝壳保温杯生产人员	铝壳保温杯	560	
076	沈丰阳	生产车间工人	铝壳保温杯生产人员	铝壳保温杯	550	
077	黄海涯	生产车间工人	铝壳保温杯生产人员	铝壳保温杯	600	
078	王玲珑	生产车间工人	铝壳保温杯生产人员	铝壳保温杯	600	
079	陈水生	生产车间工人	铝壳保温杯生产人员	铝壳保温杯	620	
080	陈强	生产车间工人	铝壳保温杯生产人员	铝壳保温杯	600	
081	赵会东	生产车间工人	铝壳保温杯生产人员	铝壳保温杯	650	

(续表)

职员编号	职员姓名	所属部门	人员类别	加工产品	计件数量	计件工资总额
082	王本成	生产车间工人	铝壳保温杯生产人员	铝壳保温杯	630	
083	张 涛	生产车间工人	铝壳保温杯生产人员	铝壳保温杯	610	
084	秦可怡	生产车间工人	铝壳保温杯生产人员	铝壳保温杯	640	
085	程 红	生产车间工人	铝壳保温杯生产人员	铝壳保温杯	650	
086	李伟成	生产车间工人	铝壳保温杯生产人员	铝壳保温杯	610	

统计：杨彩凤

5. 工资费用分摊。

(1) 检查工资分摊设置方式(见表6-15)是否正确，并进行补充修改。

表6-15　　　　　　　　　　工资分摊设置方式

分摊费用名称	工资费用	工会经费	职工教育经费	社保(企业)
计提比例	100%	2.5%	2%	32.8%

(2) 计提分配方式：分配到部门；核算部门：所有部门；合并科目相同、辅助项相同的分录。

(3) 制单。

6. 以会计"吴慧"(wh)的身份完成凭证的审核记账。

7. 以会计主管"赵敏敏"(zmm)的身份完成工资账套的月末处理。

8. 备份账套。

【任务组织及评价】

1. 工具、材料。

每人一台计算机，安装会计软件：用友T3财务软件畅捷通标准版10.8。

2. 组织(建议)。

以小组为单位进行操作，以抽签的方式分组，确定小组长及成员。小组长负责管理本小组操作和学习、评定小组成员的作业成绩。

【评价】学生成绩评价表见表6-16。

表6-16　　　　　　　　　　学生成绩评价表

任务名称：　　　　　　　　　　学号：　　　　　　　　　　姓名：

评价项目	分值	自我评价	小组评价	教师评价
时间要求	5			
工资项目正确	20			
计算公式正确	20			
工资数据正确	10			
工资分配正确	40			
账套引入正确	5			

模块七

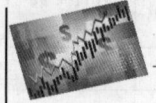

固定资产管理

模块导引　固定资产是企业正常生产经营的必要条件,正确管理和核算企业的固定资产,对于保护企业资产完整、保证企业再生产资金来源具有重要意义。固定资产管理系统可以帮助企业进行固定资产日常业务的核算和管理,生成固定资产卡片,按月反映固定资产的增加、减少、原值变化及其他变动并输出相应的增减变动明细账,按月自动计提折旧。

学习目标
1. 认知固定资产管理系统的主要功能
2. 熟悉固定资产管理系统的业务流程
3. 掌握固定资产管理系统初始化设置的各项操作
4. 掌握固定资产日常核算、固定资产折旧及月末处理的操作

学习任务
1. 认知固定资产管理系统及其主要功能
2. 熟练操作固定资产管理系统的各项工作任务

任务一　认知固定资产系统

一、认知固定资产管理系统

固定资产管理系统的核算任务包括固定资产的初始化设置、固定资产的日常业务处理和固定资产的期末处理三个主要部分。

(一) 固定资产的初始化设置

固定资产的初始化是根据用户单位的具体情况,建立一个适合的固定资产子系统的过程,初始化设置包括固定资产参数设置、基础信息设置和期初原始卡片录入等。

(二) 固定资产的日常业务处理

固定资产的日常业务处理包括日常固定资产的增加、减少、资产变动、资产评估等。

(三) 固定资产的期末处理

固定资产的期末处理包括固定资产减值、折旧、对账、结账等。

二、认知固定资产与其他系统的关系

固定资产管理系统与企业应用平台共享基础数据。固定资产管理系统将固定资产增加、减少、折旧及减值等业务的数据信息以凭证的形式传递到总账系统,两个系统可互相查询凭证,在总账系统中还可联查工资系统原始单据。固定资产系统向成本核算系统传送折旧费用数据。报表管理系统可以从固定资产管理系统取得数据,进行加工分析。

三、固定资产管理系统的业务流程

固定资产管理系统的操作基本流程如图 7-1 所示。

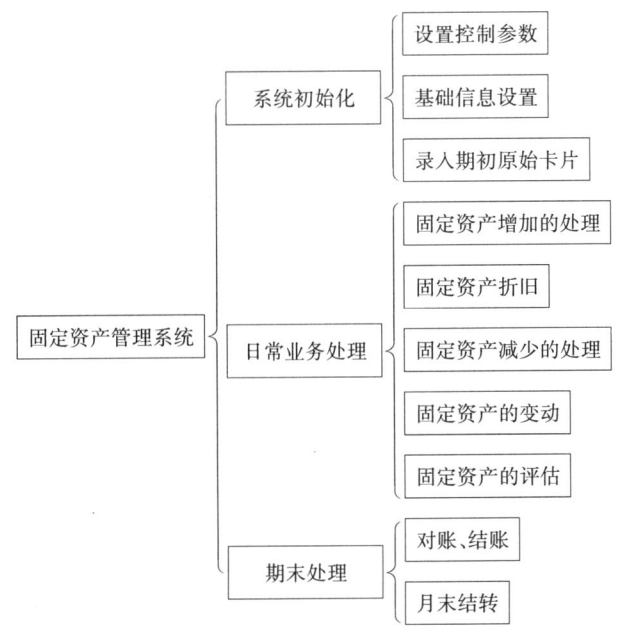

图 7-1　固定资产业务流程图

任务二　固定资产系统初始化

固定资产系统初始化包括建立固定资产账套、固定资产参数设置、固定资产基础设置和录入期初固定资产卡片四个主要任务。

业务活动 7-1　建立固定资产账套并设置参数

【活动准备】

1. 启用固定资产,启用日期为 2013 年 1 月 1 日。
2. 系统参数设置见表 7-1。

表 7-1　　　　　　　　　　　　　固定资产系统参数

参数控制	设　置　参　数
折旧信息	本账套计提折旧,主要折旧方法为平均年限法(一),折旧汇总分配周期为 1 个月 当月初已计提月份＝可使用月份－1 时,将剩余折旧全部提足
编码方式	资产类别编码方式:默认值 固定资产编码方式:按"部门编号＋类别编码＋序号"自动编码,卡片序号长度:5
财务接口	与账务系统进行对账,业务发生后要立即制单。对账科目:固定资产,1601;累计折旧:1602。在对账不平的情况下不允许固定资产月末结账,月末结账前一定要完成制单登账业务;可纳税调整增加方式:直接购入,投资者投入;可抵扣税额入账科目:22210101;固定资产缺省科目 1601,固定资产折旧缺省科目 1602

【岗位任务】

1. 启用固定资产系统,启用日期为 2013 年 1 月 1 日。
2. 根据表 7-1 设置系统参数。

【操作步骤】

1. 启用固定资产系统

步骤 1　以账套主管的身份登录"系统管理"。
步骤 2　选择【账套】→【启用】,进入系统启用界面,如图 7-2 所示。
步骤 3　选择启用固定资产账套,设置固定资产管理系统启用的时间为 2013-1-1,如图 7-3 所示。

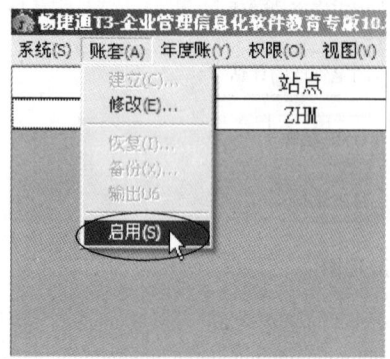

图 7-2　启用系统界面

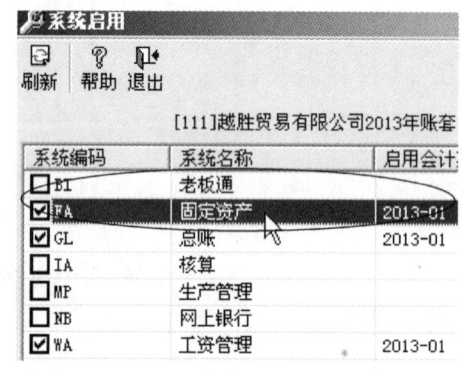

图 7-3　启用固定资产管理系统

2. 设置固定资产系统参数

步骤 1　单击功能导航上的"固定资产管理"或菜单选项"固定资产",系统提示"是否进行初始化"对话框,如图 7-4 所示,点击【是】按钮,进入固定资产初始化对话框,进行相关参数设置。

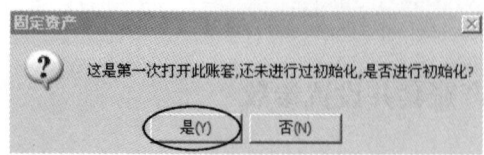

图 7-4　固定资产初始化对话框

步骤 2　同意相关约定及说明,在"约定及说明"界面,点击【我同意】后,点击【下一步】按钮。

步骤 3　确定启用月份为 2013 年 1 月后,点击【下一步】按钮。

步骤 4　选择或录入折旧信息,如折旧方法选择"平均年限法(一)"等,点击【下一步】按钮。

步骤 5　设置编码方式,点击【下一步】按钮。

步骤 6　设置财务接口参数,点击【下一步】按钮。

步骤 7　约定及说明、启用月份、折旧信息、编码方式、财务接口等设置完毕后,点击【完成】按钮,如图 7-5 所示。

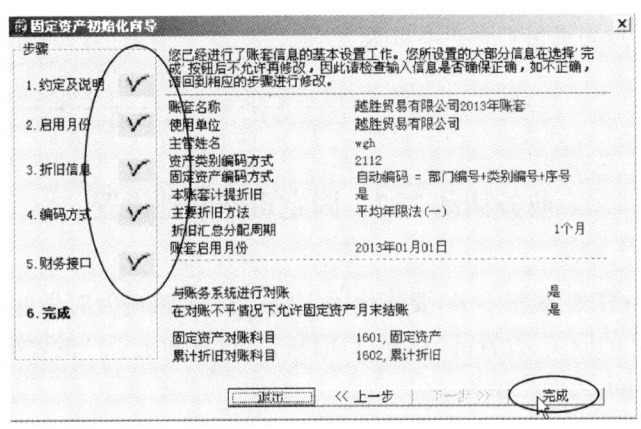

图 7-5　固定资产初始化

> **知识链接**
>
> (1) 固定资产初始化完成后,仍可通过菜单命令【固定资产】→【设置】→【选项】来修改某些参数,如可纳税调整增加方式及缺省项入账科目的设置,如图 7-6 所示。
>
>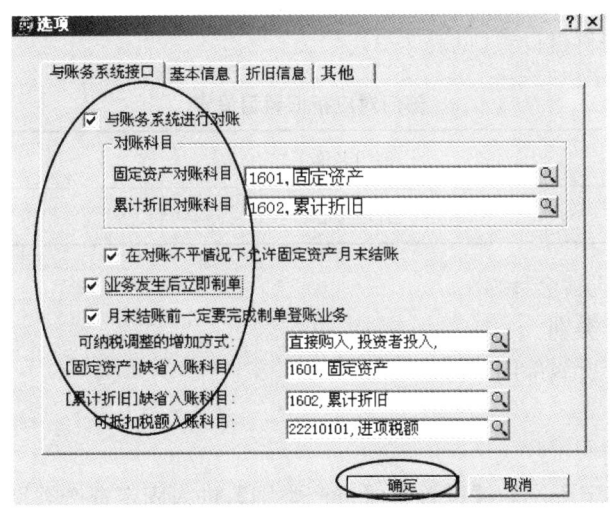
>
> 图 7-6　固定资产系统设置选项
>
> (2) 如果固定资产初始化完成后,发现有些设置不正确,在没有办法修改的情况下,可以通过菜单命令【固定资产】→【维护】→【重新初始化】,进行重新设置。

练一练 7-1　　　　固定资产参数设置

【活动准备】恢复"练一练 4-3"的账套。

【岗位任务】操作员：账套主管"韦国汉"（wgh）。

1. 启用固定资产管理系统，启用日期：2013-01-01。
2. 根据表 7-1，完成固定资产参数设置。
3. 备份账套。

业务活动 7-2　固定资产基础设置

固定资产的种类繁多、规格不一，要强化固定资产管理、准确及时做好固定资产核算，必须科学地建立固定资产的分类、设置部门对应折旧科目、设置固定资产的增减方式等。用户还可根据企业核算需要自定义卡片样式。

【活动准备】

1. 恢复"练一练 7-1"备份的账套。
2. 固定资产类别（见表 7-2）。

表 7-2　　　　　　　　　　　　固定资产类别

类别编码	类别名称	使用年限	净残值率（%）	计量单位	计提属性	折旧方法	卡片样式
01	房屋及建筑物	30	5.00	栋	正常计提	平均年限法（一）	通用样式

3. 部门对应折旧科目设置（见表 7-3）。

表 7-3　　　　　　　　　　　　部门对应折旧科目设置

部门编码	部门名称	折旧科目
01	管理中心	560210

【岗位任务】操作员：会计。

1. 设置固定资产类别。
2. 设置固定资产所属部门及对应科目。

【操作步骤】

1. 设置资产类别

步骤 1　选择【固定资产】→【设置】→【资产类别】，进入固定资产类别设置对话框，如图 7-7 所示。

步骤 2　点击"固定资产分类编码表"，在工具栏点击【增加】按钮，在"单张视图"选项卡（见图 7-8）中录入固定资产类别名称、使用年限、净残值率、计量单位、计提属性、折旧方法、卡片样式等信息后，点击【保存】按钮后退出。

图 7-7 固定资产类别设置对话框

注：如系统已经预设固定资产类别，且与要求不符的，可点击工具栏【操作】或【编辑】按钮，进行相关信息修改，也可点击【删除】按钮将该类别删除后再重新增加。

2. 部门对应折旧会计科目设置

步骤 1　选择【固定资产】→【设置】→【部门对应折旧科目】，进入"对应折旧科目"对话框，如图7-9所示。

步骤 2　在"固定资产部门编码目录"中点击对应部门，在工具栏点击【操作】按钮，在折旧科目中录入对应科目，点击【保存】按钮后退出。

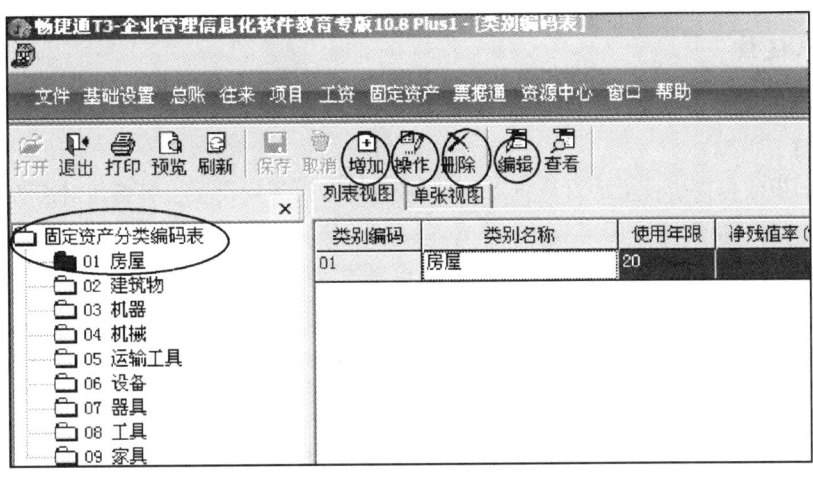

图 7-8　固定资产类别设置"单张视图"选项卡

图 7-9　部门对应折旧科目对话框

知识链接

(1) 如上级部门设置对应折旧科目,下级部门将继承上级部门的设置,下级部门不需要另外设置。

(2) 如下级部门所设置的对应折旧科目各不相同,则不能设置上级部门对应折旧科目。

(3) 系统一般预设有固定资产"增减方式",如需要增加或删除,可选择【固定资产】→【设置】→【增减方式】,进入"增减方式"设置界面进行增加、修改或删除等操作。

(4) 固定资产系统的部门档案与"基础设置"中的设置共享,不需要另外设置。

(5) 固定资产折旧方法的设置是系统自动计算折旧的基础。系统预置几种常用折旧方法是系统默认的,只能选用,不能删除和修改,但可自定义设置新的折旧方法。

(6) 固定资产的使用状况,系统一般预设有"在用"、"季节性停用"、"经营性出租"、"大修理停用"、"不需用"、"未使用"等,用户可在此基础上修改或定义新的使用状况。

(7) 固定资产系统提供了一些常用卡片必须的项目,称为系统项目,如在使用中不满足要求,可自定义设置。

(8) 卡片样式指卡片的整个外观,包括其格式、所包含的项目和项目位置等。

 练一练 7-2　固定资产类别及对应折旧科目设置

【活动准备】

1. 恢复"练一练 7-1"的备份账套。
2. 固定资产类别(见表 7-4)。

表 7-4　　　　　　　　　　固定资产类别

类别编码	类别名称	使用年限	净残值率(%)	计量单位	计提属性	折旧方法	卡片样式
01	房屋及建筑物	30	5.00	栋	正常计提	平均年限法(一)	通用样式
02	生产设备	10	5.00	台	正常计提	年数总和法	
03	办公设备	5	5.00	台	正常计提	双倍余额递减法	
04	运输工具	10	5.00	辆	正常计提	工作量法	

3. 部门对应折旧科目设置(见表 7-5)。

表 7-5　　　　　　　　　　部门对应折旧科目设置

部门编码	部门名称	折旧科目	部门编码	部门名称	折旧科目
01	管理中心		03	制造中心	
0101	总经理办公室	560210	0301	车间办公室	410102
0102	厂办	560210	0302	一车间	410102
0103	财务部	560210	0303	二车间	410102
02	供销中心		04	仓储部	
0201	销售部	560108	0401	成品库	560210
0202	采购部	560210	0402	原材料库	560210

4. 固定资产增减方式设置(见表7-6)。

表7-6　　　　　　　　　　　固定资产增减方式设置

增加方式	对应入账科目	减少方式	对应入账科目
直接购入	100201,银行存款——交行	出售	1606,固定资产清理
投资者投入	3001,实收资本	盘亏	1901,待处理财产损溢
捐赠	530106,捐赠收益(新增)	投资转出	1606,固定资产清理
盘盈	1901,待处理财产损溢	捐赠转出	1606,固定资产清理
在建工程转入	1604,在建工程	报废	1606,固定资产清理
融资租入	2701,长期应付款	毁损	1606,固定资产清理
更新改造转入	1604,在建工程	融资租出	1606,固定资产清理
		更新改造转出	1604,在建工程

【岗位任务】操作员:会计"张兰琼"(zlq)。
1. 根据表7-4和表7-5,完成固定资产类别、部门对应折旧科目的设置。
2. 根据表7-6,完成固定资产增减方式的设置。
3. 备份账套。

业务活动7-3　期初固定资产卡片的录入

卡片是固定资产核算和管理的依据。为了保持历史资料的连续性,也是为了与总账期初余额对账平衡。必须将建账日期以前的固定资产数据录入系统中。

【活动准备】
1. 恢复"练一练7-2"账套。
2. 固定资产卡片(见表7-7)。

表7-7　　　　　　　　　　　　　　　固定资产卡片

卡片编号	00001	00002	00003	00004	00005	00006	00007	00008
固定资产名称	办公楼	仓库	设备M	设备H	计算机	保险柜	5吨卡车	10吨卡车
类别编号	01	01	02	02	03	03	04	04
使用部门	厂办	成品库	一车间	二车间	财务部	财务部	销售部	采购部
增加方式	在建工程转入	在建工程转入	直接购入	直接购入	直接购入	直接购入	直接购入	直接购入
使用状况	在用	在用	在用	在用	在用	在用	在用	在用
开始使用日期	2008-05-10	2005-02-10	2010-02-10	2010-02-10	2011-02-10	2012-02-10	2009-01-10(已累计行驶8.5万千米)	2011-02-10(累计行驶8万千米)
使用年限	30年0月	30年0月	10年0月	10年0月	5年0月	5年0月	10年0月(工作总量40万千米)	10年0月(工作总量40万千米)

（续表）

卡片编号	00001	00002	00003	00004	00005	00006	00007	00008
折旧方法	平均年限法（一）	平均年限法（一）	年数总和法（一）	年数总和法（一）	双倍余额递减法	双倍余额递减法	工作量法	工作量法
残值率	5%	5%	5%	5%	5%	5%	5%	5%
原值（元）	4 680 000.00	617 000.00	280 000.00	40 000.00	38 000.00	21 000.00	85 000.00	260 000.00
已累计折旧（元）	674 482.00	155 363.00	139 356.00	18 960.00	9 006.00	5 460.00	21 488.00	65 728.00

【岗位任务】根据表7-7所示的00001编号固定资产，进行固定资产卡片录入。

【操作步骤】

步骤1 选择【固定资产】→【卡片】→【录入原始卡片】，或直接点击"原始卡片录入"图标，打开"资产类别参照"对话框，如图7-10所示。

步骤2 在"资产类别参照"对话框中选择固定资产类别，点击【确定】按钮，进入"固定资产卡片"录入窗口，单击"固定资产卡片"选项卡，录入卡片的项目内容，最后按【保存】按钮，如图7-11所示。

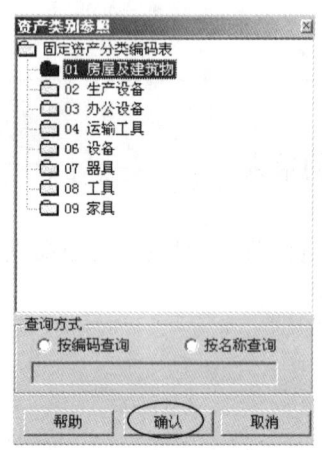

图7-10 "资产类别参照"对话框

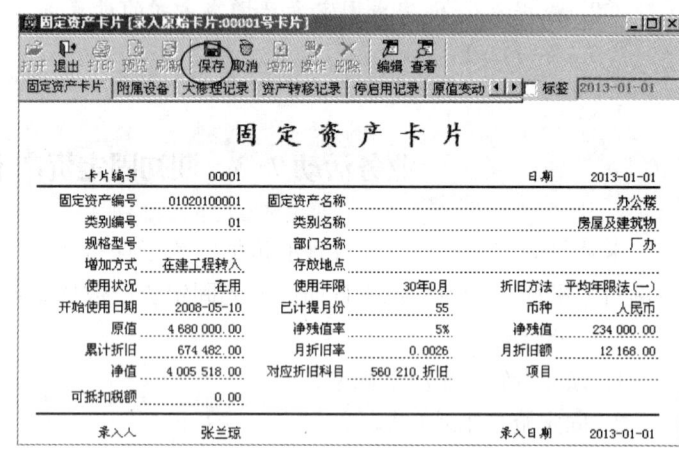

图7-11 固定资产卡片

知识链接

（1）卡片编号由系统根据初始化时定义的编码方案自动设定，不能修改，如果删除的卡片不是最后一张，系统将保留空号。

（2）系统根据选择的资产类别带出使用年限、残值率、折旧方法等，如卡片信息与默认不一致可修改。

（3）系统根据录入的原值和累计折旧自动算出固定资产净值，根据录入的开始使用年限，自动计算出"已提折旧月份"；根据录入的原值、残值率和选择的折旧方法自动计算出净残值率、月折旧率、月折旧额；根据使用部门自动带出对应折旧科目。

（4）如果原始卡片录入错误或者需要查询输入的卡片信息，应在"卡片管理"中完成

(续上)

查询、修改和删除的操作。具体操作步骤为:点击【固定资产】→【卡片】→【卡片管理】,进入卡片管理界面,选中相应卡片,点击【操作】或【编辑】,完成修改后点击【保存】按钮退出;点击【删除】按钮,则删除掉该卡片;点击【查看】按钮,则可查询该固定资产卡片。

(5) 原始卡片录入完毕,应与总账系统的固定资产对账,可选择【固定资产】→【处理】→【对账】,核对总账系统与固定资产系统的数据是否相符。

(6) 录入卡片没有生成记账凭证、没有制作过变动单或评估单,则可直接修改或删除;否则,需要先删除生成的凭证、变动单或评估单后方能修改或删除。

(7) 非本月录入的卡片不能直接修改或删除,只能通过变动单或评估单调整相关数据。

(8) 通过"固定资产减少"功能减少固定资产的卡片,会计档案管理要求必须保留一定的时间。系统在【固定资产】→【设置】→【选项】→【其他】中设定删除的年限,在设定年限内,不允许删除。

练一练 7-3　　　　期初原始卡片录入

【活动准备】恢复"练一练 7-2"的账套。
【岗位任务】操作员:会计"张兰琼"(zlq)。
1. 根据表 7-7,完成期初原始卡片的录入。
2. 对账。
3. 备份账套。

任务三　固定资产日常业务处理

固定资产系统的日常业务处理主要包括固定资产增加、固定资产折旧、固定资产减少、资产变动、资产评估等业务。

业务活动 7-4　固定资产增加的处理

固定资产增加的处理包括企业因直接购入、接受投资、接受捐赠、在建工程转入、盘盈等增加固定资产。
【活动准备】
1. 恢复"练一练 7-3"备份的账套。
2. **经济业务 7-1:** 购买固定资产,有关单据见图 7-12～图 7-16。
【岗位任务】操作员:会计。
根据经济业务 7-1 所附资料,完成固定资产增加的核算。

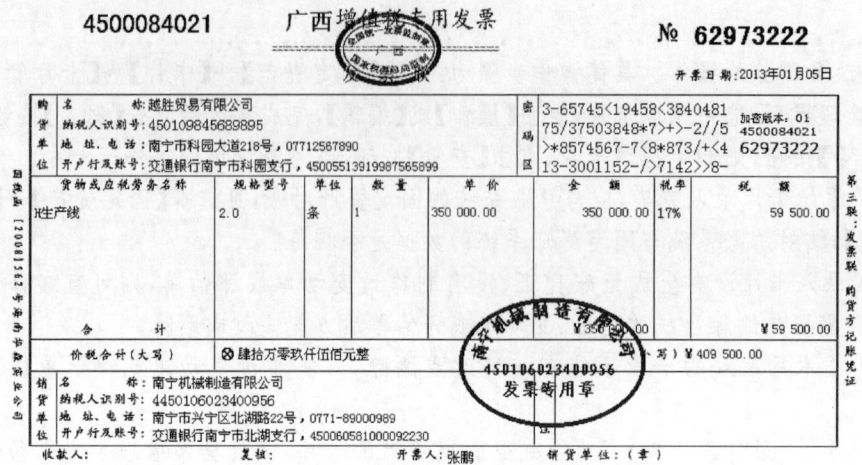

图 7-12 增值税专用发票(发票联)

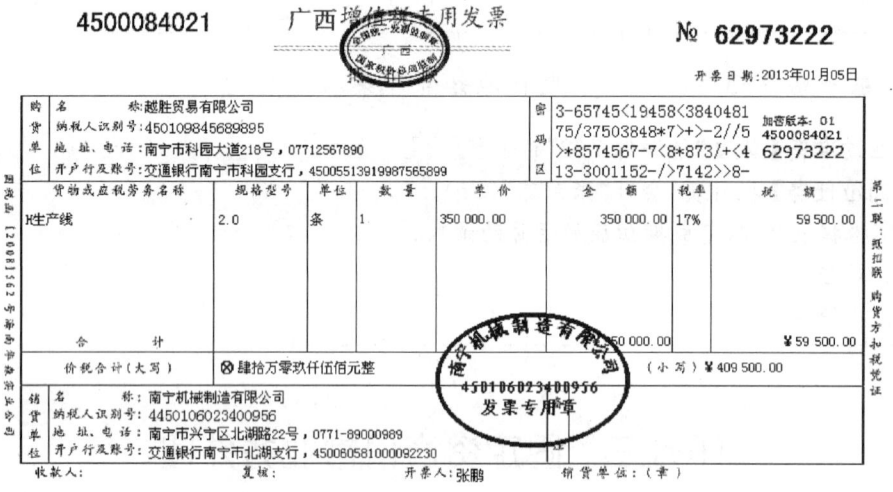

图 7-13 增值税专用发票(抵扣联)

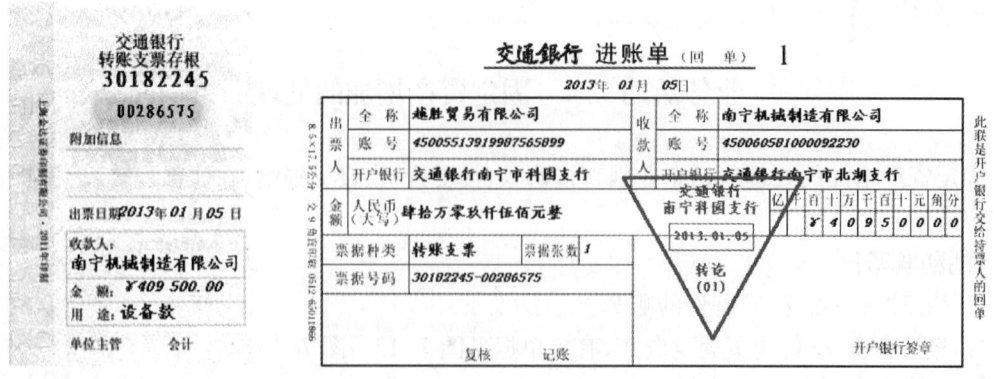

图 7-14 转账支票存根　　　　图 7-15 进账单

图 7-16 固定资产验收单

【操作步骤】

步骤1　选择【固定资产】→【卡片】→【资产增加】,或直接点击"资产增加"图标,进入"资产类别参照"对话框。

步骤2　在"资产类别参照"对话框,选择要录入的卡片所属的资产类别,并双击或点击【确认】按钮,进入固定资产卡片录入界面,如图 7-17 所示,录入相关信息。

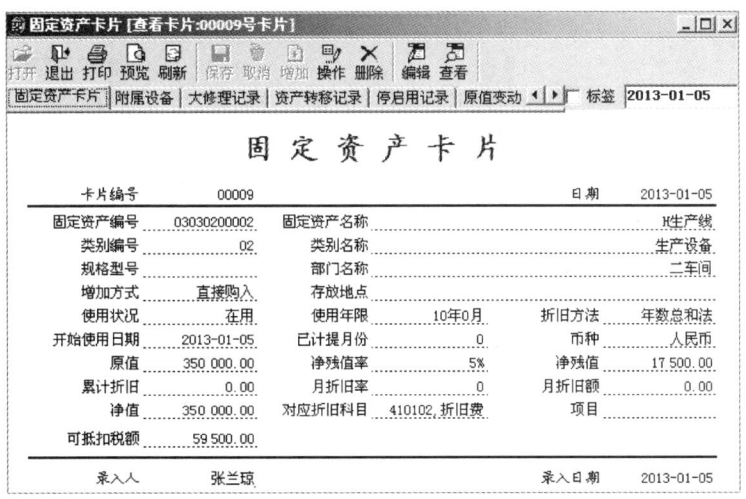

图 7-17　固定资产卡片

注:固定资产卡片缺省出"开始使用日期"的年份和月份不能修改。

步骤3　资产的主卡录入后,单击其他页签,输入附属设备及其他信息。

步骤4　单击【保存】后,录入的卡片保存入系统,如在固定资产系统"选项"中设为"业务发生后立即制单",系统自动显示制单界面;否则,选择菜单命令【固定资产】→【处理】→【批量制单】,或直接点击"批量制单"图标制单。

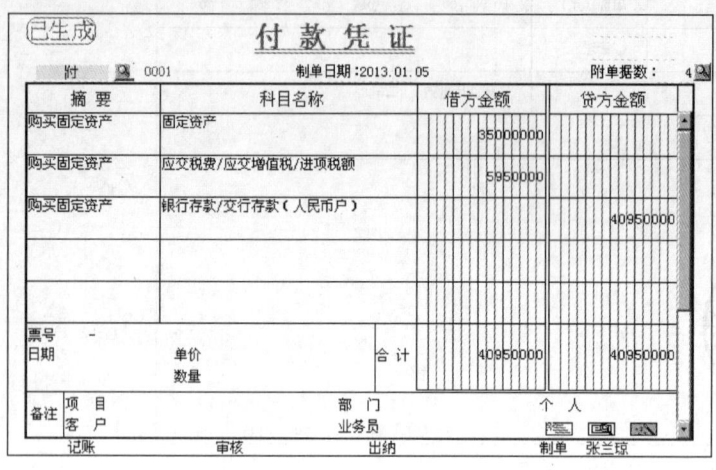

图7-18　编制记账凭证

图7-19　制单选择

图7-20　制单设置

步骤5　制单。

(1)业务发生后立即制单：①卡片保存后显示"编制记账凭证"界面。②输入结算方式、结算号和附件张数、修改相关科目、金额等信息,点击【保存】按钮,保存生成的凭证,完成制单,如图7-18所示。

(2)批量制单(在固定资产"选项"设置中没有选择"业务完成后立即制单")：①选择菜单命令【固定资产】→【处理】→【批量制单】,或直接点击"批量制单"图标,进入批量制单界面,选择"制单选择",并选择制单业务,如图7-19所示。②点击"制单设置"进入"制单设置"界面,录入缺省科目等信息,如图7-20所示。③点击工具样的【制单】按钮,进入凭证编制界面,录入缺省的科目、附件张数、摘要及其他辅助信息后,点击【保存】按钮,保存生成凭证,完成制单,如图7-18所示。

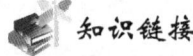知识链接

(1)卡片复制。当要录入的卡片与已录入账套内的卡片非常相似的情况下,可以通过卡片复制功能复制一张完全一样的卡片(卡片编号和资产编号除外)。具体操作步骤为：在一张卡片的查看状态下,单击【编辑】菜单命令后选择【复制】按钮。屏幕提示"是复制一张原始卡片(Y)还是新卡片(N)?"对话框按照要复制的卡片的类型进行判断。判断后,复制出一张处于录

(续上)

入状态的卡片,卡片编号和资产编号与原卡片不同,可以修改各项内容。单击【保存】按钮即可。

(2)卡片修改。具体操作步骤为:从卡片管理列表中双击调出该卡片,这时卡片处于查看状态。单击工具栏上的【操作】按钮,或单击【编辑】菜单命令后选择【修改】进行修改。

(3)删除卡片。系统提供的卡片删除功能是指把卡片资料彻底从系统内清除的功能,而非资产的清理或减少。具体操作步骤为:从卡片管理列表中双击调出该卡片,这时卡片处于查看状态。单击【编辑】菜单命令,选择【删除】,或直接单击工具栏【删除】按钮。屏幕显示"确实要删除该卡片?"对话框,单击【是】按钮,即成功删除该卡片。

练一练 7-4　　　　固定资产增加的处理

【活动准备】

1. 恢复"练一练 7-3"备份的账套。
2. 经济业务 7-1 和经济业务 7-2。

经济业务 7-2:接受固定资产投资。有关单据见图 7-21 和图 7-22。

投资协议书

甲方:越胜贸易有限公司
乙方:南宁佰强制造有限公司
　　根据中华人民共和国法律、法规的相关规定,甲、乙双方本着互惠互利的原则,乙方以一仓库,投资甲方一事,经过友好协商,现达成一致协议如下:
　　一、投资事项
　　乙方以南宁市兴宁区人民路12号的仓库作为出资,双方协议价格为1 000 000.00元。投资后占越胜贸易有限公司新注册资本¥4 000 000.00(肆佰万元整)20%的份额。
　　二、违约责任
　　甲、乙双方任何一方的行为造成损失的,由责任方负责一切损失。
　　三、协议的变更和终止
　　投资行为违反有关法律、法规而依法被终止;出现不可预测因素致使本协议无法继续运作,乙方有权终止协议;如达到终止条件的,可提前终止本协议。
　　四、争议的解决
　　凡因执行本协议所发生的或与本协议有关的一切争议,双方通过友好协商解决。协商不成时,可向相关仲裁机构申请仲裁或向签署地人民法院提起诉讼,在诉讼过程中,除进入诉讼程序的部分外,本协议仍具有法律效力。
　　五、其他
　　协议未尽事宜由双方共同协商一致后,另行签订补充协议;本协议经双方当事人签字盖章后生效。本协议一式两份,双方各执一份。

甲方:越胜贸易有限公司(签章)　　乙方:南宁佰强制造有限公司(签章)
法定代表人(或授权人):　刘小同　　法定代表人(或授权人):周星魂
地址:南宁市科园大疲之213号　　　　地址:南宁市兴宁区人民路123号
电话:0771-2567890　　　　　　　　电话:0771-8908878
签订日期:2013年01月18日　　　　　签订日期:2013年01月18日

图 7-21　投资协议

图 7-22　固定资产验收单

【岗位任务】操作员:会计"张兰琼"(zlq)。
1. 根据经济业务 7-1 和经济业务 7-2,完成固定资产增加业务处理,并生成记账凭证。
2. 备份账套。

业务活动 7-5　固定资产变动的处理

固定资产变动包括原值变动、部门转移、使用状况变动、使用年限调整、折旧方法调整、净残值(率)调整、工作总量调整、累计折旧调整和资产类别调整、计提减值准备和变动单管理等。固定资产变动要求输入相应的"变动单"来记录资产调整结果。

【活动准备】
1. 恢复"练一练 7-4"备份的账套。
2. 卡片编号为 00005、名称为"计算机"的固定资产折旧方法设置错误,应修改为年数总和法才符合一致性原则。
3. 为卡片编号为 00008、名称为"10 吨卡车"的卡车配置配件,价款为 10 000.00 元,增值税为 1 700 元,价税款已经用银行存款支付(购买配件的相关凭证略)。

【岗位任务】操作员:会计。
通过"变动单"修改,完成固定资产变动。

【操作步骤】

1. 不涉及固定资产价值变动的变动(如固定资产 00005 的变动)

步骤 1　选择【固定资产】→【卡片】→【变动单】→【折旧方法调整】,或直接点击"固定资产变动"图标,选择变动原因"折旧方法调整",进入"固定资产变动单——折旧方法调整"对话框。

步骤 2　录入卡片编号后按回车键,系统自动显示该原卡片信息,在"变动后"一栏选择或录入正确信息及变动原因,点击【保存】按钮,如图 7-23 所示。

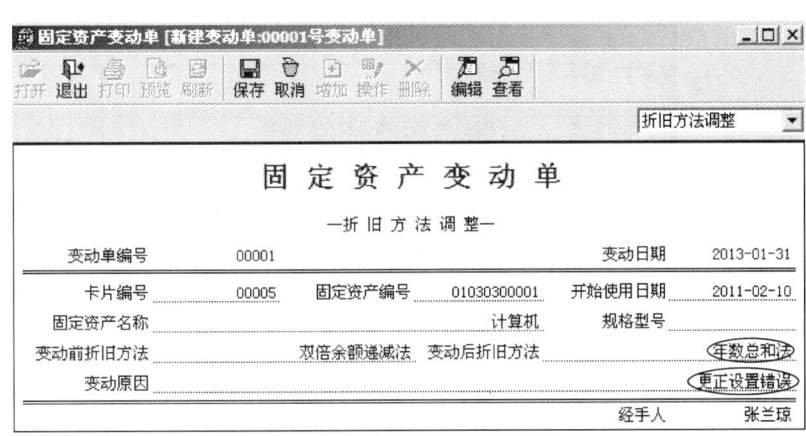

图 7-23　固定资产变动单——折旧方法调整

知识链接

如需查看变动单,可选择【固定资产】→【卡片】→【变动单】→【变动单管理】,进入"变动单管理"界面查看;变动单可查看、删除等,不能再次修改信息。

2. 涉及固定资产价值变动的变动(如固定资产 00008 的变动)

步骤 1　选择【固定资产】→【卡片】→【变动单】→【原值增加】,或直接点击"固定资产变动"图标,选择变动原因"原值增加",进入"固定资产变动单——原值增加"对话框。

步骤 2　录入卡片编号,并按回车键,系统自动显示该原卡片信息,录入增加金额、变动原因等,点击【保存】按钮,如图 7-24 所示。

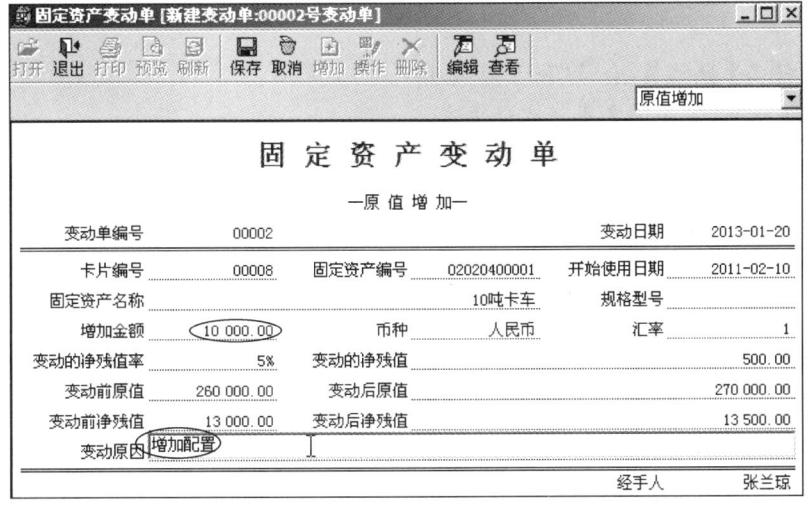

图 7-24　固定资产变动单——原值增加

步骤3 生成凭证(自动生成或批量制单生成),如图7-25所示。

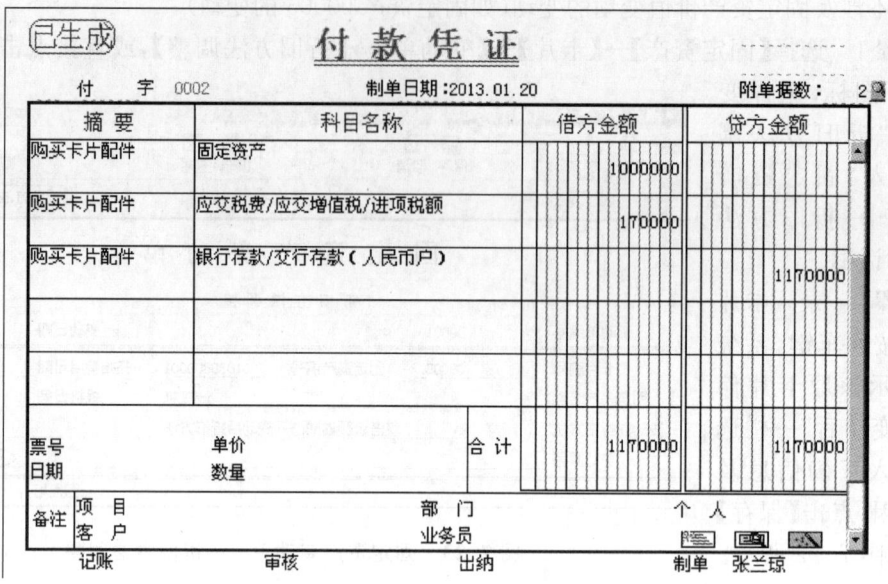

图7-25 付款凭证

 练一练7-5　　　　　固定资产变动的处理

【活动准备】

1．恢复"练一练7-4"备份的账套。

2．卡片编号为00005、名称为"计算机"的固定资产折旧方法设置错误,应修改为"年数总和法"才符合一致性原则。

3．为卡片编号为00008、名称为"10吨卡车"的卡车配置配件,价款为10 000.00元,增值税为1 700元,价税款已经用银行存款支付(购买配件的相关凭证及验收单等原始凭证略)。

【岗位任务】操作员:会计"张兰琼"(zlq)。

1．根据资料,完成固定资产变动要求。

2．备份账套。

业务活动7-6　计提固定资产折旧

自动计提固定资产折旧是固定资产系统的主要功能之一。用户操作"计提本月折旧"功能计提折旧,系统自动生成折旧分配表,编制记账凭证,将本期的折旧费用自动登账。

【活动准备】

1．恢复"练一练7-5"备份的账套。

2. 有关固定资产的工作量记录如下：

5 吨卡车的本月的工作量为 1.5 万千米，10 吨卡车本月的工作量为 1.2 万千米。

【岗位任务】操作员：会计。

计提本月折旧。

【操作步骤】

步骤 1　选择【固定资产】→【处理】→【工作量录入】，或直接点击“工作量录入”图标，进入工作量录入界面，如图 7-26 所示，并录入本月工作量，点击【保存】按钮后退出。

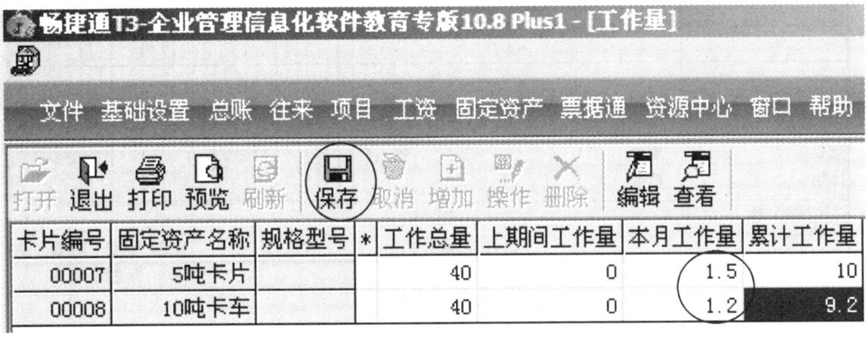

卡片编号	固定资产名称	规格型号	*	工作总量	上期间工作量	本月工作量	累计工作量
00007	5吨卡片			40	0	1.5	10
00008	10吨卡车			40	0	1.2	9.2

图 7-26　工作量录入界面

部门编号	部门名称	项目编号	项目名称	科目编号	科目名称	折　旧　额
0102	厂办			560210	折旧	12 168.00
0103	财务部			560210	折旧	1 796.61
0201	销售部			560108	折旧费	2 822.00
0202	采购部			560210	折旧	6 797.70
0302	一车间			410102	折旧费	3 218.60
0303	二车间			410102	折旧费	459.80
0401	成品库			560210	折旧	1 604.20
合计						28 866.91

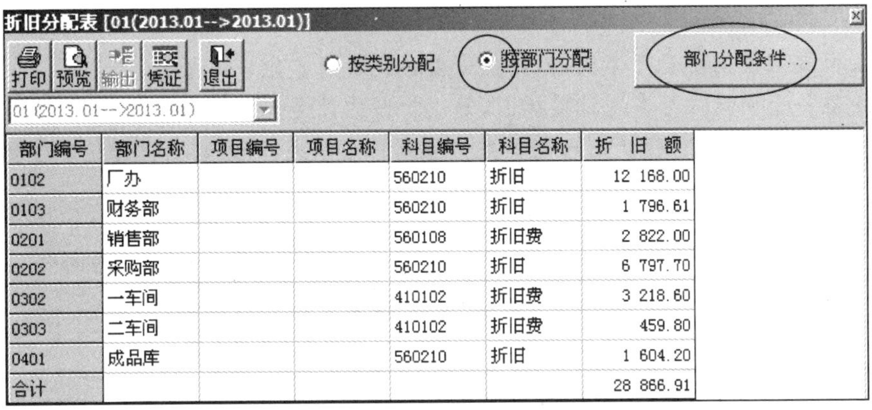

图 7-27　固定资产折旧分配表

步骤 2　选择【固定资产】→【处理】→【计提本月折旧】，或直接点击“计提本月折旧”图标，按照系统的提示，选择是否查看“折旧清单”，进入“折旧分配表”界面，如图 7-27 所示，点击“按部门分配”单选框，点击“部门分配条件”，进入“折旧部门汇总”对话框，选择分配部门后点击【确定】按钮，如图 7-28 所示。

步骤 3　在“折旧分配表”对话框，点击【凭证】按钮，进入凭证编制界面，补充摘要等缺少信息后，点击【保存】按钮，完成凭证编制，如图 7-29 所示。

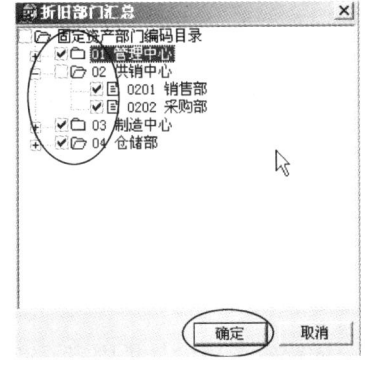

图 7-28　“折旧部门汇总”对话框

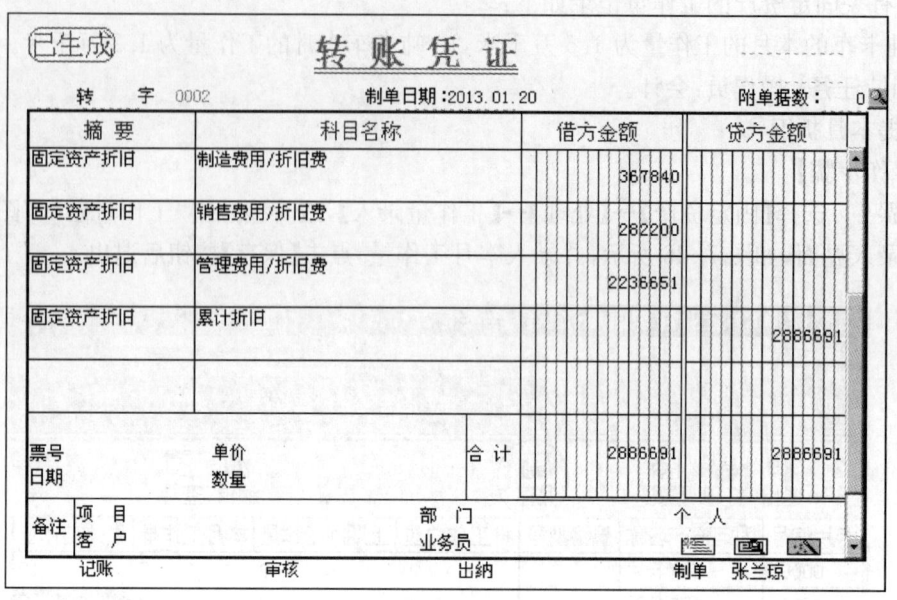

图 7-29 凭证填制

知识链接

（1）只要启用固定资产模块，每月都需要计提折旧才允许结账。

（2）在一个周期内可多次计提折旧，每次折旧的计提均累加到月初的累计折旧上，不会重复计算累计；上次计提折旧已制单并传递到总账系统，必须删除该凭证才能重新计提折旧。

练一练7-6　　　　　　　　固定资产折旧

【活动准备】

1. 恢复"练一练7-5"备份的账套。

2. 有关固定资产的工作量记录如下：

5吨卡车的本月的工作量为1.5万千米，10吨卡车本月的工作量为1.2万千米。

【岗位任务】操作员：会计"张兰琼"（zlq）。

1. 计提本月折旧，并编制记账凭证。

2. 备份账套。

业务活动 7-7　固定资产减少的处理

固定资产减少是指固定资产在使用过程中，由于毁损、出售、盘亏、对外投资、对外捐赠等原因而退出企业。只有当账套开始计提折旧后才可以使用资产减少功能。

【活动准备】

1. **经济业务 7-3:** 报废 00004 编号固定资产,将该固定资产转入清理。有关单据见图 7-30。

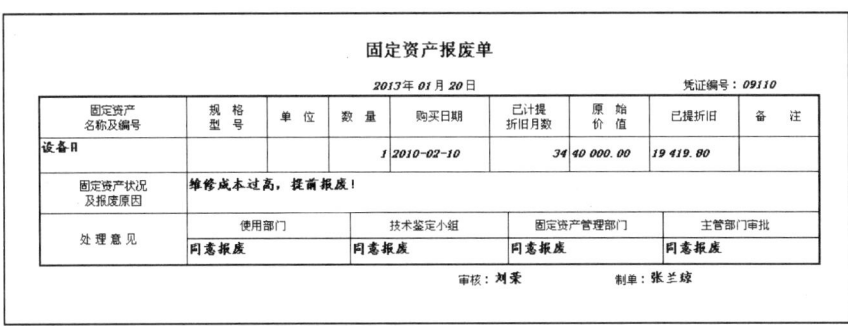

图 7-30　固定资产报废单

2. **经济业务 7-4:** 支付清理费用。有关单据见图 7-31～图 7-33。

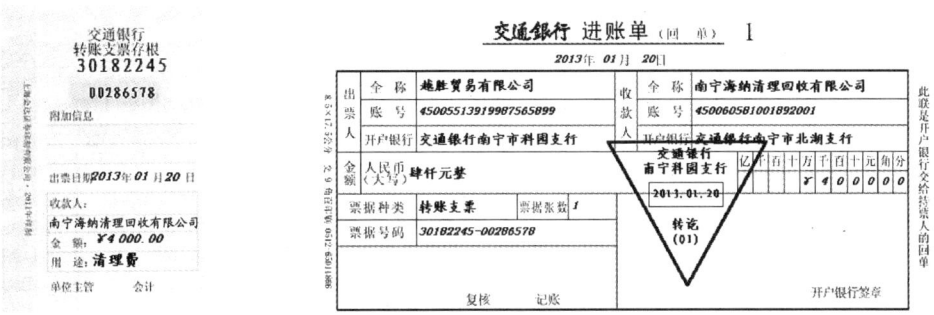

图 7-31　转账支票存根　　　　　　　图 7-32　进账单

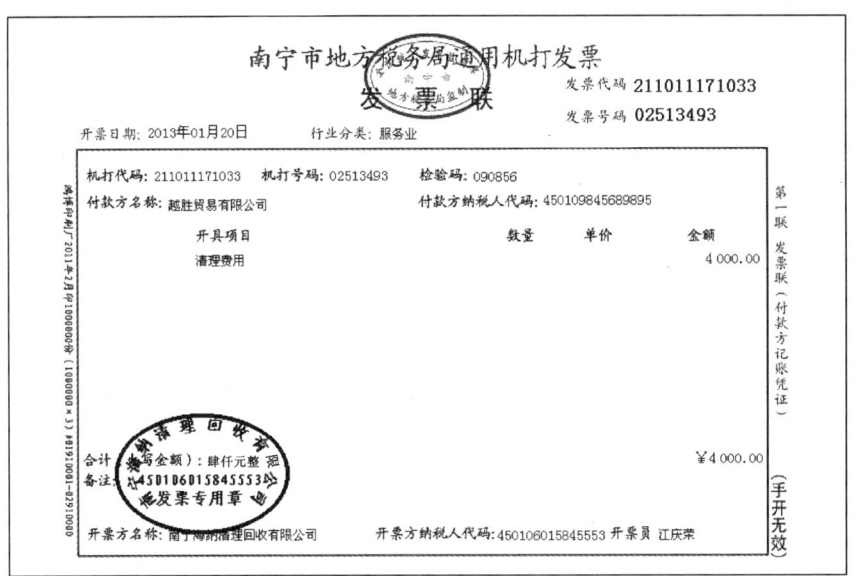

图 7-33　支付清理费用发票

3. **经济业务 7-5**：取得残料收入。有关单据见图 7-34 和图 7-35。

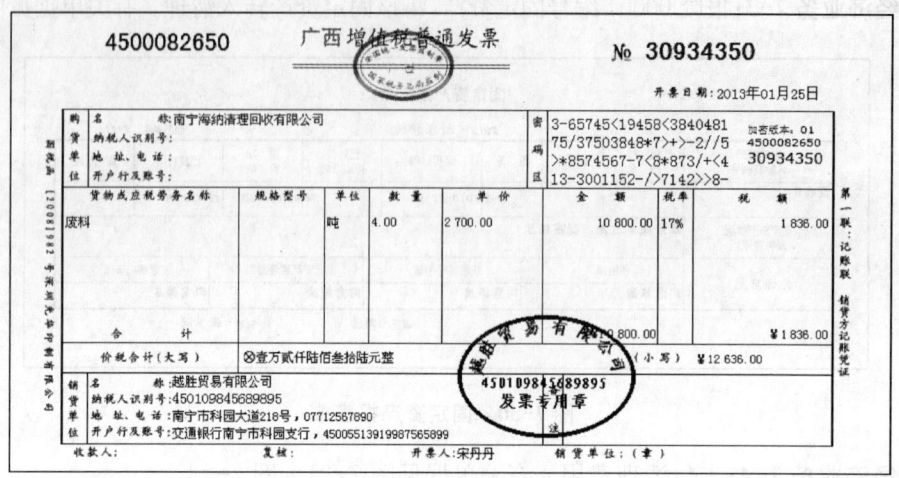

图 7-34 增值税普通发票

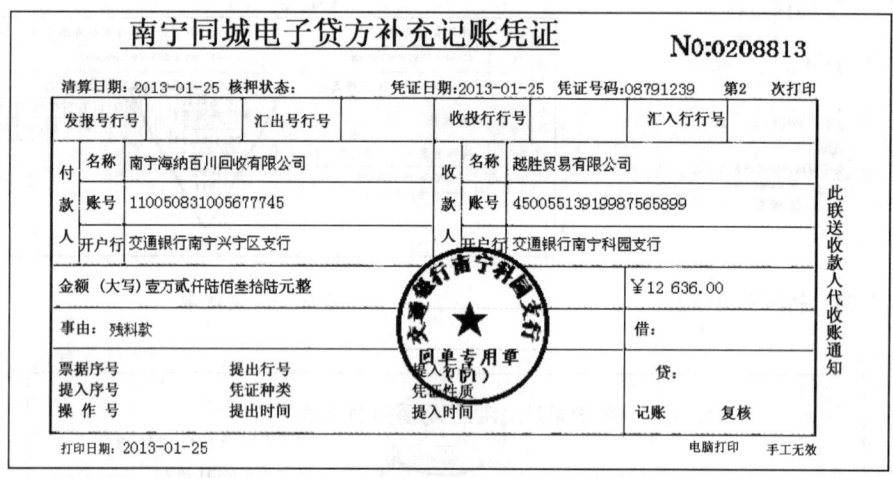

图 7-35 电子贷方补充记账凭证

【岗位任务】操作员：会计。
1. 根据业务资料完成业务处理。
2. 结转清理损益。

【操作步骤】
1. 转入清理的操作（见经济业务 7-3）

步骤 1　选择【固定资产】→【卡片】→【资产减少】，或直接点击"资产减少"图标，进入"资产减少"对话框。

步骤 2　在"资产减少"对话框，录入卡片编号后按回车键，系统自动带出资产编号、资产名称、减少日期等，录入减少方式、清理收入、清理费用、清理原因等信息（见图 7-36 所示），点击【确定】按钮。

步骤 3　填制凭证。

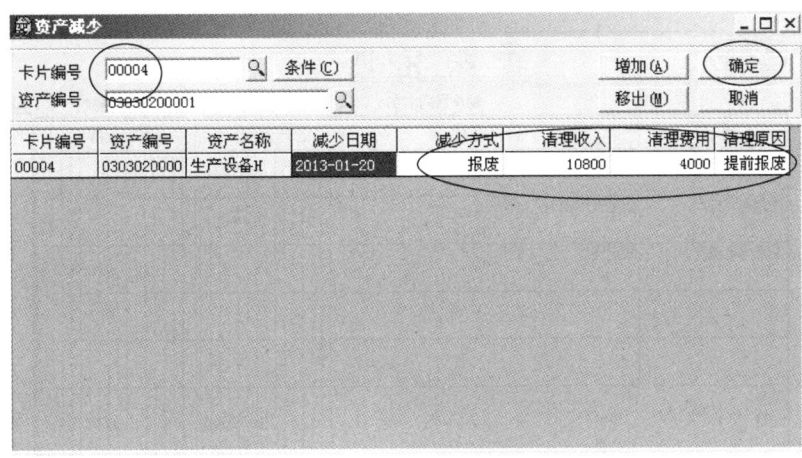

图 7-36 "资产减少"对话框

(1) 如在"选项"设置中选择"业务发生后立即制单",则会出现凭证填制界面,如图 7-37 所示。在"凭证填制"界面录入缺省的凭证要素后,点击【保存】按钮,如图 7-38 所示。

(2) 如在"选项"设置中,没有选择"业务发生后立即制单",则需要选择【固定资产】→【处理】→【批量制单】,或直接点击"批量制单"图标,进入"批量制单"。点击"制单选择",选择业务,点击"制单设置",录入相关科目等信息,点击【制单】按钮,进入凭证填制界面。

2. 支付清理费用(见经济业务 7-4)——在总账模块中操作

步骤 1 选择【总账】→【凭证】→【凭证填制】,或直接点击"凭证填制"图标,进入"凭证填制"对话框。

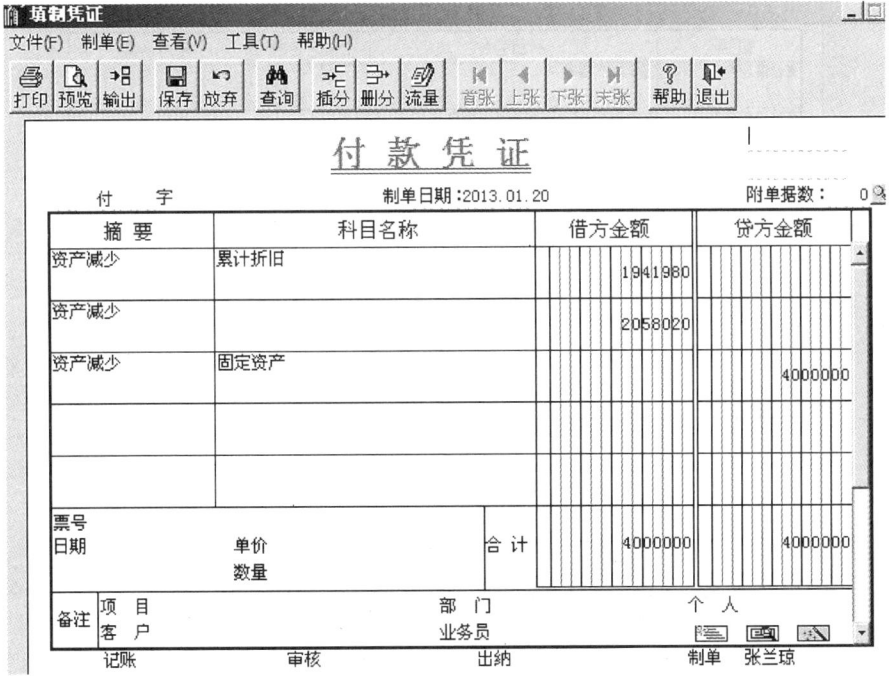

图 7-37 填制凭证

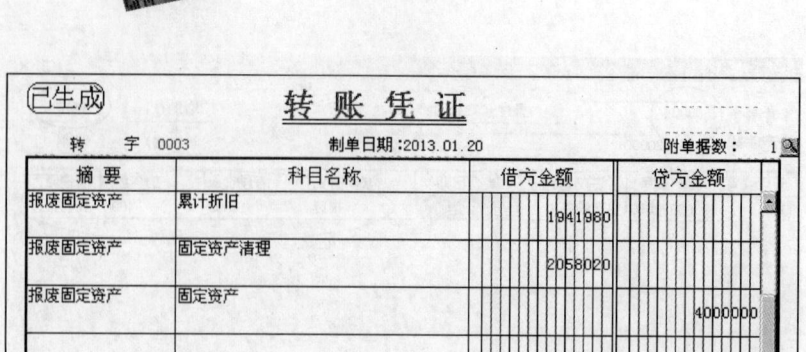

图 7-38 记账凭证(转字 0003)

步骤 2 在"凭证填制"对话框,点击【增加】按钮,编制凭证,如图 7-39 所示,点击【保存】按钮。

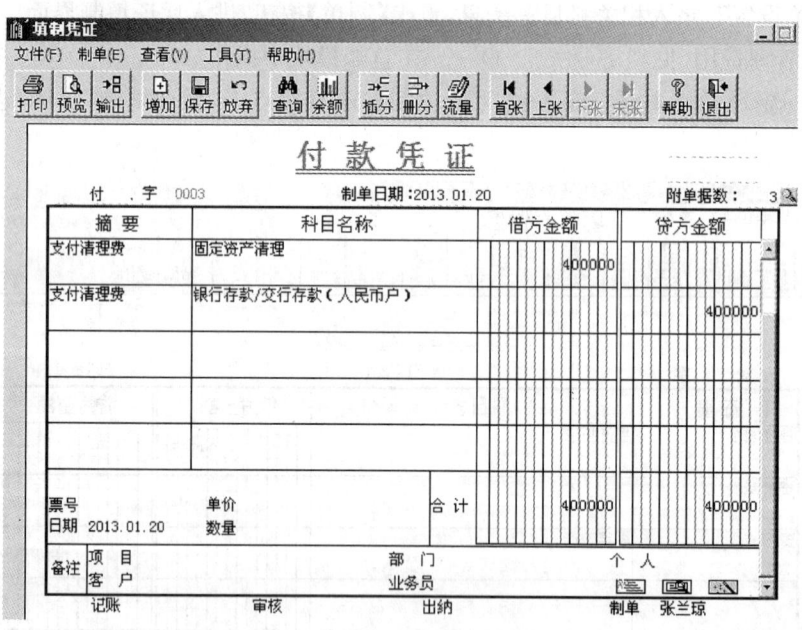

图 7-39 记账凭证(付字 0002)

3. 取得残料收入(见经济业务 7-5)——在总账模块中操作

操作方法同经济业务 7-4,编制记账凭证,如图 7-40 所示。

4. 结转清理损失——在总账模块中操作

(1)计算出清理损益。

(2)编制记账凭证,操作方法同经济业务 7-4,如图 7-41 所示。

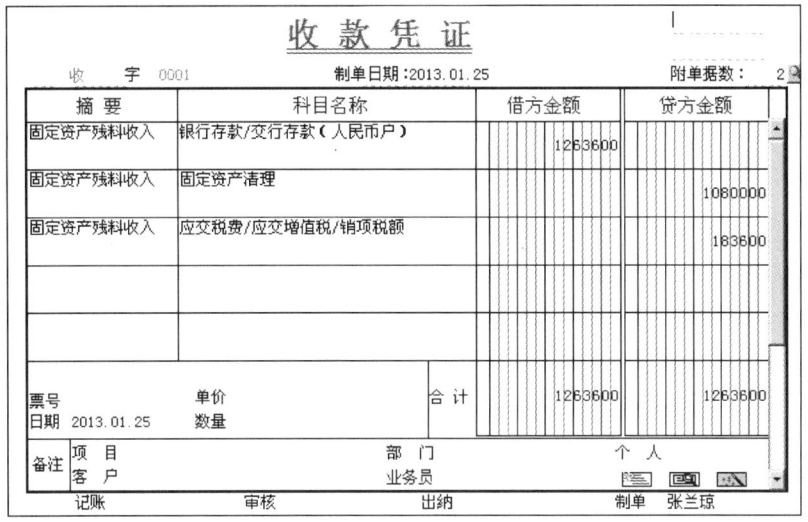

图 7-40　记账凭证(收字 0001)

图 7-41　记账凭证(转字 0004)

注：减少固定资产的卡片可在固定资产"卡片管理"的"减少资产"中查询，如图 7-42 所示。

图 7-42　已减少资产查询

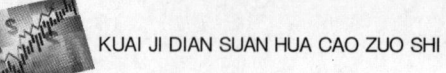

 练一练 7-7　　　　固定资产减少

【活动准备】
1. 恢复"练一练7-6"备份的账套。
2. 经济业务7-3～经济业务7-5。
【岗位任务】操作员：会计"张兰琼"（zlq）。
1. 完成固定资产减少处理。
2. 编制记账凭证。
3. 备份账套。

 知识链接

（1）只有当月已经计提过折旧的资产才能减少。

（2）对已经减少的固定资产，在卡片管理界面中，从卡片列表上边的下拉框中选择"已减少资产"，则列示的即是已减少的资产集合，双击任一行，可查看该资产的卡片。

（3）资产减少的恢复是一个纠错的功能，当月减少的资产可以通过本功能恢复使用。通过资产减少的资产只有在减少的当月可以恢复。具体操作步骤如下：从卡片管理界面中，选择"已减少的资产"，选中要恢复的资产。从【卡片】菜单中选择【恢复减少】，则提示"确实要恢复该资产吗？"对话框，选择【是】按钮，即成功恢复被减少的资产（提示：如果资产减少操作已制作凭证，必须删除凭证后才能恢复）。

业务活动 7-8　固定资产的凭证处理

固定资产管理系统的凭证处理包括生成凭证、凭证查询、修改与删除等功能。

一、生成凭证

固定资产系统与总账系统之间存在着数据的自动传输，这种传输是固定资产系统通过记账凭证向总账系统传递有关数据，如固定资产的增加、减少、累计折旧调整和折旧分配等生成的记账凭证。

生成记账凭证可以采取"业务发生后立即制单"或"批量制单"的方式实现，计提折旧的凭证也可在"折旧分配表"中制单。具体操作步骤为：点击【固定资产】→【处理】→【批量制单】，或直接点击"批量制单"图标。

二、凭证查询、修改与删除

固定资产系统生成记账凭证传递到总账系统后，可在总账系统中查询，但不能编辑。如果修改或删除固定资产系统生成的记账凭证，应选择【固定资产】→【处理】→【凭证查询】进行，如果生成的凭证已经在总账系统中执行出纳签字、审核、记账等操作，则需要在总账系统中取消后才能修改或删除。

凭证删除后,在总账模块该凭证会标识"作废"字样,如果要彻底删除需要进行"凭证整理"。

【操作步骤】

步骤1 选择【固定资产】→【处理】→【凭证查询】,进入"凭证查询"对话框,如图7-43所示。

步骤2 选择需要编辑的记账。

步骤3 点击【编辑】按钮,显示记账凭证,修改后保存退出(如删除则选择需要删除凭证,点击"删除"即可)。

图 7-43 固定资产系统"凭证查询"对话框

业务活动 7-9 固定资产账簿查询

用户可以通过系统提供的"账表管理"功能,及时掌握资产的统计、汇总和其他各方面信息。账表包括账簿、折旧表、统计表和分配表等。

【操作步骤】

步骤1 选择【固定资产】→【账表】→【我的账表】,进入"账表查询"界面,如图7-44所示。

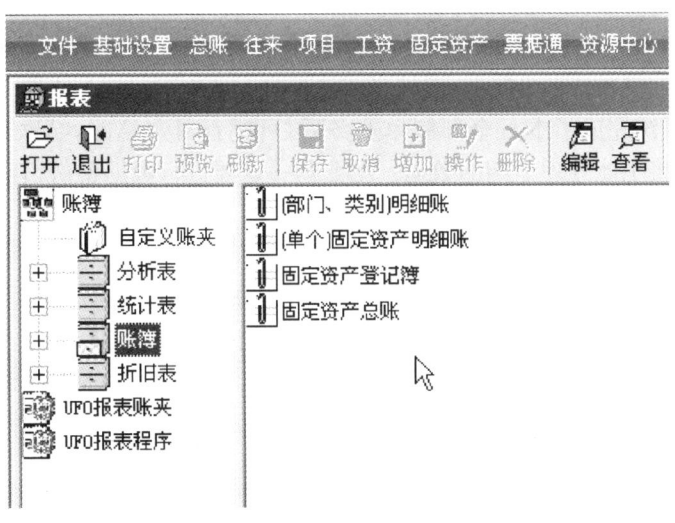

图 7-44 "账表查询"界面

步骤2 点击需要查看的账表进行查看。

任务四 固定资产管理系统期末处理

固定资产管理系统的期末处理包括期末对账和月末结账两项基本内容。

业务活动 7-10　固定资产管理系统期末对账

系统在运行过程中,应保证本系统管理的固定资产的价值和账务系统中固定资产科目的数值相等。而两个系统的资产价值是否相等,通过执行对账功能实现,对账操作不限制执行的时间,任何时候均可进行对账。系统在执行月末结账时自动对账一次,给出对账结果,并根据初始化或选项中的判断确定在不平情况下是否允许结账。

【操作步骤】

选择【固定资产】→【处理】→【对账】,系统自动对账,并显示对账结果,如图 7-45 所示。

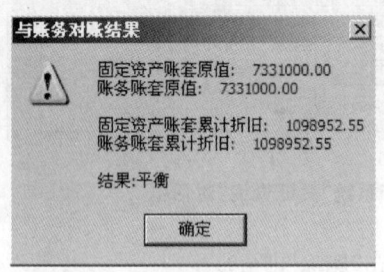

图 7-45　固定资产对账结果

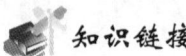 知识链接

（1）只有系统初始化或选项中选择了"与账务系统对账"时,固定资产管理系统的对账功能才可操作。

（2）只有总账系统记账完毕,固定资产管理系统期末才能和总账系统进行对账工作。

业务活动 7-11　固定资产系统月末结账

当固定资产系统完成了本月全部制单业务后,可进行月末结账,结账后当期数据不能修改。本期不结账,将不能处理下期的数据。结账前一定要进行数据备份;否则,数据一旦丢失,将造成无法挽回的后果。

【操作步骤】

步骤 1　在总账系统完成出纳签字、审核凭证、记账等操作。

步骤 2　在固定资产管理系统内,点击【固定资产】→【处理】→【月末结账】,进入"月末结账"对话框,如图 7-46 所示。点击【开始结账】按钮,系统进行自动对账,并完成结账,如图 7-47 所示。

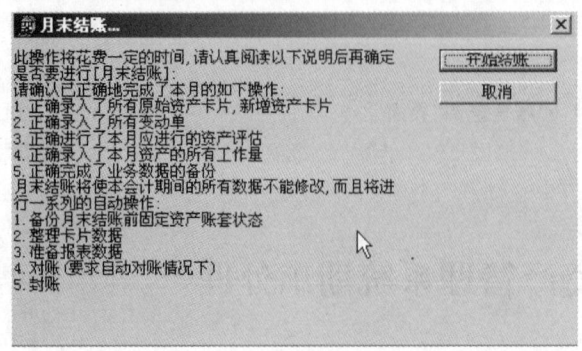

图 7-46　固定资产月末结账

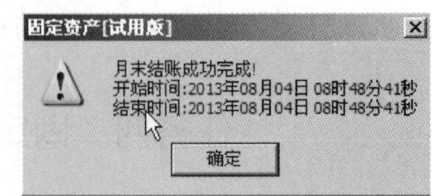

图 7-47　固定资产月末结账

知识链接

（1）如果固定资产管理系统"选项"中未选"对账不平允许结账"，则对账不平的情况下，不能结账。

（2）如果固定资产管理系统"选项"中勾选"月末未结账前一定要完成制单登账业务"，则"批量制单"中还有业务没有制单时，不允许结账。

（3）本月没有计提折旧，不允许结账。

 练一练 7-8　　　　　　　固定资产期末处理

【活动准备】

恢复"练一练7-7"备份的账套。

【岗位任务】操作员：会计"张兰琼"（zlq）、出纳"宋丹丹"（sdd）、账套主管"韦国汉"（wgh）。

1. 完成总账系统的出纳签字、审核凭证和记账操作。
2. 在固定资产管理系统，完成对账、结账操作。
3. 备份账套。

业务活动7-12　固定资产管理系统反结账

如果结账后发现有错又必须修改，可通过系统提供的"恢复月末结账前状态"功能反结账，再进行相应修改。

【操作步骤】

步骤1　以要恢复的月份登录，如要恢复到1月底，则以1月份登录。

步骤2　在固定资产管理系统，选择【固定资产】→【处理】→【恢复月末结账前状态】，屏幕显示提示信息，如图7-48所示，单击【是】按钮，系统即执行本操作，完成后自动以登录日期打开，并提示该日期是否是可操作日期。

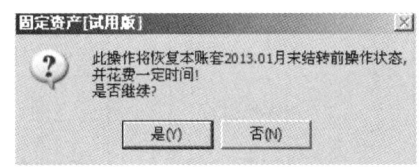

图7-48　固定资产反结账对话框

 知识链接

（1）由于成本系统每月从系统提取折旧费数据，因此，一旦固定资产管理系统提取了某数据，则该期不能反结账。

（2）反结账后，会把新的月份所执行的操作怎么取消，如反结账11月份，则12月新增的卡片会自动删除。

模块作业 7-1　　　　固定资产核算

【岗位任务】操作员：账套主管"赵沁阳"(zqy)，会计"张明敏"(zmm)。

1. 恢复"模块作业 4-1"备份的账套。
2. 以账套主管"赵沁阳"(zqy)的身份登录"系统管理"，启用"固定资产管理"模块，启用时间为"2013-03-01"。
3. 完成固定资产账套的基础设置。
4. 完成固定资产增加的核算。
5. 完成固定资产的折旧的核算。
6. 完成固定资产减少的核算。
7. 完成"固定资产清理"损益的结转。
8. 完成凭证的出纳签字、审核、记账。
9. 完成固定资产模块的对账和结账。

【任务资料】

1. 恢复"模块作业 4-1"备份的账套。
2. 固定资产初始设置。

(1) 固定资产系统参数(见表 7-8)。

表 7-8　　　　　　　　　　　固定资产系统参数

参数控制	设　置　参　数
折旧信息	本账套计提折旧 主要折旧方法：平均年限法(一) 折旧汇总分配周期：1 个月 当"月初已计提月份＝可使用月份－1"时，将剩余折旧全部提足
编码方式	资产类别编码方式：默认值 固定资产编码方式：按"部门编号＋类别编码＋序号"自动编码 卡片序号长度：5
财务接口	与账务系统进行对账 对账科目：固定资产对账科目：1601，固定资产 　　　　　累计折旧对账科目：1602，累计折旧 　　　　　在对账不平的情况下不允许固定资产月末结账，业务发生后立即制单 　　　　　月末结账前一定要完成制单登账业务 可纳税调整增加方式：直接购入，投资者投入 可抵扣税额入账科目：22210101

(2) 资产类别(见表 7-9)。

表 7-9　　　　　　　　　　　资　产　类　别

类别编码	类别名称	使用年限	净残值率(%)	计量单位	计提属性	折旧方法	卡片样式
01	房屋及建筑物	20	5.00	栋	正常计提	平均年限法(一)	通用样式
02	生产设备	10	5.00	台	正常计提	双倍余额递减法	通用样式
03	办公设备	5	5.00	台	正常计提	平均年限法(一)	通用样式
04	运输工具	10	5.00	辆	正常计提	平均年限法(一)	通用样式

3. 部门及对应折旧科目（见表7-10）。

表7-10　　　　　　　　　　　　部门及对应折旧科目

部门编码	部门名称	折旧科目
01	管理部门	
0101	厂办	
0102	财务部	
0103	人力资源部	
0104	生产部	
0105	采购部	
0106	仓储部	
02	销售部	
03	生产车间	
04	机修车间	

4. 固定资产原始卡片（见表7-11），并进行固定资产对账。

表7-11　　　　　　　　　　　　固定资产原始卡片

卡片编号	00001	00002	00003	00004	00005	00006
固定资产名称	办公楼	厂房	厂房	厂房	中型剪板机	焊接机
类别编号	01	01	01	01	01	02
使用部门	厂办	生产车间	生产车间	机修车间	生产车间	生产车间
增加方式	在建工程转入	在建工程转入	在建工程转入	在建工程转入	直接购入	直接购入
使用状况	在用	在用	在用	在用	在用	在用
开始使用日期	2011-02-10	2011-02-10	2012-02-10	2012-02-10	2011-02-10	2011-02-10
使用年限(年)	20年0月	20年0月	20年0月	20年0月	10年0月	10年0月
折旧方法	平均年限法(一)	平均年限法(一)	平均年限法(一)	平均年限法(一)	双倍余额递减法	双倍余额递减法
残值率	5%	5%	5%	5%	5%	5%
原值(元)	1 650 000.00	575 000.00	1 652 000.00	156 000.00	82 500.00	32 447.80
已累计折旧(元)	156 750.00	54 625.00	78 470.00	7 410.00	29 700.00	11 611.21
卡片编号	00007	00008	00009	00010	00011	00012
固定资产名称	喷涂机	烘干机	组装生产线	热转印机	起吊KL维修机	办公设备A
类别编号	02	02	02	02	02	03
使用部门	生产车间	生产车间	生产车间	生产车间	机修车间	厂办
增加方式	直接购入	直接购入	直接购入	直接购入	直接购入	直接购入
使用状况	在用	在用	在用	在用	在用	在用
开始使用日期	2011-02-10	2011-02-10	2011-02-10	2011-02-10	2011-02-10	2011-02-10
使用年限(年)	10年0月	10年0月	10年0月	10年0月	10年0月	5年0月
折旧方法	双倍余额递减法	双倍余额递减法	双倍余额递减法	双倍余额递减法	双倍余额递减法	平均年限法(一)
残值率	5%	5%	5%	5%	5%	5%
原值(元)	63 000.00	35 960.00	147 580.00	38 560.00	254 200.00	38 000.00
已累计折旧(元)	22 680.00	12 945.60	53 128.80	13 881.6	96 392.64	13 680.00

(续表)

卡片编号	00013	00014	00015	00016
固定资产名称	办公设备C	东风轻卡货车	叉车	五菱面包车
类别编号	03	04	04	04
使用部门	销售部	销售部	生产车间	采购部
增加方式	直接购入	直接购入	直接购入	直接购入
使用状况	在用	在用	在用	在用
开始使用日期	2011-02-10	2008-02-10	2008-02-10	2008-02-10
使用年限(年)	5年0月	10年0月	10年0月	10年0月
折旧方法	平均年限法(一)	平均年限法(一)	平均年限法(一)	平均年限法(一)
残值率	5%	5%	5%	5%
原值(元)	13 258.00	151 866.50	8 530.00	25 870.00
已累计折旧(元)	5 027.52	72 167.04	4 053.36	12 293.52

5. 日常业务处理。

(1) 3月18日,接受固定资产投资。有关单据见图7-49和图7-50。

(2) 3月20日,购买固定资产,交付生产车间使用,以转账支票支付(进入固定资产管理系统完成相关处理)。有关单据见图7-51～图7-55。

固定资产验收单

资产编号	00017	资产名称	仓库		
规格(编号)		资产代码	01	购置日期	2013年03月18日
计量单位	间	单价(元)	¥1 000 000.00	金额(元)	¥1 000 000.00
出厂日期		管理人			
生厂管家			安装使用地点		
附件情况					

固定资产验收情况说明:
验收合格

验收确认: 合格

验收日期: 2013年 03月 18日

管理部门经理签字:
公司总经理签字:

注:此表一式三份,使用部门、保管部门、财务部门各一份。

图7-49 固定资产验收单

投资协议书

甲方：南宁健饮制造有限公司
乙方：南宁佰强制造有限公司

根据中华人民共和国法律、法规的相关规定，甲、乙双方本着互惠互利的原则，乙方以一仓库投资甲方一事，经过友好协商，现达成一致协议如下：

一、投资事项

乙方以南宁市兴宁区人民路12号的仓库作为出资，双方协议价格1 000 000.00元。投资后占南宁健饮制造有限公司新注册资本￥4 000 000.00（肆佰万元整）20%的份额。

二、违约责任

甲、乙双方任何一方的行为造成损失的，由责任方负责一切损失。

三、协议的变更和终止

投资行为违反有关法律、法规而依法被终止；出现不可预测因素致使本协议无法继续运作，乙方有权终止协议；如达到终止条件的，可提前终止本协议。

四、争议的解决

凡因执行本协议所发生的或与本协议有关的一切争议，双方通过友好协商解决。协商不成时，可向相关仲裁机构申请仲裁或向签署地人民法院提起诉讼，在诉讼过程中，除进入诉讼程序的部分外，本协议仍具有法律效力。

五、其他

协议未尽事宜由双方共同协商一致后，另行签订补充协议；本协议经双方当事人签字盖章后生效。本协议一式两份，双方各执一份。

甲方：南宁健饮制造有限公司（签章） 乙方：南宁佰强制造有限公司（签章）
法定代表人（或授权人）：庞家奋   法定代表人（或授权人）：周星魂
地址：北京市东城区朝阳门北小街8号   地址：南宁市兴宁区人民路123号
电话：0771-8897965   电话：0771-89088787
签订日期2013年03月18日   签订日期：2013年03月18日

图 7-50　投资协议书

图 7-51　增值税专用发票（发票联）

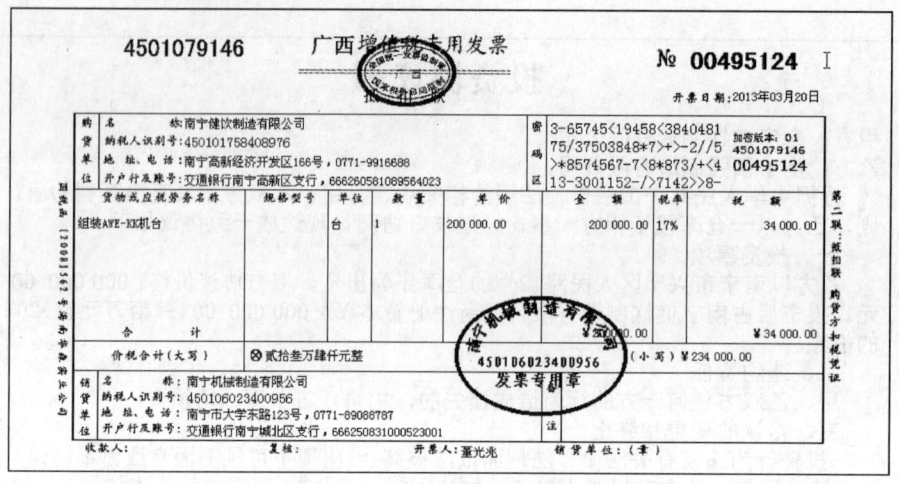

图 7-52 增值税专用发票(抵扣联)

图 7-53 转账支票存根

图 7-54 进账单

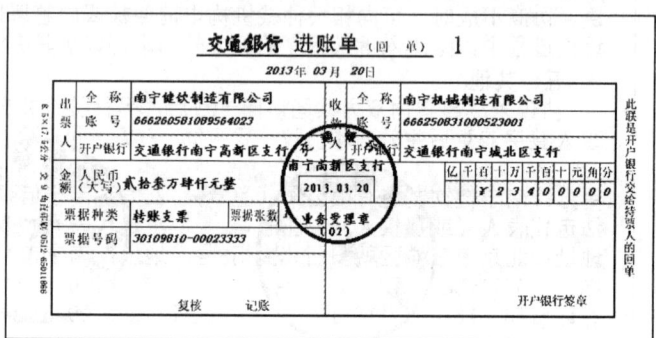

图 7-55 固定资产验收单

(3) 3月30日,计提固定资产折旧,并制单(根据固定资产系统资料完成)。
(4) 3月30日,固定资产报废(根据固定资产系统资料完成)。有关单据见图7-56。

固定资产报废单

2013年03月30日　　　　　　　凭证编号:09110

固定资产名称及编号	规格型号	单位	数量	购买日期	已计提折旧月数	原始价值	已提折旧	备注
办公设备C			1	2011-02-11	23	13 258.00	5 237.00	
固定资产状况及报废原因	维修成本过高,提前报废!							
处理意见	使用部门		技术鉴定小组		固定资产管理部门		主管部门审批	
	同意报废		同意报废		同意报废		同意报废	

审核:吴慧　　　　制单:孙小楠

图 7-56　固定资产报废单

6. 以会计"吴慧"(wh)的身份登录总账系统,清理固定资产损益。
7. 固定资产期末处理。
(1) 以出纳"张露珍"(zlz)的身份完成凭证的出纳签字。
(2) 以会计主管"赵沁阳"(zqy)的身份完成凭证的审核和记账。
(3) 以会计"张明敏"(zmm)的身份完成固定资产模块的对账、结账操作。
(4) 备份账套。

【任务组织及评价】

1. 工具、材料

每人一台计算机,安装会计软件:用友 T3 财务软件畅捷通标准版 10.8。

2. 组织(建议)

以小组为单位进行操作,以抽签的方式分组,确定小组长及成员。小组长负责管理本小组操作和学习、评定小组成员的作业成绩。

【评价】学生成绩评价表见表 7-12。

表 7-12　　　　　　　　　　学生成绩评价表

任务名称:　　　　　　　　　学号:　　　　　　　　　姓名:

评价项目	分值	自我评价	小组评价	教师评价
时间要求	5			
基础设置正确	5			
部门及折旧科目设置正确	10			
原始卡片录入正确	30			
固定资产业务处理正确	40			
对账结账正确	10			

模块八

购销存系统集成应用

模块导引 购销存管理系统的应用,从根本上改变了将财务数据与业务数据割裂开的做法,使资金流与物流同步,并相互制约,加快了企业对市场的反应速度,提高了决策的有效性。

学习目标
1. 了解购销存管理系统的业务流程及各模块之间的数据关系
2. 掌握购销存管理系统的基础设置、日常处理等的操作方法与技能

学习任务
1. 认知购销存系统
2. 掌握购销存系统的操作流程
3. 设置购销存系统业务参数及录入购销存系统初始数据
4. 掌握购销存系统的日常业务处理
5. 掌握购销存系统的期末业务处理

任务一 认知购销存管理系统

一、认知购销存管理系统

购销存管理系统是财务管理软件中重要的组成部分,它是企业财务软件从财务部门延伸到业务部门并实现财务业务一体化管理的最明显的表现形式。购销存管理系统的应用,实现了企业业务处理与会计核算的一体化,使企业的资金流与物流同步,并相互制约,有利于企业及时把握经营信息,降低经营风险,从而提高企业的市场竞争力。

购销存系统包括采购、销售、库存与核算四个子系统。四个子系统可以单独使用,也可以集成使用。

（一）认知采购管理系统

采购管理系统是用友 T3 财务软件的一个子系统。采购管理系统具有两大功能:一是采购管理;二是采购结算。采购是企业生产经营活动的首要环节,企业通过采购材料或商品开始生产经营活动。采购活动的最后环节是资金的结算,企业可以通过采购系统中的"供应商往来"功能实现现付、预付和应付的方式进行资金的结算。若与库存管理系统、存货核算系统同时使用,可以随时掌握存货的信息,减少盲目采购,实现合理库存。

(二)认知销售系统

销售管理系统是用友 T3 财务软件的一个子系统,系统主要通过对销售订单、发货单、销售发票的处理,动态反映各种销售业务数据,便于企业及时了解销售相关信息。销售管理系统若与库存管理系统、存货核算系统同时使用,提供可用于销售的存货现存量和存货销售成本。

(三)认知库存系统

库存管理系统主要用于管理企业的存货,通过对存货的收、发、存业务的处理,能够及时动态地掌握库存存货的各种信息,避免材料积压或短缺,有利于生产计划的制订和组织销售,能极大地提高库存业务的处理效率和库存管理的水平。在购销存集成应用时,库存系统可以对采购系统生成的采购入库单、销售出库单进行审核确认,为核算系统提供各种出入库单,在核算系统生成凭证后自动传递到总账系统。

(四)认知核算系统

核算系统是购销存系统中的一部分,与库存管理系统相比,库存管理系统侧重于从数量上对存货进行管理,而核算管理系统侧重于从金额上对存货进行管理,它主要用于核算企业存货的入库成本、出库成本和结余成本,反映和监督存货资金的占用情况。核算管理系统对采购入库单、销售出库单和库存系统生成的各种单据进行单据记账,对采购暂估入库进行暂估报销处理。与总账系统联用时,通过购销存单据制单、供应商往来和客户往来制单可将各种单据生成的凭证传递到总账系统中。

购销存的业务处理由录入各种单据开始,由单据生成各种明细账,由明细账生成统计表。

二、购销存系统的业务操作基本流程

购销存管理系统的业务操作基本流程如图 8-1 所示。

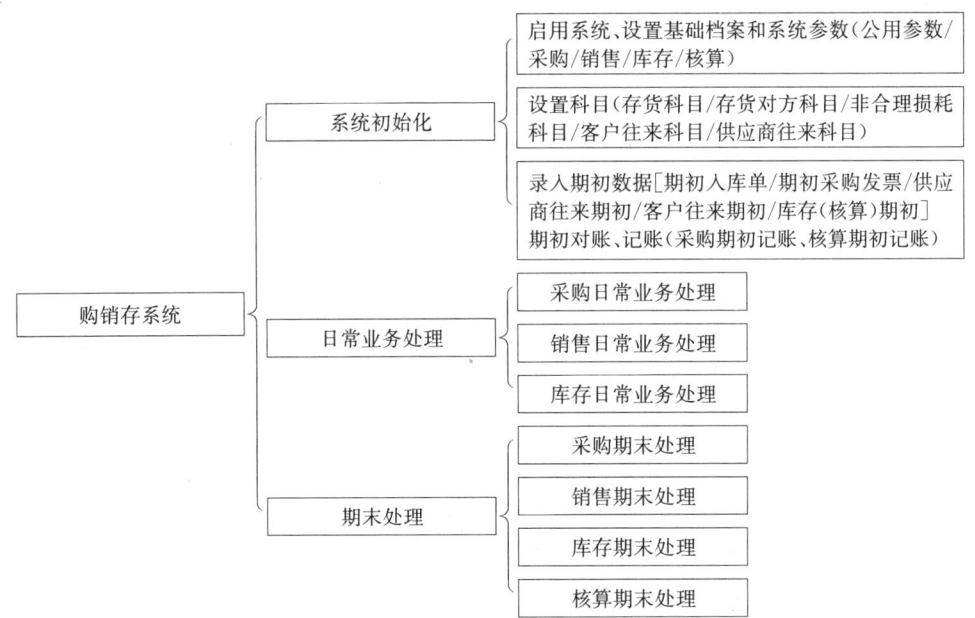

图 8-1 购销存系统业务流程图

三、认知购销存管理系统模块之间、购销存系统与其他系统之间的关系

(一) 物流方面

从物流上看,购销存管理系统主要有入库业务和出库业务两部分。

入库业务的入口是入库单,在采购管理中录入采购入库单;在库存管理中录入产品入库单和其他入库单,形成入库业务,增加库存;入库的各种单据在存货核算中记账,登录存货明细账,再把记账后的入库单制单,传递凭证到总账系统中。

出库业务的入口是出库单,在销售管理中录入发货单、委托代销出库单,在库存管理中根据发货单生成销售出库单;在库存管理中录入材料出库单和其他出库单,形成出库业务,减少库存;出库的各种单据在存货核算中记账,登录存货明细账,再把记账后的出库单制单,传递凭证到总账系统中。

库存管理对入库单和出库单统一管理,并根据盘点表自动生成盘盈入库单或盘亏出库单。

(二) 资金流方面

从资金流上看,在采购系统中录入采购发票,对采购入库单进行结算,形成应付账款,到应付账款中对结算后的采购发票制单,生成应付款凭证;在应付账款中录入付款单并付款,核销应付款,对付款后的付款单制单,生成付款凭证。

在销售系统中录入销售发票,审核后形成应收账款,到应收账款中对审核后的销售发票制单,生成应收款凭证;在应收账款中录入收款单收款,核销应收款,对收款后的收款单制单,生成收款凭证。

存货核算对各种入库单和出库单统一进行记账,登录存货明细账,确定存货的入库成本、出库成本及库存成本;并对记账后的出、入库单进行记账,生成出、入库凭证,登录到总账。

购销存系统模块之间、购销存系统与其他系统之间的关系如图 8-2 所示。

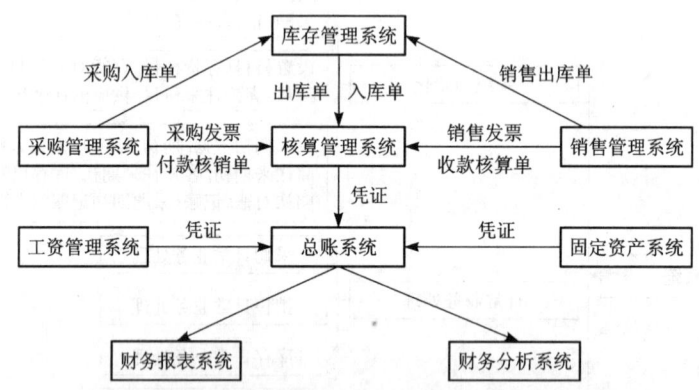

图 8-2 购销存系统之间、购销存系统与其他系统之间的关系

用友 T3 财务软件从总体上划分为三大部分:第一部分是财务会计核算,主要包括总账、工资、固定资产、会计报表四个模块;第二部分是供应链管理,包括采购、销售、库存和核算四个模块;第三部分是财务分析。从数据流程来看,总账系统是会计信息系统的核心,可以处理各子系统传递过来的凭证,其他子系统是在完成各自业务的基础上,对总账当中的数据实行专项管理。在购销存的几个模块中,只有核算模块与总账产生联系,其他的模块只是把单据传递到核算模块,由核算模块生成凭证后直接传递到总账系统中。

任务二 购销存系统初始化

购销存系统初始化一般操作过程包括启用购销存系统、设置基础档案信息及系统参数、购销存科目设置、录入期初数据、购销存期初记账等内容。

业务活动 8-1 启用购销存系统

启用购销存系统的方法主要有以下两种。
1. 由系统管理员在建账完成后启用
初次使用用友 T3 财务软件，系统管理员建立新账套时启用"购销存"、"核算"系统。
2. 由账套主管在建账完成后启用
账套建立使用后，由账套主管注册登录系统管理模块启用。

【活动准备】
恢复"练一练 4-3"备份的账套（购销存用）。
【岗位任务】操作员：账套主管（wgh）。

启用购销存管理系统和核算系统，启用时间为 2013 年 1 月。

【操作步骤】
步骤 1 以账套主管（wgh）身份登录"系统管理"。
步骤 2 选择【账套】→【启用】，进入系统启用界面，选择启用"购销存管理"和"核算"两个系统，启用时间为 2013 年 1 月，启用后如图 8-3 所示。
注意：各模块启用日期必须大于等于账套启用日期。

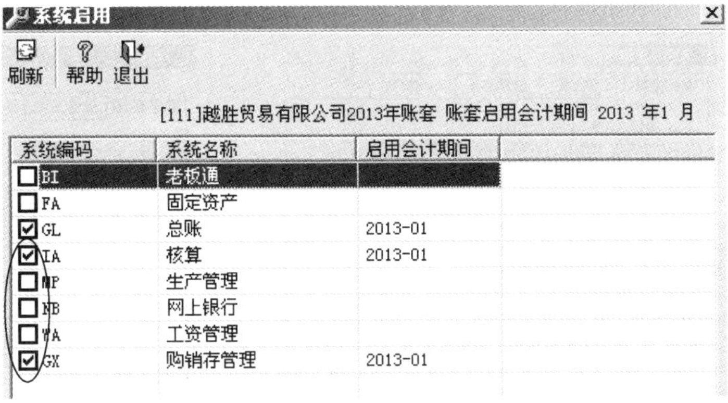

图 8-3 系统启用

业务活动 8-2 设置购销存基础档案及系统参数

一、公用参数设置

公用参数设置在"基础设置"中完成，包括"往来单位"、"存货"及"购销存"等内容的设置。

二、购销存各模块系统参数设置

购销存系统参数设置包括采购模块、销售模块、库存模块及核算模块的参数设置。

【活动准备】
1. 恢复业务活动 8-1 备份的账套。
2. 设置购销存参数要求。

【岗位任务】
根据参数设置要求完成参数设置。

1. 采购管理系统参数设置

采购管理系统参数设置范围包括业务控制、公共参数、结算选项及应付参数四项内容的设置,如图 8-4 所示。企业可根据企业的具体情况进行选择设置。

采购系统参数要求:业务流程选择标准流程,允许查看修改他人的单据,增值税专用发票默认税率为 17%。

【操作步骤】操作员:采购主管或账套主管。

步骤1　以账套主管或采购业务主管身份登录用友 T3 财务软件。

步骤2　选择【采购】→【采购业务范围设置】,进入"采购系统选项设置"界面。

步骤3　打开各个页签,根据企业需要进行选择设置。

设置方法:用鼠标点击参数所在页签。每个参数选项前有个选择框,选择框出现打勾标记,表示选择为"是";否则表示选择为"否"。设置完毕用鼠标点击【确认】按钮,保存本次选择结果并关闭本窗口,点击【取消】按钮不保存本次选择结果。

步骤4　设置完毕,点击【确认】按钮后退出,如图 8-4 所示。

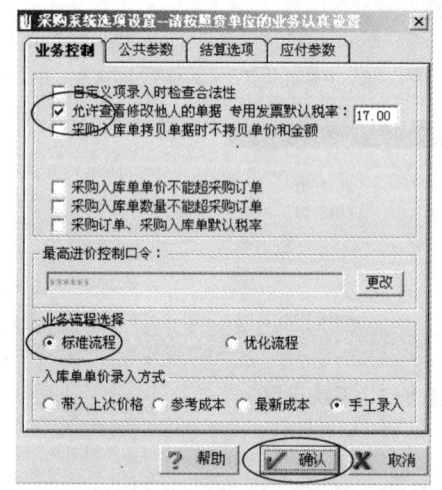

图 8-4　采购管理初始化内容

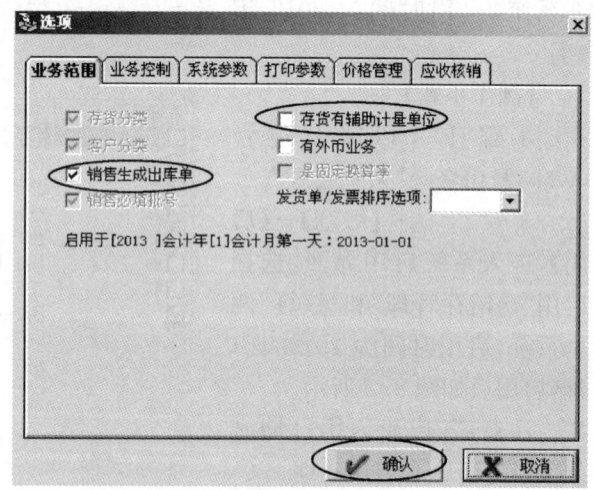

图 8-5　采购管理初始化内容

2. 销售管理系统参数设置

销售管理系统的参数设置内容包括业务范围、业务控制、系统参数、打印参数、价格管理和应收核销等六个方面,如图 8-5 所示。

销售系统参数要求:销售生成库单,存货没有辅助计量单位。

【操作步骤】操作员:销售主管或账套主管。

步骤1　以账套主管或销售业务主管身份登录用友 T3 财务软件。

步骤2　选择【销售】→【销售业务范围设置】,进入"选项"界面。

步骤 3　打开选项页签,完成参数选择设置,设置方法与采购参数设置相同(即根据企业要求在参数选项前面的方框打"√"或取消"√")。

步骤 4　设置完毕,点击【确认】按钮后退出,如图 8-5 所示。

企业可根据自身的销售管理模式和业务流程,通过本功能自行设定参数选项。

3. 库存管理系统参数设置

库存管理系统包括系统参数设置和打印参数设置两个方面的内容,如图 8-6 所示。

库存系统参数要求:没有批次管理要求,库存系统生成出库单,存货无辅助计量单位。

【操作步骤】操作员:库存主管或账套主管。

步骤 1　以账套主管或库存主管身份登录系统。

步骤 2　选择【库存】→【库存业务范围设置】命令,进入"系统参数设置"窗口。

步骤 3　根据企业要求进行参数选择后,点击【确认】按钮后退出,如图 8-6 所示。

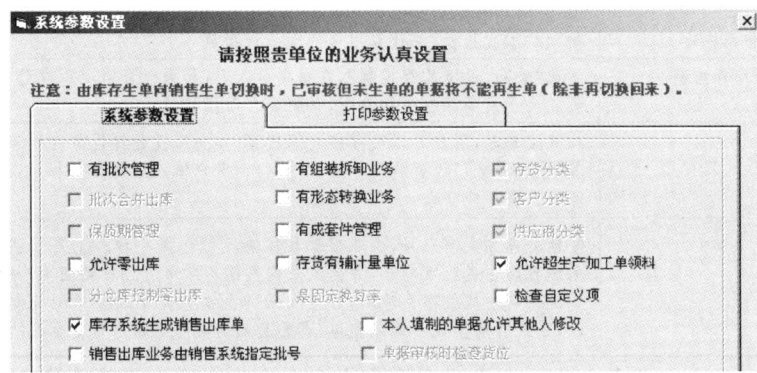

图 8-6　库存管理系统参数设置

注:批次管理、辅助计量单位等参数选择在存货启用后不能再修改。

4. 核算系统参数设置

核算系统包括核算方式、控制方式、最高最低控制和供应商、客户往来 4 个方面的参数内容,如图 8-7 所示。

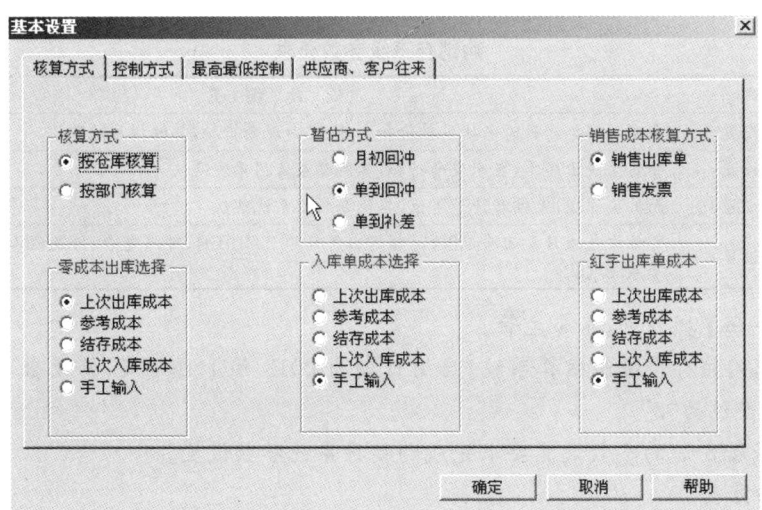

图 8-7　核算系统参数设置

核算系统参数要求:核算方式按仓库核算、暂估方式单到回冲。

【操作步骤】操作员:账套主管"韦国汉"(wgh)。

步骤1　以账套主管身份登录系统。

步骤2　选择【核算】→【核算业务范围设置】,进入"基本设置"窗口,如图8-7所示。

步骤3　根据企业要求进行参数选择后,点击【确认】按钮后退出,如图8-7所示。

知识链接

购销存业务范围设置参数的内容如表8-1所示。

表8-1　　　　　　　　　购销存业务范围设置参数的内容

项 目 名 称	参 数 内 容
显示现金折扣 (采购、销售系统)	勾选"显示现金折扣",如有现金折扣优惠政策,在单据结算时会显示"可享受折扣"和"本次折扣"并计算出现的现金折扣额
最高、最低库存控制 (库存系统)	勾选"最高、最低库存控制",在单据录入时,如果存货出现库存量小于最低库存量或大于最高库存量的情况,系统会自动报警
核算方式	初建账套时,用户可以选择按仓库核算(按仓库设置计价方式核算)或按部门核算(按所属部门设置的计价方式核算)。用户输入期初数据和日常数据后,此核算方式将不能修改
暂估处理方式	暂估处理方式有三种,企业根据具体情况可选择一种。①月初回冲:指月初时系统自动生成红字单,并生成采购报销入库单。②单到回冲:指报销处理时,系统自动生成红字回冲单,并生成采购报销入库单。③单到补差:指报销处理时,系统自动生成一笔调整单,调整金额为实际金额与暂估金额的差额

练一练8-1　　　　　购销存系统参数设置

【活动准备】

1. 恢复"练一练4-3"备份的账套(购销存系统适用)。

2. 参数设置要求(见表8-2)。

表8-2　　　　　　　　　购销存系统参数要求

项　目	参　数　设　置
采购参数设置	采购入库单拷贝时不拷贝单价和金额、显示现金折扣,其他按系统默认
销售参数设置	销售生成出库单,显示现金折扣,其他参数采用系统默认
库存参数设置	无批次管理,无辅助计量单位,其他参数按系统默认
核算参数设置	暂估方式为月初回冲,进项税额转出科目为22210104,可以查看、修改他人票据,其他选择系统默认

【岗位任务】操作员:账套主管。

1. 启用购销存系统和核算系统,启用日期为2013年1月1日;修改数据精度定义,开票单价小数位为"3"。

2. 根据表8-2的参数设置要求完成购销存系统参数设置。

3. 备份账套。

业务活动 8-3　设置购销存系统科目

设置购销存系统科目,主要是设置系统生成凭证所需要的各种存货科目及差异科目。包括设置存货科目、存货对方科目、非合理损耗科目、供应商往来科目及客户往来科目等。

【活动准备】

1. 恢复"练一练 8-1"备份的账套。
2. 设置购销存科目要求。

【岗位任务】操作员:账套主管。

设置购销存系统科目。

1. 设置存货科目

存货科目设置要求见表 8-3。

表 8-3　　　　　　　　　　　存货科目设置要求

仓库编码	仓库名称	存货分类名称	存货科目
1	原材料库	原材料	140301

【操作步骤】

步骤 1　选择【核算】→【科目设置】→【存货科目】命令,打开"存货科目"对话框。

步骤 2　点击【增加】按钮,按科目设置要求录入后,点击【保存】按钮后退出,如图 8-8 所示。

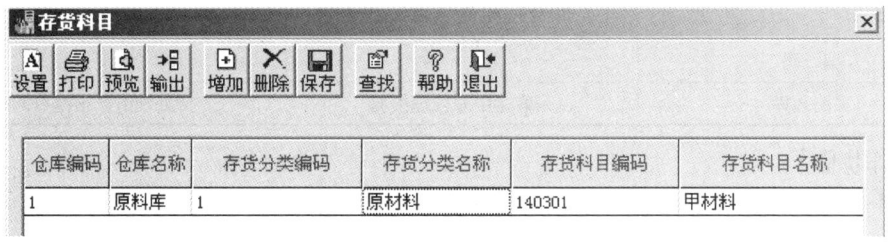

图 8-8　"存货科目"对话框

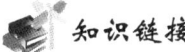

(1) 同一仓库的同一存货分类不可重复设置,如原材料库下的甲材料、乙材料不可同时设置。

(2) 同一仓库的不同存货分类不可有包含关系。例如:仓库 2,存货分类为 301;仓库 2,存货分类为 30101。这两条记录有包含关系,不可同时设置。

(3) 存货科目必须输入,应输入科目表中已设置的科目,可参照科目表输入;但不能输入其他系统的控制科目;其他系统的控制科目参照时不显示。

2. 设置存货对方科目

存货对方科目设置要求见表 8-4。

表 8-4　　　　　　　　　　　　存货对方科目

收发类别	存货名称	对方科目
采购入库	甲材料	应付账款(220201)

【操作步骤】

步骤 1　选择【核算】→【科目设置】→【存货对方科目】，打开"对方科目设置"对话框。

步骤 2　点击【增加】按钮，按对方科目设置要求录入后退出，如图 8-9 所示。

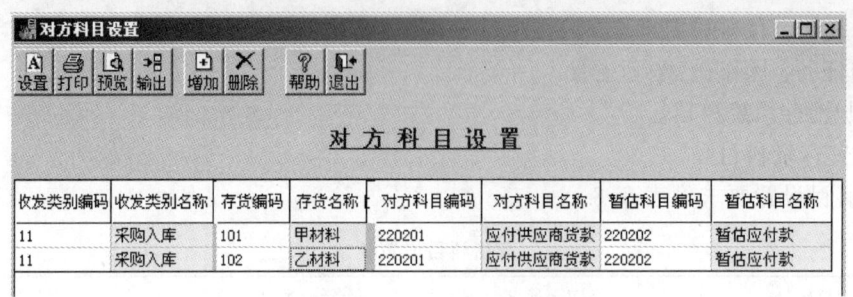

图 8-9　"对方科目设置"对话框

注意：对方科目不能为空且是末级科目，对方科目可根据收发类别、存货类别、部门、成本对象和存货设置对方科目。

3. 设置非合理损耗科目

非合理损耗科目设置要求见表 8-5。

表 8-5　　　　　　　　　　　非合理损耗科目设置要求

编　码	名　　称	会　计　科　目
采购入库	采购途中非合理损耗	待处理财产损溢(1901)

【操作步骤】

步骤 1　选择【核算】→【科目设置】→【非合理损耗科目】，打开"非合理损耗"对话框。

步骤 2　在"非合理损耗"对话框中按要求录入非合理损耗编码、名称、会计科目等信息，如图 8-10 所示。

图 8-10　"非合理损耗"对话框

注：如需要取消设置，则将科目取消或选中设置条目点击【删除】按钮即可。

4. 设置客户(供应商)往来科目

客户往来科目设置要求：基本科目：应收科目 1122，销售收入科目 500101，应交增值税科目 22210106,预收科目 2203,现金折扣科目 530303;结算科目:转账支票、银行汇票、汇兑,结算科目均为 100201。

【操作步骤】

步骤1 选择【核算】→【科目设置】→【客户往来科目】,打开"客户往来科目设置"对话框。

步骤2 根据需要选择"基本科目设置"、"控制科目设置"、"产品科目设置"、"结算方式科目设置"等文件夹,按要求进行科目设置,如图 8-11 所示。

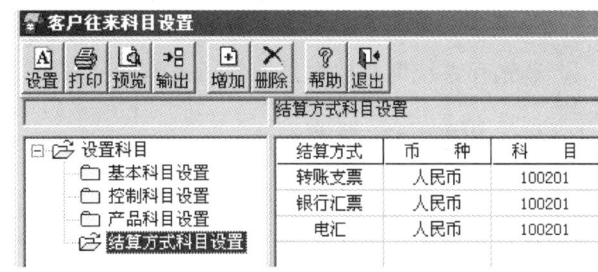

图 8-11 客户往来科目设置(结算科目设置)

 练一练 8-2　　　　存货科目设置

【活动准备】

1. 恢复"练一练 8-1"备份的账套。
2. 存货科目设置要求(见表 8-6)。

表 8-6　　　　存货科目设置要求

仓库编码	仓库名称	存货分类	存货科目
1	原材料库	原材料	140301
2	周转材料库	包装物	141101
2	周转材料库	低值易耗品	141102
3	成品一库	库存商品	140501
4	成品二库	库存商品	140502

3. 存货对方科目设置要求(见表 8-7)。

表 8-7　　　　存货对方科目设置要求

收发类别	存货名称	对方科目	收发类别	存货名称	对方科目
采购入库	甲材料	应付账款(220201)	销售出库	A产品	主营业务成本(5401)
产成品入库	A产品	生产成本(4001)	材料领用出库	甲材料	生产成本(4001)

4. 设置所有非合理损耗类型的科目均为"待处理财产损溢(1901)"科目。

5. 客户往来科目设置要求:基本科目:应收科目 1122,销售收入科目 500101,应交增值税科目 22210106,预收科目 2203,现金折扣科目 530303;结算科目:转账支票、银行汇票、汇兑,结算科目均为 100201。

6. 供应商往来科目设置要求:基本科目:应付科目 220201,采购科目 1402,应交增值税科目 22210101,预付科目 1123,现金折扣科目 530303;结算科目:转账支票、银行汇票、汇兑,结算科目均为 100201。

【岗位任务】操作员:账套主管"韦国汉"(wgh)。

1. 根据业务资料完成购销存科目设置。
2. 备份账套。

业务活动 8-4　购销存系统期初数据录入

购销存系统期初数据录入包括采购期初、销售期初、库存(核算)期初数据录入等。

一、采购期初数据录入

采购期初的数据录入包括期初暂估入库数据录入、期初在途存货数据录入和供应商往来期初数据录入等内容。

【活动准备】

1. 恢复"练一练 8-2"备份的账套。
2. 购销存期初数据资料。

【岗位任务】操作员：采购主管或账套主管。

根据资料完成期初采购期初数据的录入。

1. 采购暂估入库期初数据录入(货到单未到)

期初暂估入库是将启用采购管理系统前没有取得供货单位采购发票，不能进行采购结算的入库单录入系统，以便取得发票后进行采购结算。期初暂估入库数据在【采购入库单】功能中录入。

采购暂估期初数据：2012 年 12 月 27 日，收到晶莹公司发来的甲材料 100 千克，暂估单价为 51.21 元，材料已验收入库，至今未收到采购发票。

【操作步骤】

步骤 1　选择【采购】→【采购入库单】命令，进入"期初采购入库单"窗口。

步骤 2　单击【增加】按钮，输入入库日期"2012-12-27"，选择仓库"原料库"，供货单位为"晶莹公司"，部门为"采购部"，入库类别为"采购入库"，采购类型为"材料采购"。

步骤 3　选择存货编码"101"，输入数量"100"、暂估单价"51.21"，如图 8-12 所示，单击【保存】按钮后退出。

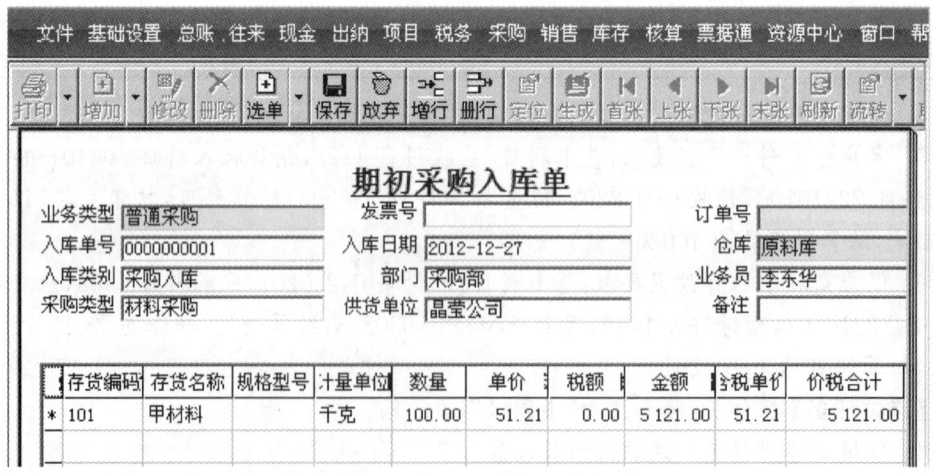

图 8-12　录入期初采购入库单

知识链接

（1）只要没有执行期初记账，进入采购入库单界面显示的均为"期初采购入库单"。

（2）期初采购入库单的日期要早于采购模块启用日期。

2. 采购在途物资期初数据录入（单到货未到）

期初在途存货是将启用采购管理系统前已取得供货单位采购发票，货物没有入库，不能进行采购结算的发票输入系统，以便货物入库填制入库单后进行采购结算。期初在途存货数据在【采购发票】功能中输入。

采购在途物资期初数据：2012年12月28日，采购部收到晶莹公司开具的专用发票一张，发票号为A00110，发票注明购买乙材料70千克，单价为80元，由于天气原因影响运输，该货物尚在运输途中。

【操作步骤】

步骤1　选择【采购】→【采购发票】，或双击"采购发票"图标，打开"采购发票"窗口。

步骤2　单击【增加】按钮右侧箭头，选择"专用发票"，打开"期初采购专用发票"窗口。

步骤3　输入发票号"A001110"，开票日期为"2012-12-28"，选择部门"采购部"，供货单位为"晶莹公司"，采购类型为"材料采购"。

步骤4　选择存货编码"102"，输入数量"70"，原币单价"80"，如图8-13所示，单击【保存】按钮，完成后单击【退出】按钮。

图8-13　录入期初采购发票

3. 采购供应商往来期初数据（应付账款）录入

供应商往来期初数据见表8-8。应付账款应以采购专用发票录入。

表8-8　　　　　　　　　　　供应商往来期初数据

发票号	日期	供应单位	部门名称	存货代码	科目	存货名称	数量（千克）	单价（元）
0000001	2012-12-27	晶莹公司	采购部	101	220201	甲材料	258	50.00

【操作步骤】

步骤1　选择【采购】→【供应商往来】→【供应商往来期初】，进入"期初余额_查询"对话框,点击【确认】按钮,进入"期初余额明细账"窗口。

步骤2　在进入"期初余额明细账"窗口工具栏,点击【增加】按钮,进入【单据类别】窗口。

步骤3　在"单据名称"处选择【采购发票】,"单据类型"处选择【专用发票】,"方向"处选择【正向】,点击【确认】按钮。

步骤4　按活动资料输入发票号、开票日期,选择供货单位、部门名称,选择"存货名称——甲材料",输入数量"258",单价"50",点击【保存】按钮后退出,如图8-14所示。

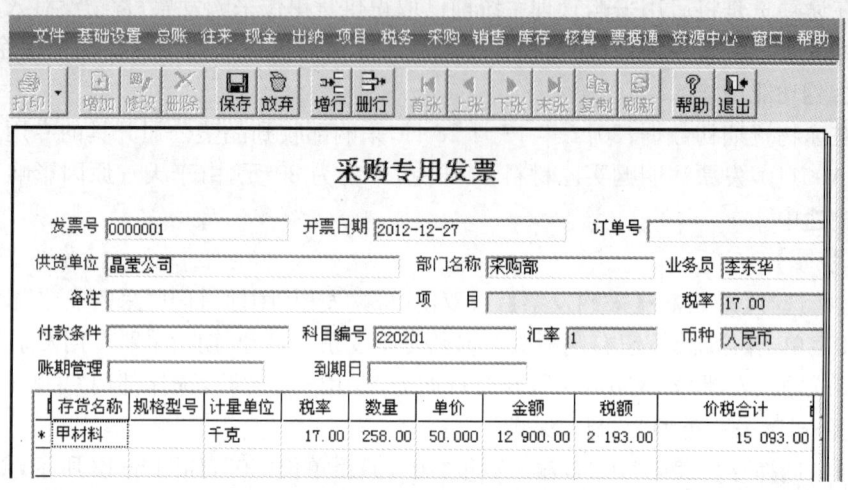

图8-14　供应商往来期初(采购普通发票)

步骤5　在"期初余额对账表"窗口,点击【对账】按钮,与总账对账,如图8-15所示。

图8-15　采购期初对账

4. 采购期初供应商往来期初数据(预付账款)录入

供应商往来期初数据见表8-9。预付账款应以预付款单录入。

表8-9　　　　　　　　　　　供应商往来期初数据

日期	供应商	摘要	科目	方向	金额(元)	业务员
2012-12-25	贝达公司	预付购甲材料	1123	借	50 000.00	凡禹

【操作步骤】

步骤1　选择【采购】→【供应商往来】→【供应商往来期初】命令,在"期初余额_查询"对话框,点击【确认】按钮,进入"期初余额明细账"窗口。

步骤2　点击【增加】按钮,进入"单据类别"窗口。

步骤3　在"单据名称"处选择【预付款】,在"单据类型"处选择【付款单】,在"方向"处选择【正向】,之后点击【确认】按钮。

步骤4 按活动资料输入结算日期,选择供应商、部门、业务员,输入金额、摘要后保存退出,如图 8-16 所示。

步骤5 在"期初余额明细账"窗口,点击【对账】按钮,与总账对账,如图 8-15 所示。

图 8-16 预付款期初录入

练一练 8-3　　　采购期初录入

【活动准备】

1. 恢复"练一练 8-2"备份的账套。
2. 采购期初暂估数据、在途存货数据、供应商往来数据见表 8-10～表 8-12。

表 8-10　　　　　采购期初暂估数据

日期	供应商	摘要	仓库	存货代码	数量(千克)	单价(元)
2012-12-27	晶莹公司	暂估入库	原材料库	101	100	51.21

表 8-11　　　　　采购期初在途存货数据

发票号	日期	供应单位	部门名称	存货代码	存货名称	数量(千克)	单价(元)
A00110	2012-12-28	晶莹公司	采购部	102	乙材料	70	80.00

表 8-12　　　　　采购期初供应商往来数据

日期	供应单位	部门名称	存货代码	科目	存货名称	数量(千克)	单价(元)	金额(元)
2012-12-27	晶莹公司	采购部	101	220201	甲材料	258	50.00	15 093.00
2012-12-25	贝达公司	采购部	—	1123				50 000.00

> 【岗位任务】操作员：采购主管"李东华"(ldh)。
> 1. 按表 8-9～表 8-11，完成采购期初数据录入，采购发票均为增值税专用发票。
> 2. 对账。
> 3. 备份账套。

二、销售系统期初数据录入

销售系统期初数据录入没有单据录入，只有客户往来期初数据录入。

【活动准备】

1. 恢复"练一练 8-3"备份的账套。
2. 客户往来期初数据(见表 8-13)。

表 8-13　　　　　　　　　客户往来期初数据

开票日期	部门	客户	科目	存货代码	数量(件)	单价(元)	金额(元)	业务员
2012-11-15	销售部	星光公司	1122	201	19	800	17 784.00	王刚
2012-12-21	销售部	东方公司	2203	—	—	—	60 000.00	张帆

【岗位任务】操作员：销售主管或账套主管。

以销售专用发票形式录入应收款项数据(税率为 17%)，发票号为 0000001，以"预收款单"录入期初预收账款数据。

1. "应收账款"期初数据(见表 8-13)录入

【操作步骤】

步骤 1　选择【销售】→【客户往来】→【客户往来期初】命令，在"期初余额_查询"对话框，点击【确认】按钮，进入"期初余额明细账"对话框。

步骤 2　点击【增加】按钮，进入【单据类别】窗口，在"单据名称"处选择【销售发票】，在"单据类型"处选择【专用发票】，在"方向"处选择【正向】，点击【确认】按钮。

步骤 3　按活动资料输入开票日期、发票号、选择客户名称、部门、业务员，输入金额、摘要后，点击【保存】按钮后退出。"应收账款——星光公司"期初数据录入如图 8-17 所示。

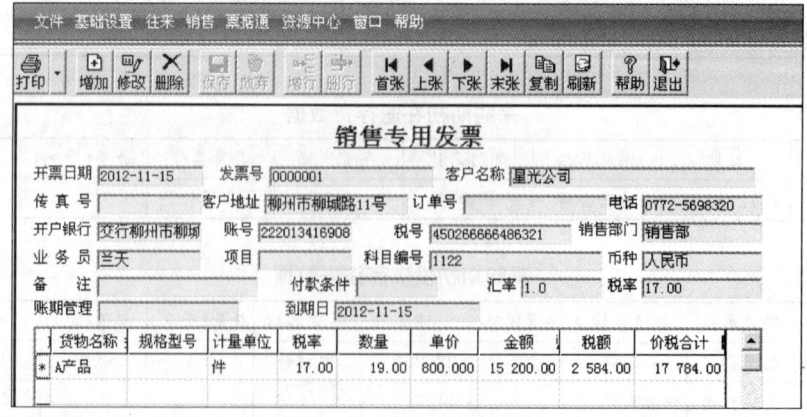

图 8-17　销售专用发票

步骤 4　在"期初余额明细账"对话框,点击【对账】按钮,与总账系统进行对账。

2. "预收账款"期初数据(见表 8-13)

【操作步骤】

步骤 1　与"应收账款"期初数据录入同。

步骤 2　点击【增加】按钮,进入【单据类别】窗口,在"单据名称"处选择【预收款】,在"单据类型"处选择【预收单】,在"方向"处选择【正向】,点击【确认】按钮。

步骤 3　按活动资料录入结算日期、选择客户名称、部门、业务员,输入金额、摘要后,点击【保存】按钮后退出。"预收账款——东方公司"期初数据录入如图 8-18 所示。

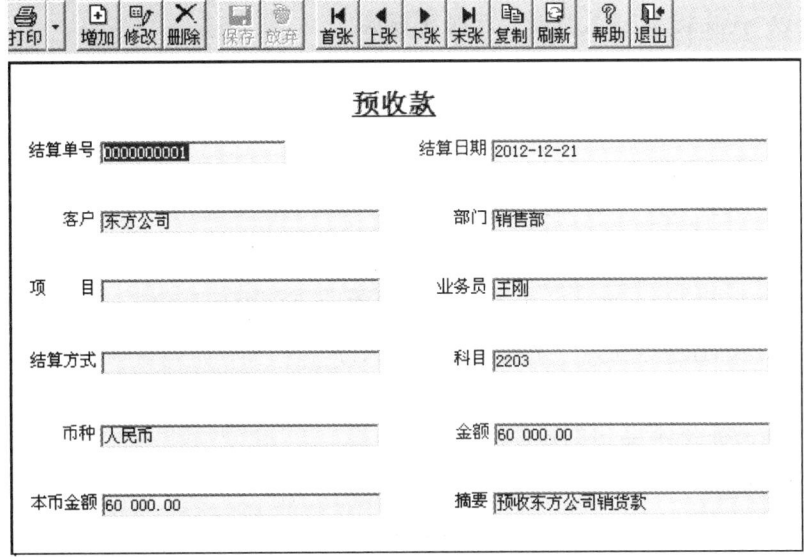

图 8-18　预收款单

步骤 4　点击"期初余额明细账"对话框,点击【对账】按钮,与总账系统对账,如图 8-19 所示。

科目		应收期初		总账期初		差额	
编号	名称	原币	本币	原币	本币	原币	本币
1122	应收账款	77 805.00	77 805.00	77 805.00	77 805.00	0.00	0.00
2203	预收账款	-60 000.00	-60 000.00	-60 000.00	-60 000.00	0.00	0.00
	合计		17 805.00		17 805.00		0.00

图 8-19　销售期初对账

注:销售系统没有单据的期初,只有客户的往来期初。

　练一练 8-4　　　　销售系统期初数据录入

【活动准备】

1. 恢复"练一练 8-3"备份的账套。
2. 应收账款余额为 77 805 元,预收账款余额为 60 000 元,客户往来期初数据见表 8-14。

(续上)

表 8-14　　　　　　　　　客户往来期初数据

开票日期	部门	客户	科目	存货代码	数量(件)	单价(元)	金额(元)	业务员
2012-11-15	销售部	星光公司	1122	201	19	800	17 784.00	王刚
2012-11-20	销售部	腾飞公司	1122	202	90	570	60 021.00	张帆
2012-12-21	销售部	东方公司	2203	—	—	—	60 000.00	张帆

【岗位任务】操作员：销售主管"兰天"(lt)。

1. 以销售专用发票形式录入应收款项数据（税率为17%），发票号为0000001、00000002；以"预收款单"录入期初预收账款数据。

2. 对账。

3. 备份账套。

三、库存(核算)系统期初数据录入

库存(核算)系统期初数据录入主要是存货期初数据录入。第一次使用库存管理系统，必须输入所有末级存货的期初数据。库存期初与核算期初调用的是同一个界面，只需要在一个模块录入、记账、取消记账，在另一个模块也同样执行。

【活动准备】

1. 恢复"练一练8-4"备份的账套。

2. 存货期初数据（见表8-15）。

表 8-15　　　　　　　　　存货期初数据

存货编码	名称	单位	期初数量	单价(元)	期初余额(元)	存放地点
101	甲材料	千克	8 000	50.00	400 000.00	原料库

【岗位任务】操作员：库存主管。

根据项目活动准备资料完成库存系统期初数据录入。

【操作步骤】

步骤1　选择【库存】→【期初数据】命令，选择"库存期初"，进入"期初余额"对话框。

步骤2　仓库选择、存货大类选择。

步骤3　点击【增加】按钮，在"存货编码"处录入存货编码或参照选择录入存货，输入数量、单价、存货科目编码，如图8-20所示。

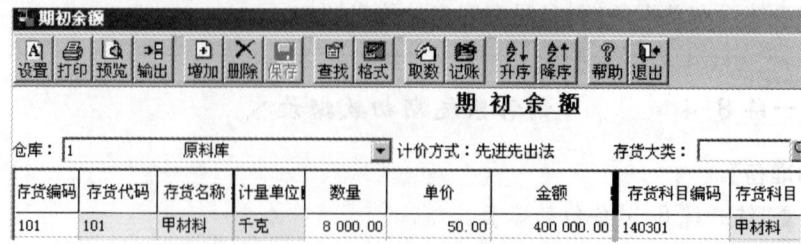

图 8-20　存货期初余额录入

步骤4　点击【保存】按钮后退出,完成存货期初录入。

练一练 8-5　　　核算系统期初数据录入

【活动准备】
1. 恢复"练一练 8-4"备份的账套。
2. 存货期初余额(见表 8-16)。

表 8-16　　　　　　　　　　存货期初余额

存货编码	名称	单位	期初数量	单价	期初余额(元)	存放地点
101	甲材料	千克	8 000	50	400 000	原料库
102	乙材料	千克	3 500	80	280 000	原料库
201	A产品	件	2 000	500	1 000 000	成品一库
202	B产品	件	900	250	225 000	库品二库
302	工作服	套	100	200	20 000	周转材料库

【岗位任务】操作员:库存主管"刘荣"(lr)。
1. 根据表 8-16 的资料,完成存货期初数据的录入。
2. 备份账套。

业务活动 8-5　购销存系统期初记账

正常业务处理前必须进行期初记账,购销存系统的期初记账包括采购系统期初记账、库存(核算)系统记账等内容。期初记账的顺序是:采购期初记账→库存(核算)记账。

若采购系统没有期初余额也必须执行期初记账,采购系统期初记账后,库存(核算)系统任选一个来进行期初记账,另一个会自动记账。

一、采购系统期初记账

期初记账是将采购期初数据记入有关采购账中。期初记账后,期初数据不能增加、修改,除非取消期初记账。期初记账后录入的入库单、发票都是启用月份及以后月份的单据,在【月末结账】功能中记入有关采购账。

【操作步骤】
步骤1　选择【采购】→【期初记账】,即可进入期初记账处理功能。
步骤2　选择【记账】按钮,对期初数据进行记账;若选择【取消记账】,则取消期初记账状态,如图 8-21 所示。
注意:若库存(核算)系统已经进行期初记账,要想取消采购系统期初记账,必须先取消库存(核算)系统期初记账,方能取消采购期初记账。

二、库存(核算)系统期初记账

期初记账是指将录入各存货的期初数据记入库存台账、批次台账等账簿中,期初数据录入

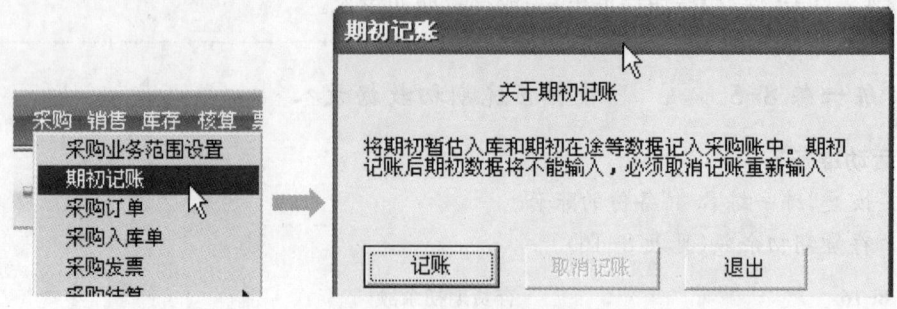

图 8-21 期初采购记账

完毕,必须经过期初记账后,才能进行日常业务、账簿查询、统计分析等操作。

【操作步骤】

步骤1 选择【库存】→【期初数据】→【期初余额】,进入"期初余额"界面。

步骤2 点击【记账】按钮,出现"期初记账成功",点击【确定】按钮后退出。期初记账后,如需要取消期初记账可点击"恢复"菜单,即可取消库存期初记账状态。

 知识链接

(1)只有采购系统执行期初记账,库存管理系统和核算系统才能记账。因此,即使没有采购期初数据,也要执行采购期初记账。如要取消采购期初记账,则先取消库存(核算)的期初记账方能取消。

(2)库存(核算)模块取消记账的方法:在期初界面点击【恢复】按钮。

 练一练 8-6　　　　购销存系统期初记账

【活动准备】

恢复"练一练 8-5"备份的账套。

【岗位任务】操作员:账套主管"韦国汉"(wgh)。

1. 以账套主管身份登录系统,完成采购期初记账及核算系统记账。

2. 备份账套。

任务三　购销存日常业务处理

一、认知采购系统日常业务处理

(一)采购日常业务处理的基本内容

采购的日常业务处理包括采购订单、采购入库单、采购发票的录入,采购结算,付款结算,供应商往来的处理及采购账表的查询。

1. 采购订单的录入

当企业与供货单位签订采购意向协议时,可以将采购协议以采购订单的方式输入计算机,并打印出来报采购主管审批。经供货单位审核确认后的订单,可以生成入库单和采购发票。

2. 采购入库单的录入

采购入库单的填制方法如下:①根据实际验收入库数量填制采购入库单。②根据采购订单、发票流转生成入库单(如采购订单、发票与实际入库有出入,则以实际入库为准加以调整)。

如为退货,应选择红字入库单。

3. 采购发票的录入

采购发票分为增值税专用发票、增值税普通发票、运费发票等,如退货选用相应的红票。发票的填制方法为:①根据销货方、货运单位开具的发票填制。②发票可以根据采购订单、入库单流转生成(如发票与入库单、订单不相符需要调整)。

4. 采购结算

采购结算也称为采购报账,是指采购核算人根据采购入库单、采购发票核算采购入库成本,采购结算的结果是生成采购结算单,它是采购入库单和采购发票对应关系的结算对照表。

(1)自动结算:按日期、供应商、存货、制单人等条件选择未报账的发票和入库单,将存货同等数量的发票不含税金额记入入库单。

(2)手工结算:①可以对发票数量与入库数量不相等的情况进行处理。②可以对非合理损耗损失及税金进行灵活处理。③可以结算入库单中部分货物,未结算的货物可以在今后取得发票后再结算。④可以同时对多张入库单和多张发票进行报账结算。⑤支持三角债结算,即支持甲单位的发票可以结算乙单位的货物。

注:如需要取消结算:选择【采购结算】→【结算单明细列表】,选中【记录】,双击打开后点击删除。

5. 付款结算

支付款项时,根据付款凭证填制付款单,并核销应付账款或形成预付账款。

6. 供应商往来的处理

供应商往来是购货单位与供应商之间因为款项结算形成的往来关系,包括付款结算、应付冲应付、预付冲应付、应付冲应收、红票对冲等。

注:如需要取消供应商往来操作,应选择【供应商往来】,再选择【取消操作】。

7. 采购账表的查询

采购账表分采购明细账、采购统计表。采购明细表主要包含:货到票未到明细表、票到货未到明细表、费用明细表、存货采购明细表等。采购统计表主要包括货到票未到统计表、票到货未到统计表、存货采购余额一览表等。

(二)采购管理系统业务流程

采购管理系统业务流程如图 8-22 所示。

(三)采购管理系统与其他购销存系统的关系

1. 物流方面

首先,采购系统填制或生成的采购入库存单。其次,库存系统对入库单进行审核。最后,核算系统完成正常单据记账并填制凭证(购销单据制单、采购入库单制单)。

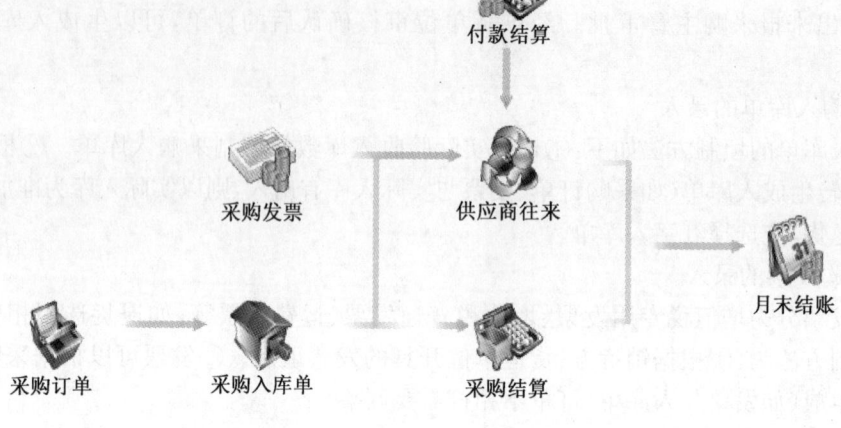

图 8-22 采购管理系统业务流程

2. 资金流方面

(1) 采购系统：①填制采购发票可现付传递到核算系统，也可形成应付账款传递到核算系统。②填制付款单后保存、核销应付账款或生成预付款，传递到核算系统。③选择供应商往来的对冲功能传递到核算系统。

(2) 核算系统：可选择购销单据合并制单、供应商往来制单，生成凭证传递到总账。

采购管理系统与其他购销存系统的关系如图 8-23 所示。

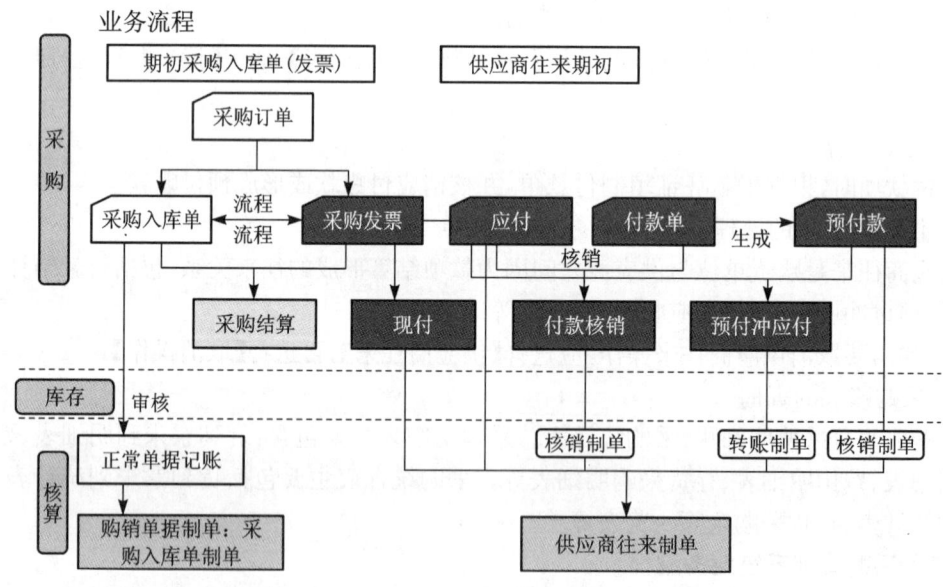

图 8-23 采购管理与其他购销存系统的相互关系

(四) 普通采购业务处理方法

按货物和发票到达的先后，将普通采购业务划分为单货同行、货到票未到（暂估入库）、票到货未到（在途存货）三种类型，不同的业务类型相应的处理方式有所不同。

1. 单货同行业务处理流程

当采购、库存、核算、总账集成使用时,单货同行的采购业务处理流程如图 8-24 所示。

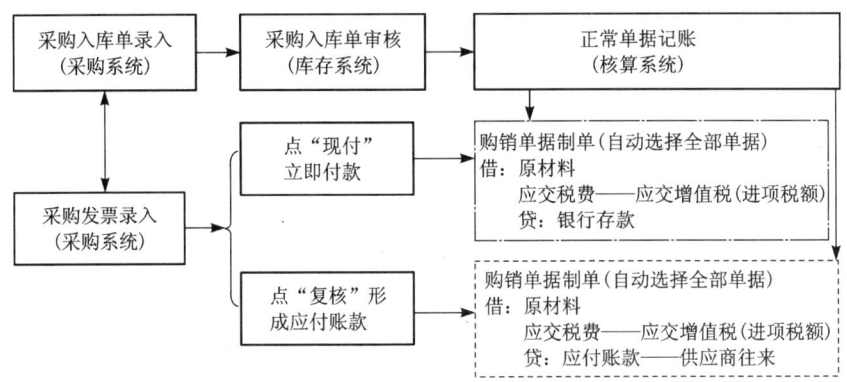

图 8-24　单货同行的采购业务处理流程

2. 货到票未到(暂估入库)业务

系统提供了三种处理方法:月初回冲、单到回冲、单到补差。

(1) 月初回冲:采用这种方法,下月初核算模块会自动生成"红字回冲单",对"红字回冲单"制单,冲回上月的暂估凭证。

(2) 单到回冲:采用这种方法,下月初不做处理,收到采购发票后,再进行处理。

(3) 单到补差:采用这种方法,下月初不做处理,收到采购发票后,根据报销金额与暂估金额的差额产生调整单,对调整单制单,生成凭证。

以单到回冲为例,暂估业务的业务处理流程如图 8-25 所示。

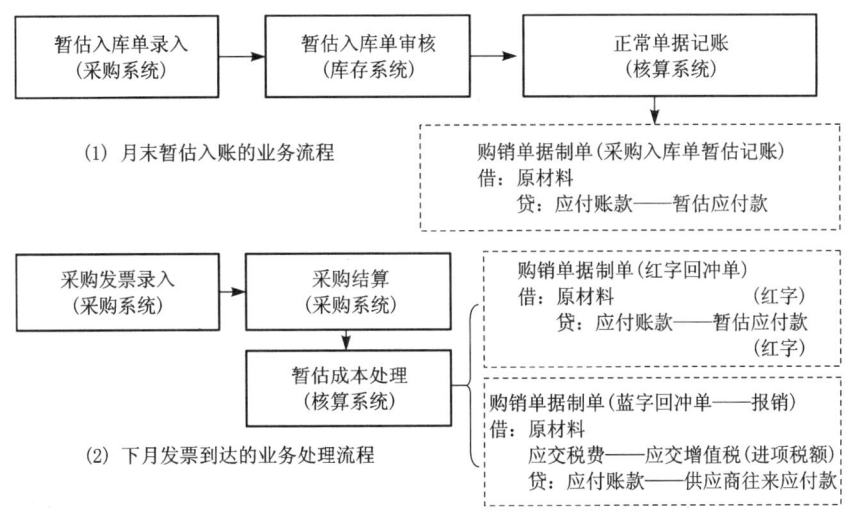

图 8-25　单到回冲暂估处理的业务流程

3. 票到货未到(在途存货)业务

票到货未到时,可以等货到时再一并进行处理,也可以在采购系统输入采购发票,待货物到后再填制入库单并做采购结算。票到货未到的采购业务处理流程如图 8-26 所示。

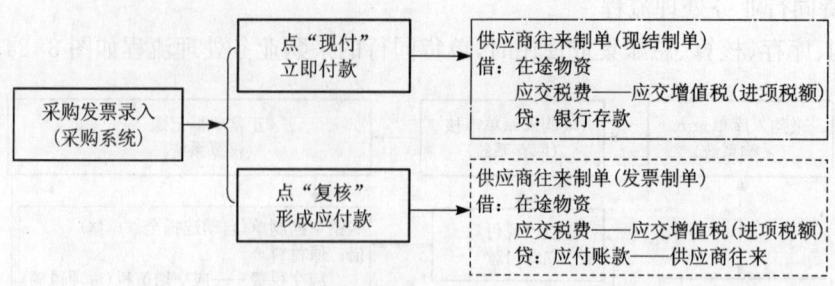

图 8-26　票到货未到的业务流程

业务活动 8-6　采购日常业务处理

【活动准备】

1. 恢复"练一练 8-6"备份的账套。
2. 2013 年 1 月,越胜贸易有限公司采购经济业务(凭证附件张数暂时不计)。

【岗位任务】操作员:采购主管、库存主管、会计。

根据业务资料完成下列采购业务的核算。

经济业务 8-1:采购订货业务。1 日,向畅达公司订货一批,材料为乙材料,数量为 500 千克,单价为 82 元,税率为 17%,预计本月 5 日到货。

操作流程如下:

(1) 录入采购订单(采购模块)。

(2) 审核采购订单(采购模块)。

【操作步骤】

步骤 1　选择【采购管理】→【采购订单】命令,进入"采购订单"窗口。

步骤 2　单击【增加】按钮,输入日期"2013-01-01",选择供应单位"畅达公司"。

步骤 3　存货编号为"0102",输入数量"500",单价"82",计划到货日期"2013-01-05"。

步骤 4　单击【保存】按钮,再单击【审核】按钮后退出,如图 8-27 所示。

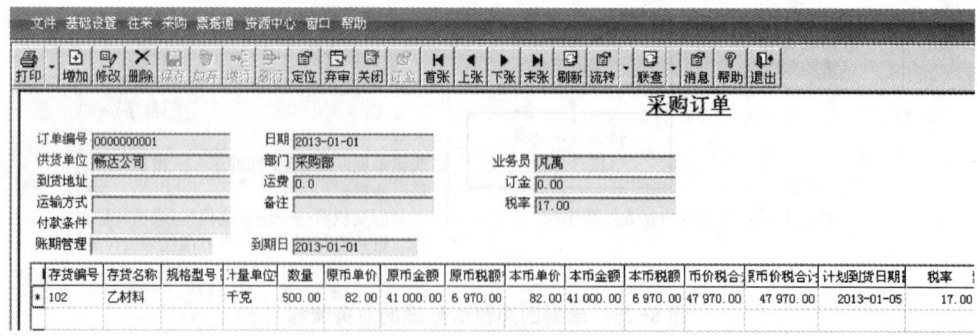

图 8-27　采购订单录入

注意:①在填制采购订单时,单击鼠标右键可查看存货现存量。②系统自动生成"订单编号",可以手工修改,但订单编号不能重复,如删除订单,订单号也不能恢复。③采购订单保存后,可到"采购"→"采购单据列表"→采购订单列表中查看。

经济业务 8-2:普通采购业务(单货同行,付款结算处理)。具体经济业务如下:

(1) 5日,向畅达公司订货的乙材料到货,数量为 800 千克,将收到的材料验收入原材料库,填制采购入库单,入库单号为 R20130101。

(2) 当天收到畅达公司的增值税专用发票一张,发票号为 P001,货物名称为乙材料,单价为 82 元,填制采购发票。

(3) 当天以转账支票(票号为 Z1)支付货款,金额为 76 752 元,填制付款单。

【岗位操作】

1. 采购管理岗位操作

操作流程如下:

(1) 采购入库单处理:填制采购入库单,并保存、审核。

(2) 采购发票处理:填制采购发票并复核。

(3) 采购结算处理:发票与入库单进行采购结算(采购系统)。

(4) 付款单处理:填制采购发票并保存、核销。

【操作步骤】操作员:采购主管。

第一,采购入库单的处理——填制采购入库单并保存。

步骤 1　选择【采购管理】→【采购入库单】命令,进入"采购入库单"窗口。

步骤 2　单击【增加】按钮,输入入库日期"2013-01-05",选择仓库"原料库",选择供应单位"欢畅公司",存货编码为"0102",输入数量"800"。

注:入库类别必须选择,否则核算制单的时候带不出对方科目,入库单可不录入金额,采购结算后,系统自动会算出单价和金额。

步骤 3　单击【保存】按钮,如图 8-28 所示。

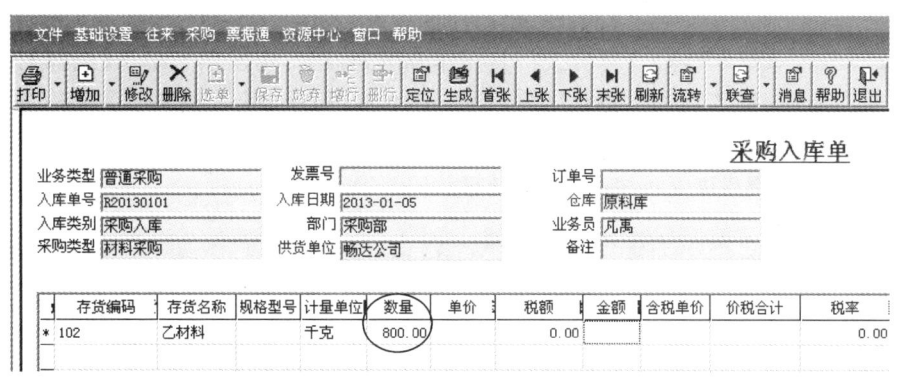

图 8-28　填制采购入库单

注意:采购入库单也可以通过采购订单、采购发票生成,以采购订单为例,操作方法为:采购管理→采购入库单→点击"增加",选择仓库→点"选单"旁边的三角,选择采购订单→点击"过滤",选中所需订单,点击确认。也可以点击鼠标右键拷贝采购订单或采购发票来选单,通过采购订单或发票生成的入库单,会自带单价和金额。

第二,采购发票的处理——录入采购发票并复核,将采购发票与入库单进行结算。

步骤 1　选择【采购管理】→【采购发票】,进入"采购专用发票"录入界面。

步骤2　专用发票的生成有两种方法：

(1)单击工具栏上的【增加】按钮，根据发票信息录入发票号、开票日期、供货单位、存货编号、数量、单价等信息后单击【保存】按钮。

(2)点击鼠标右键，选择"拷贝入库单"或"拷贝订单"，进入"单据拷贝"窗口，将"拷贝后执行入库单对应的订单"前的"√"去掉，单击【过滤】按钮。选择需要参照的采购入库单，单击【确定】按钮，将采购入库单信息带入采购专用发票，输入发票号"P001"、单价等信息。最后单击【保存】按钮。

步骤3　在"采购专用发票"窗口点击工具栏【复核】按钮，对刚填制的采购发票进行审核，如图8-29所示。

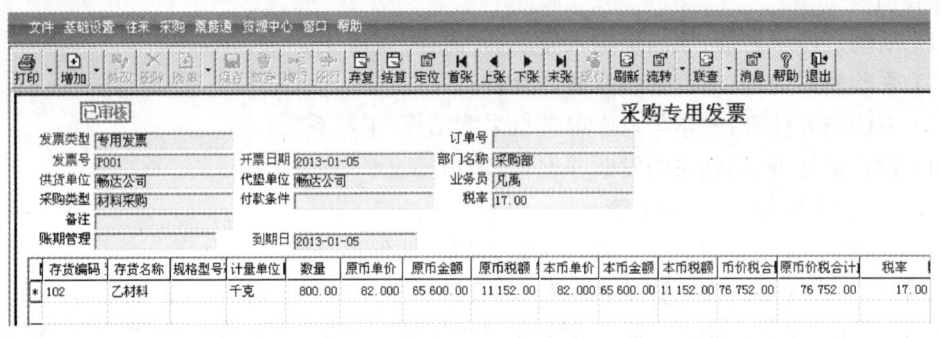

图8-29　已审核的采购专用发票

第三，采购结算的处理——采购结算必须满足入库单、发票同时存在的条件，采购结算一般可采用自动结算和手工结算两种方法。

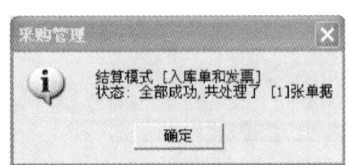

图8-30　采购结算成功

自动结算：是由计算机系统自动将相同供货单位、相同存货名称、相同存货数量的采购入库单和采购发票进行结算的结算方式。其操作方法为：在专用发票上单击【结算】按钮，系统提示结算情况如图8-30所示，则点击【确认】按钮，发票左上角出现"已结算"字样，如图8-31所示。单击【退出】按钮并返回，完成采购结算。

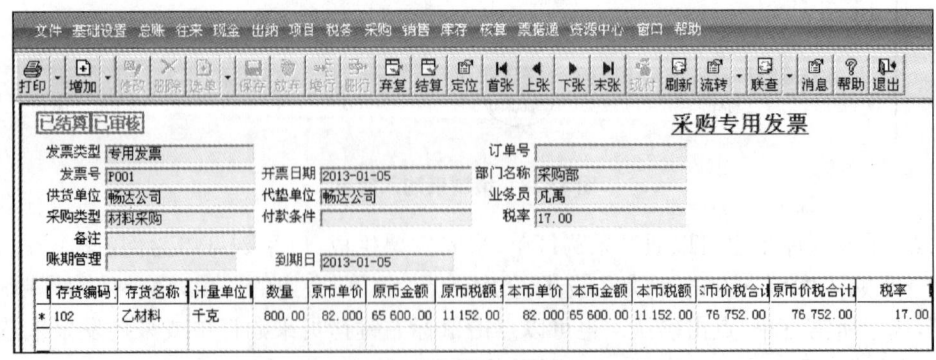

图8-31　填制并审核采购专用发票

手工结算：如果入库单和发票的供货单位、存货名称、数量不同，只能采用手工结算。

手工结算可以结算入库单中的部分货物,可以分摊运费等。其操作方法为:点击"采购结算"图标,录入"日期"等条件信息,点击【确定】按钮,进入"入库单和发票选择"界面,选择相应的入库单及发票后点击【确定】按钮,进入"手工结算"界面,录入结算数量、损耗数量等信息,点击【结算】按钮后退出,完成采购结算。

说明:①采购发票的填制除了有手工增加外,还可以通过流转或者拷贝生成。②采购结算完成后,采购入库单和采购发票上都显示"已结算",从"联查"菜单联查到"联查采购结算单"。③已经结算过的采购入库单和采购发票不能再修改,除非"取消结算"。④取消结算的操作为:选择【采购】→【采购结算】→【结算单明细列表】,选中需要取消结算的记录,点击工具栏上的【删除】按钮。⑤如果一张发票对应一张入库单,则可以直接点击发票上的【结算】按钮,或者选择"采购结算——自动结算"。否则,通过采购结算——手工结算进行。⑥手工结算方法为:采购→采购结算→分摊→结算→退出。

第四,付款单的处理——在采购模块中填制付款单并核销。

步骤1　选择【采购管理】→【付款结算】,或直接点击"付款结算"图标进入"付款单"窗口。

步骤2　选择供应商"畅达公司",单击【增加】按钮。

步骤3　输入日期"2013-01-05"、结算方式"转账支票"、结算科目"100201",金额处输入"76752",票号为"Z1",在摘要处录入"购乙材料款",单击【保存】按钮,如图8-32所示。

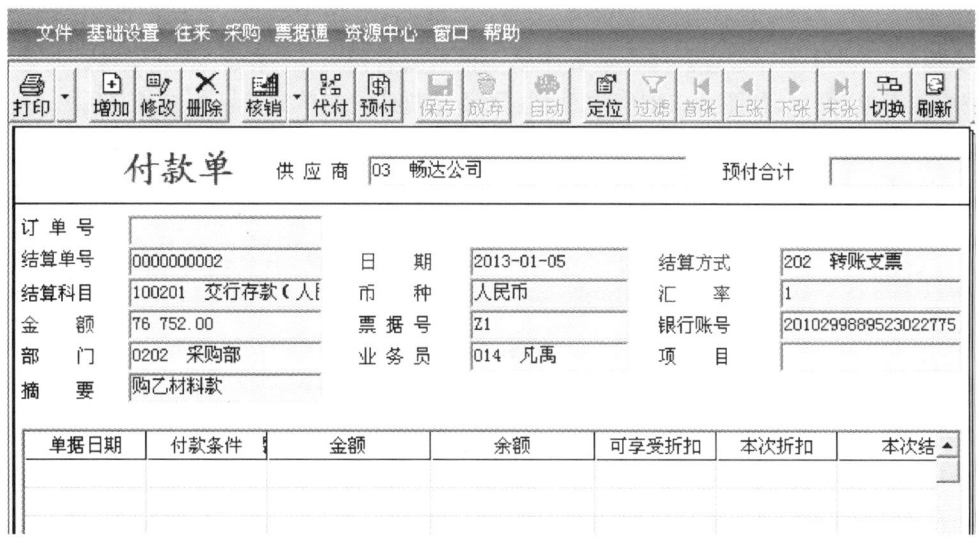

图8-32　保存的付款单

步骤4　单击【核销】按钮,系统自动调出要结算的单据。在"本次结算"处输入金额"76752",如图8-33所示,保存后退出(如付款金额与应付金额一致,可直接双击余额,自动录入本次结算金额)。

注:填制付款单后,取消付款单的操作方法为:采购→供应商往来→取消操作(操作类型选择"核销")。

2. 库存管理岗位操作(审核采购入库单)

【操作步骤】操作员:库存主管。

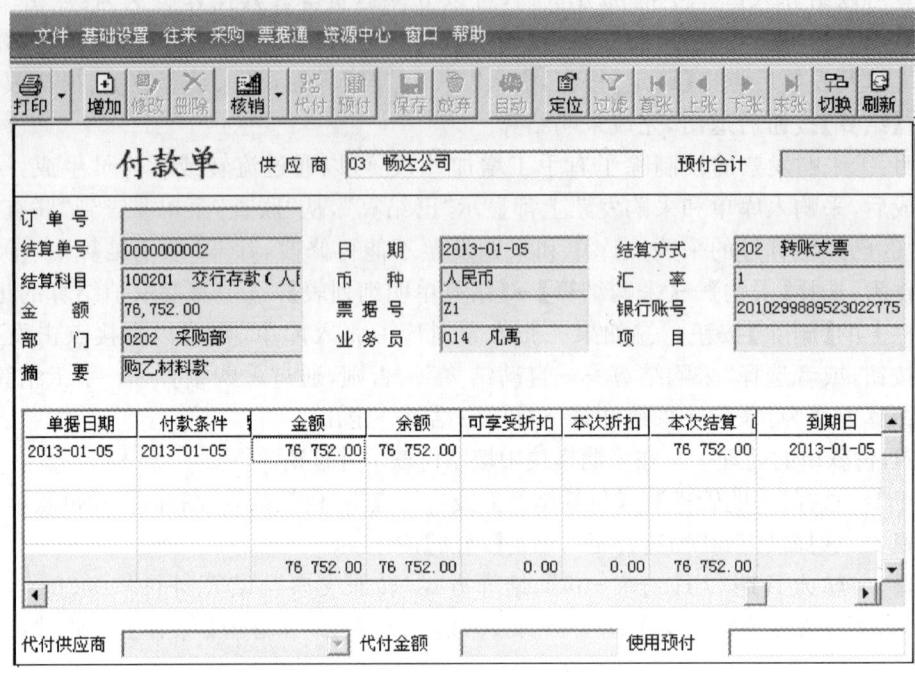

图 8-33 核销的付款单

步骤 1 选择【库存管理】→【采购入库单审核】,或直接点击"采购入库单审核"对话框,进入"采购入库单"窗口,如图 8-34 所示(注意:登录日期必须在单据日期相同或之后)。

步骤 2 单击【审核】按钮,退出。

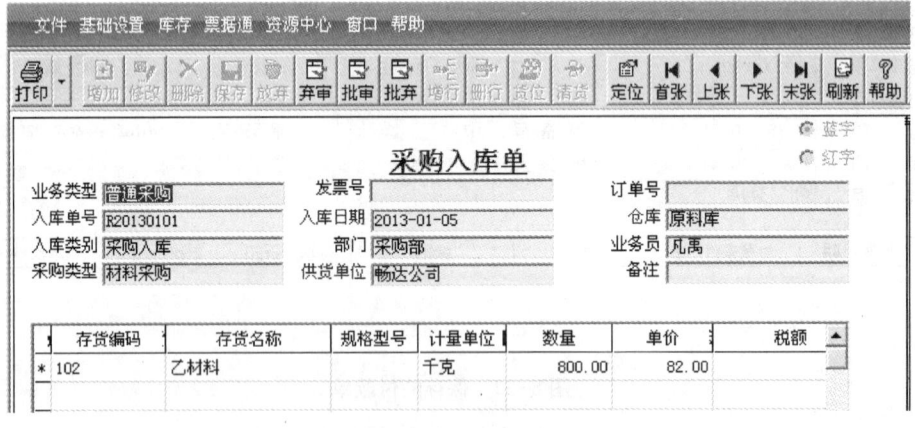

图 8-34 审核采购入库单

3. 核算岗位操作

业务流程如下:

(1)正常单据记账。

(2)购销单据制单。

(3)供应商往来制单。

【操作步骤】操作员：会计。

第一，正常单据记账。

步骤1 选择【核算】→【正常单据记账】，或直接点击"正常单据记账"图标，打开"正常单据记账条件"对话框，选择仓库和单据类型，如图8-35所示。

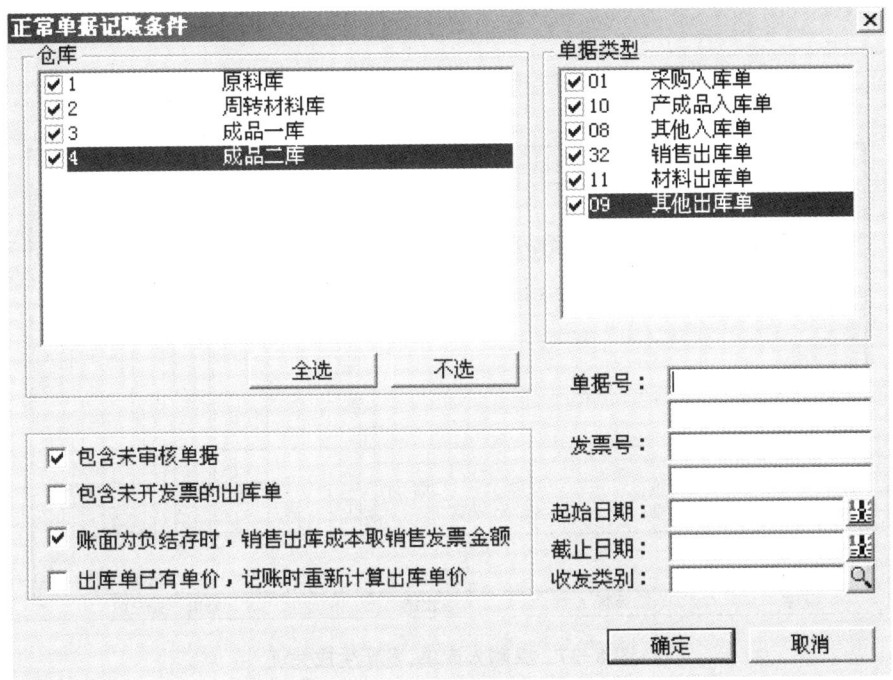

图8-35 正常单据记账条件

步骤2 单击【确定】按钮，进入"正常单据记账"窗口，选择需要记账的单据或点击【全选】按钮，如图8-36所示。

图8-36 正常单据记账对话框

步骤3 点击"记账"菜单，退出。

注：取消记账方法为点击"核算"菜单→取消单据记账→点击"恢复"菜单。

第二，购销单据制单。

步骤1 选择【核算】→【购销存单据制单】，或直接点击"购销单据制单"图标，点击工具上的【选择】按钮，选择采购入库单（报销记账），单击【确认】按钮，进入"未生成凭证单据一览表"

窗口,将"已结算采购入库单自动选择全部结算单上单据(包括入库单、发票、付款单),非本月采购入库单按蓝字报销单制单"前的复选框选上。

步骤2 双击要制单的记录行,单击【确定】按钮,选择凭证类别为"转账",确定会计科目、日期正确后,点击【生成】按钮。凭证左上角出现"已生成"标志,表示凭证已传递到总账,如图8-37所示。

```
┌─────────────────────────────────────────────────────┐
│ 已生成         转 账 凭 证                          │
│    转  字  0001   制单日期:2013.01.05   附单据数: 1 │
│  摘 要   │  科目名称        │ 借方金额  │ 贷方金额  │
│ 采购结算1 │ 原材料/乙材料    │ 65800.00  │           │
│ 采购结算1 │ 应交税费/应交增值税/进项税额 │ 11152.00 │      │
│ 采购结算1 │ 应付账款/应付供应商货款 │      │ 76752.00 │
│                                                     │
│   票号    单价    82.00    合计 76752.00  76752.00 │
│   日期    数量   800.00 千克                        │
│ 备注 项目            部门           个人            │
│      客户            业务员                         │
│   记账        审核        出纳        制单  张兰琼  │
└─────────────────────────────────────────────────────┘
```

图8-37 采购入库单、发票生成凭证

第三,供应商往来制单(付款结算制单)。

注:操作员必须拥有应收管理、应付管理权限,才能操作核算系统的"供应商往来"制单及"客户往来制单"操作。

步骤1 选择【核算管理】→选择"供应商往来制单",打开"供应商制单查询"对话框。

步骤2 选择"核销制单",单击【确认】按钮,进入"核销制单"窗口。

步骤3 双击需要制单单据的"选择标志",选择"转账凭证",如图8-38所示。

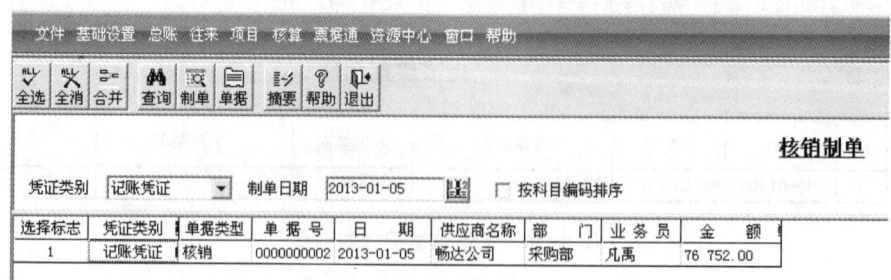

图8-38 核销制单

步骤4 单击【制单】按钮,进入填制凭证窗口。

步骤5 单击【保存】按钮,凭证左上角出现"已生成"标志,表示凭证已传递到总账,如图8-39所示。

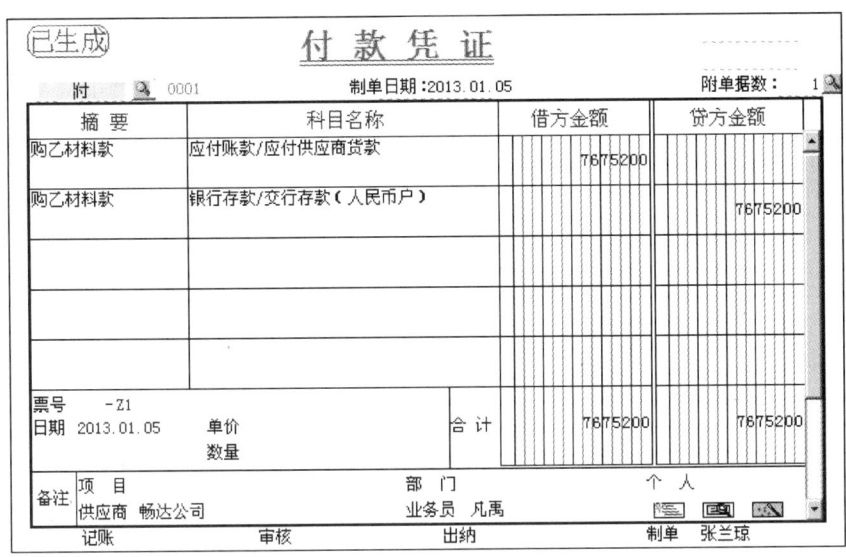

图 8-39　生成付款结算凭证

经济业务 8-3：采购现付业务（单货同行，现付处理）。10 日，越胜贸易有限公司向贝达公司购入甲材料 500 千克，单价为 52 元，材料已验收入库，入库单编号为 R20130102，入库数量为 500 千克，同时收到增值税专用发票一张，发票号为 P002，发票数量为 500 千克，单价为 52 元，以转账支票（票号为 Z6，银行账号为 678549）支付货款 30 420 元。

1. 采购管理岗位操作

操作流程如下：

（1）采购入库单处理：录入采购入库单并保存。

（2）采购发票处理：录入采购发票→现付处理→复核采购发票。

（3）采购结算处理：完成采购结算。

【操作步骤】

第一，采购入库单处理。

与经济业务 8-2 的操作处理相同。

第二，采购发票处理。

步骤 1　单击工具栏上的【增加】按钮，根据发票信息录入发票号、开票日期、供货单位、存货编号、数量、单价等信息后单击【保存】按钮（也可通过点击鼠标右键"拷贝入库单"的方法，填制采购发票，录入单价后点击【保存】按钮）。

步骤 2　在采购发票上点击【现付】按钮，进入"采购现付"对话框，选择结算方式"转账支票"，输入金额"30420"、票号 P002、银行账号"45005513919987565899"，单击【确定】按钮，如图 8-40 所示，系统弹出提示"现结记录已保存"。点击【确定】按钮后退出提示"现付成功"。在采购发票左上角出现"已现付"标志。

步骤 3　复核专用发票，点击采购专用发票【复核】按钮。

第三，采购结算。

在发票录入界面单击【结算】按钮进行采购结算。结算成功在采购专用发票左上角出现"已结算"标志，如图 8-41 所示（也可采取手工结算方式）。

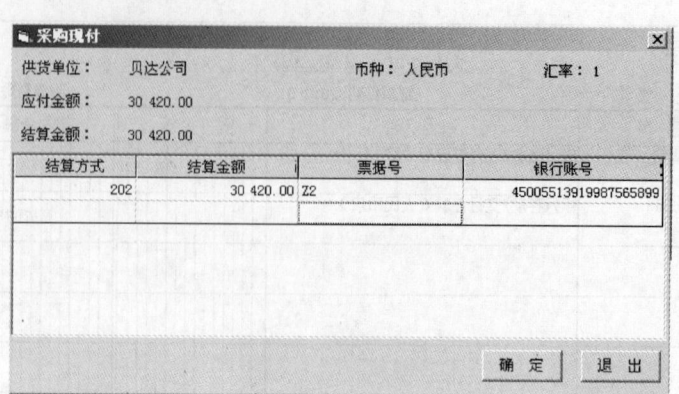

图 8-40 采购现付

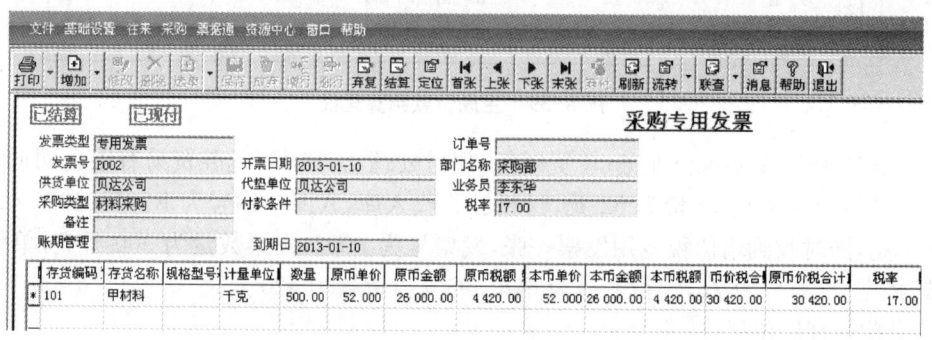

图 8-41 已现付、已结算的采购专用发票

2. 库存管理岗位操作

审核采购入库单。

【操作步骤】操作员：库存主管。

操作步骤同经济业务 8-2 的库存管理岗位操作。

3. 核算岗位操作

业务流程为：

(1) 正常单据记账。

(2) 购销单据制单。

【操作步骤】操作员：会计。

第一，正常单据记账。

操作步骤同经济业务 8-2 的正常单据记账操作。

第二，购销单据制单。

步骤 1　选择【核算】→【购销存单据制单】，或直接点击"购销单据制单"图标，点击工具栏上的【选择】按钮，选择采购入库单(报销记账)，单击【确认】按钮，进入"未生成凭证单据一览表"窗口，将"已结算采购入库单自动选择全部结算单上单据(包括入库单、发票、付款单)，非本月采购入库单按蓝字报销单制单"前的复选框选上。

步骤 2　双击要制单的记录行，单击【确定】按钮，选择凭证类别为"付款凭证"，确定会计科目、日期正确后,点击【生成】按钮。凭证左上角出现"已生成"标志,表示凭证已传递到总账。如图 8-42 所示。

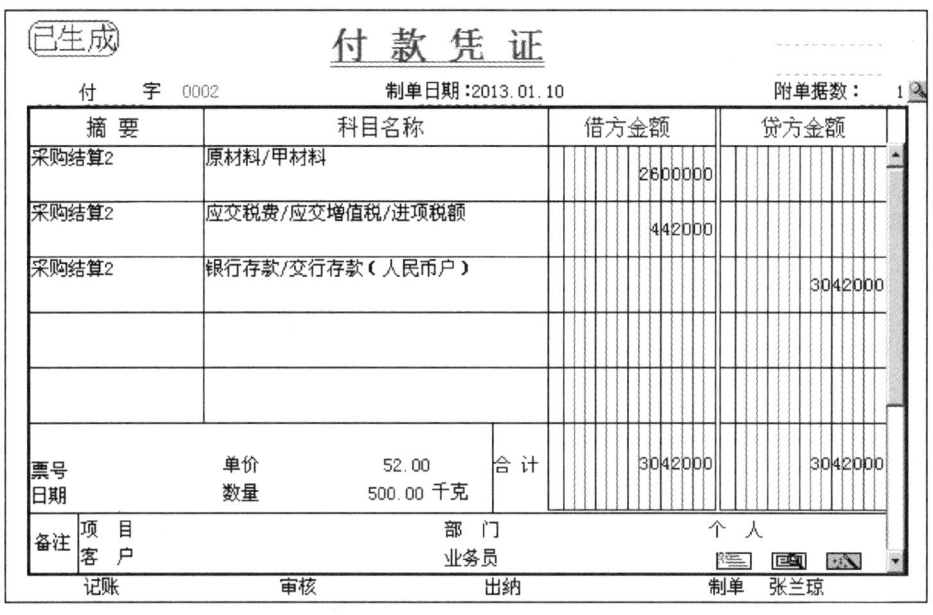

图 8-42 现结情况下的购销单据制单生成凭证

经济业务 8-4:采购业务(单货同行,有采购运费,款项尚未支付处理)。12 日,越胜贸易有限公司向成达公司购入乙材料 600 千克,单价为 80 元,材料已验收入原材料库,入库单号为 R20130103,入库数量为 600 千克;同时收到增值税专用发票一张,票号为 P003,数量为 600 千克,单价为 80 元,收到运输费发票一张,票号为 P004,金额为 300 元,税率为 7%,成达公司已垫付运费。

1. 采购管理岗位操作

业务流程如下:

(1) 采购入库单处理:录入采购入库单并保存。

(2) 采购发票处理:录入采购发票→复核采购发票。

(3) 采购结算(手工结算)。

【操作步骤】操作员:采购主管。

第一,采购入库单处理。

与经济业务 8-2 的操作处理相同。

第二,采购发票处理。

步骤 1 录入采购专用发票,方法与经济业务 8-2 采购发票录入相同,录入完成后点击【保存】按钮,之后再点击【复核】按钮。

步骤 2 录入运费发票。在发票录入界面,单击【增加】按钮右箭头下的运费发票,输入发票号 P004,供应单位、代垫单位为"成达公司",存货编码为"401",输入原币金额"300.00"后保存并复核,如图 8-43 所示。

第三,采购结算(手工结算)。

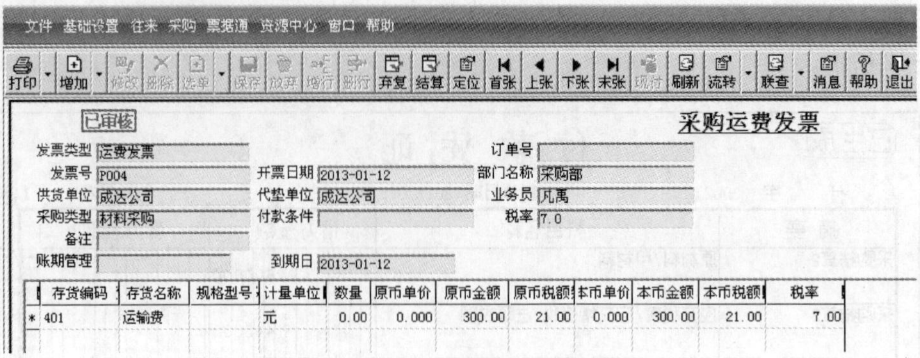

图 8-43　采购运费发票

步骤 1　在采购模块中进行采购结算：选择【采购管理】→【采购结算】，或直接点击"采购结算"图标，点击【确认】按钮，进入"入库单和发票选择"对话框。选择需要结算的入库单及发票，如图 8-44 所示，点击【确认】按钮，进入"手工采购结算"对话框。

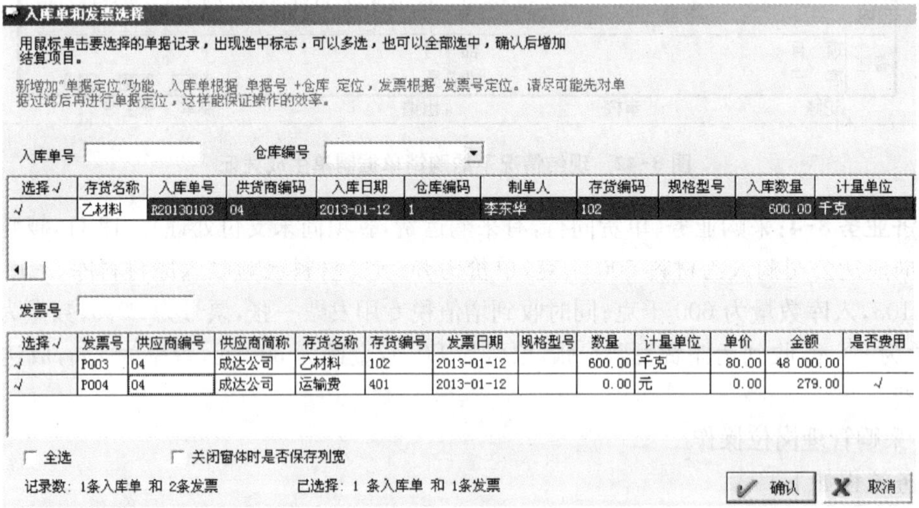

图 8-44　手工采购结算

步骤 2　选择费用的分摊方式为"按数量"，如图 8-45 所示。

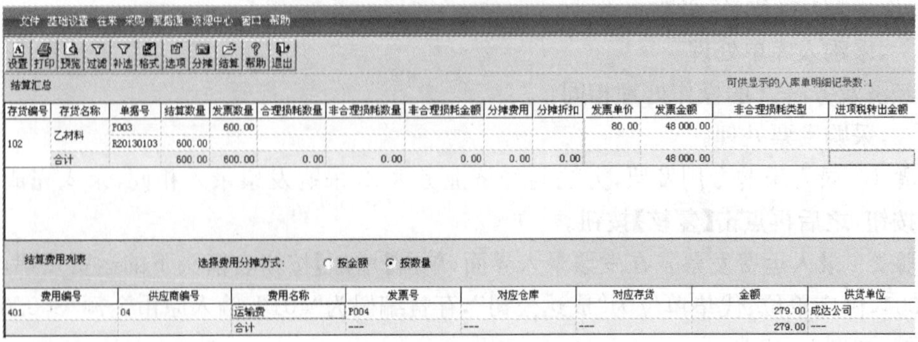

图 8-45　分摊费用（一）

步骤3　点击【分摊】按钮,当系统提示"选择按数量分摊,是否开始计算",点击【是】按钮,系统提示"费用分摊(按数量)完毕,请检查",分摊的费用自动转入入库单的"分摊费用"栏,如图 8-46 所示。

图 8-46　分摊费用(二)

步骤4　单击【结算】按钮,系统提示"完成结算"。
2. 库存管理岗位操作(审核采购入库单)
【操作步骤】操作员:库存主管。
操作步骤同经济业务 8-2 的库存管理岗位操作。
3. 核算岗位操作
业务流程如下:
(1) 正常单据记账。
(2) 购销单据制单。
【操作步骤】操作员:会计。
第一,正常单据记账。
操作步骤同经济业务 8-2 的正常单据记账操作。
第二,购销单据制单。
操作步骤同经济业务 8-2 的购销单据制单操作,生成凭证如图 8-47 所示。

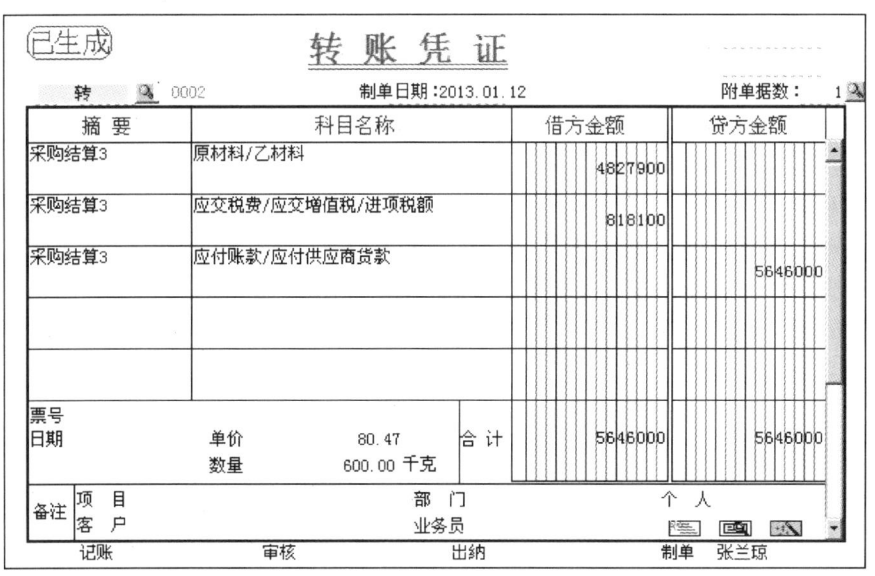

图 8-47　购销单据制单生成转账凭证

经济业务 8-5: 暂估入库报销处理(上月暂估入库,本月发票已到,款项未支付)。15 日,收到晶莹公司开具的增值税专用发票一张,票号为 P005,材料为上月已验收入原材料库的甲材料。数量为 100 千克,单价为 52 元,进行报销记账处理。

方法一:月初回冲。

首先,月初回冲上月暂估入账的甲材料。

核算管理岗位操作(即购销单据制单):

【操作步骤】

步骤 1 选择【核算】→【购销单据制单】→【选择】→【红字回冲单】,进入"单据选择"界面。

步骤 2 选择单据后点击【确定】按钮,进入"生成凭证"界面,选择凭证种类、录入科目等信息,点击【生成】按钮,生成红字凭证如图 8-48 所示。

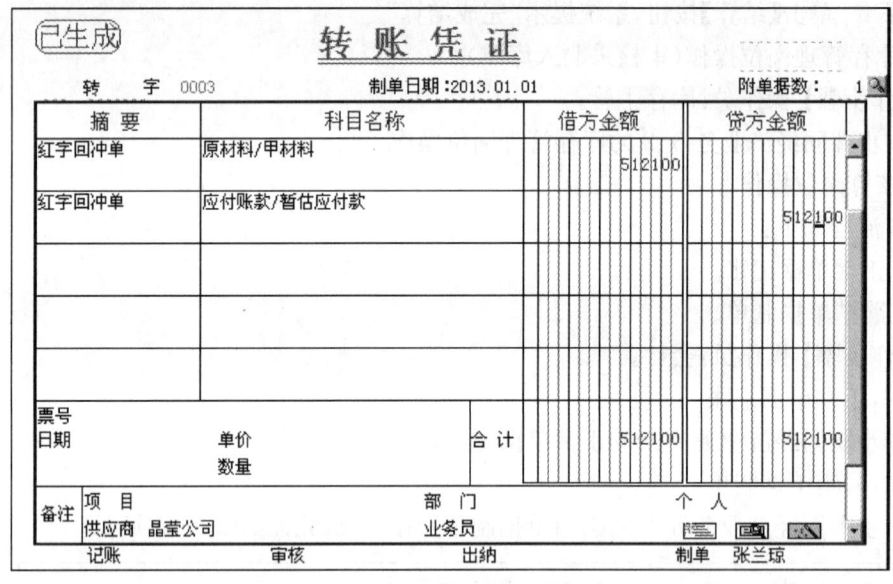

图 8-48 月初回冲暂估业务生成凭证

其次,月中收到发票。

1. 采购管理岗位操作

业务流程如下:

(1) 采购发票处理:录入采购发票→复核采购发票。

(2) 采购结算(可自动结算,也可手工结算)。

【操作步骤】操作员:采购主管。

第一,采购发票处理。

与经济业务 8-2 的采购发票录入操作处理相同。

第二,采购结算处理。

采购结算时在"条件过滤"处将起始日期选择在"入库单"日期之前方能进行结算。其他操作与经济业务 8-2 的采购结算操作相同。

2. 核算管理岗位操作

业务流程如下:

(1) 暂估成本处理。
(2) 购销单据制单。

第一,暂估成本处理。
【操作步骤】
步骤1 选择【核算】→【暂估成本处理】,选择"原料库",单击【确认】按钮,进入"暂估成本结算表"窗口。
步骤2 选择需要进行暂估结算的单据,如图 8-49 所示。单击【暂估】按钮,完成暂估成本处理后退出。

图 8-49 暂估成本结算表

第二,购销单据制单。
【操作步骤】
步骤1 选择【核算】→【购销单据制单】→【选择】→【蓝字回冲单报销】,进入选择单据界面。将"已结算采购入库单自动选择全部结算单上单据(包括入库单、发票、付款单),非本月采购入库单按蓝字报销单制单"前的复选框选上。
步骤2 双击要制单的记录行,单击【确定】按钮,进入生成凭证界面,选择凭证类别为"转账凭证",确定会计科目、日期正确后,点击【生成】按钮。凭证左上角出现"已生成"标志,表示凭证已传递到总账,如图 8-50 所示。

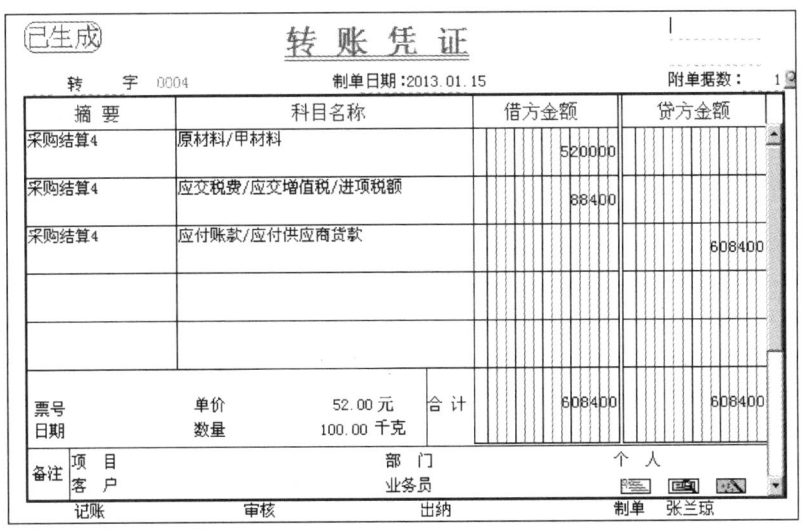

图 8-50 购销单据"蓝字回冲单(报销)"生成凭证

方法二:单到回冲。

应收到发票才进行相关业务处理。

第一,采购管理岗位操作。

业务流程如下:

(1) 对采购发票录入。

(2) 采购结算。

【操作步骤】

与经济业务 8-5 方法一中"月初回冲"收到发票的操作相同。

第二,核算管理岗位操作。

业务流程如下:

(1) 暂估成本处理。

(2) 购销单据制单。

第三,暂估成本处理。

【操作步骤】

与经济业务 8-5 方法一中"月初回冲"的暂估成本处理的操作相同。

第四,购销单据制单。

【操作步骤】

步骤1　选择【核算】→【购销单据制单】→【选择】→"红字回冲单"、"蓝字回冲单(报销)",进入"选择单据"界面。将"已结算采购入库单自动选择全部结算单上单据(包括入库单、发票、付款单),非本月采购入库单按蓝字报销单制单"前的复选框选上。

步骤2　在工具栏单击【全选】→【确定】按钮,进入生成凭证界面,分别生成红字凭证(见图 8-48)和蓝字凭证(见图 8-50)。

方法三:单到补差。

【操作步骤】

与"单到回冲"处理基本相同,不同点是在进行购销单据制单时,选择"入库调整单"进行差额调整。如果发票金额比暂估金额大,则生成蓝字凭证补差;反之,则生成红字凭证冲减调整。

经济业务 8-6:在途物资入库处理(有合理损耗处理)。16 日,收到上月 28 日向晶莹公司采购的乙材料,已验收入原料库,入库单编号为 R20130104,入库数量为 65 千克,短少 5 千克,经查属于合理损耗。

1. 采购管理岗位操作(收到货物,验收入库)

业务流程如下:

(1) 填制采购入库单并保存。

(2) 与原采购发票进行采购结算(入库单数量与发票数量不同,不能自动结算,只能手工结算)。

【操作步骤】操作员:采购主管。

步骤1　填制采购入库单(方法同经济业务 8-2)。

步骤2　进行采购结算(手工结算),注意起始时间选为原发票日期之前。在手工结算界面,输入"合理损耗数量:5",点击【分摊】按钮后点击【结算】按钮,系统提示"完成结算",点击【确定】按钮。

2. 库存管理岗位操作(审核入库单)

【操作步骤】操作员:库存主管。

同经济业务8-2。

3. 核算管理岗位操作

业务流程如下:

(1)正常单据记账。

(2)购销单据制单。

【操作步骤】操作员:会计。

步骤1 正常单据记账同经济业务8-2。

步骤2 购销单据制单操作:选择"采购入库单(报销记账)",进入"选择单据",将"已结算采购入库单自动选择全部结算单上单据(包括入库单、发票、付款单),非本月采购入库单按蓝字报销单制单"前复选框的"√"去掉,生成凭证如图8-51所示。

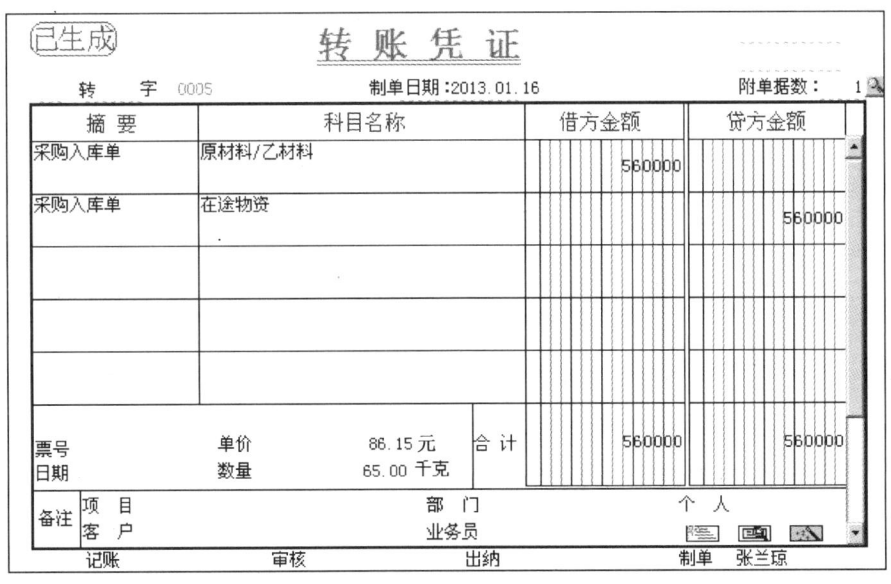

图8-51 材料入库生成凭证

经济业务8-7: 当月在途业务(单到货未到的处理)。25日,越胜贸易有限公司向成达公司购入甲材料,收到增值税专用发票一张,发票号码为P006,数量为200千克,单价为53.00元,当日开出转账支票支付,支票号码为Z3,金额为12 402.00元。银行账号为45005513919987565899。

1. 采购管理岗位操作

业务流程如下:

录入采购发票→现付处理→复核采购发票。

如不采用现付处理,也可另填付款结算单。

【操作步骤】操作员:采购主管。

采购发票录入并现付处理:与经济业务8-3的操作相同。

如款项支付采用付款结算:则先录入采购发票、录入付款结算付款单并核销。与经济业务

8-2 的操作相同。

2. 核算管理岗位操作

业务流程如下：供应商往来制单。

【操作步骤】操作员：会计。

现付处理：选择【核算】→【供应商往来制单】→【现结制单】，生成凭证如图 8-52 所示。

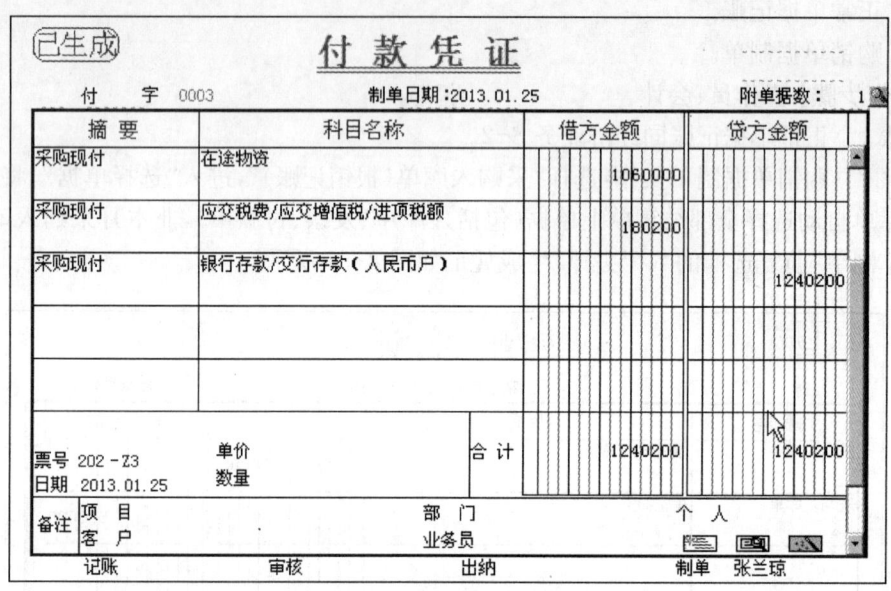

图 8-52 现结制单生成凭证

付款结算处理：选择【核算】→【供应商往来制单】→【发票制单】，生成凭证如图 8-53 所示，选择【核销制单】，生成凭证如图 8-54 所示。

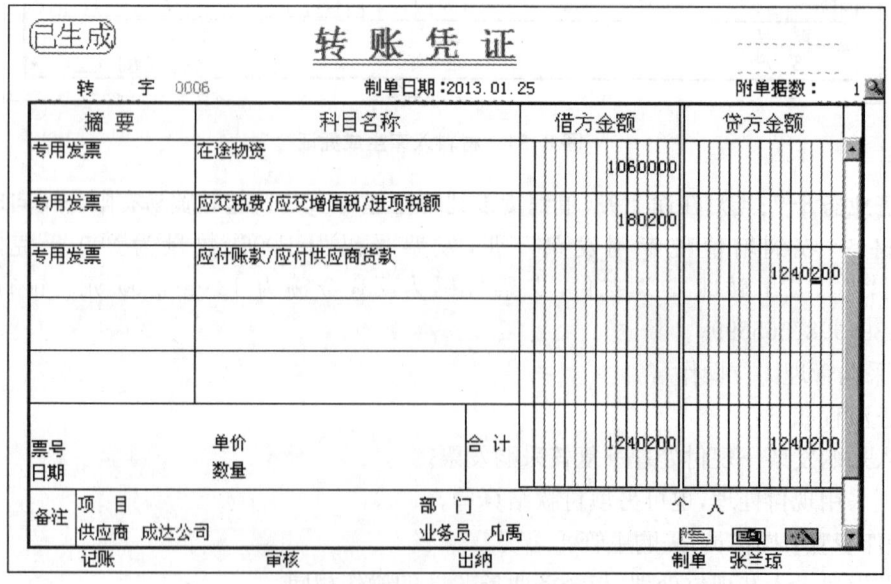

图 8-53 付款结算生成凭证（一）

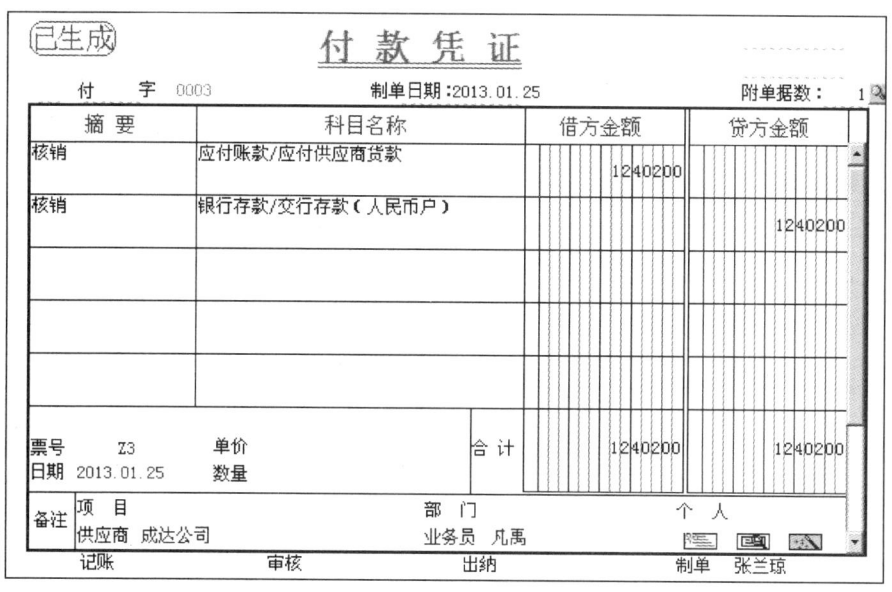

图 8-54 付款结算生成凭证(二)

经济业务 8-8：当月暂估业务。26 日,收到成达公司发来包装箱,验收入库,入库单编号为 R20130105,入库单数量为 1 500;发票账单未到,则不进行相关账务处理。31 日,该笔购进包装箱的发票仍未收到,则按单价 24 元暂估入账处理。

1. 采购管理岗位操作(月末录入采购单)

【操作步骤】

录入采购入库单,入库单按暂估价录入单价。

2. 库存管理岗位操作(审核入库单)

【操作步骤】

操作同经济业务 8-2。

3. 核算岗位操作

操作流程如下：

(1) 正常单据记账。

(2) 购销单据制单。

【操作步骤】

步骤 1　正常单据记账:同经济业务 8-2。

步骤 2　购销单据制单:选择"采购入库单(暂估记账)",生成凭证如图 8-55 所示。

经济业务 8-9：预付冲应付业务(含不合理损耗)。1 月 26 日,收到向贝达公司采购的甲材料,专用发票(票号为 P116)显示数量为 1 000 千克,单价为 53 元/千克;已验收入库,入库单编号为 R20130106,数量为 950 千克。经查,材料短缺 50 千克是由运输部门责任造成,应由运输部门负责赔偿。货款预付冲应付的方式,1 月 28 日,开出转账支票结清余款,支票号为 Z4,支票金额为 12 010 元。

1. 采购管理岗位操作

操作流程如下：

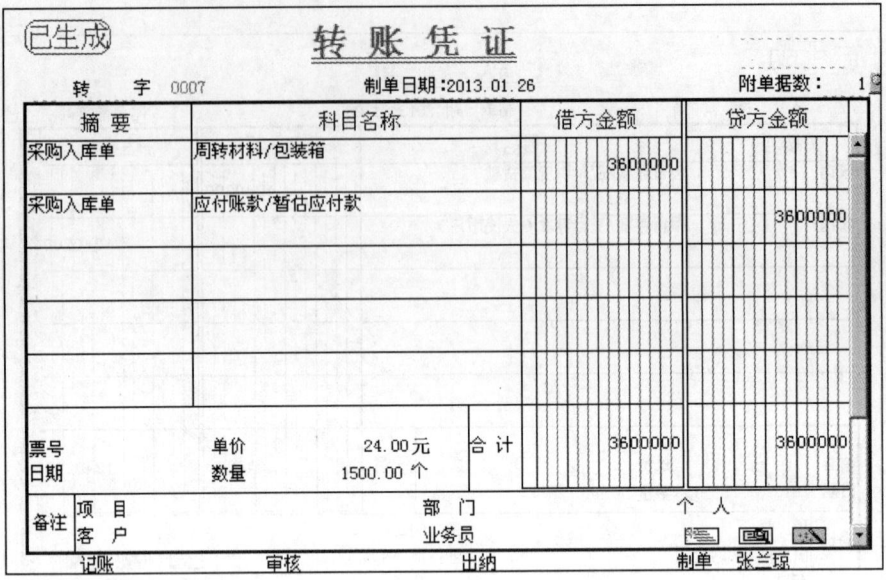

图 8-55 暂估入库生成凭证

(1) 录入采购入库单。
(2) 录入采购发票。
(3) 采购结算。
(4) 预付冲应付。
(5) 付款结算支付余款。

【操作步骤】

1月26日：

步骤1 录入采购入库单：操作同经济业务 8-2。

步骤2 录入采购发票：操作同经济业务 8-2。

步骤3 采购结算：手工结算，在结算界面，录入"非合理损耗数量 50"，"非合理损耗金额 2 650.00"，系统自动生成进项税转出金额，点击【结算】按钮，系统提示"完成结算"，如图 8-56 所示。

图 8-56 非合理损耗采购结算

步骤4 预付冲应付：选择【采购】→【供应商往来】→【预付冲应付】，或直接点击"供应商往来"图标,选择"预付冲应付",进入"预付冲应付"对话框,在"预付账款"页签上选择供应商名称,点击【过滤】按钮,同样操作"应付款"页签,在两个页签界面录入"转账金额 50 000",点击【确认】按钮,如图 8-57 所示。也可以不用录入转账金额直接点击【自动转账】按钮,系统会自动按最低金额转账,并提示自动转账成功信息。

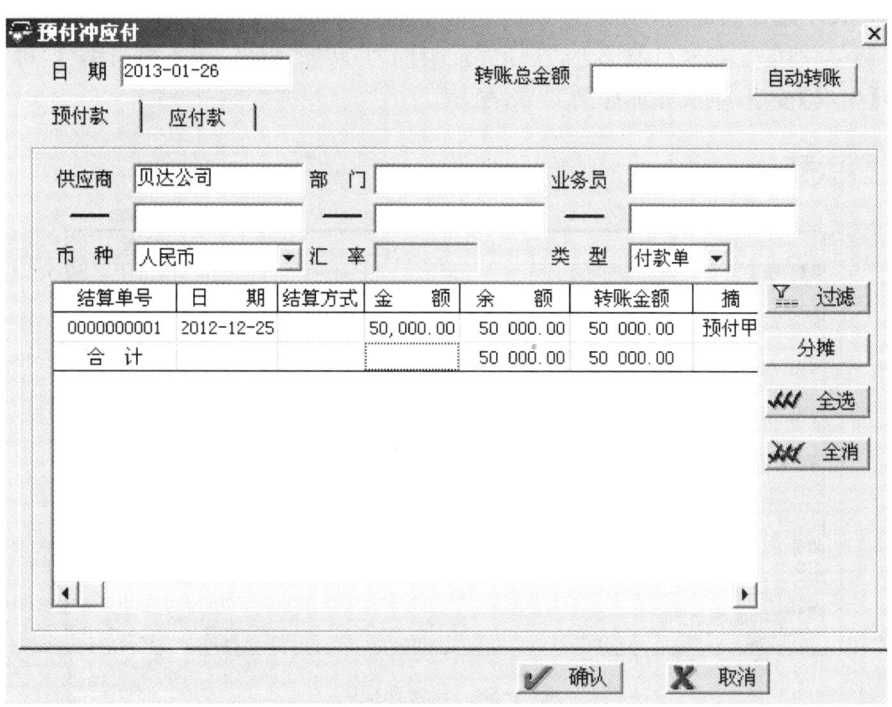

图 8-57 预付冲应付

> **知识链接**
>
> 取消预付冲应付的操作:选择【采购】→【供应商往来】→【取消操作】,选择供应商,选择操作类型为"转账",点击【确认】按钮。双击"选择标志",点击【确定】按钮。
> 其他供应商往来的逆操作方法基本相同,注意选择操作类型即可。

1 月 28 日:
付款结算支付余款:操作同经济业务 8-2。
2. 库存管理岗位操作
【操作步骤】
审核入库单,操作同经济业务 8-2。
3. 核算管理岗位操作
操作流程如下:
(1) 正常单据记账。
(2) 购销单据制单。
(3) 供应商往来制单。

【操作步骤】

1 月 26 日：

步骤 1 正常单据记账：操作同经济业务 8-2。

步骤 2 购销单据制单：选择“采购入库单(报销记账)”，进入“选择单据”界面，将“已结算采购入库单自动选择全部结算单上单据(包括入库单、发票、付款单)，非本月采购入库单按蓝字报销单制单”前的复选框打勾选上，选择凭证类别为“转账凭证”，录入科目编号，确定金额方向后点击【生成】按钮，生成凭证如图 8-58 所示。

已生成 转账凭证

转 字 0008 制单日期：2013.01.26 附单据数： 1

摘要	科目名称	借方金额	贷方金额
采购结算6	原材料/甲材料	5035000	
采购结算6	待处理财产损溢	310050	
采购结算6	应交税费/应交增值税/进项税额	901000	
采购结算6	应交税费/应交增值税/进项税额转出		45050
采购结算6	应付账款/应付供应商货款		6201000
票号 日期	单价 数量 合计	6246050	6246050

备注 项目 部门 个人

供应商 贝达公司 业务员

记账 审核 出纳 制单 张兰琼

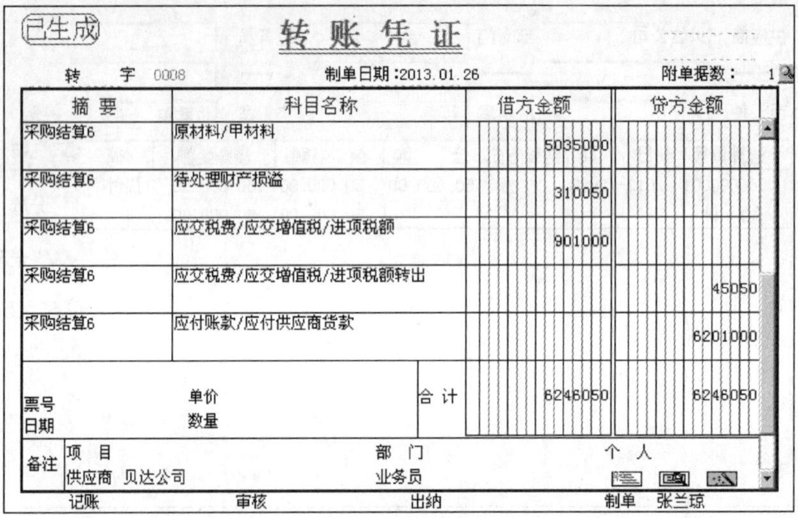

图 8-58 非合理损耗

步骤 3 预付冲应付制单：选择【核算】→【供应商往来制单】→【转账制单】，或直接点击“供应商往来制单”图标，进入【供应商单据查询】对话框，选择【转账制单】后，点击【确认】按钮，进入“转账制单”界面，选择单据，点击【生成】按钮，生成凭证如图 8-59 所示。

已生成 转账凭证

转 字 0009 制单日期：2013.01.26 附单据数： 1

摘要	科目名称	借方金额	贷方金额
预付甲材料款	预付账款		5000000
预付冲应付	应付账款/应付供应商货款	5000000	
票号 日期	单价 数量 合计	5000000	5000000

备注 项目 部门 个人

供应商 贝达公司 业务员 李东华

记账 审核 出纳 制单 张兰琼

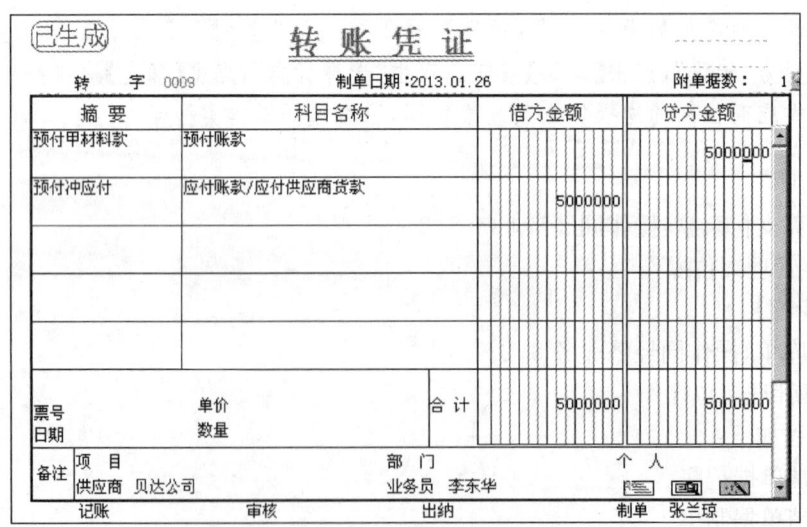

图 8-59 供应商往来转账制单生成凭证

1月28日：

付款结算核销制单：选择【核算】→【供应商往来制单】→【核销制单】，或直接点击"供应商往来制单"图标，进入"供应商单据查询"对话框，选择【核销制单】后，点击【确认】按钮，进入"核销制单界面"，选择单据，点击【生成】按钮，生成凭证如图8-60所示。

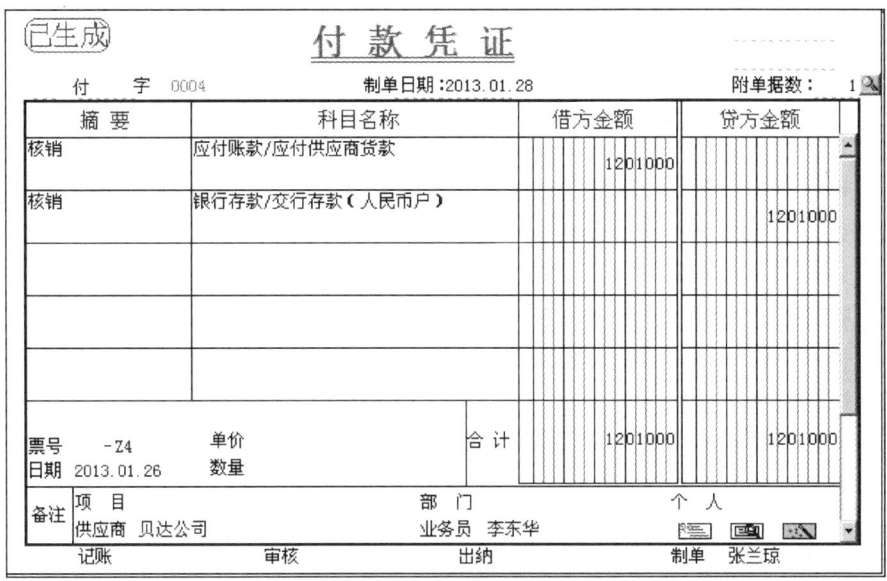

图 8-60 核销制单生成凭证

4. 总账会计岗位操作

【操作步骤】

运输部门赔偿的处理：根据赔偿协议编制记账凭证，如图8-61所示。

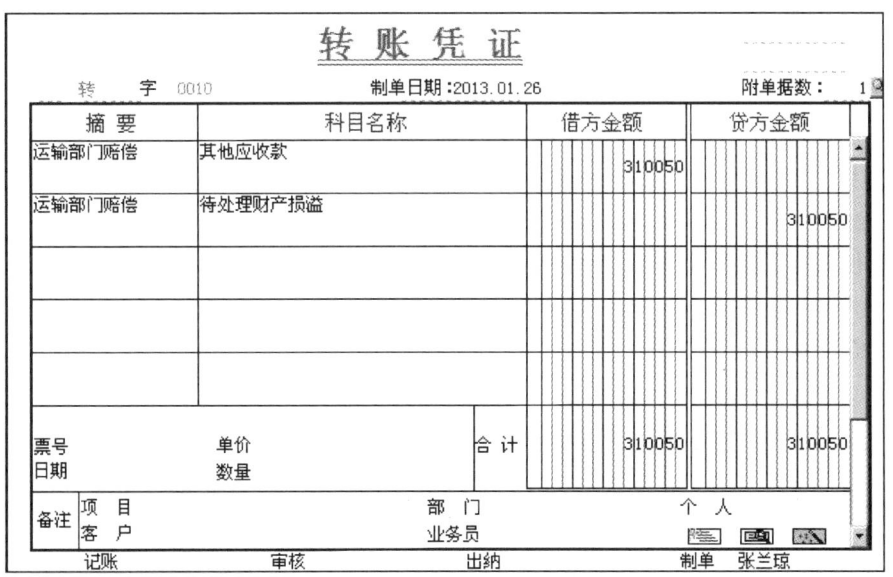

图 8-61 短缺材料赔偿生成凭证

知识链接

采购模块的逆操作过程：如果生成了凭证，才发现入库单、发票、付款单等单据输入错误，想要修改，则需要逆向取消相关操作，方能修改。逆操作的执行需要从最末操作步骤逐级取消。

（1）删除错误凭证：选择【核算】→【凭证】，凭证类型如【购销单据凭证列表】或【供应商往来凭证列表】等，找到需要删除的凭证，点击【删除】按钮，在总账系统中该凭证自动打上"作废"标记。

（2）取消单据记账：选择【核算】→【核算】→【取消单据记账】，找到需要取消记账的单据，点击【恢复】按钮，就可以恢复到记账前状态，选择取消某张单据的记账，会自动把自该单据以后的记账单据一同取消。

（3）取消采购入库单审核：选择【库存】→【采购入库单审核】→【弃审】。

（4）取消采购结算：选择【采购】→【采购结算】→【结算明细列表】，找到要取消的结算单，双击该记录，在采购结算表窗口，点击【删除】按钮。

（5）取消采购发票审核：选择【采购】→【采购发票】，点击【弃复】按钮。

（6）修改入库单或发票：在入库单、发票界面点击【修改】按钮，后进行修改。修改入库单或发票后再进行一次正向操作流程，重新生成凭证。

（7）取消付款单核销：选择【采购】→【供应商往来】→【取消操作】命令，操作类型选"核销"，点击【删除】按钮，选中要取消核销的付款单，点击【确定】按钮。

（8）修改或删除付款单：选择【采购】→【供应商往来】→【付款结算】命令，选择"供应商"，点击【修改】或【删除】按钮。

快速录入单据的方法：如果录入采购发票，可以通过"流转生成"或"拷贝生成"等方法生成入库单；如果先录入入库单，可采用同样方法快速生成采购发票。

 练一练 8-7　　　　采购日常业务处理

【活动准备】

1. 恢复"练一练 8-6"备份的账套。
2. 经济业务 8-1～经济业务 8-9。

【岗位任务】操作员：采购主管"李东华"（ldh）、库存主管"刘荣"（lr）、会计"张兰琼"（zlq）。

1. 根据业务要求完成采购业务处理（暂估业务采用月初回冲方式）。
2. 备份账套。

二、认知销售业务的日常业务处理

（一）销售系统主要功能介绍

1. 销售订单

销售订单是反映由购销双方确认的客户要货需求的单据。在先发货后开票业务模式下，发货单可以根据销售订单开具；在开票直接发货业务模式下，销售发票可以根据销售订单开具。

2. 发货单

在先发货后开票业务模式下,发货单由销售部门根据销售订单产生,客户通过发货单取得货物的实物所有权。在开票直接发货业务模式下,发货单由销售部门根据销售发票产生,作为货物发出的依据。在此情况下,发货单只作浏览,不能进行增、删、改和审核等操作。本系统允许两种模式同时存在。根据不同的参数设置,销售出库单的生成,可以在销售系统发货单审核时自动生成,或由库存系统调阅已审核的发货单生成。

3. 销售发票

销售发票是指给客户开具的增值税专用发票、普通发票及其所附清单等原始销售票据。销售发票可以由销售部门参照发货单生成,即先发货后开票业务模式,也可以参照销售订单生成或直接填制,即开票直接发货业务模式。一张订单/发货单可以拆单或拆记录生成多张销售发票,也可以用多张订单/发货单汇总生成一张销售发票。销售发票经复核后通知财务部门核算应收账款。客户通过发票取得货物的实物所有权。

4. 代垫费用

在销售业务中,有的企业随货物销售有代垫费用的发生,如代垫运杂费、保险费等。其中一部分以应税劳务的方式通过发票作了处理。不通过发票处理而形成的代垫费用,实际上形成了本企业对客户的应收账款。

5. 销售支出

在销售业务中,随货物销售可能向客户支付各种费用,如现金折扣等让利发生的支出、业务招待费支出等。

6. 客户往来

客户往来包括收款单增加、删除,收款核销,预收,预收冲应收,应收冲应收等。

7. 取消客户往来操作

客户往来→取消操作。

8. 丰富的账表查询和联查功能

销售账表→客户往来账表。

9. 结账和反结账

(二)销售系统业务流程

销售系统一般由销售主管操作,其业务流程如图 8-62 所示。

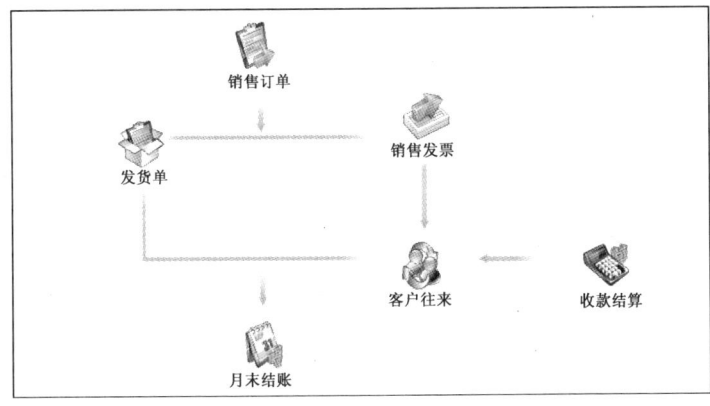

图 8-62 销售业务流程

(三)销售系统与其他系统之间的关系

销售系统与其他系统之间的关系如图8-63所示。

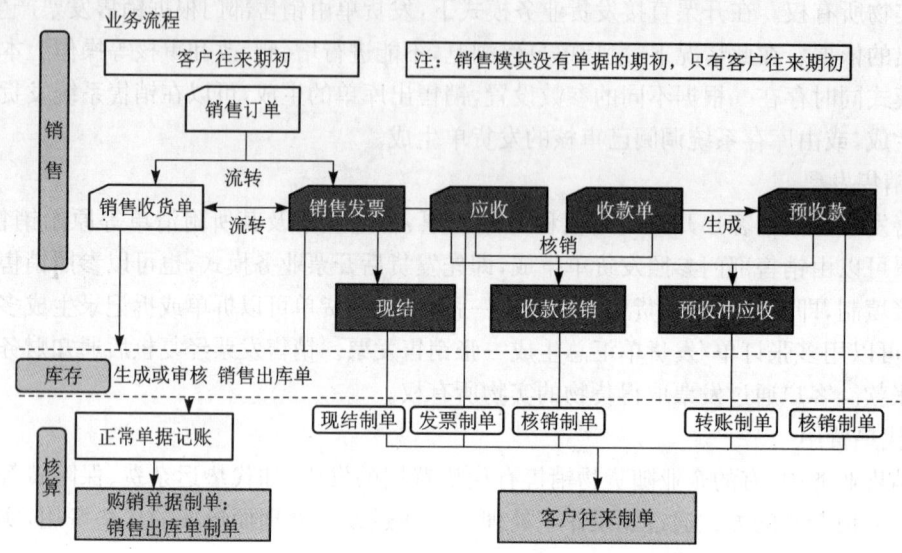

图8-63 销售系统与其他系统之间的关系

(四)普通销售业务

按销售发货的业务处理模式不同,普通销售业务有两种模式:一是先发货后开票;二是开票直接发货。此外,企业销售还存在销售退货和代垫运费等业务模式。

1. 先发货后开票的业务模式

先发货后开票的业务模式是指根据销售订单或其他销售合同、协议,向客户发出货物,发货之后根据发货单开票结算的业务模式。有关单据的流向如图8-64所示。

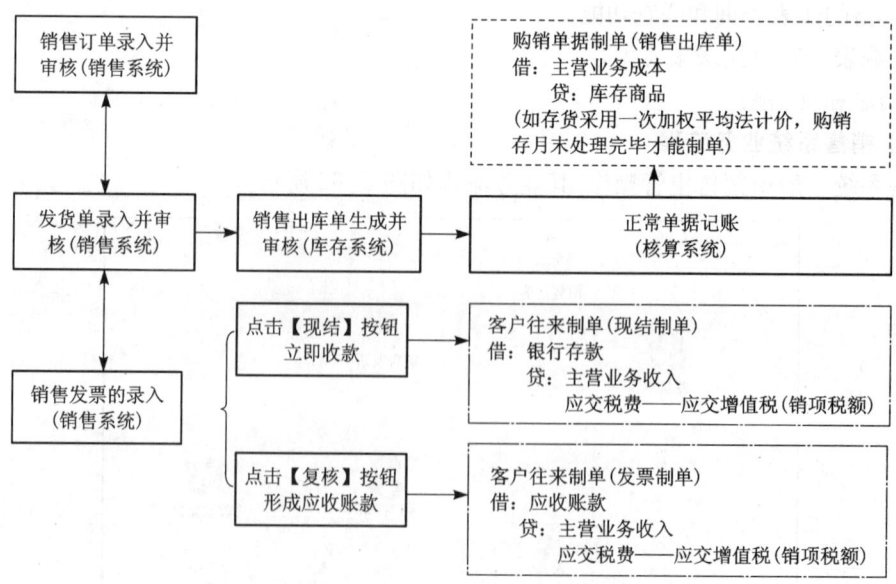

图8-64 先发货后开票销售模式

注：销售订单不是单据流中必须经过的一步，即可以不参照订单而直接发货，只有经审核确认而且不处于关闭状态的销售订单才能根据其发货。发货单审核确认后自动生成或在库存模块生成销售出库单。只有经审核确认的发货单才能根据其开票结算。只有经复核确认的销售发票才能根据其收款结算。

2. 开票直接发货的业务模式

开票直接发货的业务模式是指根据销售订单或其他销售合同、协议，向客户开具销售发票，客户根据发票到指定仓库提货的业务模式。有关单据的流向如图 8-65 所示。

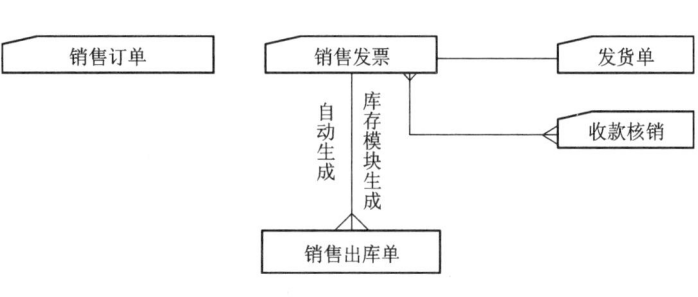

图 8-65　开票直接发货销售模式

注：销售订单不是单据流中必须经过的一步，即可以不参照订单而直接发货，只有经审核确认而且不处于关闭状态的销售订单才能根据其开票。销售发票审核确认后自动生成已经审核的发货单。销售发票审核确认后自动生成或库存模块生成销售出库单。只有经复核确认的销售发票才能根据其收款结算。以上两种模式，企业只能根据具体情况选择一种来执行。

3. 销售退货的业务模式

销售退货的业务模式是客户指因质量、品种不符合规定要求而将已购货物退回的业务模式。

（1）先发货后开票销售业务模式下的退货处理。其退货流程如图 8-66 所示。

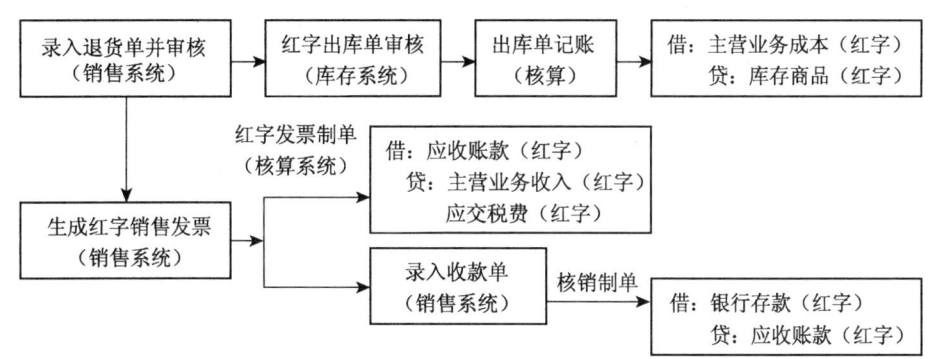

图 8-66　先发货后开票销售业务模式下的退货流程

（2）开票直接发货销售业务模式下的退货处理。其退货流程为：填制并审核红字销售发票，审核后的红字销售发票自动生成相应的退货单、红字销售出库单以及应收账款，并传递到库存管理系统和客户往来。

4. 代垫运费的业务模式

在销售业务中，有的企业随货物销售有代垫费用的发生，如代垫杂费、保险费等。代垫费用属于需要向客户收取的费用项目。对代垫运费的处理有两种方法：一是以应税劳务的方式直接录入在销售发票中，这样做的好处是能将代垫费用和销售发票直接关联起来，和货款一起进行核销;二是不录入销售发票,就要通过系统中提供的代垫费用单单独录入,再到应收款系统中进行收款处理。

业务活动 8-7　销售日常业务处理(以先发货后开票为例)

【活动准备】
1. 恢复"练一练 8-7"备份的账套。
2. 2013 年 1 月,越胜贸易有限公司发生的销售业务(经济业务 8-10～经济业务 8-15)。
【岗位任务】操作员:销售主管、库存主管、会计。
根据业务资料完成销售业务的核算。

经济业务 8-10:销售订货业务。1 月 20 日,红河公司订购 A 产品 200 件,不含税单价为 900 元。订单号为 D1301。
涉及销售主管岗位操作[录入并审核销售订单(销售模块)]。
【操作步骤】操作员:销售主管。
步骤 1　选择【销售管理】→【销售订单】,或直接点击"销售订单"图标,进入"销售订单"录入界面。
步骤 2　点击【增加】按钮,输入订单号"D1301"、日期"2013-1-01-20",选择"客户"、"货物名称",输入数量、不含税单价后,点击【保存】按钮,再点击【审核】按钮,如图 8-67 所示。

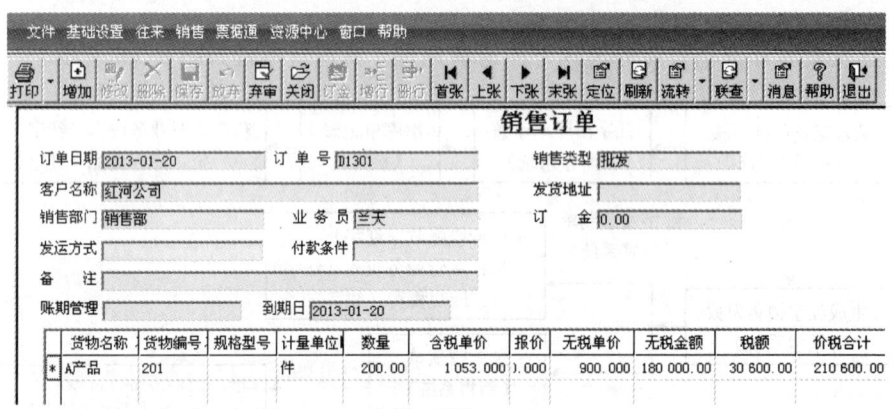

图 8-67　销售订单

经济业务 8-11:普通销售业务(收到货款)。1 月 26 日,销售部从成品一库向红河公司发出其所订货物 A 产品 200 件,发货单编号为 F201301,数量为 200 件,无税单价为 900 元。

1 月 26 日,当天开出该笔货物的专用发票一张,发票号码为 2013001,货物名称为 A 产品,数量为 200 件,无税单价为 900 元。库存根据发货单发货,生成出库单,数量为 200 件。

1 月 27 日,财务部门收到银行收账通知一张,红河公司付清采购购货款 210 600 元,结算方式为转账支票。

1. 销售主管岗位操作

操作流程如下：

（1）填制并审核销售发货单。

（2）根据发货单填制并复核销售发票。

（3）收款结算并核销的收款单。

【操作步骤】操作员：销售主管。

1月26日：

第一，填制销售发货单并审核。

步骤1 选择【销售管理】→【发货单】，或直接点击"发货单"图标，进入"发货单"对话框，单击【增加】按钮，进入"选择订单"对话框，单击【显示】按钮，选中1月20日生成的订单或客户名称，点击【确认】按钮，将订单信息转入发货单。

步骤2 录入发货日期"2013-01-09"，选择仓库"成品一库"，单击【保存】、【审核】按钮，如图8-68所示。

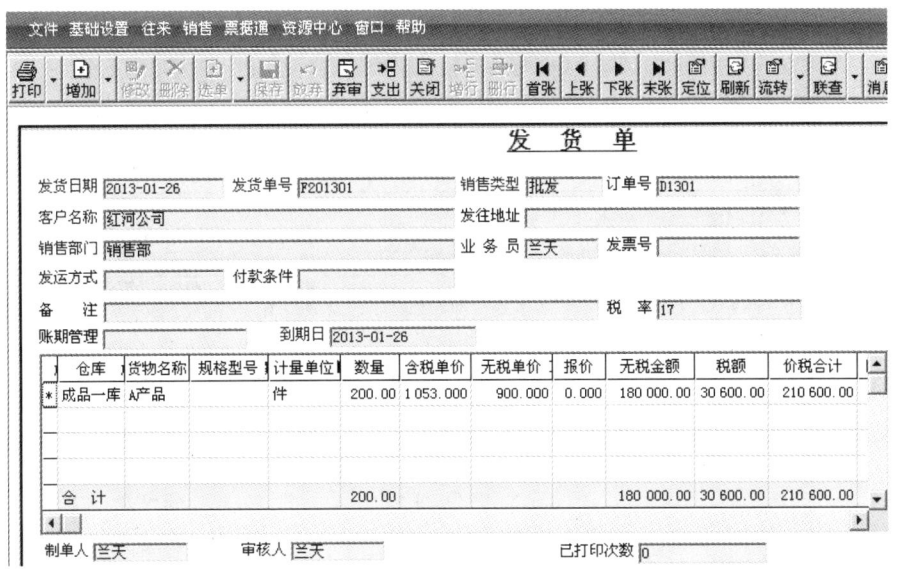

图8-68 发货单

第二，填制销售发票。

步骤1 选择【销售管理】→【销售发票】，点击【增加】按钮，选择"专用发票"，单击"选单"下的发货单，打开"选择发货单"对话框，单击【显示】按钮，选择要参照的"发货单"，单击【确认】按钮。也可直接在"发货单"界面流转生成"销售专用发票"。

步骤2 确定日期、数量、单价等信息正确后，点击【保存】、【复核】按钮，如图8-69所示。

1月27日：

收款结算并核销的收款单：

步骤1 选择【销售管理】→【收款结算】，进入"收款单"界面。

步骤2 在"收款单"界面，选择客户"红河公司"，点击【增加】按钮。输入结算方式、金额、票号等信息，如图8-70所示，点击【保存】按钮，完成收款单的填制。

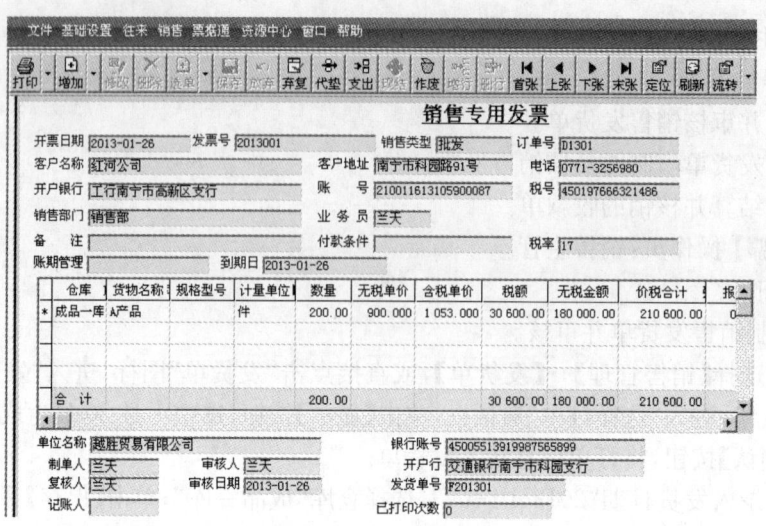

图 8-69　销售专用发票

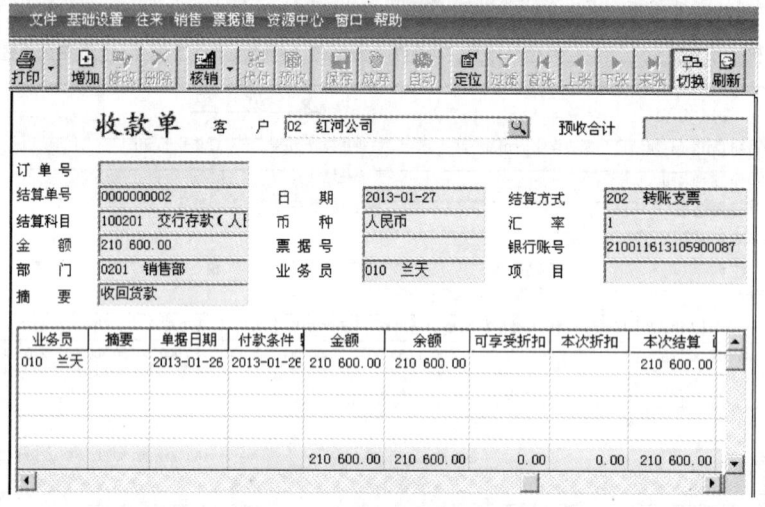

图 8-70　收款单的填制并核算

步骤3　点击【核销】按钮，在"本次结算"处输入结算金额"210 600.00"，点击【保存】按钮后退出。

2. 库存主管岗位操作

操作流程如下：

（1）生成出库单（销售出库单是销售系统根据销售发货单或发票生成）。

（2）审核出库单。

【操作步骤】操作员：库存主管。

系统自动生成出库单：如在销售基础设置中勾选"销售生成出库单"，则系统自动生成出库单。本例为自动生成出库单。

选择【库存管理】→【销售出库单生成/审核】命令，或直接点击"销售出库单生成/审核"命令，进入"销售出库单"窗口，系统自动生成出库单，如图 8-71 所示。

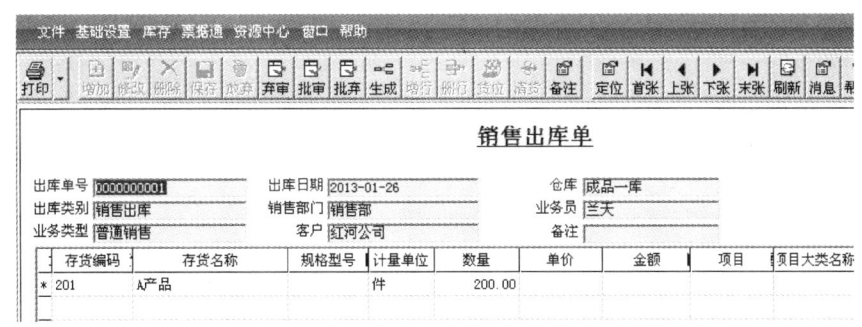

图 8-71 系统自动销售出库单

注意：出库单的号码为系统自动给出，且具有唯一性，出库单即便被删除，出库单号码也不能恢复。

知识链接

手动生成出库单：在销售基础设置中没有勾选"销售生成出库单"。其具体操作步骤如下：

步骤1　选择【库存管理】→【销售出库单生成/审核】命令，或直接点击"销售出库单生成/审核"命令，进入"销售出库单"窗口，如图8-72所示。

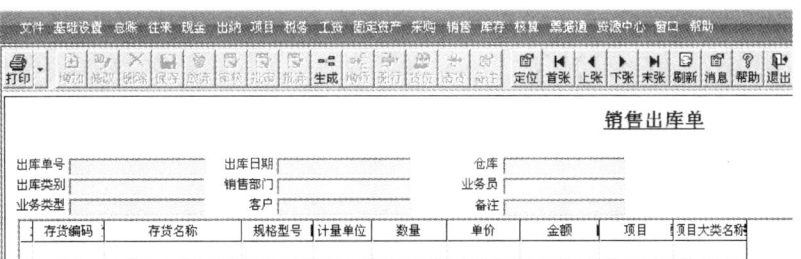

图 8-72 销售出库单生成窗口

步骤2　单击工具栏中【生成】按钮，进入"发货单或发票参照"对话框，点击【刷新】按钮，显示参照的发货单，勾选发货单，如图8-73所示，单击【确认】按钮，生成出库单。

图 8-73 选择发货单

3. 核算系统会计岗位操作

操作流程如下：

（1）正常单据记账。

（2）购销单据制单。

（3）客户往来制单。

【操作步骤】操作员：会计。

第一，正常单据记账。

具体操作同经济业务 8-2。

第二，购销单据制单（在全月一次加权平均法下，购销存月末处理完毕方能制单）。

具体操作同经济业务 8-2。

知识链接

销售成本的结转：如库存商品发出采用先进先出法、个别计价法等方法，销售成本可采用逐笔结转也可月末一次性结转，如果计价方式为"全月一次加权平均法"，则只能在核算模块"月末处理"后结转销售成本。

逐步结转：销售业务发生后，在销售模块生成发货单、销售发票；在库存模块生成并审核出库单；在核算模块正常单据记账后进行购销单据制单。制单的具体操作如下：

选择【核算管理】→【购销存单据制单】命令，在"生成凭证"界面点击【选择】按钮，选择"销售出库单"后，点击【确认】按钮。进入"未生成凭证单据一览表"，选择单据后，点击【确定】按钮。进入"生成凭证"界面，选择"转账凭证"，录入凭证要素后，点击【生成】按钮，生成的凭证如图 8-74 所示。

转账凭证

转　字　　　　　　　制单日期：2013.01.26　　　　附单据数：　1

摘要	科目名称	借方金额	贷方金额
销售出库单	主营业务成本/A产品	10000000	
销售出库单	库存商品/A产品		10000000

图 8-74　逐笔结转销售成本生成凭证

第三，客户往来制单。

1 月 26 日（客户往来制单——发票制单）：

步骤 1　选择【核算管理】→【客户往来制单】命令，或直接单击"客户往来制单"图标，选择"发票制单"，进入"销售发票制单"界面。

步骤 2　在"销售发票制单"界面，选择单据，点击【制单】按钮，录入检查各项信息正确后，点击【保存】按钮，生成的凭证如图 8-75 所示。

1 月 27 日（收款结算核算制单）：

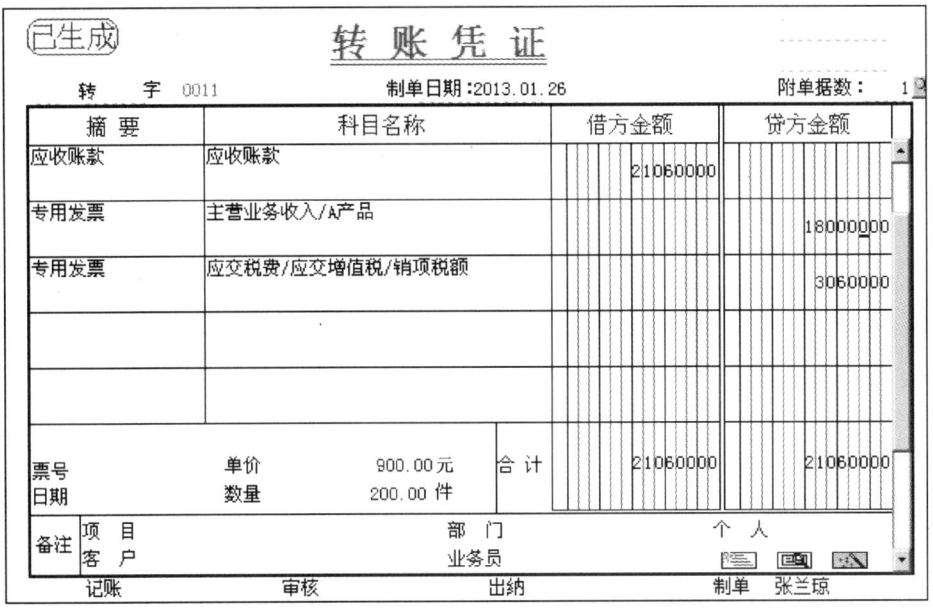

图 8-75 销售制单生成凭证

步骤 1 选择【核算管理】→【客户往来制单】命令,或直接单击"客户往来制单"图标,选择"核销制单",进入"核销制单"界面。

步骤 2 在"核销制单"界面,选择单据、凭证种类等,点击【制单】按钮,录入检查各项信息正确后,点击【保存】按钮,生成的凭证如图 8-76 所示。

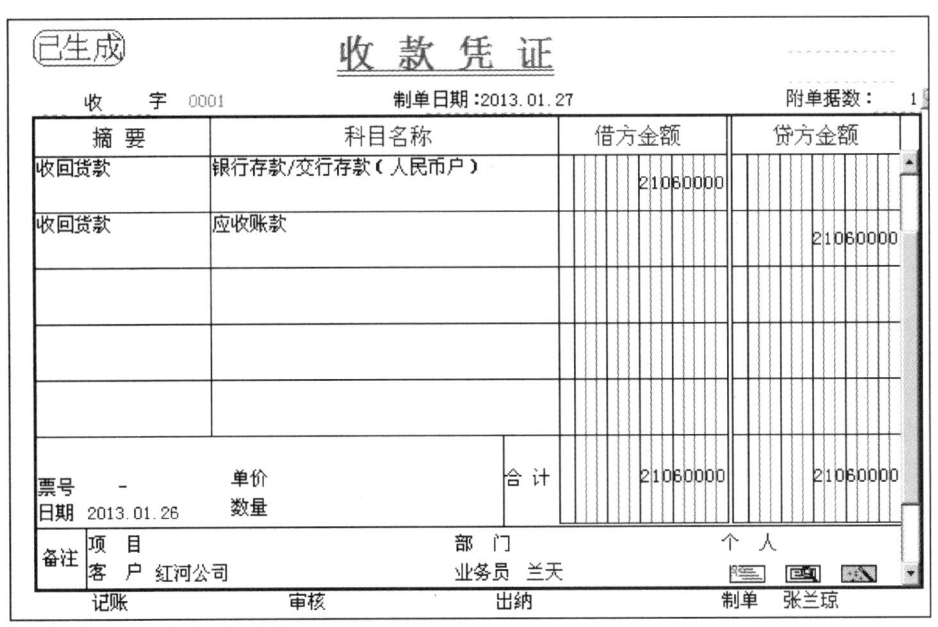

图 8-76 收款核销制单生成凭证

经济业务 8-12:现结业务。1 月 27 日,销售部从成品二库向腾飞公司销售 B 产品 50 件,发货单编号为 F201302,货物名称为 B 产品,数量为 50 件,无税单价为 600 元;当日,开具专用发票一张,发票号码为 2013002,货物名称为 B 产品,数量为 50 件,无税单价为 600 元,同时,收到客户以转账支票支付的全部货款 35 100 元,票据号为 Z102,进行现结制单处理。

1. 销售主管岗位操作

操作流程如下:

(1) 填制并审核销售发货单。

(2) 根据发货单填制销售发票。

(3) 现结处理并审核销售发票。

【操作步骤】操作员:销售主管。

第一,填制并审核发货单。

操作同经济业务 8-11 发货单的处理(没有订单参照)。

第二,填制销售发票。

在发货单界面流转生成。

第三,现结处理。

步骤 1　生成销售专用发票后,点击【保存】按钮。

步骤 2　点击【现结】按钮,进入"销售现结"对话框,选择结算方式,输入票号、金额、银行账号等,点击【确定】按钮,如图 8-77 所示。现结成功在销售专用发票右上角出现"现结"标志,如图 8-78 所示(若想取消现结,则在专用发票上取消复核后,点击【弃结】按钮)。

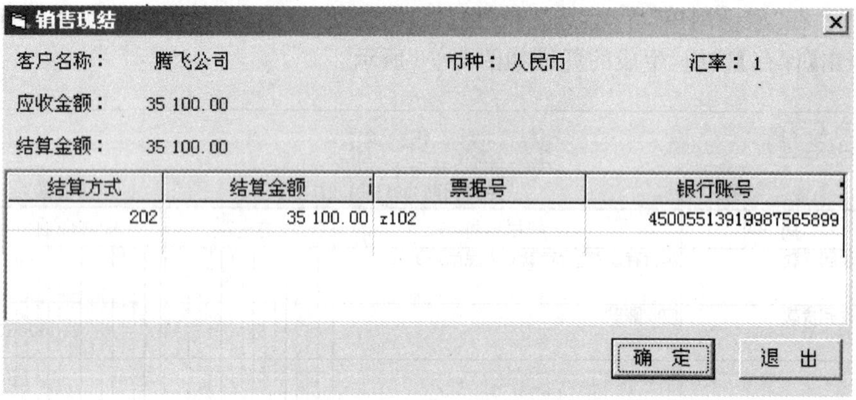

图 8-77　"销售现结"对话框

注:应在销售发票复核前进行现结处理,销售发票现结后需进行复核才能在核算模块中进行现结制单。

步骤 3　在发票上点击【复核】按钮后退出。

2. 库存主管岗位操作

操作流程如下:

生成并审核销售出库单。

【操作步骤】操作员:库存主管。

操作同经济业务 8-2。

模块八　购销存系统集成应用

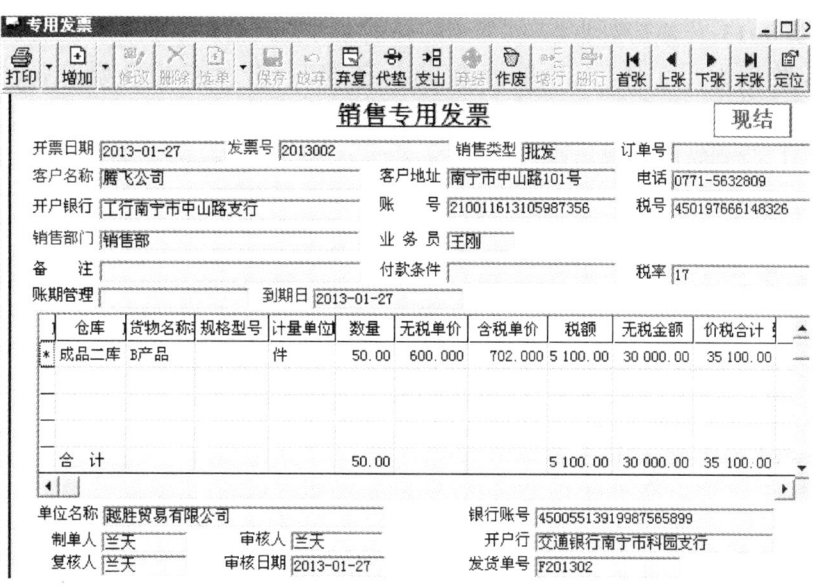

图 8-78　审核销售专用发票

3. 核算系统会计岗位操作

操作流程如下：

（1）正常单据记账。

（2）客户往来制单。

【操作步骤】操作员：会计。

第一，正常单据记账。

操作同经济业务 8-2。

第二，客户往来制单——现结制单。

生成凭证如图 8-79 所示。

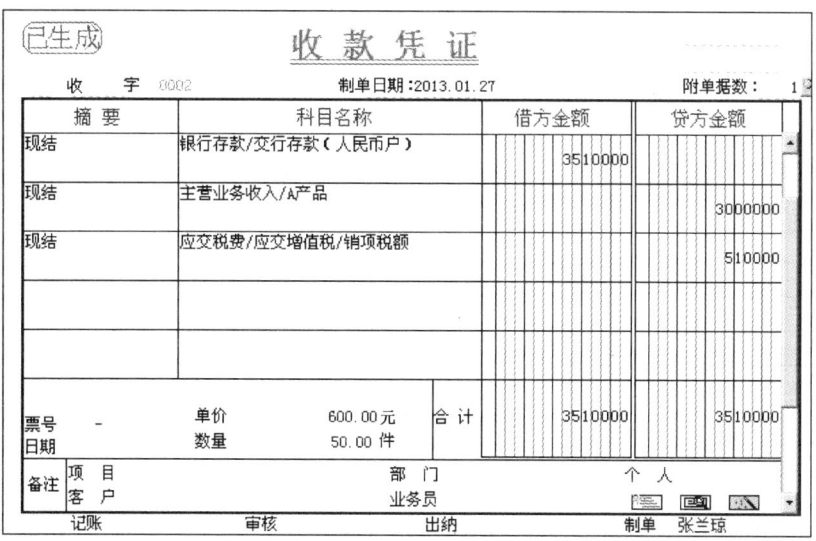

图 8-79　销售现结制单

经济业务 8-13：代垫运费业务。1月27日，向东方公司销售B产品100件。发货单编号为F201303，数量为100件，无税单价为580元；当日，开具专用发票一张，发票号码为2013003，货物名称为B产品，数量为100件，无税单价为580元，以现金垫支运费500元。

1月28日，收到转账支票一张，金额为8 360元，票号为Z600，剩余款项使用预收款全部收回货款及垫支运费。

1. 销售主管岗位操作

操作流程如下：

(1) 填制并审核销售发货单。

(2) 根据发货单填制销售发票。

(3) 进行垫支运费处理，并审核销售发票。

【操作步骤】操作员：销售主管。

1月27日：

第一，填制并审核发货单：

操作同经济业务8-11发货单的处理（没有订单参照）。

第二，销售发票填制：

在发货单界面流转生成，并保存。

第三，垫支运费的处理：

步骤1 在"销售专用发票"工具栏上点击【垫支】按钮，进入"代垫费用单"录入界面。

步骤2 点击【增加】按钮，参照选择费用项目为"代垫运费"、代垫金额为"500"，货物名称为"B产品"，点击【保存】、【审核】按钮后退出，如图8-80所示。

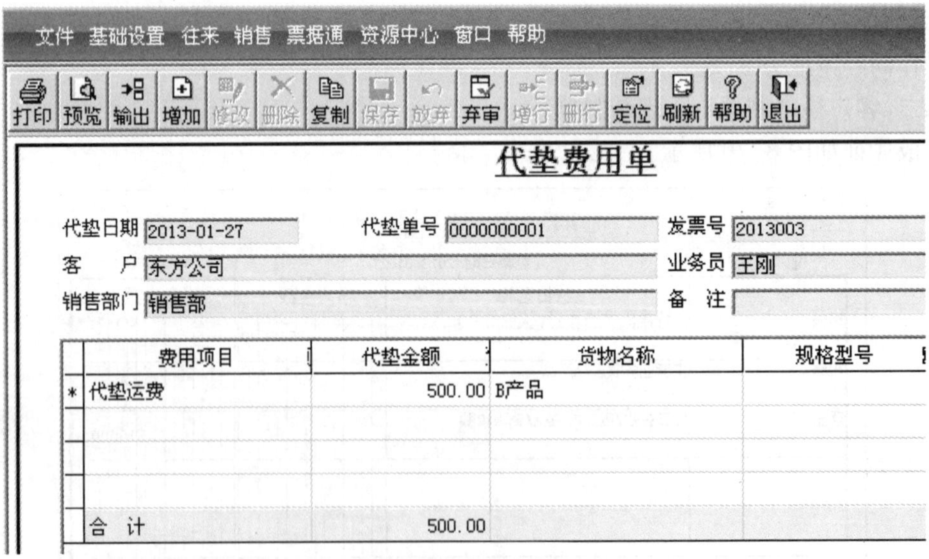

图8-80 代垫费用单

步骤3 审核销售发票。

注：填制代垫费用单后，在软件中自动生成一张其他应收单，可以点击"客户往来——应收单查看"。

1月28日(使用预收款及客户补付款项填写收款结算单,收回全部货款及垫支费用):
步骤1 选择【销售】→【客户往来】→【收款结算】,或直接点击"收款结算"图标进入"收款单"界面。
步骤2 选择"客户",点击【增加】按钮,录入结算方式、结算金额后点击【保存】按钮。
步骤3 点击【核销】按钮,在"使用预收"处录入预收款金额"60 000.00",再录入本次结算金额"67 860.00",如图8-81所示。点击【保存】按钮,保存核销操作。

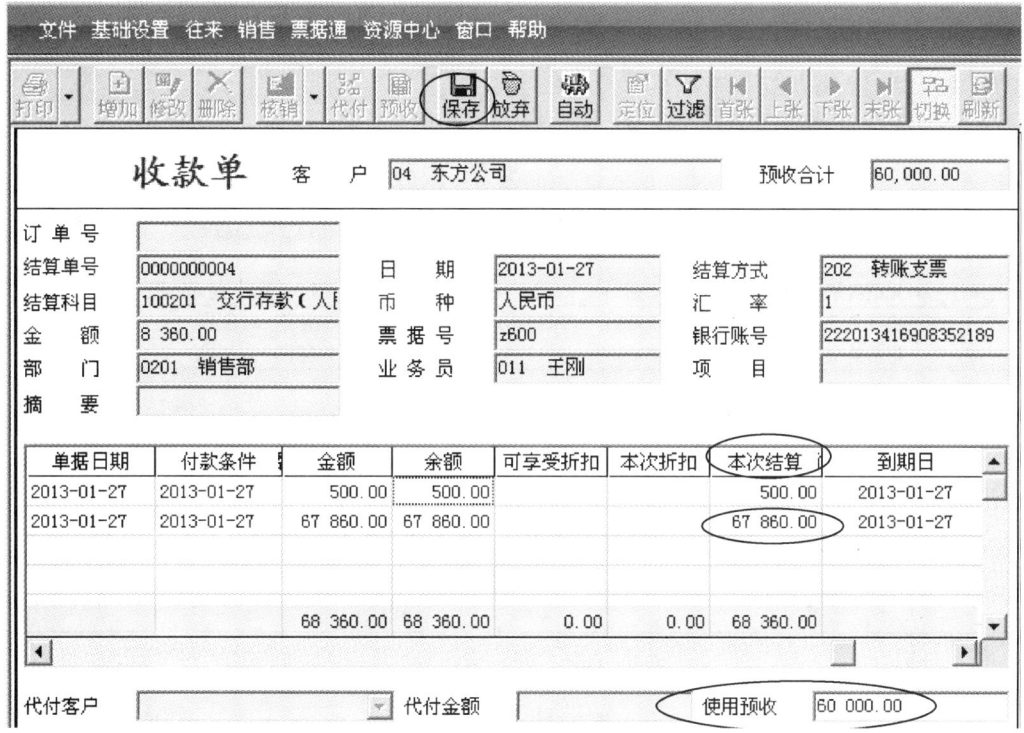

图8-81 使用预收收款单

2. 库存主管岗位操作
操作流程如下:
生成并审核销售出库单。
【操作步骤】操作员:库存主管。
1月27日:
操作同经济业务8-11。
3. 核算系统会计岗位操作
操作流程如下:
(1) 正常单据记账。
(2) 客户往来制单——发票制单、应收单制单(可合并制单,也可分开制单)。
(3) 客户往来制单——核销制单。
【操作步骤】操作员:会计。
1月27日:

第一,正常单据记账。

操作同经济业务 8-2。

第二,客户往来制单——发票制单、应收单制单。

步骤 1 选择【核算】→【凭证】→【客户往来】,或直接点击"客户往来制单"图标进入"客户制单查询"对话框,选择"发票制单"、"应收单制单"后,点击【确认】按钮进入发票、应收单制单界面,如图 8-82 所示。

图 8-82 发票、应收单制单

步骤 2 分两种情况:

合并制单:点击【全选】按钮,选择全部单据,点击【合并】、【制单】按钮,进入填制凭证界面。选择凭证类别,录入凭证要素信息后点击【保存】按钮,如图 8-83 所示。

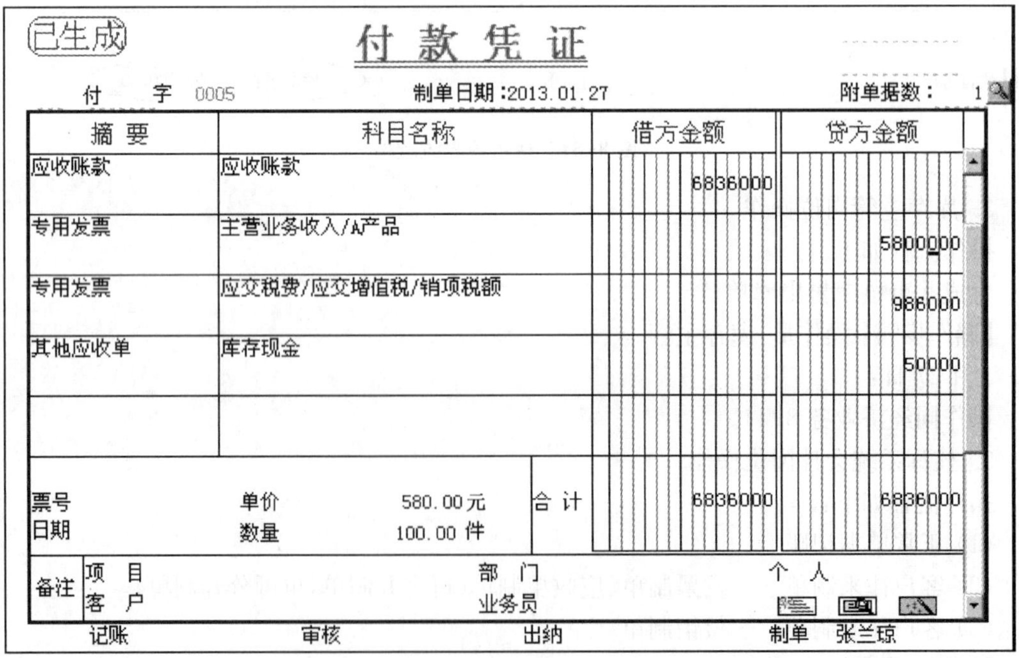

图 8-83 发票、应收单制单合并生成凭证(货款及垫付运费)

分别制单:即发票及应收单分别制单,在制单时直接点击【制单】按钮,不点击【合并】按钮,生成的凭证如图 8-84、图 8-85 所示。

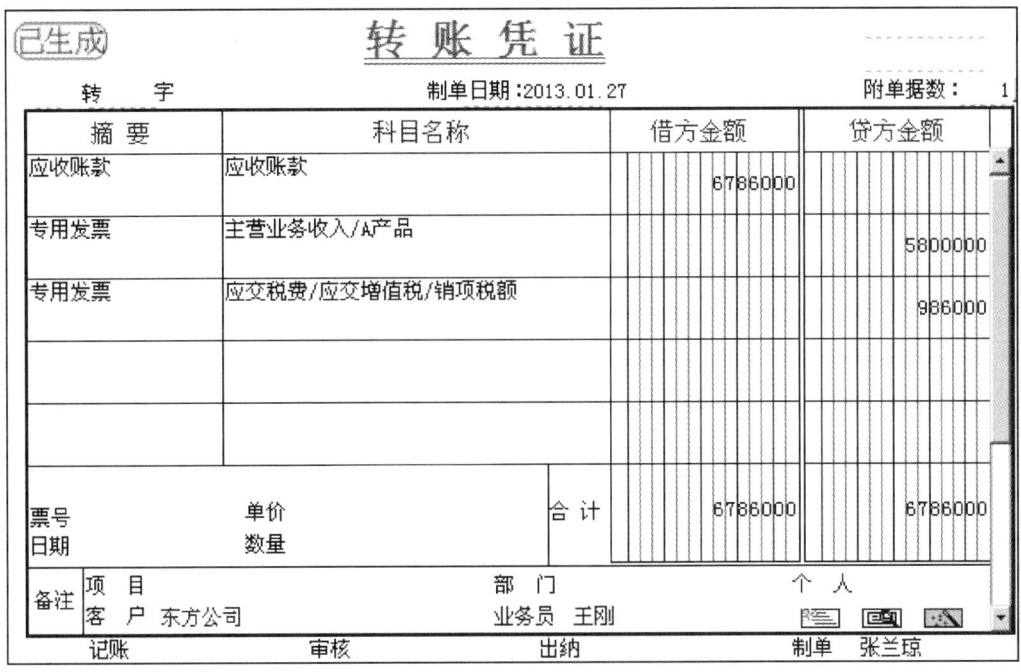

图 8-84 发票制单生成凭证(应收货款)

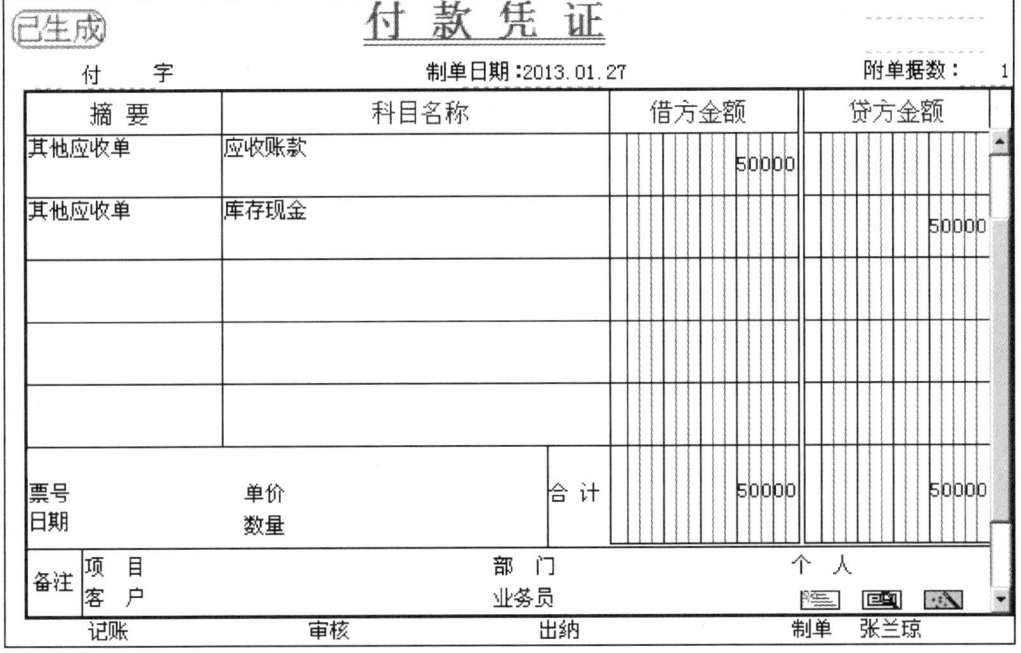

图 8-85 应收单制单生成凭证(垫付运费)

1月28日(收回货款,核销预收款):

选择客户往来制单中的核销制单,生成收款核销凭证,如图8-86所示。

```
已生成                收 款 凭 证
      收  字  0003        制单日期:2013.01.28           附单据数:  1
      摘  要          科目名称           借方金额        贷方金额
      核销         银行存款/交行存款(人民币户)
                                        836000
      核销         应收账款
                                                      6836000
      预收货款     预收账款
                                        6000000
      票号  -z600    单价           合计   6836000      6836000
      日期 2012.12.21 数量
      备注 项目          部门              个人
           客户 东方公司  业务员 王刚
      记账        审核         出纳         制单 张兰琼
```

图8-86 收款核销生成凭证

经济业务8-14:现金折扣业务。1月27日,销售部向红河公司销售A产品500件,发货单编号为F201304,数量为500件,无税单价为1 000元,双方规定现金折扣条件为"2/10,1/20,n/30",税款不参与折扣。开具专用发票一张,发票号码为2013004。

1月31日,收到银行收账通知,核销红河公司偿还货款(转账支票结算),金额为575 000元,票号为Z888。

1. 销售主管岗位操作

操作流程如下:

(1)填制并审核销售发货单。

(2)根据发货单填制审核销售发票。

(3)收到货款,填制收款单。

【操作步骤】操作员:销售主管。

1月27日:

步骤1 填制并审核销售发货单:操作同经济业务8-2。

注:在发货单上必须选择付款条件内容。

步骤2 填制并审核销售发货单:发货单流转生成,录入发票号码,点击【保存】、【复核】按钮。如自行录入,注意选择付款条件。

1月31日(收到货款,填制收款单):

收款单的本次结算金额为应收金额减去折扣后的金额,在表体部分注意输入本次结算金额时,同时也要输入本次折扣金额。收款单核销如图8-87所示。

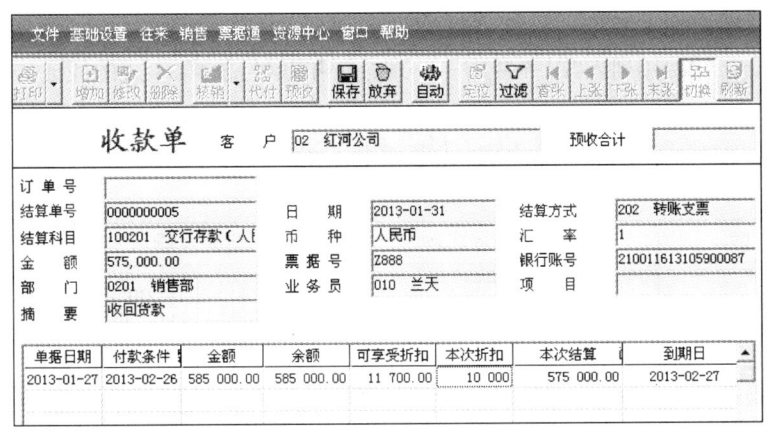

图 8-87 收款单核销

2. 库存管理岗位操作

操作流程如下：

生成并审核销售出库单。

【操作步骤】操作员：库存主管。

1月27日(生成并审核销售出库单)：操作同经济业务 8-2。

3. 核算管理岗位操作

操作流程如下：

(1) 正常单据记账。

(2) 客户往来制单——发票制单。

(3) 客户往来制单——核销制单。

【操作步骤】操作员：会计。

1月27日：

步骤1 正常单据记账：操作同经济业务 8-2。

步骤2 客户往来制单——发票制单：生成的记账凭证如图 8-88 所示。

图 8-88 发票制单生成凭证

1月31日(客户往来制单——核销制单):
产生的现金折扣费用列入"财务费用——现金折扣"科目核算,生成的凭证如图8-89所示。

图8-89 核销制单生成凭证

经济业务8-15: 退货业务处理。1月31日,因产品质量问题,收到上月销售给东方公司的A产品退货100件,当时售价为900元,退货单编号为T001,开具红字发票,发票号码为2013005,数量为100件,无税单价为900元。通过汇兑方式退回货税款共计105 300元。

1. 销售主管岗位操作

操作流程如下:

(1) 填制并审核退货单。

(2) 根据退货单填制红字销售发票。

(3) 现结退款处理。

【操作步骤】操作员:销售主管。

步骤1 填制并审核退货单——选择"退货单"。操作方法与发货单填制基本相同,数量用负数录入,如图8-90所示。

步骤2 填制红字销售发票。选择"红字专用发票",由退货单流转生成,也可自行录入,录入时数量用负数录入,如图8-91所示。

步骤3 现结退款处理。在红字销售专用发票界面,点击【现结】按钮,打开"销售现结"对话框,录入结算方式、金额(金额按负数录入)及银行账号等后,点击【确定】按钮退出。红字销售专用发票显示"现结"标志,如图8-92所示。

2. 库存主管岗位操作

操作流程如下:

生成并审核红字库单。

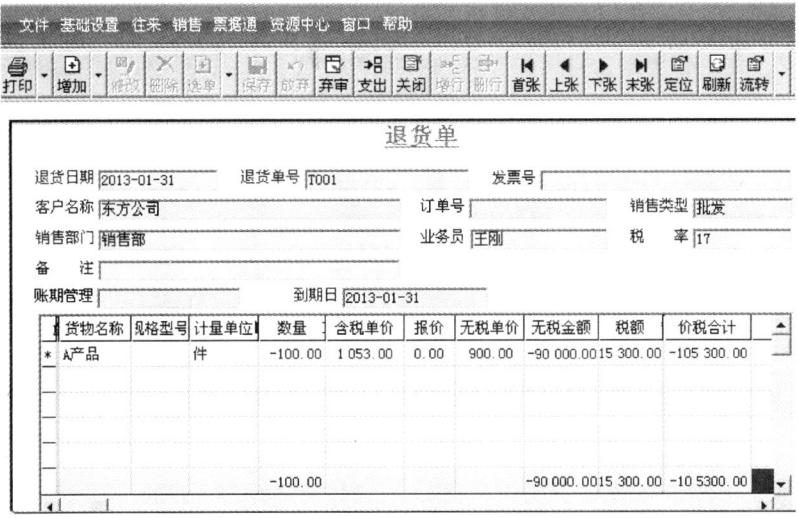

图 8-90　退货单

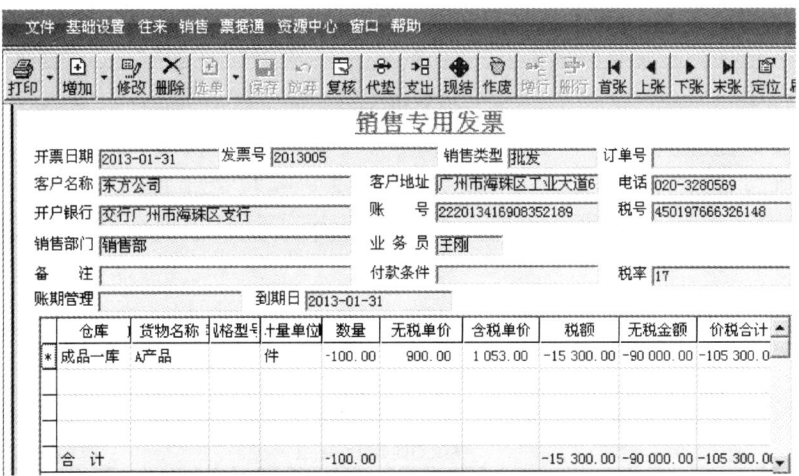

图 8-91　红字专用发票

【操作步骤】操作员：库存主管。

操作方法与出库单填制基本相同，退货数量显示为负数，如图 8-93 所示。

3. 核算管理岗位操作

操作流程如下：

(1) 正常单据记账。

(2) 客户往来制单——现结制单。

【操作步骤】操作员：会计。

步骤 1　正常单据记账——操作同经济业务 8-2。

步骤 2　客户往来制单——现结制单。操作同经济业务 8-12，生成红字收款凭证，如图 8-94 所示。

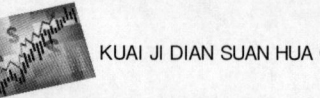

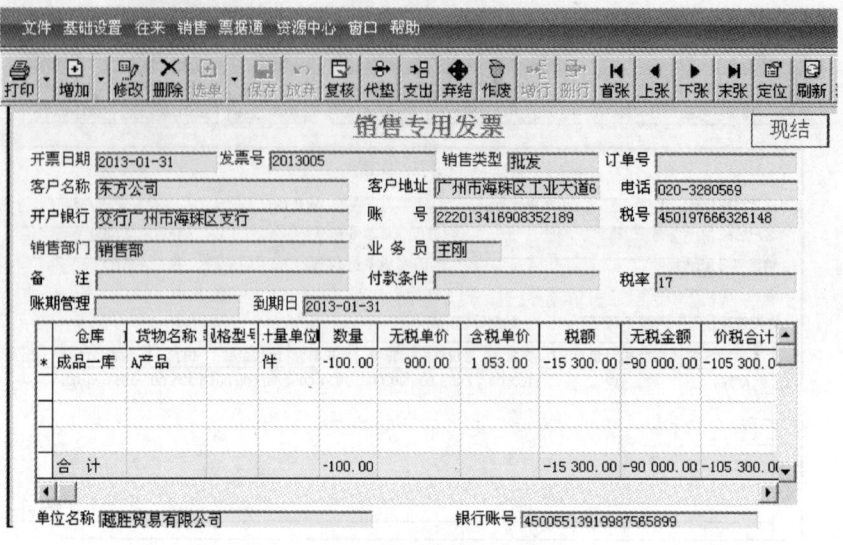

图 8-92　现结红字专用发票

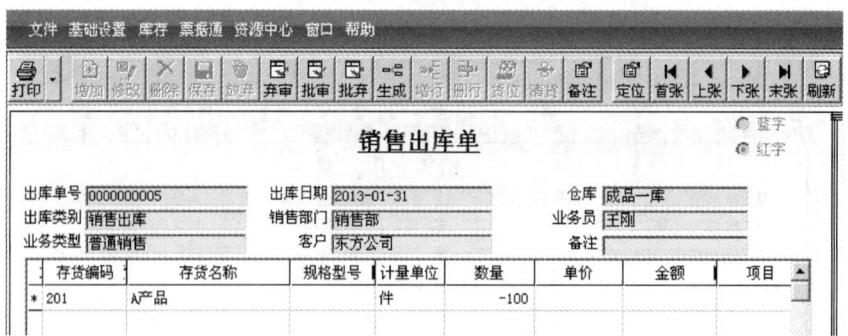

图 8-93　红字销售出库单

图 8-94　收字收款凭证

知识链接

销售日常业务的逆向操作

在销售日常业务操作中,如果生成了凭证,才发现发货单、销售发票、收款结算单录入不正确,想要修改,则需要逆向取消操作。

(1) 删除错误凭证:选择【核算】→【凭证】→【客户往来凭证列表】或【购销单据凭证列表】命令,找到需删除的凭证,点击【删除】按钮,在总账系统中该凭证打上"作废"标记。

(2) 取消发票复核:选择【销售】→【销售发票】命令,点击【弃复】按钮,再点击【修改】按钮,修改发票。发货单的修改方法相同。

(3) 取消收款核销:选择【销售】→【客户往来】→【取消操作】命令,操作类型选择"核销",双击"选择标志",点击【确认】按钮后退出。"客户往来"的其他取消操作基本相同,注意选择"操作类型"取消。

(4) 修改或删除收款单:选择【销售】→【客户往来】→【收款结算】命令,选择"客户"后会显示已存在的收款单,可点击【修改】或【删除】按钮。

往来业务与制单类型的对应关系

(1) 发票制单:发票上点击【复核】按钮,确认了应付(应收)账款。

(2) 应收单制单:销售发票上的【代垫】按钮,对应的"代垫费用单",发票制单及应收单制单可同时执行,合并制单。

(3) 核销制单:在付(收)款单上点击【核销】或【预付(收)】按钮。

(4) 转账制单:往来中的红票对冲、预付(收)冲应付(收)。

(5) 并账:往来中的应付(收)冲应付(收)、应付(收)冲应收(付)。

(6) 汇兑损益:往来中的汇兑损益,有外币核算时结算汇兑损益。

(7) 现结制单:发票上点击【现付(结)】按钮,可部分现结或者全部现结。

练一练 8-8　　　　销售日常业务处理

【活动准备】
1. 恢复"练一练 8-7"备份的账套。
2. 经济业务 8-10~经济业务 8-15。

【岗位任务】操作员:销售主管"兰天"(lt)、库存主管"刘荣"(lr)、会计"张兰琼"(zlq)。
1. 根据业务要求完成销售业务处理。
2. 备份账套。

三、认知库存管理系统日常业务处理

(一) 库存系统主要功能介绍

库存系统的主要功能如下:

(1) 审核(批审)采购模块生成的"采购入库单"。

(2) 依据销售发货单(销售发票)生成并审核(批审)销售出库单。
(3) 材料出库:材料出库单。
(4) 产成品入库:产成品入库单。
(5) 其他出入库业务:其他入库单、其他出库单。
(6) 调拨业务:调拨单,生成其他出库单和其他出库单。
(7) 盘点业务:盘盈生成其他入库单,盘亏生成其他出库单。

(二)库存管理系统与其他系统的业务流程

库存管理系统与其他系统的业务流程如图 8-95 所示。

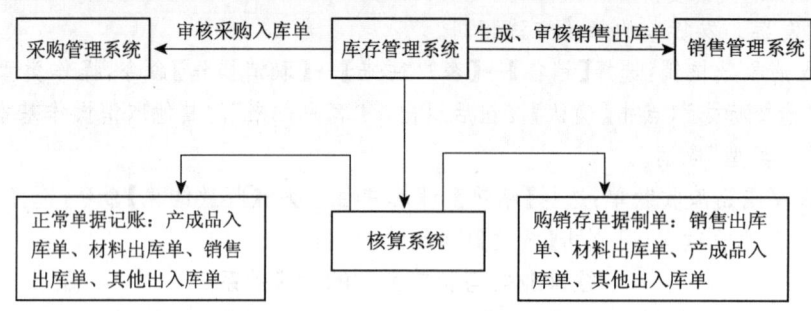

图 8-95 库存管理系统与其他系统的业务流程

(三)库存系统日常业务核算

库存系统日常业务核算主要包括审核采购入库单、生成审核销售出库单、材料出库、产成品入库等、盘点业务等内容。审核采购入库单、生成审核销售出库单已在采购及销售业务中多次使用,在此只介绍材料出库、产成品入库及盘点业务。

注:①采购入库单在库存模块审核后,就不能再在采购模块修改、删除。要修改,只能取消审核。②销售出库单生成后,点击鼠标右键,选择"对应的销售出库单",可以联查该销售出库单。③如果在选项设置中,选择"销售模块生成销售出库单",则发货单一经审核,就生成了"销售出库单",在库存模块只能对销售出库单审核,不能生成和删除。

业务活动 8-8 库存日常业务处理

【活动准备】
1. 恢复"练一练 8-8"备份的账套。
2. 相关业务资料。

【岗位任务】
根据业务活动资料完成相关业务。

经济业务 8-16:材料出库业务——直接领用。1 月 31 日,汇总本月领料情况如下:二车间为生产 B 产品领用乙材料 1 200 千克。

注:材料出库可逐步处理也可月末汇总处理,本案例按月末汇总处理。

操作流程如下:
在库存管理系统中填制材料出库单并对其审核。

1. 库存管理岗位操作

【操作步骤】 操作员：库存主管。

步骤1　选择【库存】→【材料出库单】命令，进入"材料出库单"界面。

步骤2　单击【增加】按钮，选择"出库日期"、"仓库"、"部门"。

步骤3　选择材料编码"0102"、材料名称"乙材料"，输入数量后点击【保存】、【审核】按钮（单价、金额不用录入，单据在核算模块记账后会反写）。

2. 核算管理岗位操作

操作流程如下：

（1）正常单据记账。

（2）购销单据制单。

【操作步骤】 操作员：会计。

步骤1　进行正常单据记账（方法同前），单据记账后，材料出库单自动生成单价和金额。

步骤2　根据材料出库单通过购销存制单生成凭证，如图8-96所示（方法同前）。

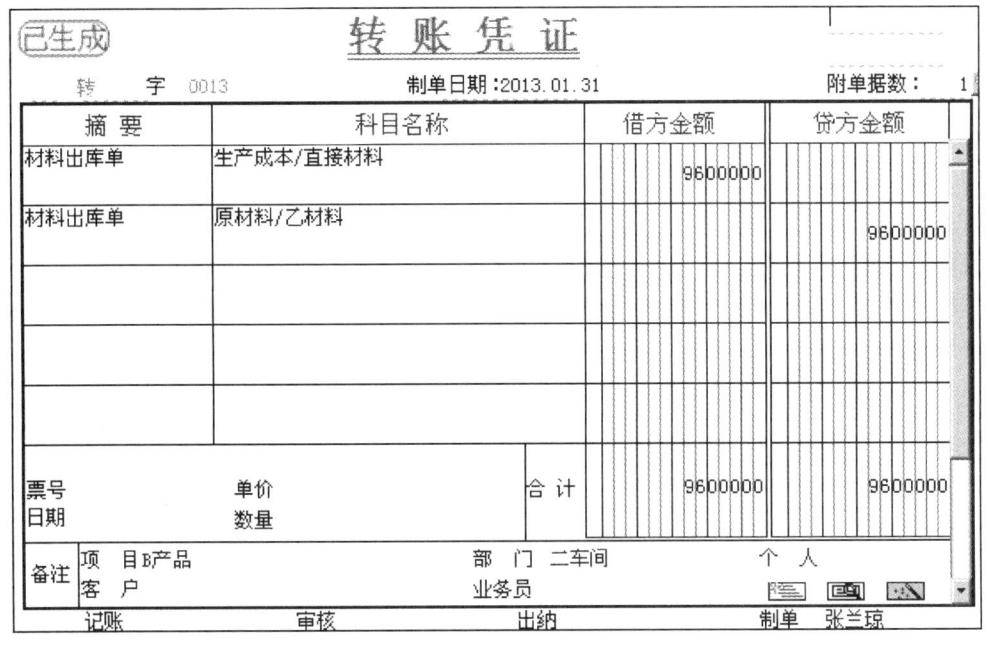

图8-96　材料出库生成凭证

注：如果在出库单上手工录入了单价，则单据记账按照手工录入的单价确定出库成本；如果没有录入单价，系统会根据采用的仓库计价方式，计算出库成本，进而确定出库成本。

经济业务8-17：材料领用——配比出库。1月31日，汇总本月一车间共计生产A产品1 250件，采用材料出库单配比功能，将生产产品所需直接材料出库生成材料出库单。

1. 库存管理岗位操作

操作流程如下：

配比出库生成出库单并审核。

【操作步骤】 操作员：库存主管。

步骤1 选择【库存管理】→【材料出库单】命令,进入"材料出库单"界面。

步骤2 点击鼠标右键,选择"配比出库",进入"配比出库单"界面,"产品"选择A产品,系统提示"是否展到末级",点击【是】按钮,录入生产数量、部门、收发类别等,如图8-97所示。点击【确定】按钮,生成"材料出库单"。

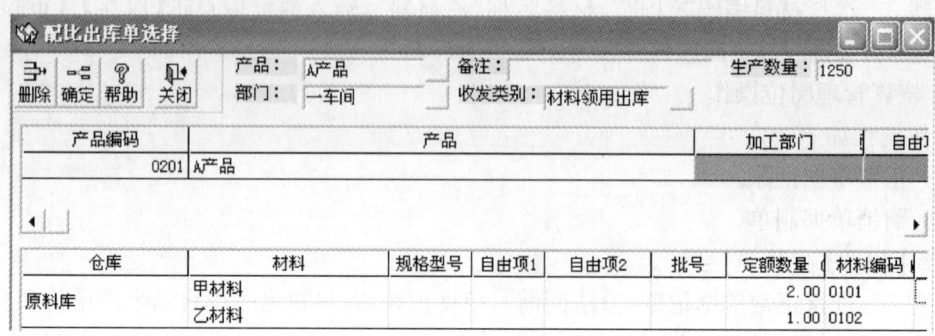

图 8-97 配比出库单

步骤3 在材料出库单上点击【审核】按钮。

2. 核算管理岗位操作

操作流程如下:

(1) 正常单据记账。

(2) 购销单据制单。

【操作步骤】操作员:会计。

步骤1 进行正常单据记账(方法同前),单据记账后,材料出库单自动生成单价和金额。

步骤2 根据材料出库单生成凭证(方法同前),如图8-98所示。

图 8-98 出库单生成凭证

经济业务 8-18:产成品入库单。1月31日,成品一库收到一车间生产的A产品1 250件,按产成品完工入库。财务部门提供1 250件的完工产品成本共计600 000元。

1. 库存管理岗位操作

操作流程如下:

在库存系统中录入产成品入库单并审核。

【操作步骤】 操作员:库存主管。

步骤1　选择【库存管理】→【产成品入库单】,进入"产成品入库单"界面。

步骤2　单击【增加】按钮,选择日期、仓库(成品一库)、部门(一车间)、入库类别(产成品入库)。

步骤3　选择存货编码"0201",输入数量"1 250"件,点击【保存】、【审核】按钮,如图8-99所示。

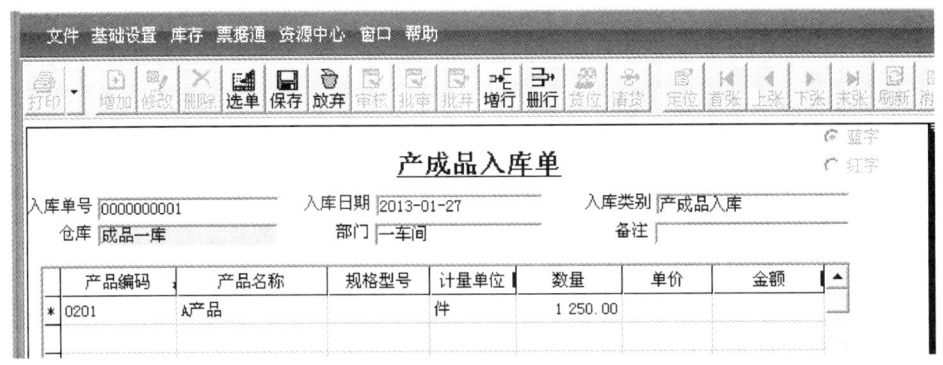

图 8-99　录入产成品入库单

注:产成品入库单上无需填写单价,待产成品成本分配后会自动写入。这里的总成本是成本会计计算得出的,可以在这里直接录入,也可以通过核算模块的"产成品成本分配",录入每种产成品的成本,按照数量进行分配。

2. 核算管理岗位操作

操作流程如下:

(1) 在核算系统中录入生产总成本并进行产成品分配。

(2) 在核算系统中对产成品入库单进行记账并生成凭证。

【操作步骤】 操作员:会计。

步骤1　选择【核算】→【核算】,选择【产成品成本分配】,进入"产成品成本分配表"。

步骤2　点击【查询】按钮进入"产成品成本分配表查询",选择"成品一库",单击【确认】按钮,进入"需要分配的产成品单据选择",选择"A产品",点击【确认】按钮,进入"产成品成本分配表"。

步骤3　在A产品记录行金额处输入"600 000.00",如图8-100所示。

步骤4　单击【分配】按钮,系统提示"分配操作顺利完成"。点击【确定】按钮后退出。

步骤5　进入"核算"下的"产成品入库单"窗口,查看入库产品单价。

步骤6　在核算系统对产成品入库单进行记账并生成凭证。

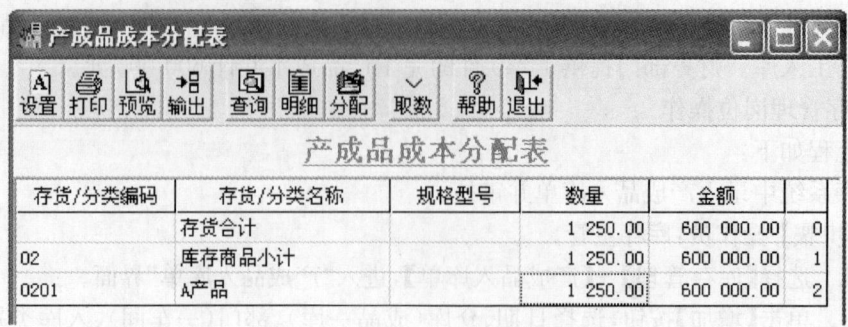

图 8-100 产品成本分配表

经济业务 8-19：盘点业务。1 月 31 日，对材料库进行盘点，甲材料实存数量为 6 900 千克，短少 50 千克，原因待查。

1. 库存管理岗位操作

操作流程如下：

（1）在库存管理系统中增加盘点单。

（2）在库存管理中对由盘点单生成的其他入库单进行审核。

【操作步骤】操作员：库存主管。

步骤 1　选择【库存管理】→【库存盘点】命令，进入"盘点单"界面。

步骤 2　单击【增加】按钮，选择盘点仓库、盘点日期等内容。

步骤 3　选择存货编码"0101"，系统自动给出账面数量"6 950.00"和盘点数量"6 950.00"，将盘点数量改为"6 900.00"，系统显示盈亏数量、金额等。点击【审核】按钮后退出，如图 8-101 所示。

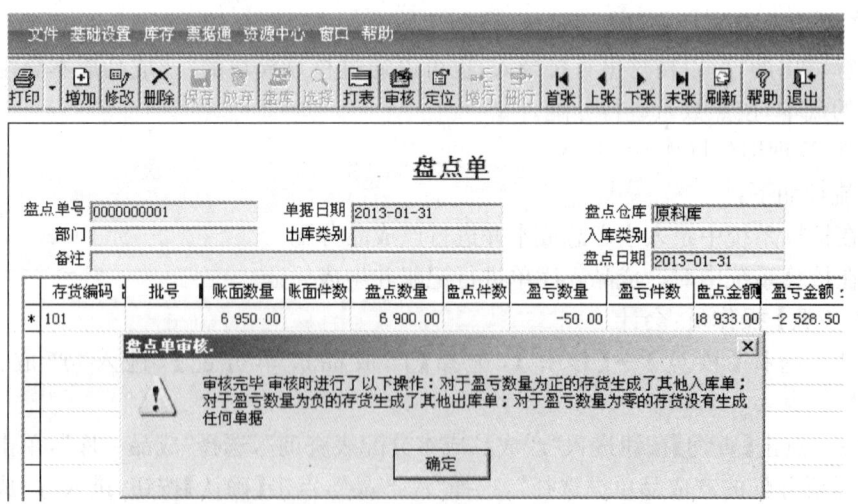

图 8-101 盘点单

步骤 4　点击"其他出库单"，点击【审核】按钮。

2. 核算管理岗位操作

操作流程如下：

(1) 正常单据记账。
(2) 购销单据制单。

【操作步骤】操作员：会计。

步骤1　正常单据记账——操作同经济业务8-2。

步骤2　购销单据制单——选择"其他出库单"生成凭证，如图8-102所示。

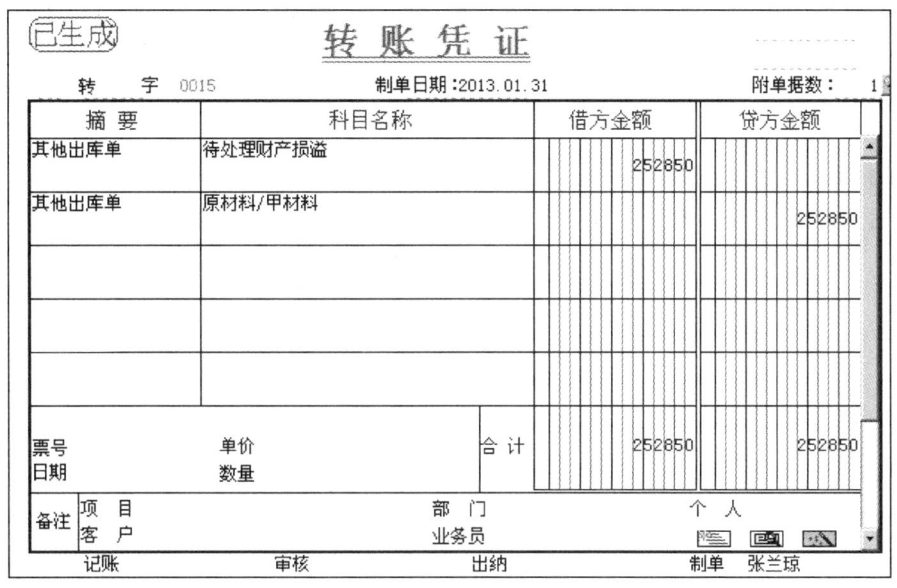

图 8-102　其他出库单

注：其他出库单是由盘点单审核后生成的，其他出库单不能删除、修改；如发现盘点业务有错，必须直接对盘点单取消审核，点击【删除】按钮，其他出库单自动删除。

练一练8-9　　　　　　库存业务处理

【活动准备】
1. 恢复"练一练8-8"备份的账套。
2. 经济业务8-16～经济业务8-19。

【岗位任务】操作员：库存主管"刘荣"(lr)、会计"张兰琼"(zlq)。
1. 根据业务要求完成库存业务处理。
2. 备份账套。

四、核算系统

(一) 主要功能

核算模块起着"桥梁"连接的作用，把购销存模块的业务通过核算模块的制单传递到总账。其主要功能如下：

(1) 对库存模块审核过的"采购入库单、销售出库单、其他入库单、其他出库单、材料出库单、产成品入库单"等正常单据记账。

（2）对库存模块审核过的"调拨单、组装单、形态转化单"等特殊单据记账。

（3）对暂估入库的采购入库单进行"暂估成本录入"、"暂估成本处理"。

（4）对库存模块的"产成品入库单"进行"产成品成本分配"。

（5）对库存模块审核过的单据进行"购销单据制单"。

（6）对采购模块的供应商往来业务进行"供应商往来制单"。

（7）对销售模块的客户往来业务进行"客户往来制单"。

（8）具有丰富的账表查询和联查功能（采购账表——供应商往来账表）。

（9）结账和反结账。

（二）核算系统业务流程

核算系统业务流程如图 8-103 所示。

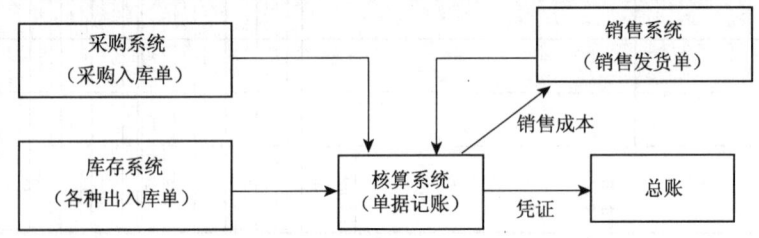

图 8-103　核算系统业务流程

（三）核算系统主要日常业务

1. 入库、出库处理

入库业务包括填制"采购入库单"、"产成品入库单"、"其他入库单"。出库业务包括填制"销售出库单"、"材料出库单"、"其他出库单"。

2. 单据记账

单据记账是将所输入的各种出入库单据记入存货明细账。无单价的入库单据不能记账，因此记账前应对暂估入库的成本、产成品入库单的成本进行确认或修改。

3. 调整业务

对出、入库单据记账后，发现单据金额错误，如果是录入错误，通常采用修改方式进行调整。调整单据包括入库调整单和出库调整单。它们只针对当月存货的出、入库成本进行调整，并且只调整存货的金额，不调整存货的数量。

4. 暂估成本处理

核算系统中对采购暂估入库业务提供了月初回冲、单到回冲和单到补差三种方式。无论采用哪种方式，都必须待采购发票到达后，在采购管理系统填制发票并进行采购结算后，在核算系统中完成暂估入库成本处理。

5. 生成凭证处理

在核算系统中，可以将各种出入库单据中涉及存货增减和价值变动的单据生成凭证传递到总账。

注：核算系统的日常业务核算内容已包含在采购系统、销售系统、库存系统业务活动中，在此不再另行安排。

任务四　购销存系统月末结账

一、认知购销存系统月末结账顺序

库存系统、采购系统和销售系统集成使用，必须在采购系统和销售系统结账后，库存系统才能进行结账，库存系统结账后，核算系统才能结账。

只能对当前会计月进行结账。月末结账之前一定要进行数据备份，避免数据丢失。月末结账后不能再做当月会计业务，只能做下个月的日常会计业务。

二、购销存系统月份结账

（一）采购系统月份结账

月末结账是逐月将每月的单据数据封存，并将当月的采购数据记入有关账表中。采购管理系统月末结账可以连续将多个月的单据进行结账，但不允许跨月结账。月末结账后，该月的单据将不能修改、删除。该月未输入的单据只能视为下个月单据处理。

采购管理月末处理后，才能进行库存管理、核算的月末处理；如果采购管理要取消月末处理，必须先通知库存管理、核算的操作人员，要求其系统取消月末结账。如果库存管理、核算的任何一个系统不能取消月末结账，那么也不能取消采购管理系统的月末结账。

如果没有启用库存管理、核算系统，并且不需要查看采购余额一览表，那么可以不进行采购月末结账。

注：①不允许跳月取消月末结账。只能从最后一个月逐月取消。②没有期初记账，将不允许月末结账。③当选项中设置审核日期为单据日期时，本月的单据（发票和应付单）在结账前应该全部审核。④当选项中设置审核日期为业务日期时，截止到本月末还有未审核单据（发票和应付单），照样可以进行月结处理。⑤如果本月的结算单还有未核销的，不能结账。

（二）销售系统月末结账

结账只能每月进行一次，一般在当前的会计期间终了时进行。结账后本月不能再进行发货、开票、代垫费用等业务的增删改审等处理。如果用户觉得某月的月末结账有错误，可以取消月末结账。

注：①上月未结账，本月不能结账。②本月还有未审/复核单据时，结账时系统提示尚有哪些单据未审/复核，用户可以选择继续结账或取消结账，即有未审核的单据系统仍支持月度结账；但年底结账时，所有单据必须经审核后才能结账。③已结账月份不能再录入单据。与库存管理系统、存货核算系统联合使用时，本系统的月末结账应先于这些系统的月末结账。与库存管理系统、存货核算系统联合使用时，这些系统月末结账后，本系统不能取消月末结账。

（三）库存系统月末结账

库存系统月末结账需将每月的出入库单据逐月封存，并将当月的出入库数据记入有关账表中。

注：①结账前，用户应检查本会计月工作是否已全部完成，只有在当前会计月所有工作全部完成的前提下，才能进行月末结账，否则会遗漏某些业务。②结账只能由有结账权的人进行。当某月结账后，可用【取消结账】按钮取消结账状态，然后再进行该月业务处理，之后再结

账。③如果库存系统和存货核算系统集成使用,必须存货核算系统当月末结账或取消结账后,库存系统才能取消结账。

(四)核算系统月末结账

核算系统月末结账前必须进行期末处理,计算按全月平均方式核算的存货的全月平均单价及本会计月的出库成本,计算按计划价核算的存货的差异及本会计月的分摊差异,并对已完成日常业务的仓库/部门做处理标志。

核算系统必须在采购管理系统、销售管理系统、库存管理系统全部结账后,才能进行期末处理,之后才能结账。

三、购销存系统取消结账

当某月结账错了时,可以下月日期登录系统后点"取消结账"按钮取消结账状态,然后再进行该月业务处理,再结账。但在总账结账后将不可恢复。

业务活动8-9 购销存系统月末处理

【活动准备】恢复"练一练8-9"备份的账套。
【岗位任务】完成购销存系统月末处理。
(1)采购系统月末结账。
(2)销售系统月末结账。
(3)库存系统月份结账。
(4)核算系统月末处理、核算系统月末结账。
【操作步骤】
第一,采购系统月末结账。
步骤1 选择【采购管理】→【采购】下的【月末结账】,如图8-104所示。

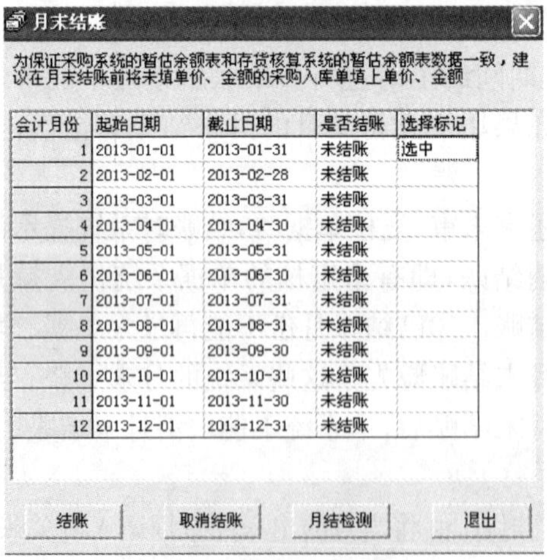

图8-104 采购月末结账    图8-105 销售月末结账

步骤2 在"选择标记"处选择结账月份,点击【结账】按钮。系统提示"月末结账完毕"。

在是否结账处显示"已结账"。

第二,销售系统月末结账。

步骤 1　选择【销售管理】→【销售】,选择"月末结账",屏幕显示结账主窗口,背白显示处(系统显示为蓝色)是当前的会计月,即要结账的月份。

步骤 2　点击【结账】按钮,即可完成结账工作,当前的会计月增大一月,如图 8-105 所示。

第三,库存系统月末结账。

步骤 1　选择【库存管理】→【库存】,选择"月末结账",屏幕显示结账主窗口,背白显示处(系统显示为蓝色)是当前的会计月,即要结账的月份。

步骤 2　点击【结账】按钮,即可完成结账工作,当前的会计月增大一月,如图 8-106 所示。

第四,核算系统月末结账。

步骤 1　选择【核算管理】→【核算】,选择"月末处理",点击【全选】按钮,如图 8-107 所示。

图 8-106　库存系统月末结账

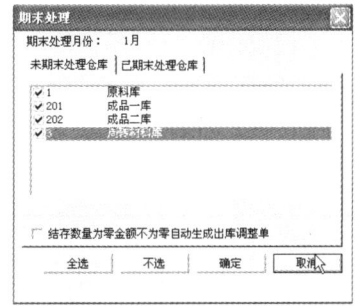

图 8-107　核算系统月末处理

步骤 2　点击【确定】按钮,系统提示"您对所选仓库进行期末处理,确认进行吗"对话框,点击【确定】对话框,系统提示"期末处理完毕"对话框,点击【确定】按钮后退出。

步骤 3　选择【核算管理】→【核算】,选择"月末结账",点击【确定】按钮后,如图 8-108 所示。

图 8-108　核算系统月末结账

练一练 8-10　　购销存系统月末处理

【活动准备】

恢复"练一练 8-9"备份的账套。

【岗位任务】 操作员:库存主管"刘荣"(lr)、会计"张兰琼"(zlq)。

1. 根据业务要求完成购销存系统的月末处理、入库产品的成本结转及月末结账等操作。

2. 备份账套。

模块作业 8-1　购销存业务处理

【岗位任务】 操作员：系统管理员（admin），会计主管"赵沁阳"（zqy），会计"吴慧"（wh），出纳"张露珍"（zlz），采购主管"陈凯"（ck），销售主管"李向南"（lxn），仓库主管"孙小楠"（sxn）。

1. 恢复"模块作业 4-1"备份的账套。
2. 启用"核算"、"购销存管理系统"。
3. 完成购销存系统的初始化。
4. 完成购销存日常业务处理。
5. 完成购销存系统的月末处理及月末结账。
6. 备份账套。

【任务资料】

1. "模块作业 4-1"备份的账套。
2. 购销存系统初始化资料。

（1）参数设置要求（见表 8-16）。

表 8-16　参数设置要求

编号	参 数 设 置
1	采购参数：默认
2	销售参数：显示现金折扣，销售生成出库单，其他参数默认
3	库存参数：默认
4	核算参数：暂估方式为月初回冲，其他参数默认

（2）期初数据。

其一，应收期初数据（见表 8-17）。期初"应收账款"账户借方余额为 760 500 元，"预收账款"账户贷方余额为 140 400 元。

表 8-17　应收/预收期初数据　　　　　　　　　　　　金额单位：元

开票日期	客户名称	销售部门	业务员	科目编码	货物名称	数量（个）	单价	金额	税额	合计
2013-02-25	购乐公司	销售部	张新媚	1122	铝壳保温杯	5 000	40.0	200 000	34 000	234 000
2013-02-26	菲克公司	销售部	韦志成	1122	铝壳运动杯	9 000	30.0	270 000	45 900	315 900
2013-02-26	宜居公司	销售部	张新媚	1122	铝壳运动杯	6 000	35.1	180 000	30 600	210 600
2013-02-27	宜居公司	销售部	张新媚	2203	—	—	—	140 400		140 400

要求：在购销存中以销售专用发票录入客户期初往来（"宜居公司"以普通发票录入）；预收款以收款单录入。

其二，应付期初数据。

① 应付供应商货款期初数据（见表 8-18）。期初"应付账款——应付供应商货款"账户贷方余额为 71 370 元。

表 8-18　　　　　　　　　　　应付供应商货款期初数据　　　　　　　　　金额单位:元

发票号	开票日期	供货单位	部门名称	业务员	科目编码	存货名称	数量	单价	金额
12694356	2013-02-15	伟丰公司	采购部	艾丽阳	220201	瓶胆	11 000 个	3	38 610
11784625	2013-02-25	丰泽公司	采购部	李向南	220201	漆	2 000 千克	14	32 760

要求:在购销存中以采购专用发票录入。

② 预付账款期初数据(见表8-19)。期初"预付账款"账户借方余额为15 000元。

表 8-19　　　　　　　　　　　预付账款期初数据

结算日期	供货单位	部门名称	业务员	科目编码	金额(元)
2013-02-26	奔马公司	采购部	艾丽阳	1123	15 000

要求:在购销存中以预付款的付款单录入。

③ 暂估应付款期初数据(见表8-20)。期初"应付账款——暂估应付款"账户贷方余额为18 000元。

表 8-20　　　　　　　　　　　暂估应付款期初数据　　　　　　　　　　金额单位:元

入库日期	入库单号	仓库	供货单位	存货编码	存货名称	数量(个)	单价	金额
2013-02-27	YL130210	原材料库存	凯瑞公司	103	瓶胆	6 000	3	18 000

要求:在购销存中以采购入库单录入。

其三,在途物资期初数据(见表8-21)。期初"在途物资"账户借方余额为84 000元。

表 8-21　　　　　　　　　　　在途物资期初数据　　　　　　　　　　　金额单位:元

发票号	开票日期	供货单位	部门名称	业务员	存货名称	数量(个)	单价	金额
31556676	2013-02-26	凯瑞公司	采购部	艾丽阳	瓶胆	28 000	3	84 000

要求:在购销存中以采购专用发票录入。

其四,库存(核算)期初数据(见表8-22)。

表 8-22　　　　　　　　　　　库存(核算)期初数据

仓库名称	存货编码	存货名称	数量	金额(元)	入库日期
原材料库	101	铝片	2 155 千克	150 850.00	2013-02-28
	102	气压塑配件	4 520 个	18 080.00	2013-02-28
	103	瓶胆	7 750 个	23 250.00	2013-02-28
	104	托盘	35 520 个	10 656.00	2013-02-28
	105	口圈	33 200 个	16 600.00	2013-02-28
	106	热转印贴	50 000 片	10 000.00	2013-02-28
	107	底垫	23 220 个	6 966.00	2013-02-28
	108	吸管	22 455 支	4 491.00	2013-02-28
	109	漆	2 750 千克	38 500.00	2013-02-28
	110	稀释剂	3 350 千克	23 450.00	2013-02-28
	111	汽油	75 升	600.00	2013-02-28
	112	机油	205 升	2 460.00	2013-02-28
	113	螺丝圆钉	40 盒	3 200.00	2013-02-28
	30101	纸盒	42 000 个	21 000.00	2013-02-28
	30102	纸箱	2 420 个	12 100.00	2013-02-28

(续表)

仓库名称	存货编码	存货名称	数量	金额(元)	入库日期
原材料库	30201	工作服	100 套	10 000.00	2013-02-28
	30202	压力表	10 个	3 500.00	2013-02-28
	30203	套筒工具	5 套	1 000.00	2013-02-28
库存商品库	201	铝壳运动杯	5 255 个	115 084.50	2013-02-28
	202	铝壳保温杯	4 750 个	128 487.50	2013-02-28

要求：按照资料录入库存商品库中存货的(核算)期初数据。

3. 2013 年 3 月份，发生以下业务：

(1) 1 日，1 月暂估应付款月初回冲处理。

(2) 1 日，收到前欠货款(在购销存模块中完成)。有关单据见图 8-109。

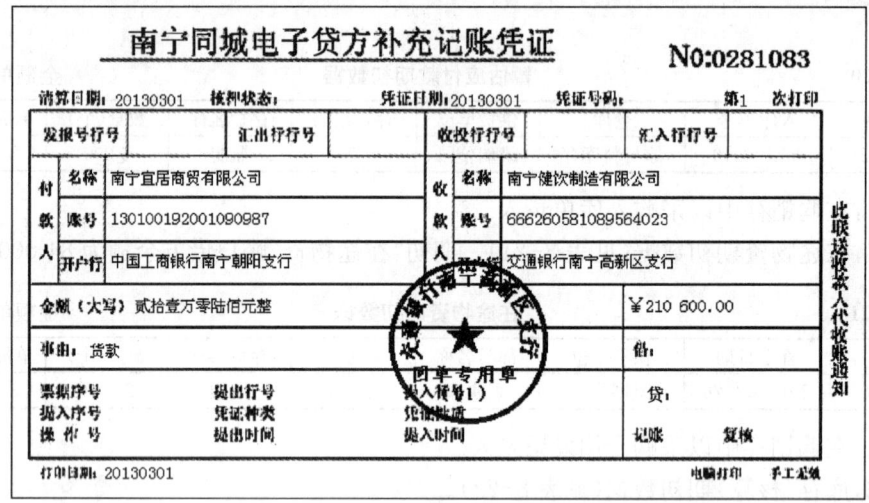

图 8-109　补充记账凭证

(3) 2 日，购买原材料。有关单据见图 8-110～图 8-112。

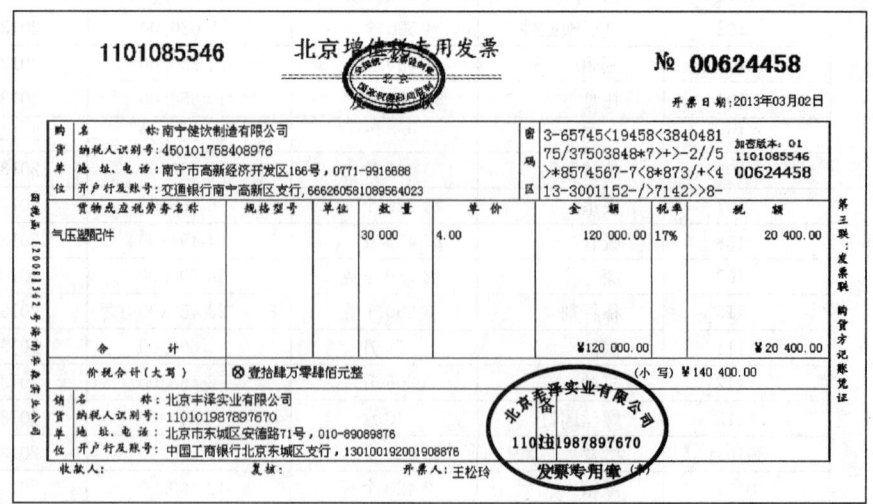

图 8-110　增值税专用发票(发票联)

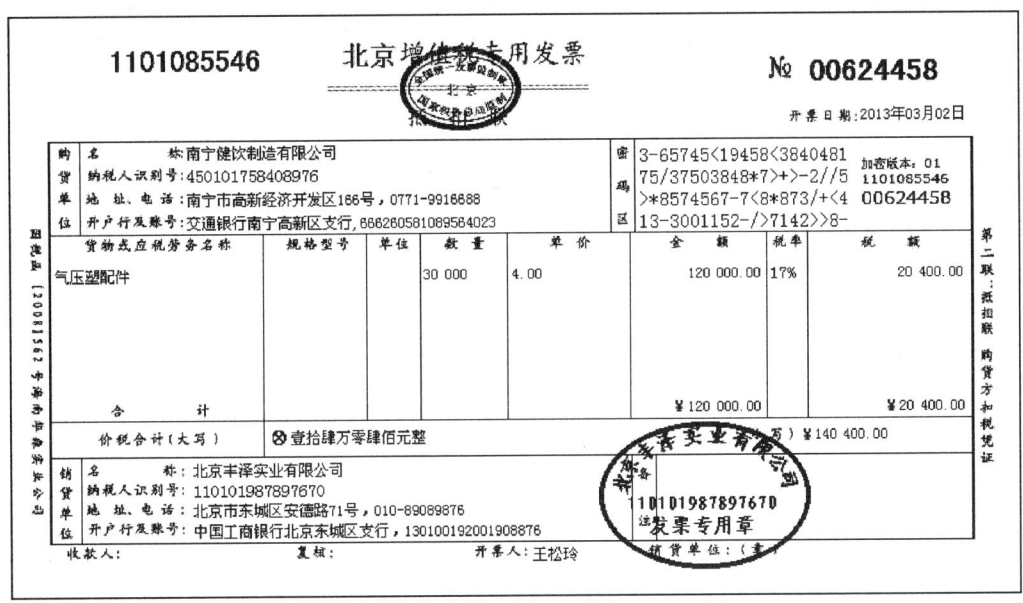

图 8-111　增值税专用发票(抵扣联)

图 8-112　入库单

(4) 4 日,收到上月采购材料,验收入库(在购销存模块中完成)。有关单据见图 8-113。

图 8-113　入库单

(5) 5日,购买材料,供应商代垫运费,运费按数量分摊(在购销存模块完成相关单据录入,在存货模块购销单据制单,使用预付款 15 000 元,不足部分以电汇方式结算)。有关单据见图 8-114~图 8-119。

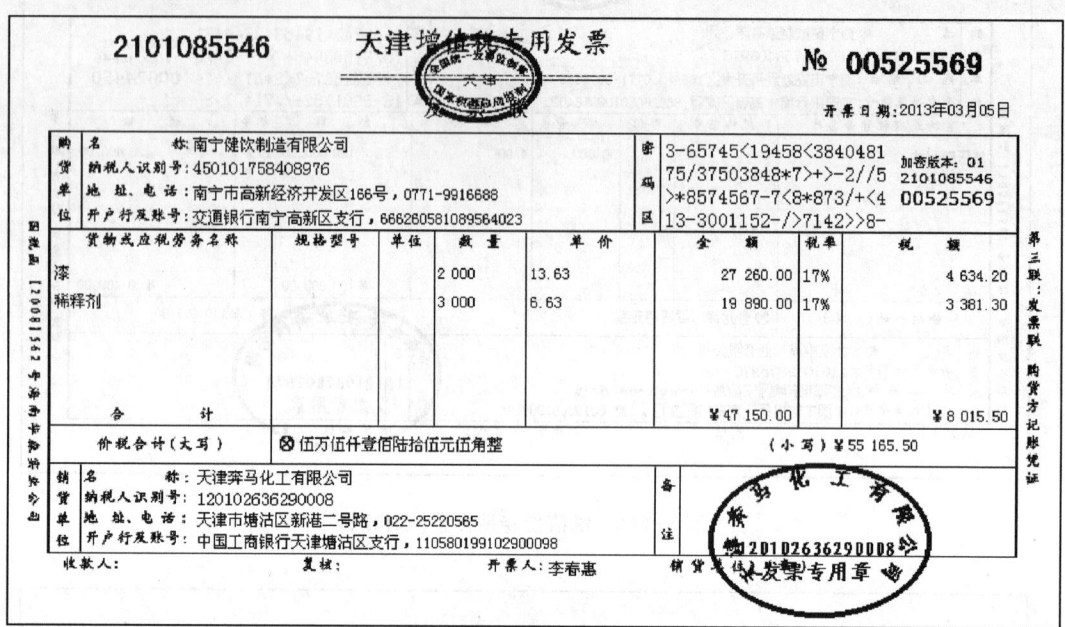

图 8-114　增值税专用发票(发票联)

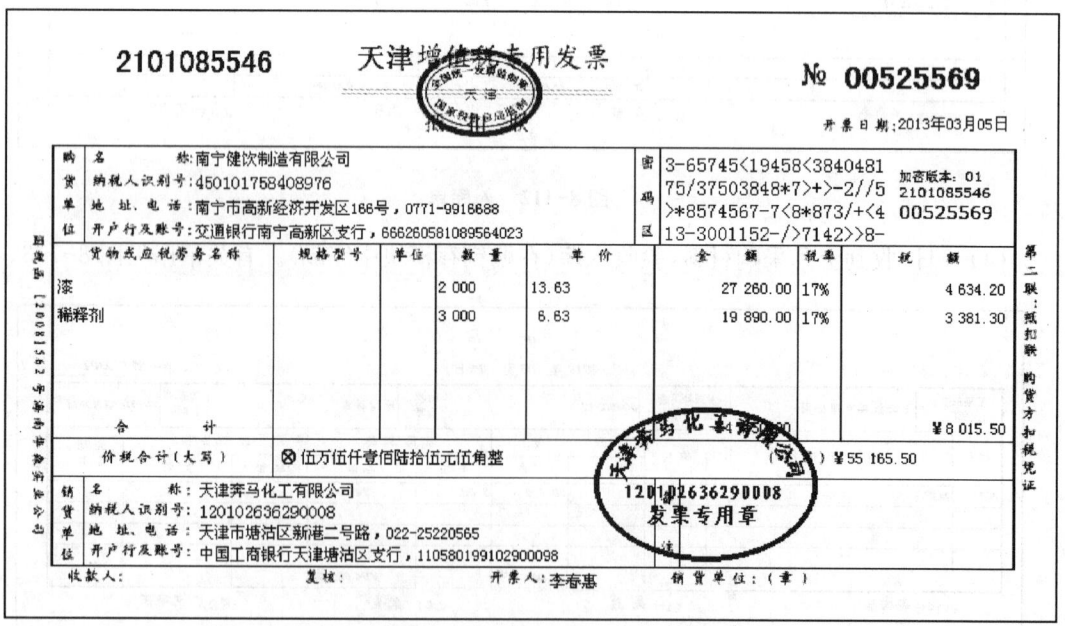

图 8-115　增值税专用发票(抵扣联)

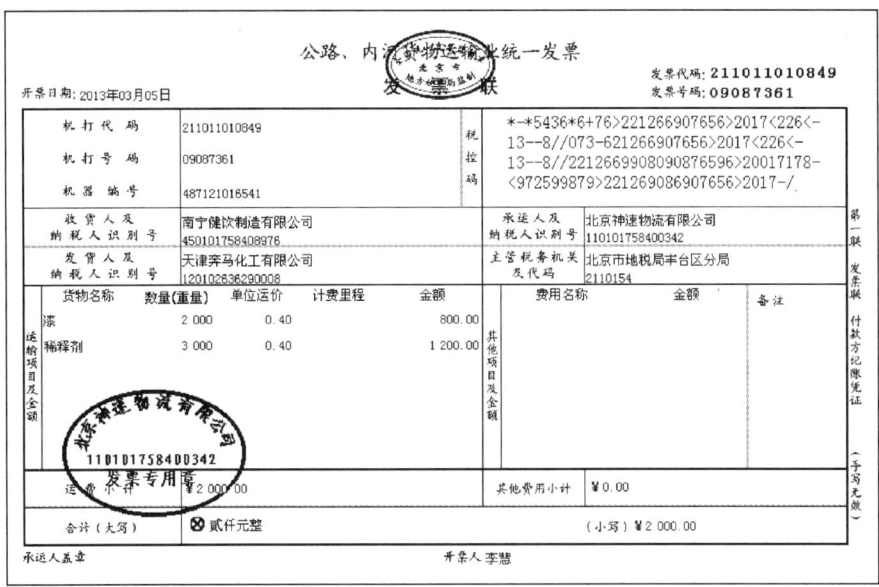

图 8-116　公路、内河货物运输业统一发票(发票联)

图 8-117　公路、内河货物运输业统一发票(抵扣联)

图 8-118　入库单

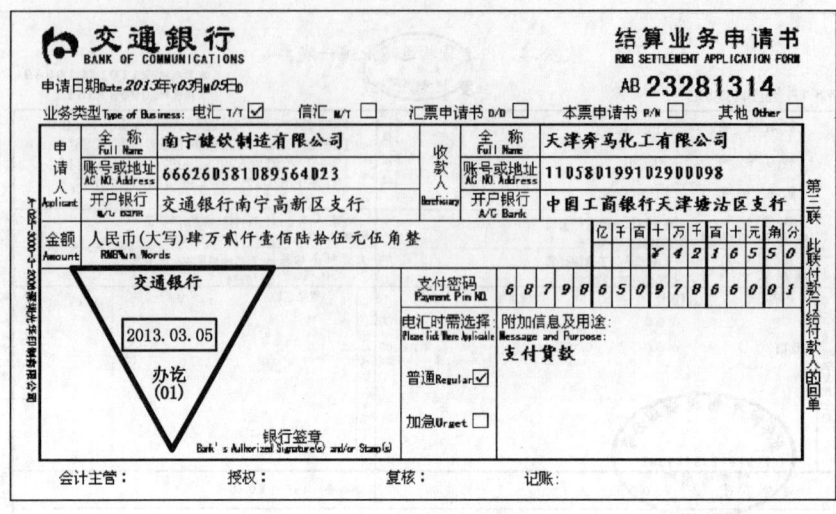

图 8-119 结算业务申请书

(6) 9 日,销售商品,货款已预收(在购销存模块中完成,使用预收账款完成预收冲应收)。有关单据见图 8-120 和图 8-121。

图 8-120 发货单

图 8-121 增值税普通发票

(7) 11 日,收到上月暂估入库材料的发票(在购销存模块处理)。有关单据见图 8-122 和

图 8-123。

图 8-122 增值税专用发票(发票联)

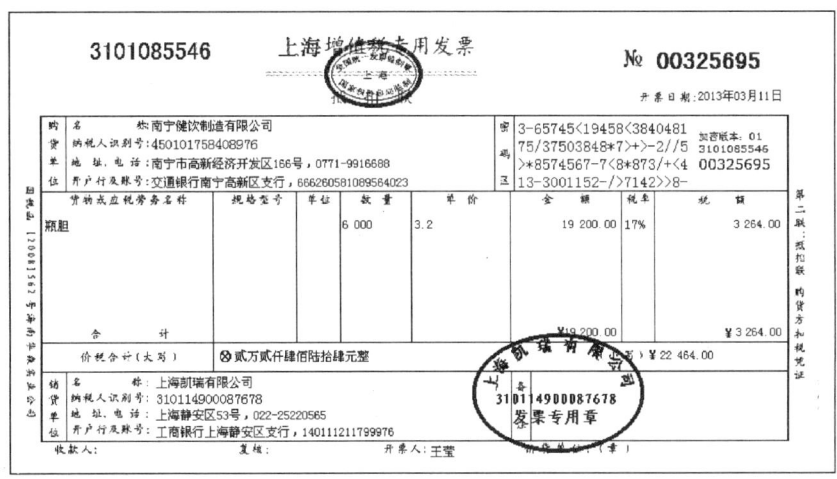

图 8-123 增值税专用发票(抵扣联)

(8) 13 日,完工产品入库。有关单据见图 8-124。

图 8-124 入库单

(9) 16 日,销售产品。有关单据见图 8-125～图 8-127。

发货单

购货单位：南宁洁奥实业有限公司　地址和电话：南宁市明秀路56号，0771-87834332　单据编号：X20130302

纳税识别号：450106015890556　开户行及账号：交通银行南宁明秀支行，660050831000677551　制单日期：2013年03月16日

编码	产品名称	规格	单位	单价	数量	金额	备注
201	铝壳运动杯		个	32.00	4 500	144 000.00	
202	铝壳保温杯		个	40.00	5 500	220 000.00	
合计	人民币（大写）：叁拾陆万肆仟元整					¥364 000.00	

合计联

总经理：庄志奋　销售经理：赵伟伟　经手人：张新媚　会计：吴慧　签收人：

图 8-125　发货单

4501082120　　广西增值税专用发票　　№ 00623355

此联不作报销、扣税凭证使用

开票日期：2013年03月16日

购货单位	名称：南宁洁奥实业有限公司 纳税人识别号：450106015890556 地址、电话：南宁市明秀路56号，0771-87834332 开户行及账号：交通银行明秀支行，660050831000677551			密码区	3-65745<19458<3840481 75/37503848*7>+>-2//5 >*8574567-7<8*873/+<4 13-3001152-/>7142>>8-	加密版本：01 4501082120 00623355	
货物或应税劳务名称	规格型号	单位	数量	单价	金额	税率	税额
铝壳运动杯		个	4 500	32.00	144 000.00	17%	24 480.00
铝壳保温杯		个	5 500	40.00	220 000.00	17%	37 400.00
合计					¥364 000.00		¥61 880.00
价税合计（大写）	⊗肆拾贰万伍仟捌佰捌拾元整				（小写）¥425 880.00		
销货单位	名称：南宁健饮制造有限公司 纳税人识别号：450101758408976 地址、电话：南宁市高新经济开发区166号，0771-9916688 开户行及账号：交通银行南宁高新区支行，666260581089564023			备注	南宁健饮制造有限公司 450101758408976 发票专用章		

收款人：　复核：　开票人：吴慧　销货单位（章）

第一联：记账联　销货方记账凭证

图 8-126　增值税专用发票

购销合同

供方：南宁健饮制造有限公司　合同号：CX01005

需方：南宁洁奥实业有限公司　签订日期：2013.03.12

经双方协议，订立本合同如下：

产品型号	名称	数量	单价	总额	其他要求
101	铝壳运动杯	4 500个	37.44	168 480.00	含税价
102	铝壳保温杯	5 500个	46.80	257 400.00	含税价
				425 880.00	
合计				¥425 880.00	
货款总计（大写）：肆拾贰万伍仟捌佰捌拾元整					

质量验收标准：符合国家同类产品质量标准。

交货日期：2013年01月16日前。

交货地点：供货方仓库，需方自提，运杂费由需方自理。

结算方式：现金折扣条件：2/10，1/20，n/30(折扣金额不含增值税)

违约条款：违约方须赔偿对方一切经济损失。但遇天灾人祸或其它人力不能控制之因素而导致延误交货，需方不能要求供方赔偿任何损失。

解决合同纠纷的方式：经双方友好协商解决，如协商不成的，可向当地仲裁委员会提出申诉解决。

本合同一式两份，供需双方各执一份，自签定之日起生效。

供方	需方
供方（盖章）：南宁健饮制造有限公司	需方（盖章）：南宁洁奥实业有限公司
税号：450101758408976	税号：450106015890556
开户行及账号：交行高新区支行66626058108956402	开户行及账号：交行明秀支行660050831000677551
地址：南宁市经济开发区166号	地址：南宁市明秀路56号
法定代表：庄志奋	法定代表：林方佳
联系电话：0771-9916688	联系电话：0771-87834332

图 8-127　购销合同

(10) 17 日,支付欠款。有关单据见图 8-128 和图 8-129。

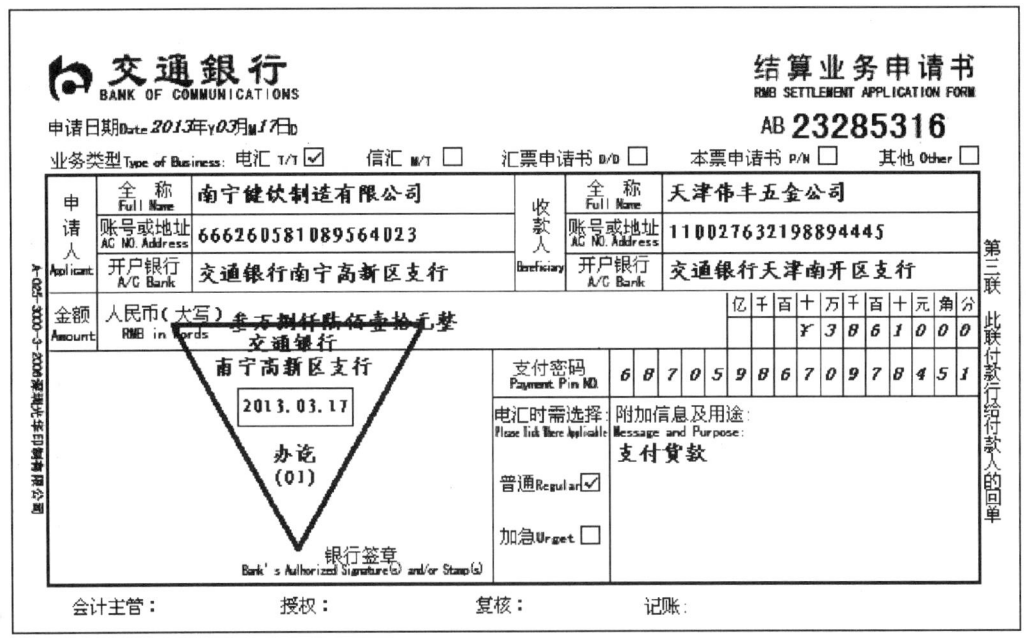

图 8-128 结算业务申请书

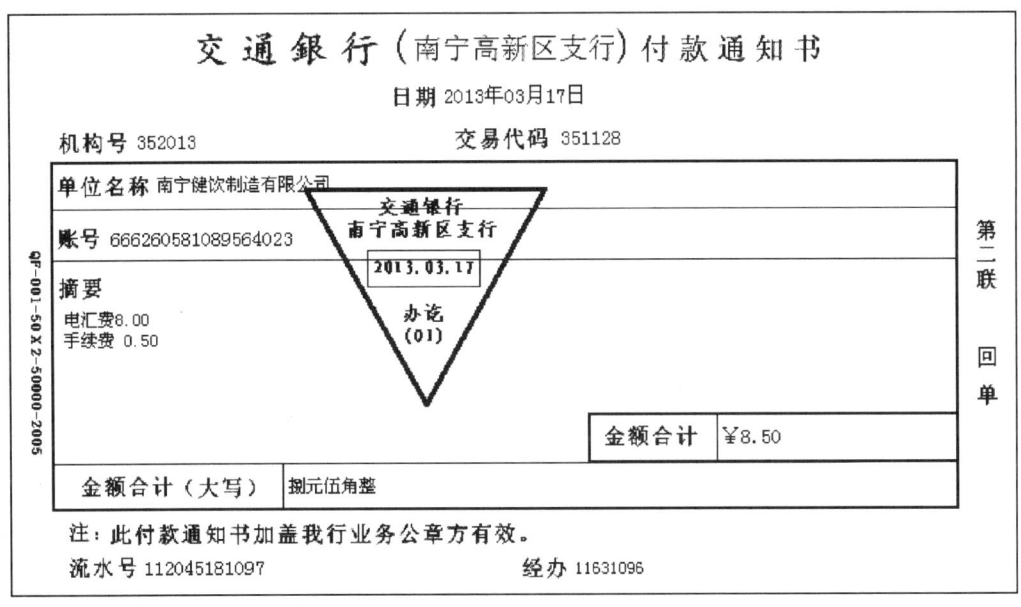

图 8-129 付款通知书

(11) 17 日,销售商品,因质量原因给予 5% 的折扣(在购销存模块中完成,采用现结处理)。有关单据见图 8-130~图 8-132。

(12) 23 日,收回欠款。有关单据见图 8-133。

(13) 23 日,完工产品入库。有关单据见图 8-134。

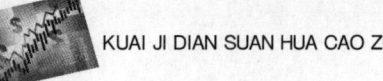

图 8-130 发货单

图 8-131 增值税专用发票

图 8-132 补充记账凭证

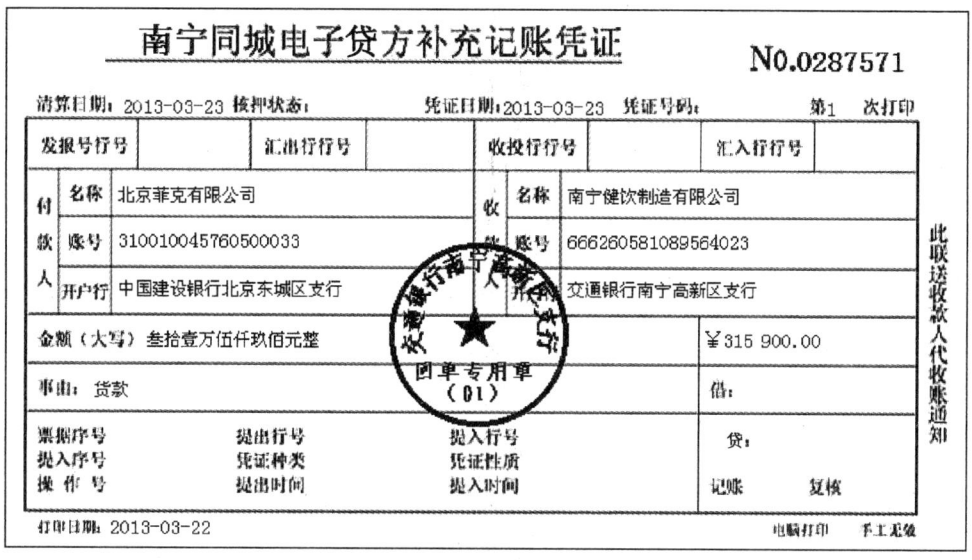

图 8-133 补充记账凭证

图 8-134 入库单

(14) 24 日,销售商品,收到货款(要求采用现结完成)。有关单据见图 8-135~图 8-137。

图 8-135 发货单

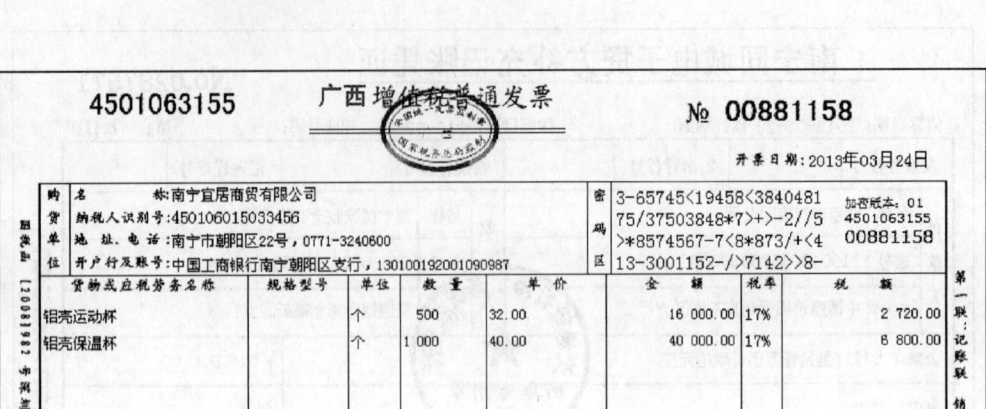

图 8-136 增值税普通发票

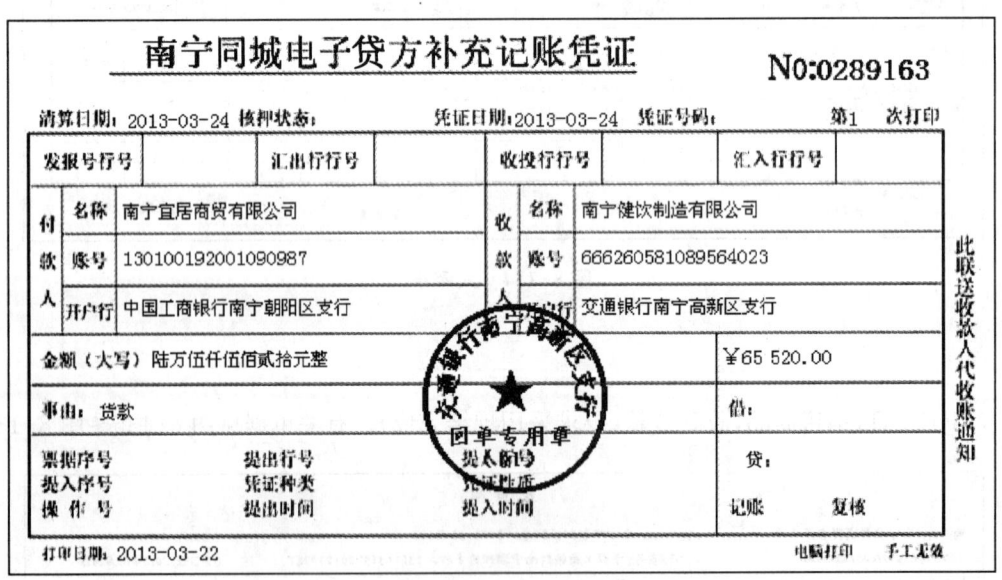

图 8-137 补充记账凭证

(15) 26 日，收回货款。有关单据见图 8-138 和图 8-139。

图 8-138 补充记账凭证

图 8-139 购销合同

(16) 31日,结转发出材料成本(在购销存模块完成,按材料用途分别编制材料出库单)。

有关单据见表 8-23。

表 8-23　　　　　　　　　　　　领 料 汇 总 表

2013 年 3 月

物料代码	物料名称	单位	领 料 用 途	
			生产运动杯	生产保温杯
101	铝片	千克	468	925
109	漆	千克	819	1 665
110	稀释剂	千克	1 170	2 775
102	气压塑配件	个	11 700	18 500
103	瓶胆	个	11 700	18 500
104	托盘	个	11 700	18 500
105	口圈	个	11 700	18 500
106	热转印贴	片	11 700	18 500
107	底垫	个		18 500
108	吸管	支		18 500
30101	纸盒	个	11 700	18 500
30201	工作服	套	36	27

(17) 31 日,结转本月完工产品成本,完工产品与月末在产品按约当产量法进行分配。期末在产品的完工程度均为 50%,假定材料费在加工初期一次投入,本月铝壳运动杯完工 12 000 个,在产品为 4 400 个;铝壳保温杯完工 20 000 个,在产品为 2 350 个。

(18) 完成采购、销售、库存等模块的月末结账处理。

(19) 结转已销售产品成本。

(20) 完成凭证的出纳签字、凭证审核和记账等工作。

(21) 完成核算模块的月末结账。

【任务组织及评价】

1. 工具、材料

每人一台计算机,安装会计软件:用友 T3 财务软件畅捷通标准版 10.8。

2. 组织(建议)

以小组为单位进行操作,以抽签的方式分组,确定小组长及成员。小组长负责管理本小组操作和学习、评定小组成员的作业成绩。

【评价】学生成绩评价表见表 8-24。

表 8-24　　　　　　　　　　　　学生成绩评价表

任务名称:　　　　　　　　　　　　学号:　　　　　　　　　　　　姓名:

评价项目	分值	自我评价	小组评价	教师评价
时间要求	5			
购销存期初设置正确	10			
购销存期初录入正确,并完成期初记账	20			
业务处理正确	40			
购销存系统期末处理正确	15			
账套备份正确	10			

附录

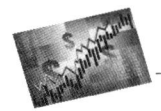

会计电算化——用友 T3 财务软件综合测试题

【注意事项】

1. 本试题使用用友 T3 财务软件进行考试,系统管理员为 admin,密码为空,操作员无密码。

2. 系统已预置了账套,部分初始化资料已经建好,考生不需要录入。需要录入和处理的资料在试题中有明确的要求,请考生注意审题。

3. 账套中的会计科目已经部分预置,选手应判断并选择适当的会计科目进行业务处理。在答题过程中如果遇到题中未提供信息或未作要求的内容,可以不填写或使用系统默认值。

4. 在业务处理时,部分原始凭证中数据资料不完整的,请考生根据相关资料进行计算后再进行账务处理。单证中未给出单证号的,使用系统自动生成的单证号。

5. 除特别说明外,在总账处理的每一项业务均要求编制一张记账凭证完成账务处理。

6. 固定资产和工资业务附有独立的资料。

7. 凡需要在购销存、工资、固定资产管理系统中进行处理的业务,不得直接在总账管理系统中处理。

【企业基本情况】

上海锦绣纺织品有限公司是一家工业企业,主要从事被套等纺织品的生产和销售。国家税务部门认定其为增值税一般纳税人。该公司会计核算执行《小企业会计准则》(2013)。

单位地址:上海市浦东新区浦东南路 1335 号

法人代表:董亚君

电话:021-98551826

开户银行:交通银行上海陆家嘴支行,账号:6222464654546447265O8(基本账户),6220959247202394842 56(工资户),6220502652953712166 12(住房公积金账户),6222464654546447266 66(证券账户);一般户开户银行:中国工商银行上海陆家嘴支行,账号:41008836000035725639

税务登记号:310115244212428

【企业采用的会计政策及核算方法】

1. 企业所得税税率为 25%,增值税税率为 17%,运费增值税抵扣率为 7%,城市维护建设税税率为 7%,教育费附加率为 3%,地方教育费附加率为 2%。企业所得税核算采用资产负债表债务法,每月根据当年累计会计利润倒轧计提当月应交所得税,不进行纳税调整,每季度终了预交该季度所得税,年末进行所得税汇算清缴。2012 年 1~11 月累计利润总额为 169

万元。

2. 企业原材料采用实际成本法核算。其中发出原材料成本采用先进先出法。

3. 库存商品采用实际成本法核算,本月发出商品成本计算采用全月一次加权平均法。

4. 产品生产共同耗用材料按定额耗用比例法进行分配;完工产品与月末在产品按约当产量法进行分配。材料一次性投入,期末在产品的完工程度均为 50%。分配率保留 2 位小数,尾差计入在产品成本。

5. 制造费用按照机器工时分配,分配率保留 2 位小数,尾差由丝绸被套承担。

6. 住房公积金、职工养老保险、医疗保险和失业保险以上年职工平均月工资 3 450 元为计提基数,其中由企业承担的比例依次为:10%、20%、8%、2%,由个人承担部分依次为:10%、8%、2%、1%,由个人承担的社会保险费、住房公积金在缴纳时直接从"应付职工薪酬——工资"明细账中冲销,不通过"其他应付款"账户进行核算。同时按照当月应付工资的 2.5% 计提职工教育经费、2% 计提工会经费。工会经费按月划拨给工会专户。

7. 个人所得税按七级超额累进税率计算代扣代缴。工薪所得个人所得税的费用扣除标准是 3 500 元/月。

8. 差旅费相关规定:伙食补助按实际出差天数每天补助 80 元,当无住宿票时,只补助出行和归来 2 天。住宿费标准为每天 260 元。超额伙食费和住宿费由个人承担,标准内实报实销。市内交通补贴按实际出差天数每天补贴 20 元。长途客车、火车、轮船等票实报实销;飞机票必须提前经公司总经理批准,方可实报实销。

9. 内部借款相关规定:根据有关文件填写借款单,并经部门领导签字。借款单经会计主管批准后,出纳方可借款。

10. 会计核算保留两位小数。

【企业账套基本信息】

1. 账套代码:104。

2. 账套名称:上海锦绣纺织品有限公司 2012 年 12 月份账套。

3. 启用会计期:2012 年 12 月。

4. 本币代码:RMB;本币名称:人民币。

5. 账套主管:陈华。

6. 行业性质:小企业会计准则(2013),按行业性质预置科目。

7. 存货、客户、供应商需要分类核算,无外币核算;采购和销售流程使用标准流程。

8. 会计科目编码:4-2-2-2。

9. 客户分类编码:2-2。

10. 收发类别编码:1-1。

11. 部门编码:2-2。

12. 存货分类编码级次:1-2。

13. 结算方式编码:1-2。

14. 供应商分类编码:2-2。

15. 数据精度定义:换算率小数 4 位其他默认,其他编码采用系统默认值。

16. 系统启用:启用总账、固定资产、工资管理、购销存管理、核算模块,启用时间均为 2012-12-01。

【考生需要完成的账套信息】

一、初始设置

(一) 基础设置

1. 用户管理及权限(见表1)。

表1　　　　　　　　　　　　　　　用户管理及权限

编号	姓名	职　责	权　限
ch	陈华	负责审核总账系统中的记账凭证、记账、编制会计报表	账套主管
sm	沈梅	负责总账	公用目录设置、总账除出纳签字外的所有权限
zs	张珊	负责采购、销售、库存和核算系统的业务处理	公用目录设置、采购、销售、库存、核算、应收和应付的所有权限
hl	黄丽	负责固定资产、工资系统	公用目录设置、固定资产、工资管理系统，工资类别主管
lss	李珊珊	负责对收付款凭证进行核对、管理日记账、日报、对账、编制银行存款余额调节表	现金管理、出纳签字、查询凭证、日记账查询

要求：建立张珊、黄丽、李珊珊用户并授权，不设置用户密码。

2. 账套参数设置(见表2)。

表2　　　　　　　　　　　　　　　账套参数设置

编号	参　数　设　置
1	制单不序时控制、资金及往来赤字控制、不允许修改作废他人填制的凭证、允许查看他人填制的凭证、可以使用其他系统受控科目、不必录入现金流量项目、凭证编号采用系统编号
2	不打印凭证页脚姓名
3	不进行预算控制
4	出纳凭证必须经由出纳签字
5	部门、个人、项目按照编码排序，其他选项保留系统默认设置
6	采购参数默认
7	销售选项中显示现金折扣，其他参数默认
8	库存、核算参数默认

3. 部门分类(见表3)。

表3　　　　　　　　　　　　　　　部门分类

部门编号	部门名称	部门编号	部门名称
01	管理部门	02	生产车间
0101	厂办	03	仓储部
0102	财务部	04	采购部
0103	人力资源部	05	销售部

4. 职员档案信息(见表4)。

表4　　　　　　　　　　　　职员档案信息

编号	姓名	所属部门	编号	姓名	所属部门
001	董亚君	厂办	026	张一品	生产车间
002	赵颂诚	厂办	027	张　辉	生产车间
003	陈吉安	厂办	028	胡　静	生产车间
004	王孙成	厂办	029	王　力	生产车间
005	陈　华	财务部	030	李　飞	生产车间
006	沈　梅	财务部	031	张德君	生产车间
007	黄　丽	财务部	032	杨　柳	生产车间
008	李珊珊	财务部	033	赵小静	生产车间
009	张　珊	财务部	034	王　涛	生产车间
010	李景明	人力资源部	035	王小英	生产车间
011	赵小卓	人力资源部	036	张　莹	生产车间
012	王亚南	仓储部	037	李东升	生产车间
013	霍小白	仓储部	038	常　虹	生产车间
014	蓝绿夏	采购部	039	张长顺	生产车间
015	李晓军	采购部	040	李　鸿	生产车间
016	林卫东	采购部	041	杨　帆	生产车间
017	李　夏	销售部	042	李　铭	生产车间
018	林旭阳	销售部	043	王鹏飞	生产车间
019	林　暑	销售部	044	黄小明	生产车间
020	王　泽	销售部	045	李丽艳	生产车间
021	汲少果	生产车间	046	谢　英	生产车间
022	曹夏菡	生产车间	047	李飞花	生产车间
023	王翠洁	生产车间	048	林一凤	生产车间
024	曾清玥	生产车间	049	张　诚	生产车间
025	王长青	生产车间	050	黄　忠	生产车间

5. 客户分类、供应商分类信息(见表5)。

表5　　　　　　　　　　客户分类、供应商分类信息

客户分类		供应商分类	
分类编码	名称	分类编码	名称
01	本地客户	01	本地供应商
02	外地客户	02	外地供应商

6. 客户档案设置(见表6)。

表6　　　　　　　　　　　　　　客户档案设置

客户编码	客户名称	简称	分类码	税　号	开户银行	银行账号	地　址
01	上海广源日用品有限公司	广源公司	01	310197666321486	中国工商银行上海黄浦支行	11020242809274914106	上海黄浦路91号
02	北京赛格商贸有限公司	赛格公司	02	110101306464999	中国建设银行北京燕莎东支行	41001742809274914106	北京市丰台区开阳路220号
03	太原万丰商贸有限公司	万丰公司	02	140105169439383	交通银行太原市尖草坪支行	6222604804524597423	山西太原市金滩大道104号
04	深圳永达商贸有限公司	永达公司	02	440307756717352	交通银行深圳市龙岗区支行	6222600797423604804	深圳龙岗区坪山路188号
05	深圳利恒商贸有限公司	利恒公司	02	44037756717556	交通银行深圳市宝安区支行	6222600797048044236	深圳宝安区284号
06	上海丰达商贸有限公司	丰达公司	01	310197621486663	交通银行上海近海路办事处	6222600310442367048	上海近海路156号

要求:增加编码02的客户档案。

7. 供应商档案设置(见表7)。

表7　　　　　　　　　　　　　　供应商档案设置

供应商编码	供应商名称	简称	分类码	税号	开户银行	银行账号
01	天津昌盛纺织品有限公司	昌盛公司	02	120107186717504	中国工商银行天津程林支行	41003509453916619488
02	上海万友纺织有限公司	万友公司	01	310196663762148	交通银行上海静安区支行	622260031889967056890
03	苏州万纤纺织有限公司	万纤公司	02	320196663762148	中国工商银行苏州工业园区支行	11020214106428092749
04	苏州丝洁绸缎有限公司	丝洁公司	02	320196663714862	交通银行苏州工业园区支行	62226003188705699656
05	上海皓宇纺织品有限公司	皓宇公司	01	310196376214866	中国工商银行上海宝山支行	11020214106427492809
06	深圳利莱纺织品有限公司	利莱公司	02	440300998866558	中国建设银行深圳市福田区支行	41004111067428092749

要求:增加编码01的供应商档案。

8. 存货分类(见表8)。

表8　　　　　　　　　　　　　　存　货　分　类

存货类别编码	存货类别名称	存货类别编码	存货类别名称
1	原材料	3	周转材料
101	原料及主要材料	301	包装物
102	辅助材料	302	低值易耗品
103	备件	4	其他
2	库存商品		

9. 存货档案(见表9)。

表9　　　　　　　　　　　存 货 档 案

存货编号(代码)	存货名称	计量单位	所属分类	税率(%)	存货属性	启用日期
101	纯棉提花被面	米	101	17	销售、外购、生产耗用	2012-12-01
102	纯棉被里	米	101	17	销售、外购、生产耗用	2012-12-01
103	丝绸提花被面	米	101	17	销售、外购、生产耗用	2012-12-01
104	丝棉混纺被里	米	101	17	销售、外购、生产耗用	2012-12-01
105	线	塔	102	17	销售、外购、生产耗用	2012-12-01
106	拉链	条	102	17	销售、外购、生产耗用	2012-12-01
107	高级机车油	瓶	103	17	销售、外购、生产耗用	2012-12-01
201	纯棉被套	套	2	17	销售、自制、在制	2012-12-01
202	丝绸被套	套	2	17	销售、自制、在制	2012-12-01
301	包装盒	个	301	17	销售、外购、生产耗用	2012-12-01
401	运输费	元	4	7	劳务费用	2012-12-01
402	折扣行	元	4	17	销售	2012-12-01

要求:输入存货编号为401、402的存货档案。

10. 仓库档案(见表10)。

表10　　　　　　　　　　　仓 库 档 案

仓库编码	仓库名称	所属部门	计价方式
1	原材料库	仓储部	先进先出法
2	库存商品库	仓储部	全月平均法

11. 凭证类型分类(见表11)。

表11　　　　　　　　　　　凭证类型分类

类别字	类别名称	限制类型	限制科目
收	收款凭证	借方必有	1001,1002
付	付款凭证	贷方必有	1001,1002
转	转账凭证	凭证必无	1001,1002

要求:按要求进行凭证类别设置。

12. 结算方式(见表12)。

表12　　　　　　　　　　　结 算 方 式

结算方式编码	结算方式名称	票据管理	结算方式编码	结算方式名称	票据管理
1	支票	否	3	委托收款	否
101	现金支票	是	4	汇兑	否
102	转账支票	是	401	电汇	否
2	商业汇票	否	402	信汇	否
201	银行承兑汇票	否	5	银行汇票	否
202	商业承兑汇票	否	6	其他	否

附录 会计电算化——用友 T3 财务软件综合测试题

13. 企业开户银行(见表13)。

表13　　　　　　　　　　　　　　　企业开户银行

编号	开户银行	银行账户
1	交通银行上海陆家嘴支行	6222464654546447265508
2	中国工商银行上海陆家嘴支行	41008836000035725639

14. 付款条件(见表14)。

表14　　　　　　　　　　　　　　　付　款　条　件

付款条件编号	付款条件表示	信用天数	优惠天数1	优惠率1	优惠天数2	优惠率2
1	1/10, n/30	30	10	1		

要求:设置付款条件。

15. 非合理性损耗类型(见表15)。

表15　　　　　　　　　　　　　　　非合理性损耗

非合理性损耗编号	非合理性损耗名称	是否默认值
1	管理不善	否
2	计量不准	否
3	运输单位损耗	否

16. 指定科目。

要求:为现金总账和银行存款总账指定科目。

17. 增加相关科目并录入期初余额表(见表16)。

表16　　　　　　　　　　　　　　　期　初　余　额　表

科目代码	科目名称		账页格式	辅助核算	余额方向	金额(元)
1001	库存现金		金额式	日记账	借	50 000.00
1002	银行存款		金额式		借	
	100201	交行存款　　　交通银行	金额式	日记账、银行账	借	1 300 000.00
	100202	工商银行	金额式	日记账、银行账	借	100 000.00
1012	其他货币资金					
	101201	银行汇票款	金额式		借	
1121	应收票据		金额式	客户往来(应收系统)	借	389 999.61
1122	应收账款		金额式	客户往来(应收系统)	借	705 006.32
1123	预付账款		金额式	供应商往来(应付系统)	借	100 000.00
1403	原材料		金额式		借	
	140301	原料及主要材料	金额式		借	338 730.00
	140302	辅助材料	金额式		借	30 000.00
	140303	备件	金额式		借	1 500.00
1405	库存商品		金额式		借	462 500.00

(续表)

科目代码	科目名称	账页格式	辅助核算	余额方向	金额(元)
1411	周转材料	金额式		借	131 000.00
1601	固定资产	金额式		借	3 300 000.00
1602	累计折旧	金额式		贷	1 032 000.00
1701	无形资产	金额式		借	
170101	专利权	金额式		借	
1901	待处理财产损溢	金额式		借	
190101	待处理流动资产损溢	金额式		借	
2201	应付票据	金额式	供应商往来(应付系统)	贷	299 999.70
2202	应付账款	金额式		贷	
220201	应付供应商货款	金额式	供应商往来(应付系统)	贷	749 806.20
220202	暂估应付款	金额式	供应商往来	贷	
220203	上海市供电分公司	金额式		贷	3 200.00
220204	上海市自来水公司	金额式		贷	3 360.00
2203	预收账款	金额式	客户往来(应收系统)	贷	100 000.00
2211	应付职工薪酬	金额式		贷	
221101	工资	金额式		贷	163 529.69
221102	应付奖金、津贴和补贴	金额式		贷	
221103	应付福利费	金额式		贷	
221104	应付社会保险费	金额式		贷	42 312.00
221105	住房公积金	金额式		贷	16 400.00
221106	工会经费	金额式		贷	3 280.00
221107	职工教育经费	金额式		贷	4 100.00
221108	非货币性福利	金额式		贷	
2221	应交税费	金额式		贷	
222101	应交增值税	金额式		贷	
22210101	进项税额	金额式		贷	
22210106	销项税额	金额式		贷	
22210107	进项税转出	金额式		贷	
222102	未交增值税	金额式		贷	100 000.00
222103	应交营业税	金额式		贷	
222104	应交消费税	金额式		贷	
222105	应交资源税	金额式		贷	
222106	应交所得税	金额式		贷	−300 000.00
222107	应交土地增值税	金额式		贷	
222108	应交城市维护建设税	金额式		贷	7 000.00
222109	应交房产税	金额式		贷	

(续表)

科目代码	科目名称	账页格式	辅助核算	余额方向	金额(元)
222110	应交土地使用税	金额式		贷	
222111	应交个人所得税	金额式		贷	470.31
222112	应交教育费附加	金额式		贷	3 000.00
222113	应交地方教育费附加	金额式		贷	2 000.00
2241	其他应付款	金额式		贷	
224101	万纤公司	金额式		贷	13 368.00
2501	长期借款	金额式		贷	
3001	实收资本	金额式		贷	3 000 000.00
3002	资本公积	金额式		贷	200.03
3101	盈余公积	金额式		贷	
310101	法定盈余公积	金额式		贷	15 000.00
310102	任意盈余公积	金额式		贷	
3103	本年利润	金额式		贷	1 690 000.00
3104	利润分配	金额式		贷	
310415	未分配利润	金额式		贷	135 000.00
4001	生产成本	金额式		借	
400101	直接材料	金额式	项目	借	145 250.00
400102	直接人工	金额式	项目	借	25 200.00
400103	制造费用	金额式	项目	借	4 840.00
4101	制造费用	金额式		借	
410101	折旧费	金额式		借	
410102	职工薪酬	金额式		借	
410103	机物料消耗	金额式		借	
410104	水电费	金额式		借	
410105	其他	金额式		借	

18. 设置项目(见表17)。

表17　　　　　　　　　　　　　　设 置 的 项 目

项目大类名称	项目级数	项目分类	项目目录			
产品 (普通项目)	一级 2位	分类编码:01 分类名称:产品	项目编号	产品	所属分类码	结算
			01	纯棉被套	01	否
			02	丝绸被套	01	否
核算科目及成本信息			成本项目		纯棉被套(元)	丝绸被套(元)
			直接材料		34 250.00	111 000.00
			直接人工		14 000.00	11 200.00
			制造费用		2 690.00	2 150.00
			合　　计		50 940.00	124 350.00

要求:设置产品项目并录入相应的期初余额。

19. 采购类型、销售类型（见表18）。

表18　　　　　　　　　采购类型、销售类型

采购/销售类型编码	采购/销售类型名称	入/出库类别	是否默认值
00	普通采购	采购入库	是
00	普通销售	销售出库	是

20. 应收期初数据（见表19～表22）。

(1)"应收票据"账户的期初余额为借方389 999.61元。

表19　　　　　　　　　"应收票据"账户期初余额

日期	客户	摘要	方向	金额（元）	业务员	票据日期
2012-11-22	丰达公司	货款	借	389 999.61	林旭阳	2011-11-22

(2)"预收账款"账户的期初余额为借方100 000.00元。

表20　　　　　　　　　"预收账款"账户期初余额

日期	客户	摘要	方向	金额（元）	业务员	票据日期
2012-11-23	利恒公司	货款	贷	100 000.00	王泽	2012-11-23

(3)"应收账款"账户的期初余额为借方705 006.32元。

表21　　　　　　　　　"应收账款"账户期初余额

日期	客户	摘要	方向	金额（元）	业务员	票据日期
2012-11-24	万丰公司	货款	借	5 000.00	林署	2012-11-24
2012-11-25	广源公司	货款	借	400 006.62	王泽	2012-11-25
2012-11-26	永达公司	货款	借	299 999.70	林旭阳	2012-11-26

要求：在总账中录入。

(4)客户往来期初数据。

表22　　　　　　　　　客户往来期初数据　　　　　　　　　金额单位：元

开票日期	客户名称	销售部门	业务员	科目编码	货物名称	数量（套）	单价	金额	税额	价税合计
2012-11-24	万丰公司	销售部	林署	1122	纯棉被套	25	170.94	4 273.50	726.50	5 000.00
2012-11-25	广源公司	销售部	王泽	1122	丝绸被套	950	359.88	341 886.00	58 120.62	400 006.62
2012-11-26	永达公司	销售部	林旭阳	1122	纯棉被套	1 500	170.94	256 410.00	43 589.70	299 999.70
2012-11-22	丰达公司	销售部	林旭阳	1121	丝绸被套	925	360.36	333 333.00	56 666.61	389 999.61
2012-11-23	利恒公司	销售部	王泽	2203						100 000.00

要求：应收票据、应收账款在购销存模块中以销售专用发票形式录入，预收账款以收款单形式录入。

21. 应付期初数据（见表23～表26）。

(1) "应付票据"账户的期初余额为贷方 299 999.70 元。

表 23　　　　　　　　　　"应付票据"账户期初余额

日期	供应商	摘要	方向	金额(元)	业务员	票据日期
2012-11-25	万纤公司	原材料款	贷	299 999.70	李晓军	2012-11-25

(2) "应付账款——应付供应商货款"账户的期初余额为贷方 749 806.20 元。

表 24　　　　　　　　"应付账款——应付供应商货款"期初余款

科目名称：220201 应付供应商货款

日期	凭证号	供应商	摘要	方向	金额(元)	业务员	票据日期
2012-11-26		丝洁公司	原材料款	贷	100 035.00	林卫东	2012-11-26
2012-11-25		皓宇公司	原材料款	贷	350 017.20	李晓军	2012-11-25
2012-11-27		利莱公司	原材料款	贷	299 754.00	林卫东	2012-11-27

(3) "预付账款"账户的期初余额为借方 100 000.00 元。

表 25　　　　　　　　　　"预付账款"账户期初余额

日期	客户	摘要	方向	金额(元)	业务员	票据日期
2012-11-28	万友公司	货款	借	100 000.00	李晓军	2012-11-28

要求：在总账中录入。

(4) 供应商往来期初数据。

表 26　　　　　　　　　　供应商往来期初数据　　　　　　　　　　金额单位：元

发票号	开票日期	供货单位	部门名称	业务员	科目编码	存货名称	数量(米)	单价	金额
0195678	2012-11-25	万纤公司	采购部	李晓军	2201	丝绸提花被面	3 000	85.47	299 999.70
0285678	2012-11-26	丝洁公司	采购部	林卫东	220201	纯棉提花被面	4 500	19.00	100 035.00
0312345	2012-11-25	皓宇公司	采购部	李晓军	220201	丝棉混纺被里	12 000	24.93	350 017.20
0454321	2012-11-28	利莱公司	采购部	林卫东	220201	纯棉被里	35 000	7.32	299 754.00
—	2012-11-28	万友公司	采购部	李晓军	1123	—	—	—	100 000.00

要求：应付票据、应付账款在购销存模块中以采购专用发票形式录入，预付账款以预付单录入。

22. 库存(核算)期初数据(见表 27)。

表 27　　　　　　　　　　库存(核算)期初数据　　　　　　　　　　金额单位：元

存货编码	仓库	存货代码	存货名称	计量单位	数量	单价	金额	入库日期
101	1	101	纯棉提花被面	米	2 500	19.50	48 750.00	2012-11-30
102	1	102	纯棉被里	米	2 000	7.99	15 980.00	2012-11-30
103	1	103	丝绸提花被面	米	2 500	90.00	225 000.00	2012-11-30

(续表)

存货编码	仓库	存货代码	存货名称	计量单位	数量	单价	金额	入库日期
104	1	104	丝棉混纺被里	米	2 000	24.50	49 000.00	2012-11-30
105	1	105	线	塔	2 000	5.00	10 000.00	2012-11-30
106	1	106	拉链	条	8 000	2.50	20 000.00	2012-11-30
107	1	107	高级机车油	瓶	10	150.00	1 500.00	2012-11-30
201	2	201	纯棉被套	套	1 750	90.00	157 500.00	2012-11-30
202	2	202	丝绸被套	套	1 000	305.00	305 000.00	2012-11-30
301	1	301	包装盒	个	26 200	5.00	131 000.00	2012-11-30

要求:按照资料录入库存(核算)期初数据。

23. 录入期初余额并试算平衡,对购销存系统进行期初记账。

(二) 工资系统资料

> 说明:
> 1. 工资系统已经被启用,启用日期为 2012 年 12 月 1 日,系统所需参数和部分初始化资料已经在初始化中设置,对已经设置过的初始资料,考生请勿重复设置。
> 2. 请选手按照题目相关要求,并结合给出的工资系统相关资料进行处理。

1. 工资账套基本参数

(1) 工资管理系统启用时间为:2012-12-01,建账时已随总账同时启用。
(2) 工资类别个数:单个。
(3) 本位币种:人民币(RMB)。
(4) 个人所得税:代扣个人所得税;扣零处理:不扣零。
(5) 人员编码长度:3 位。
(6) 本账套的启用日期:2012-12-01。
(7) 将"黄丽"(hl)设为工资账套主管,并登录工资系统完成相关任务。

2. 人员类别(见表28)

表 28　　　　　　　　　　人 员 类 别

类别顺序	类别名称	类别顺序	类别名称
1	总经理	5	销售人员
2	主任	6	纯棉被套生产人员
3	管理人员	7	丝绸被套生产人员
4	主管		

3. 银行名称设置

银行名称:交通银行上海陆家嘴支行。
账号定长:6,自动带出账号长度:4。

4. 职工档案信息（见表29）

表29 职工档案表

职员编号	职员姓名	所属部门	人员类别	账号	是否计税	中方人员
001	董亚君	厂办	总经理	622201	是	是
002	赵颂诚	厂办	主任	622202	是	是
003	陈吉安	厂办	管理人员	622203	是	是
004	王孙成	厂办	管理人员	622204	是	是
005	陈华	财务部	主任	622205	是	是
006	沈梅	财务部	管理人员	622206	是	是
007	黄丽	财务部	管理人员	622207	是	是
008	李珊珊	财务部	管理人员	622208	是	是
009	张珊	财务部	管理人员	622209	是	是
010	李景明	人力资源部	主任	622210	是	是
011	赵小卓	人力资源部	管理人员	622211	是	是
012	王亚南	仓储部	主任	622212	是	是
013	霍小白	仓储部	管理人员	622213	是	是
014	蓝绿夏	采购部	主任	622214	是	是
015	李晓军	采购部	管理人员	622215	是	是
016	林卫东	采购部	管理人员	622216	是	是
017	李夏	销售部	主任	622217	是	是
018	林旭阳	销售部	主任	622218	是	是
019	林暑	销售部	销售人员	622219	是	是
020	王泽	销售部	销售人员	622220	是	是
021	汲少果	生产车间	主任	622221	是	是
022	曹夏菡	生产车间	主管	622222	是	是
023	王翠洁	生产车间	纯棉被套生产人员	622223	是	是
024	曾清玥	生产车间	纯棉被套生产人员	622224	是	是
025	王长青	生产车间	纯棉被套生产人员	622225	是	是
026	张一品	生产车间	纯棉被套生产人员	622226	是	是
027	张辉	生产车间	纯棉被套生产人员	622227	是	是
028	胡静	生产车间	纯棉被套生产人员	622228	是	是
029	王力	生产车间	纯棉被套生产人员	622229	是	是
030	李飞	生产车间	纯棉被套生产人员	622230	是	是
031	张德君	生产车间	纯棉被套生产人员	622231	是	是
032	杨柳	生产车间	纯棉被套生产人员	622232	是	是
033	赵小静	生产车间	纯棉被套生产人员	622233	是	是
034	王涛	生产车间	纯棉被套生产人员	622234	是	是
035	王小英	生产车间	丝绸被套生产人员	622235	是	是

(续表)

职员编号	职员姓名	所属部门	人员类别	账号	是否计税	中方人员
036	张 莹	生产车间	丝绸被套生产人员	622236	是	是
037	李东升	生产车间	丝绸被套生产人员	622237	是	是
038	常 虹	生产车间	丝绸被套生产人员	622238	是	是
039	张长顺	生产车间	丝绸被套生产人员	622239	是	是
040	李 鸿	生产车间	丝绸被套生产人员	622240	是	是
041	杨 帆	生产车间	丝绸被套生产人员	622241	是	是
042	李 铭	生产车间	丝绸被套生产人员	622242	是	是
043	王鹏飞	生产车间	丝绸被套生产人员	622243	是	是
044	黄小明	生产车间	丝绸被套生产人员	622244	是	是
045	李丽艳	生产车间	丝绸被套生产人员	622245	是	是
046	谢 英	生产车间	丝绸被套生产人员	622246	是	是
047	李飞花	生产车间	丝绸被套生产人员	622247	是	是
048	林一风	生产车间	丝绸被套生产人员	622248	是	是
049	张 诚	生产车间	丝绸被套生产人员	622249	是	是
050	黄 忠	生产车间	丝绸被套生产人员	622250	是	是

5. 工资项目定义(见表30)

表30　　　　　　　　　　　工资项目定义

工资项目	项目类型	长度	小数	增减项
基本工资	数字	10	2	增项
岗位工资	数字	10	2	增项
日工资	数字	10	2	其他
奖金	数字	10	2	增项
计件数量	数字	10	0	其他
计件工资	数字	10	2	增项
事假天数	数字	10	0	其他
事假扣款	数字	10	2	减项
病假天数	数字	10	0	其他
病假扣款	数字	10	2	减项
旷工天数	数字	10	0	其他
旷工扣款	数字	10	2	减项
应发工资	数字	10	2	其他
缴费基数	数字	10	2	其他
住房公积金	数字	10	2	减项
养老保险	数字	10	2	减项
医疗保险	数字	10	2	减项
失业保险	数字	10	2	减项
社保合计	数字	10	2	其他
税前工资	数字	10	2	其他
代扣税	数字	10	2	减项

(续表)

工资项目	项目类型	长度	小数	增减项
实发合计	数字	10	2	增项

6. 设置工资计算公式（见表31）

表31　　　　　　　　　　　　　工资项目的公式定义条件

工资项目	公式定义条件
基本工资	总经理：900元；生产车间主任：800元；销售部门主任：850元，管理人员、主管：650元；纯棉被套生产人员：600元；丝绸被套生产人员：500元；其他：700元
岗位工资	总经理：2 100元；主任：2 000元；销售人员：1 900元；纯棉被套生产人员：700元；丝绸被套生产人员：900元；其他：1 800元
日工资	（基本工资＋岗位工资）÷21
奖金	总经理：1 400元；主任：1 100元；纯棉被套生产人员：600元；丝绸被套生产人员：800元；其他：900元
计件工资	纯棉被套生产人员：计件数量×2 丝绸被套生产人员：计件数量×3
事假扣款	日工资×事假天数
病假扣款	日工资×病假天数×0.1
旷工扣款	日工资×旷工天数×2
应发工资	基本工资＋岗位工资＋奖金＋计件工资－事假扣款－病假扣款－旷工扣款
缴费基数	3 450
住房公积金	缴费基数×0.10
养老保险	缴费基数×0.08
医疗保险	缴费基数×0.02
失业保险	缴费基数×0.01
社保合计	养老保险＋医疗保险＋失业保险
税前工资	应发工资－缴费基数×（0.10＋0.08＋0.02＋0.01）
代扣税	计税基数为3 500元，附加费用为0，对应工资项目为税前工资
		级数	含税级距	税率(%)	速算扣除数
		1	0～1 500元	3	0
		2	1 500～4 500元	10	105
		3	4 500～9 000元	20	555
		4	9 000～35 000元	25	1 005
		5	35 000～55 000元	30	2 755
		6	55 000～80 000元	35	5 505
		7	80 000元以上	45	13 505
实发合计	税前工资－代扣税

要求：按照表中内容进行工资计算公式定义，涉及条件判断使用IFF。

7. 输入本月工资变动数据（见表32和表33）

表32　　　　　　　　　　　上海锦绣纺织品有限公司职工考勤记录
2012年12月31日

职员编号	职员姓名	所属部门	人员类别	应到天数	实到天数	病假天数	事假天数	旷工天数
001	董亚君	厂办	总经理	21	21			
002	赵颂诚	厂办	主任	21	21			
003	陈吉安	厂办	管理人员	21	21			
004	王孙成	厂办	管理人员	21	21			
005	陈华	财务部	主任	21	21			
006	沈梅	财务部	管理人员	21	21			
007	黄丽	财务部	管理人员	21	21			
008	李珊珊	财务部	管理人员	21	21			
009	张珊	财务部	管理人员	21	21			
010	李景明	人力资源部	主任	21	21			
011	赵小卓	人力资源部	管理人员	21	21			
012	王亚南	仓储部	主任	21	21			
013	霍小白	仓储部	管理人员	21	21			
014	蓝绿夏	采购部	主任	21	21			
015	李晓军	采购部	管理人员	21	21			
016	林卫东	采购部	管理人员	21	21			
017	李夏	销售部	主任	21	20	1		
018	林旭阳	销售部	主任	21	21			
019	林暑	销售部	销售人员	21	21			
020	王泽	销售部	销售人员	21	19		2	
021	汲少果	生产车间	主任	21	21			
022	曹夏菡	生产车间	主管	21	21			
023	王翠洁	生产车间	纯棉被套生产人员	21	20		1	
024	曾清玥	生产车间	纯棉被套生产人员	21	21			
025	王长青	生产车间	纯棉被套生产人员	21	21			
026	张一品	生产车间	纯棉被套生产人员	21	21			
027	张辉	生产车间	纯棉被套生产人员	21	21			
028	胡静	生产车间	纯棉被套生产人员	21	21			
029	王力	生产车间	纯棉被套生产人员	21	20	1		
030	李飞	生产车间	纯棉被套生产人员	21	21			
031	张德君	生产车间	纯棉被套生产人员	21	21			
032	杨柳	生产车间	纯棉被套生产人员	21	21			
033	赵小静	生产车间	纯棉被套生产人员	21	21			
034	王涛	生产车间	纯棉被套生产人员	21	21			

(续表)

职员编号	职员姓名	所属部门	人员类别	应到天数	实到天数	病假天数	事假天数	旷工天数
035	王小英	生产车间	丝绸被套生产人员	21	21			
036	张莹	生产车间	丝绸被套生产人员	21	19	2		
037	李东升	生产车间	丝绸被套生产人员	21	21			
038	常虹	生产车间	丝绸被套生产人员	21	21			
039	张长顺	生产车间	丝绸被套生产人员	21	21			
040	李鸿	生产车间	丝绸被套生产人员	21	21			
041	杨帆	生产车间	丝绸被套生产人员	21	21			
042	李铭	生产车间	丝绸被套生产人员	21	21			
043	王鹏飞	生产车间	丝绸被套生产人员	21	20		1	
044	黄小明	生产车间	丝绸被套生产人员	21	21			
045	李丽艳	生产车间	丝绸被套生产人员	21	21			
046	谢英	生产车间	丝绸被套生产人员	21	21			
047	李飞花	生产车间	丝绸被套生产人员	21	21			
048	林一风	生产车间	丝绸被套生产人员	21	21			
049	张诚	生产车间	丝绸被套生产人员	21	21			
050	黄忠	生产车间	丝绸被套生产人员	21	21			

审核：郭小毛　　　　　　　　　　　　　　　　　　　　　　　　　考勤统计：王凤

表33　　上海锦绣纺织品有限公司生产车间产品加工量统计表

2012年12月31日　　　　　　　　　　　　　　　　　　　　　金额单位：元

职员编号	职员姓名	所属部门	人员类别	加工产品	计件数量（套）	单位计件工资	计件工资总额
023	王翠洁	生产车间	纯棉被套生产人员	纯棉被套	385	2	
024	曾清玥	生产车间	纯棉被套生产人员	纯棉被套	300	2	
025	王长青	生产车间	纯棉被套生产人员	纯棉被套	310	2	
026	张一品	生产车间	纯棉被套生产人员	纯棉被套	380	2	
027	张辉	生产车间	纯棉被套生产人员	纯棉被套	320	2	
028	胡静	生产车间	纯棉被套生产人员	纯棉被套	300	2	
029	王力	生产车间	纯棉被套生产人员	纯棉被套	380	2	
030	李飞	生产车间	纯棉被套生产人员	纯棉被套	300	2	
031	张德君	生产车间	纯棉被套生产人员	纯棉被套	310	2	
032	杨柳	生产车间	纯棉被套生产人员	纯棉被套	305	2	
033	赵小静	生产车间	纯棉被套生产人员	纯棉被套	300	2	
034	王涛	生产车间	纯棉被套生产人员	纯棉被套	310	2	
035	王小英	生产车间	丝绸被套生产人员	丝绸被套	390	3	
036	张莹	生产车间	丝绸被套生产人员	丝绸被套	310	3	
037	李东升	生产车间	丝绸被套生产人员	丝绸被套	360	3	
038	常虹	生产车间	丝绸被套生产人员	丝绸被套	350	3	

（续表）

职员编号	职员姓名	所属部门	人员类别	加工产品	计件数量（套）	单位计件工资	计件工资总额
039	张长顺	生产车间	丝绸被套生产人员	丝绸被套	360	3	
040	李 鸿	生产车间	丝绸被套生产人员	丝绸被套	356	3	
041	杨 帆	生产车间	丝绸被套生产人员	丝绸被套	354	3	
042	李 铭	生产车间	丝绸被套生产人员	丝绸被套	350	3	
043	王鹏飞	生产车间	丝绸被套生产人员	丝绸被套	360	3	
044	黄小明	生产车间	丝绸被套生产人员	丝绸被套	360	3	
045	李丽艳	生产车间	丝绸被套生产人员	丝绸被套	350	3	
046	谢 英	生产车间	丝绸被套生产人员	丝绸被套	360	3	
047	李飞花	生产车间	丝绸被套生产人员	丝绸被套	360	3	
048	林一风	生产车间	丝绸被套生产人员	丝绸被套	360	3	
049	张 诚	生产车间	丝绸被套生产人员	丝绸被套	360	3	
050	黄 忠	生产车间	丝绸被套生产人员	丝绸被套	360	3	

统计：薛子仪

8. 完成工资分摊设置

薪酬费用计提比例表见表34。

表34　　　　　薪酬费用计提比例表

计提类型名称	分摊工资费用	工会经费	职工教育经费	社保（企业）	住房公积金
计提比例					

(三) 固定资产系统资料

说明：

1. 固定资产系统已经被启用，启用日期为2012年12月1日，系统所需部分参数已经在初始化中设置，对已经设置的初始参数资料，请选手不要重复设置。
2. 请考生按照题目要求，并结合给出的固定资产相关资料进行处理。

1. 固定资产初始设置

（1）系统参数（见表35）。

表35　　　　　系统参数设置

参数控制	设置参数
折旧信息	本账套计提折旧 主要折旧方法：平均年限法（一） 折旧汇总分配周期：1个月 当月初已计提月份＝可使用月份－1时，将剩余折旧全部提足

(续表)

参数控制	设置参数
编码方式	资产类别编码方式：默认值 固定资产编码方式：按"部门编号＋类别编码＋序号"自动编码，卡片序号长度：5
财务接口	与账务系统进行对账 对账科目：固定资产对账科目：1601，固定资产 　　　　　累计折旧对账科目：1602，累计折旧 在对账不平的情况下不允许固定资产月末结账 月末结账前一定要完成制单登账业务 可纳税调整的增加方式：直接购入，投资者投入、捐赠
增减方式	减少方式： 增减方式名称：更新改造转出 对应入账科目：在建工程

要求：根据要求进行增减方式设置。

(2) 资产类别(见表36)。

表 36　　　　　　　　　　　　　　　资　产　类　别

类别编码	类别名称	使用年限(年)	净残值率(%)	计量单位	计提属性	折旧方法	卡片样式
01	房屋及建筑物	30	4.00	栋	正常计提	平均年限法(一)	通用样式
02	生产设备	10	5.00	台	正常计提	双倍余额递减法	
03	办公设备	5	6.00	台	正常计提	平均年限法(一)	
04	运输工具	10	5.00	辆	正常计提	平均年限法(一)	

2. 部门及对应折旧科目(见表37)

表 37　　　　　　　　　　　　　　　部门及对应折旧科目

部门编码	部门名称	折旧科目	部门编码	部门名称	折旧科目
01	管理部门		02	生产车间	
0101	厂办		03	仓储部	
0102	财务部		04	采购部	
0103	人力资源部		05	销售部	

要求：设置部门对应折旧科目。

3. 固定资产原始卡片(见表38)

表 38　　　　　　　　　　　　　　　固定资产原始卡片

卡片编号	00001	00002	00003	00004	00005	00006	00007
固定资产名称	小汽车	货车	电脑	电脑	办公楼	厂房	生产线
类别编号	04	04	03	03	01	01	02
使用部门	厂办	销售部	财务部	销售部	厂办	生产车间	生产车间
增加方式	直接购入	直接购入	直接购入	直接购入	在建工程转入	在建工程转入	在建工程转入
使用状况	在用	在用	在用	在用	在用	在用	在用
开始使用日期	2010-12-01	2010-12-01	2011-12-01	2011-12-01	2008-01-01	2008-01-01	2011-12-03

（续表）

卡片编号	00001	00002	00003	00004	00005	00006	00007
使用年限	10年0月	10年0月	5年0月	5年0月	30年0月	30年0月	10年0月
折旧方法	平均年限法（一）	平均年限法（一）	平均年限法（一）	平均年限法（一）	平均年限法（一）	平均年限法（一）	双倍余额递减法
残值率	5%	5%	6%	6%	4%	4%	5%
原值(元)	500 000.00	240 000.00	8 000.00	5 000.00	1 000 000.00	1 000 000.00	547 000.00
已累计折旧(元)	90 850.00	43 608.00	1 453.60	908.50	395 928.30	395 928.30	103 323.30

要求：录入卡片编号为00005～00007的固定资产卡片。

二、对本月经济业务进行处理

2012年12月份，上海锦绣纺织品有限公司发生以下业务：

（1）2日，报销差旅费。有关单据见图1～图4。

图1 差旅费报销单

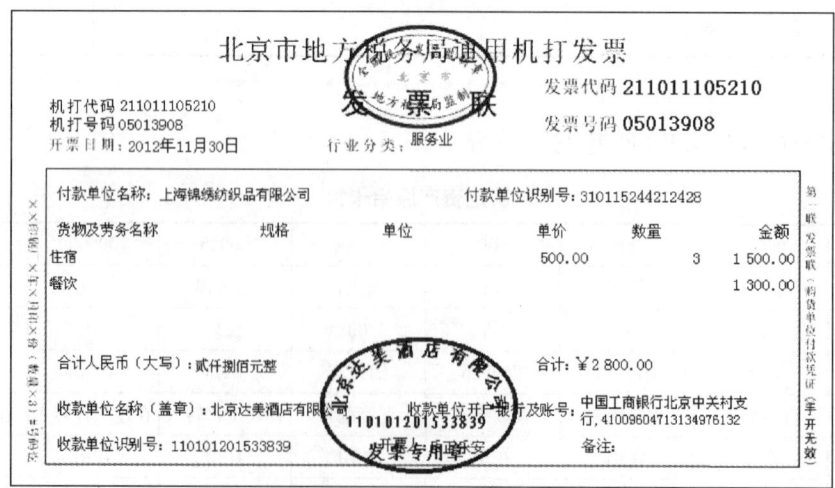

图2 通用机打发票

图 3　上海—北京机票

图 4　北京—上海机票

（2）3 日，支付修理固定资产。有关单据见图 5 和图 6。

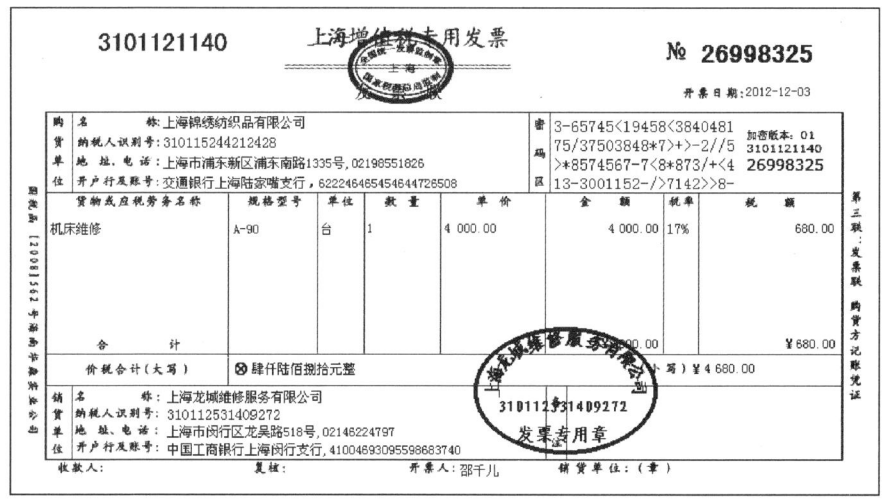

图 5　增值税专用发票

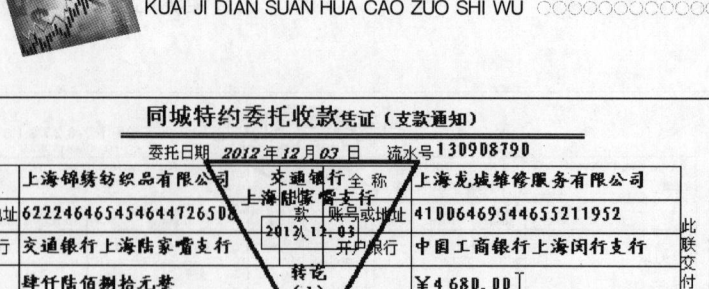

图6 同城特约委托收款凭证

(3) 5日,发生坏账损失。有关单据见图7。

关于处置太原万丰商贸有限公司货款决定

今收到关于太原万丰商贸有限公司因债务危机破产的通告,该公司尚欠我公司货款余款人民币5 000元(大写:人民币伍仟元整),确认无法偿还,经董事会决议:将无法收回的货款确认坏账损失,计入当期损益。

单位:上海锦绣纺织品有限公司
法定代表人:董玺君
日期:2012年12月05日

图7 处置货款决定

(4) 6日,划转资金到证券资金户。有关单据见图8～图11。

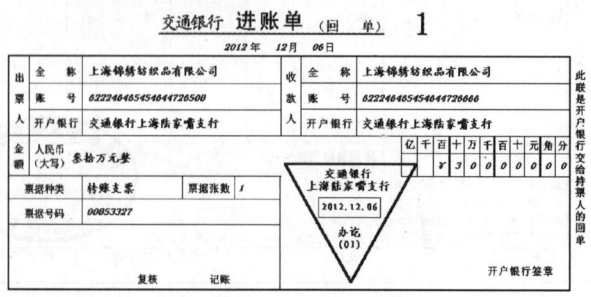

图9 转账支票存根　　　图10 进账单(回单)

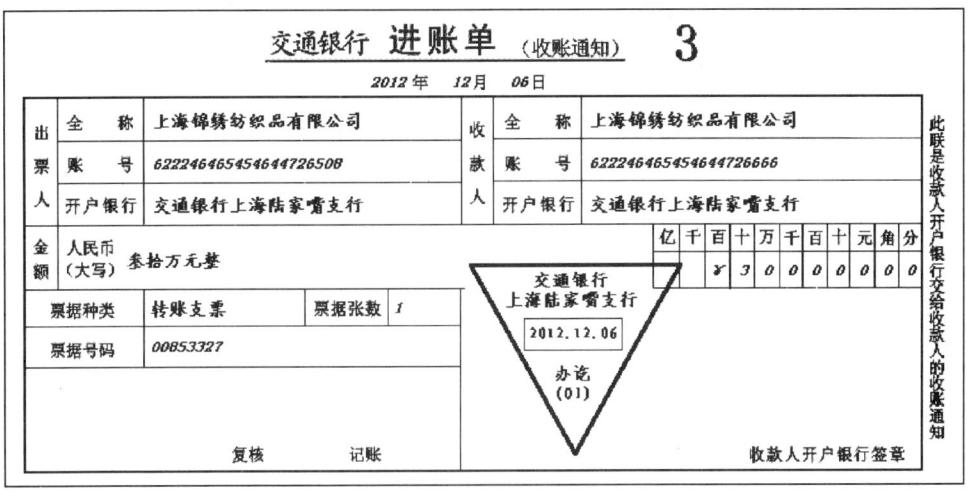

图 11 进账单(收款通知)

(5) 8 日,完工产品入库。有关单据见图 12。

图 12 入库单

(6) 9 日,完工产品入库。有关单据见图 13。

图 13 入库单

(7) 10 日,向银行申请银行汇票。有关单据见图 14~图 16。

图14 付款申请书

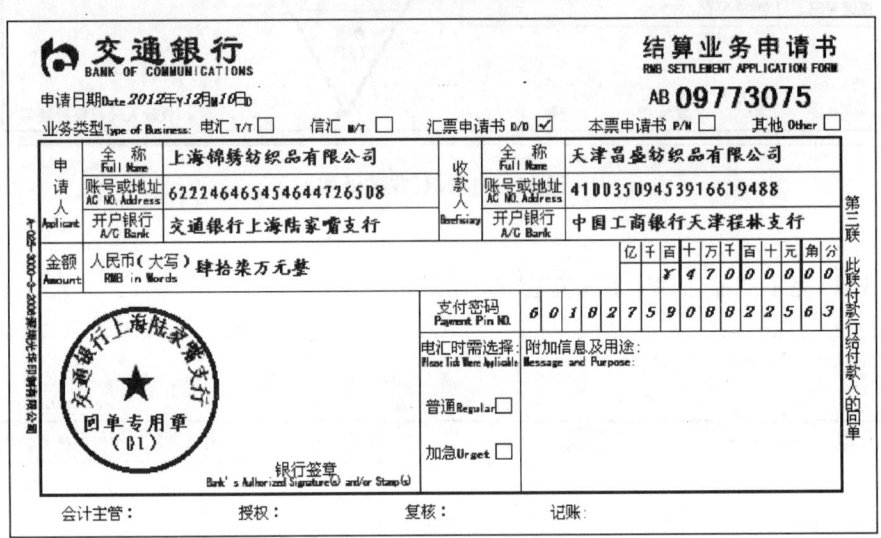

图15 结算业务申请书

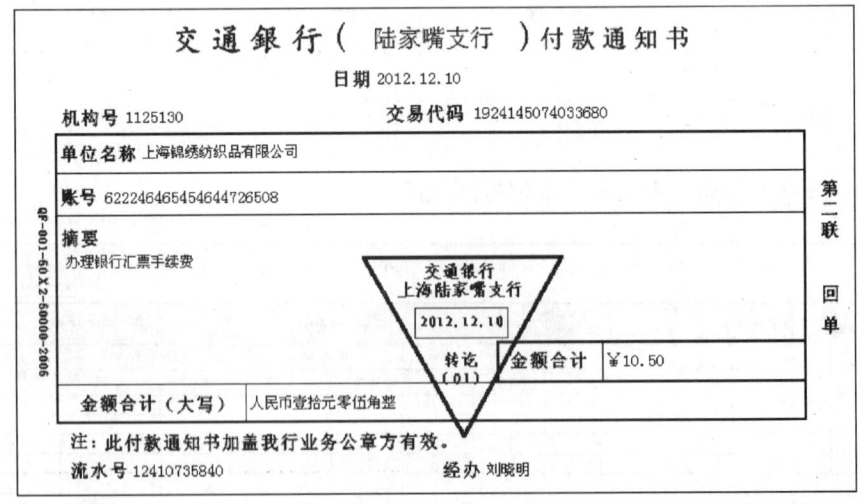

图16 付款通知书

(8) 10日,采购材料,以银行汇票支付。收回多余款在总账中处理。有关单据见图17～图21。

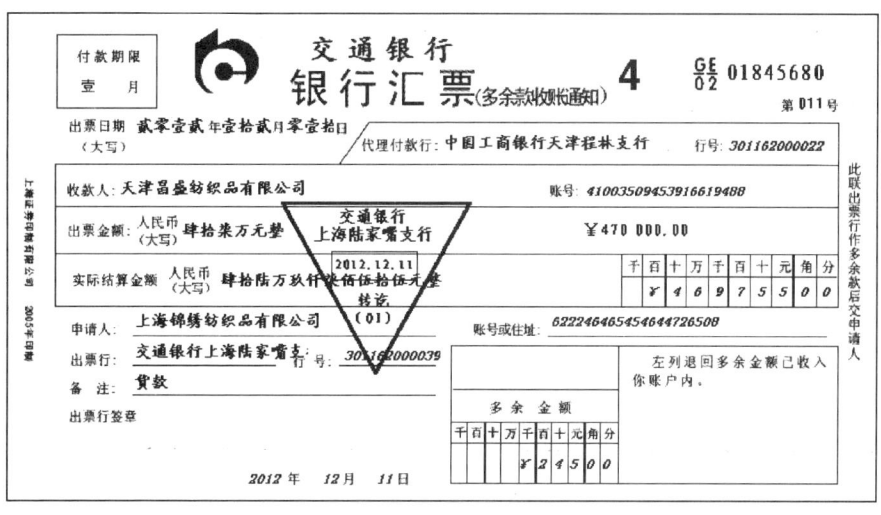

图 17 银行汇票

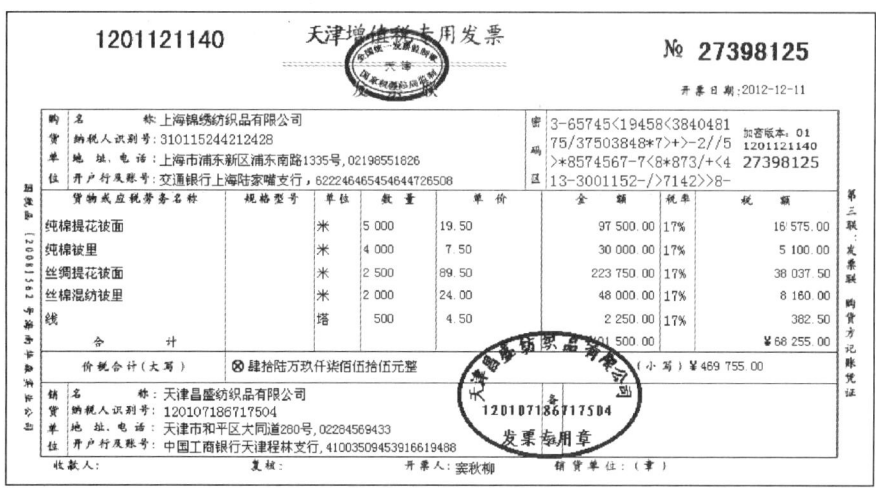

图 18 增值税专用发票(发票联)

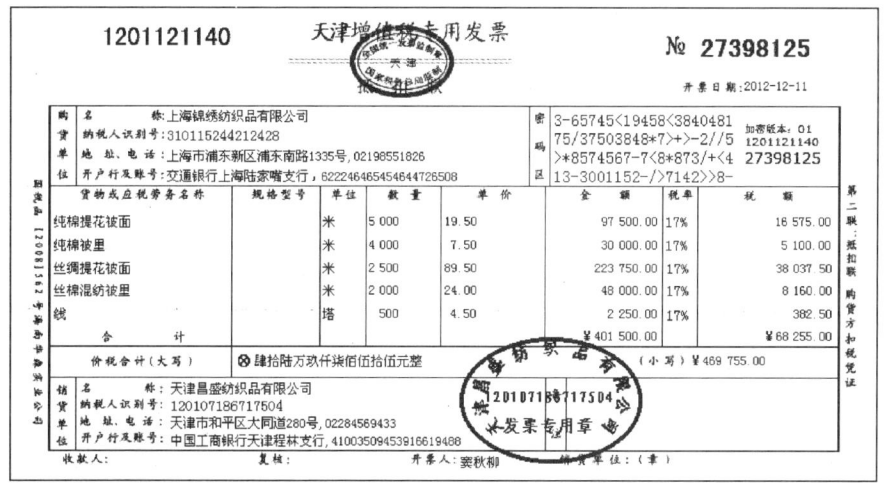

图 19 增值税专用发票(抵扣联)

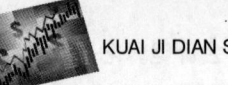

收料单

供应单位：天津昌盛纺织品有限公司　　　　编号：51201

材料类别：原材料　　　　2012年12月11日　　　　收料仓库：材料库

材料编号	材料名称	规格	计量单位	数量		实际价格				计划价格	
				应收	实收	单价	发票金额	运杂费	合计	单价	金额
1	纯棉提花被面		米	5 000	5 000						
2	纯棉被里		米	4 000	4 000						
3	丝绸提花被面		米	2 500	2 500						
4	丝棉混纺被里		米	2 000	2 000						

备注：不含税价

会计联

部门经理：陈华　　会计：沈梅　　仓库：霍小白　　经办人：林卫东

图 20　收料单

收料单

供应单位：天津昌盛纺织品有限公司　　　　编号：51202

材料类别：原材料　　　　2012年12月11日　　　　收料仓库：材料库

材料编号	材料名称	规格	计量单位	数量		实际价格				计划价格	
				应收	实收	单价	发票金额	运杂费	合计	单价	金额
1	线		塔	500	500						

备注：不含税价

会计联

部门经理：陈华　　会计：沈梅　　仓库：霍小白　　经办人：林卫东

图 21　收料单

(9) 12 日，发放工资。有关单据见图 22～图 25。

特色业务交通银行上海陆家嘴支行批量成功代付清单

机构代码：3876　　机构名称：交通银行上海陆家嘴支行　　入账日期：2012年12月12日

账号	姓名	金额(元)
6222024100010582672	李海	5 395.00
6222024100057126592	张芳	4 980.00
6222024100058167586	陈明华	7 470.00
6222041000586482122	陈强	7 055.00
6222024100058127598	吴明慧	6 640.00
6222024100058265993	朱琳	6 474.00
……		
合计		129 089.69

交通银行上海陆家嘴支行 回单专用章 (01)

图 22　代付清单

工资结算汇总表

2012年11月30日　　　　金额单位：元

部门		应付工资	代扣工资						实发金额
			养老保险 (8%)	失业保险 (1%)	医疗保险 (2%)	住房公积金 (10%)	个人所得税	小计	
生产车间	生产工人	120 000.00	9 600.00	1 200.00	2 400.00	12 000.00		25 200.00	94 800.00
	管理人员	9 000.00	720.00	90.00	180.00	900.00	13.50	1 903.50	7 096.50
管理部门		25 000.00	2 000.00	250.00	500.00	2 500.00	412.50	5 662.50	19 337.50
销售部门		10 000.00	800.00	100.00	200.00	1 000.00	44.31	2 144.31	7 855.69
合计		164 000.00	13 120.00	1 640.00	3 280.00	16 400.00	470.31	34 910.31	129 089.69

审核：陈华　　　　制单：沈梅

图 23　工资结算汇总表

图 24 转账支票存根

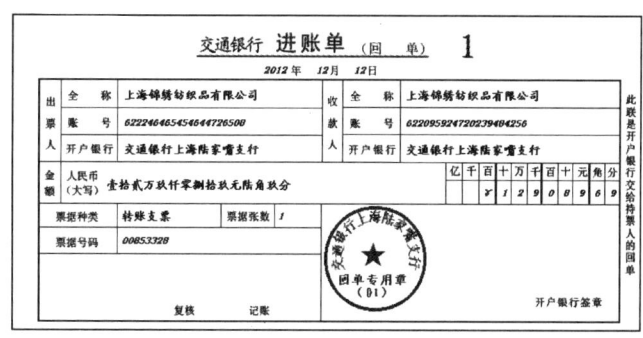

图 25 进账单

(10) 13 日,交纳住房公积金。有关单据见表 39 和图 26、图 27。

表 39　　　　　　　　　　　住房公积金计算表

本月工作天数:22 天

序号	部门	姓名	住房公积金	
			企业承担部分（10.00%）	个人承担部分（10.00%）
1	总经理	赵诚颂	900.00	900.00
2	财务部门	陈 华	650.00	650.00
3	销售部门	李 夏	630.00	630.00
4	采购部门	陈杰安	700.00	700.00
5	财务部门	沈 梅	340.00	340.00
6	生产部门	王霞敏	500.00	500.00
……				
		总计	16 400.00	16 400.00

图 26 住房公积金

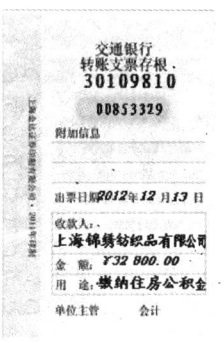

图 27 转账支票存根

(11) 14 日,交纳相关税费。有关单据见图 28～图 30。
(12) 18 日,完工产品入库。有关单据见图 31。
(13) 19 日,完工产品入库。有关单据见图 32。

图28 电子缴税付款凭证(增值税)

图29 电子缴税付款凭证(城市维护建设税票)

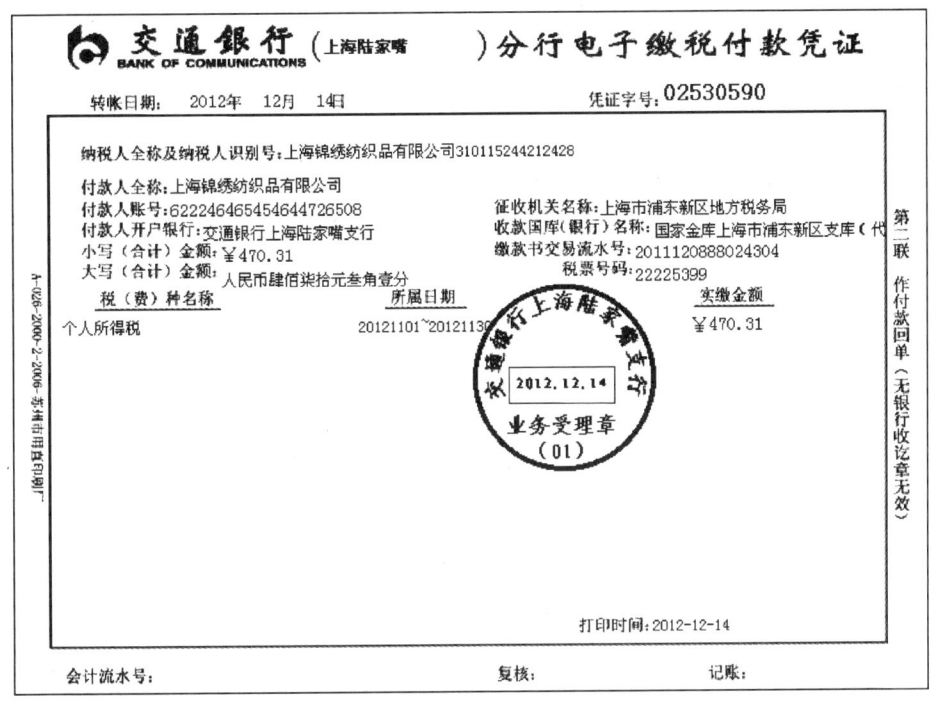

图30 电子缴税付款凭证(个人所得税)

图31 入库单

图32 入库单

(14) 19日,采购材料。有关单据见图33~图35。

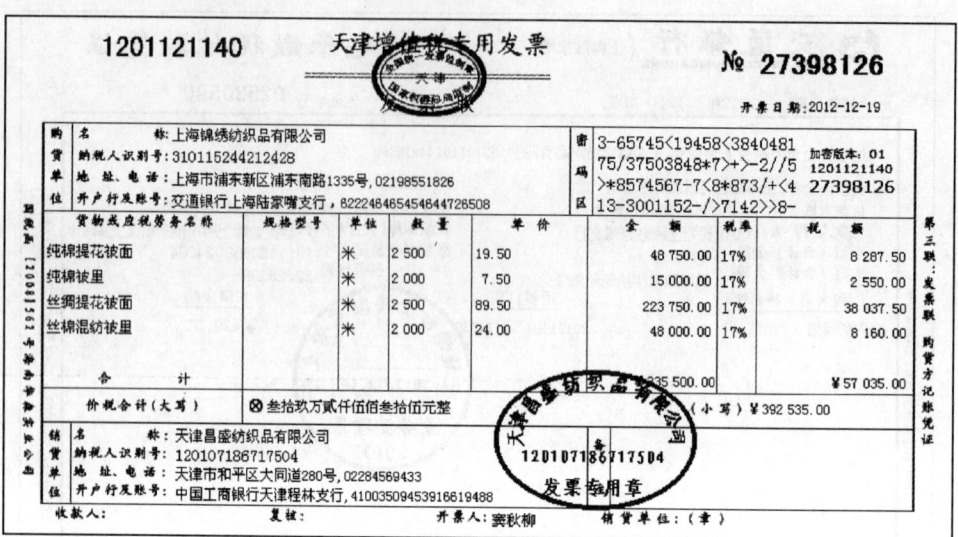

图33 增值税专用发票(发票联)

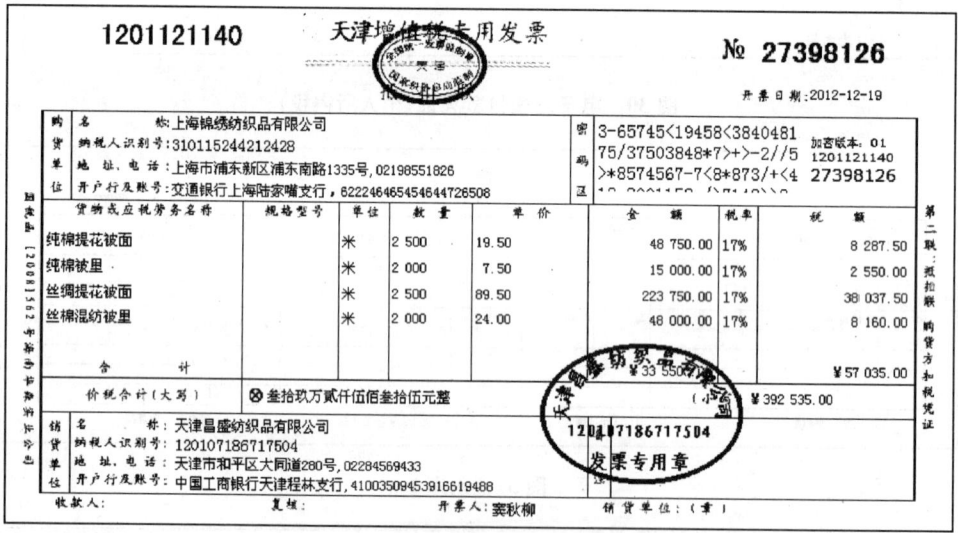

图34 增值税专用发票(抵扣联)

图35 收料单

(15) 22日,销售产品。有关单据见图36~图38。

购销合同

供方：上海锦绣纺织品有限公司　　　　合同号：gxht201112018
需方：北京赛格商贸有限公司　　　　　　签订日期：2012-12-22

经双方协议,订立本合同如下：

产品型号	名　称	数　量(套)	单价(元)	总额(元)	其他要求
	纯棉被套	3 500	160.00	560 000.00	不含税价
	丝绸被套	2 500	360.00	900 000.00	
	合计			￥1 460 000.00	

货款总计(大写)：人民币壹佰肆拾陆万元整
质量验收标准：符合国家质量标准
交货日期：2012-12-22
交货地点：北京市丰台区开阳路220号
结算方式：现金折扣：1/10, n/30

违约条款：违约方须赔偿对方一切经济损失。但遇天灾人祸或其它人力不能控制之因素而导致延误交货,需方不能要求供方赔偿任何损失。
解决合同纠纷的方式：经双方友好协商解决,如协商不成的,可向当地仲裁委员会提出申请解决。
本合同一式两份,供需双方各执一份,自签定之日起生效。

供方(盖章)：上海锦绣纺织品有限公司　　　　需方(盖章)：北京赛格商贸有限公司
税号：310115244212　　　　　　　　　　　　税号：110101306464999
开户行及账号：交通银行上海陆家嘴支行,62224644　开户行及账号：中国建设银行北京燕莎东支行,410017
地址：上海市浦东新区浦东南路1号　　　　　　地址：北京市丰台区开阳路220号
法定代表：董亚君　　　　　　　　　　　　　　法定代表：郭美柳
联系电话：021-98551826　　　　　　　　　　联系电话：010-83973388

图36　购销合同

销售单

购货单位：北京赛格商贸有限公司　　地址和电话：北京市丰台区开阳路220号,01083973388　　单据编号：X1201
纳税识别号：110101306464999　　开户行及账号：中国建设银行北京燕莎东支行,4100174280927491　　制单日期：2012-12-22

编码	产品名称	规格	单位	单价	数量	金额	备注
1	纯棉被套		套	160.00	3 500	560 000.00	不含税价
2	丝绸被套		套	360.00	2 500	900 000.00	不含税价
合计	人民币(大写)：壹佰肆拾陆万元整					￥1 460 000.00	

总经理：赵诚硕　　销售经理：李夏　　经手人：王泽　　会计：沈梅　　签收人：李婷

图37　销售单

图38 增值税专用发票

(16) 23日，支付广告费。有关单据见图39和图40。

图39 报销单

图40 通用机打发票

(17) 31日,结转发出材料成本。有关单据见图41~图45。

领 料 单

领料部门：生产车间
用　途：共同耗用
2012 年 12 月 03 日
第 1sg0101 号

材料			单位	数量		成本	
编号	名称	规格		请领	实发	单价	总价 百十万千百十元角分
01	线		塔	600	600		
02	拉链		条	6 000	6 000		
合计							

部门经理：浪绍果　　会计：张姗　　仓库：霍小白　　经办人：曹夏萬

图 41　领料单

领 料 单

领料部门：生产车间
用　途：车间一般耗用
2012 年 12 月 05 日
第 1sg0102 号

材料			单位	数量		成本	
编号	名称	规格		请领	实发	单价	总价 百十万千百十元角分
01	高级机车油		瓶	6	6		
合计							

部门经理：浪绍果　　会计：张姗　　仓库：霍小白　　经办人：曹夏萬

图 42　领料单

领 料 单

领料部门：生产车间
用　途：纯棉被套
2012 年 12 月 11 日
第 1sg0103 号

材料			单位	数量		成本	
编号	名称	规格		请领	实发	单价	总价 百十万千百十元角分
01	纯棉提花被面		米	8 750	8 750		
02	纯棉被里		米	7 000	7 000		
合计							

部门经理：浪绍果　　会计：沈梅　　仓库：霍小白　　经办人：曹夏萬

图 43　领料单

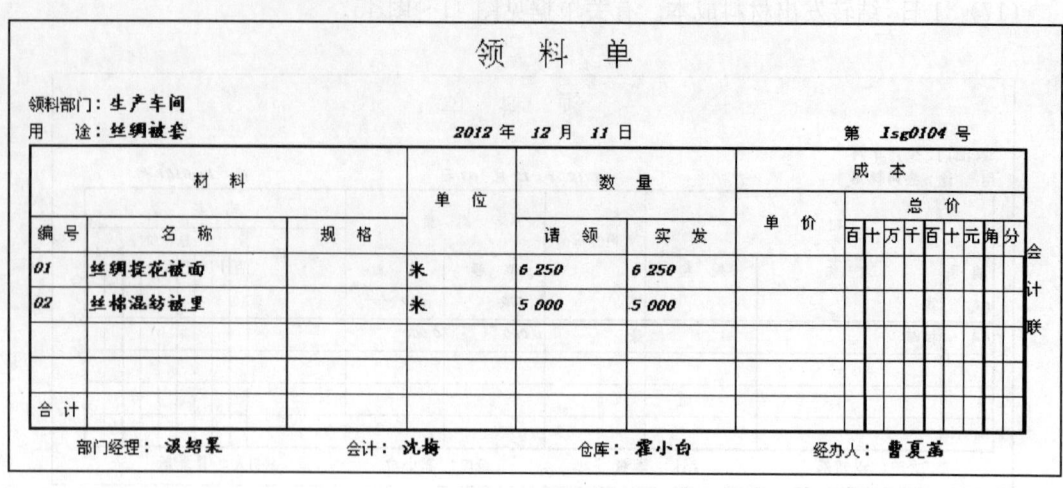

图44 领料单

生产车间材料费用分配汇总表										
单位：上海锦绣纺织品有限公司			2012年12月31日						单位：元	
产品名称	本期投产量	线			拉链			车间一般耗用	直接材料	合计
		单位消耗定额	分配率	分配额	单位消耗定额	分配率	分配额			
纯棉被套	3 500	0.25			1.0					
丝绸被套	2 500	0.25			1.0					
车间一般耗用										
合计		—								
		审核：陈华				编制：沈梅				

图45 生产车间材料费用分配汇总表

(18) 分配职工薪酬费用。
(19) 计提固定资产折旧费用。
(20) 分配制造费用。有关单据见图46。

制造费用分配表			
制表单位：上海锦绣纺织品有限公司		2012年12月31日	金额单位：元
产品名称	分配标准（工时）	分配率	分配金额
纯棉被套	3 500		
丝绸被套	2 500		
合计	6 000		
审核：陈华			制表：沈梅

图46 制造费用分配表

(21) 结转完工产品成本，两种产品耗用材料均为生产开始时一次性投入，月末在产品完工程度为50%，本月纯棉被套完工产品为3 500套，月末在产品为1 000件，丝绸被套的完工产品为2 500套，月末在产品为500套。

(22) 结转已销售产品成本。有关单据见图47。

出库单

出货单位：上海锦绣纺织品有限公司　　2012年12月22日　　单号：f0128

提货单位或领货部门	北京赛格商贸有限公司	销售单号	X1201	发出仓库	成品库	出库日期	2012-12-22

编号	名称及规格	单位	数量应发	数量实发	单价	金额
1	纯棉被套	套	3 500	3 500		
2	丝绸被套	套	2 500	2 500		
	合　计					

部门经理：柏紫真　　会计：沈梅　　仓库：霍小白　　经办人：夏以冬

图47　出库单

(23) 转出未交增值税。有关单据见图48。

未交增值税计算表

编制单位：上海锦绣纺织品有限公司　　2012年12月　　单位：元

项目	进项税额	销项税额	进项税额转出	本月未交增值税
金额				
合计				

审核：陈华　　制单：沈梅

图48　未交增值税计算表

(24) 结转损益。

(25) 预交第四季度所得税。有关单据见图49。

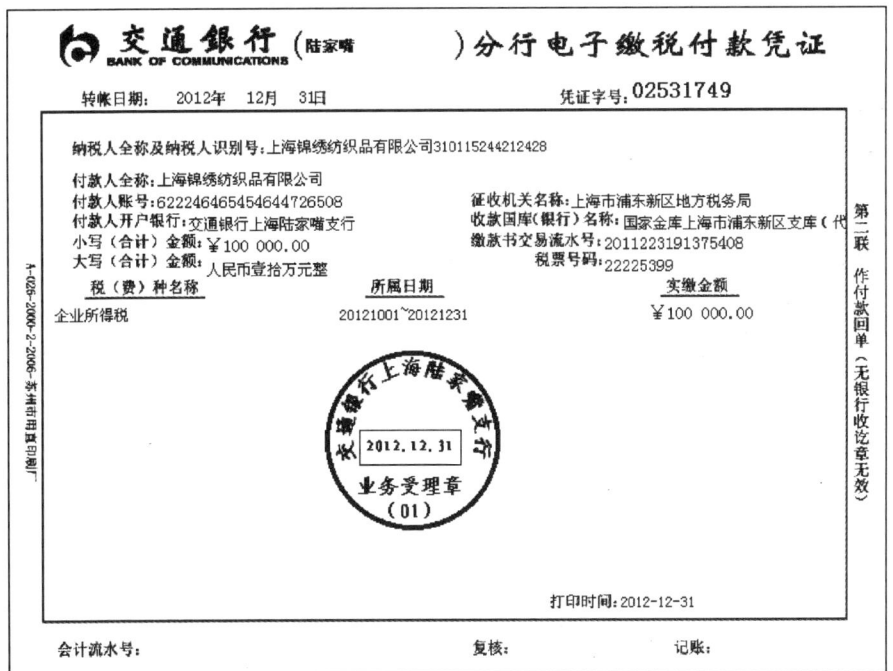

图49　电子缴税付款凭证

(26)计提本年度所得税费用(假设没有其他纳税调整事项)。

(27)所得税费用结转(在总账模块中完成)。

(28)结转本年利润。

(29)提取盈余公积。

(30)结转利润分配。

(31)系统对账、结账。

(32)编制资产负债表、利润表。①使用报表系统模板功能,利用《小企业会计准则》(2013)编制上海锦绣纺织品有限公司2012年12月31日资产负债表。要求录入关键字,并设置"货币资金"、"存货"、"固定资产"、"无形资产"、"应付职工薪酬"、"应交税费"、"实收资本"等项目的期末余额公式。保存名称为"资产负债表.rep",保存路径为考生文件夹。②使用报表系统模板功能,利用《小企业会计准则》(2013)编制上海锦绣纺织品有限公司2012年12月31日利润表。要求录入关键字,并设置本期金额的各项公式。保存名称为"利润表.rep",保存路径为考生文件。

要求:

(1)以沈梅的身份填制或生成记账凭证;以李珊珊的身份进行出纳签字;以陈华的身份审核记账凭证并记账。工资、固定资产、购销存系统,使用相应用户操作。

(2)制单日期均使用软件选择出的日期格式,凭证摘要根据业务内容录入,附件张数使用数字录入,凭证自动编号。

教学课件索取单

敬爱的老师：

感谢您使用我们出版社的教材。为了方便教学，教材配有相关教学课件。如果您需要，请您填写下面表格中的相关信息，并以电子邮件的形式发到我社，我们在核对您的信息后，即免费向您提供教学课件。

我们的联系方式：

地　　址：上海市中山西路2230号1号楼1507室　　邮　　编：200235
　　　　　立信会计出版社　　　　　　　　　　　　电　　话：(021)64411223(O)
电子邮件：victoria_tysx@126.com　　　　　　　　联系人：余　榕

教材名称					作者姓名	
教师姓名		性别		身份证号		
学　　校			院系		教 研 室	
学校地址					邮　编	
职　　务			职称		办公电话	
E-mail			手机		宅　电	
通信地址					邮　编	
所选教材			教材用量		册	
委托订购单位						

您对本教材的意见和建议是：_____

_____

_____

_____

_____

_____